CONTABILIDAD GENERAL

Volumen 1

3.ª edición

ANGEL SAEZ TORRECILLA
Catedrático de Economía Financiera y Contabilidad
Universidad Nacional de Educación a Distancia. Madrid
Inspector de Finanzas del Estado

McGraw-Hill

MADRID • BUENOS AIRES • CARACAS • GUATEMALA • LISBOA • MEXICO
NUEVA YORK • PANAMA • SAN JUAN • SANTAFE DE BOGOTA • SANTIAGO • SAO PAULO
AUCKLAND • HAMBURGO • LONDRES • MILAN • MONTREAL • NUEVA DELHI
PARIS • SAN FRANCISCO • SIDNEY • SINGAPUR • ST. LOUIS • TOKIO • TORONTO

CONTABILIDAD GENERAL. Volumen 1 (3.ª edición)

McGRAW-HILL/INTERAMERICANA DE ESPAÑA, S. A.
Edificio Oasis A, 1.ª planta
Basauri, 17
28023 Aravaca (Madrid)

ISBN: 84-7615-760-6
ISBN: 84-7615-759-2 (Obra completa)
Depósito legal: M. 17.981-1993

Cubierta: F. Piñuela. Grafismo electrónico
Compuesto en: Fer, Fotocomposición, S. A.
Impreso por: Impresos y Revistas, S. A. (IMPRESA)

IMPRESO EN ESPAÑA - PRINTED IN SPAIN

A Ignacio Sáez Martín,
mi padre

PRESENTACION

Desde la primera línea quiero dejar constancia de que esta obra pretende ser, ante todo, didáctica y operativa adaptada al Plan General de Contabilidad aprobado por Real Decreto 1643/1990, de 20 de diciembre. Se trata de un curso de Contabilidad General de Empresas, nacido de la experiencia docente y profesional de no pocos años, que busca su inserción en la corriente doctrinal de la Contabilidad Moderna, surgida después de la década de los años sesenta.

He huido de las exposiciones teóricas desconectadas del guión central de la obra. Esto no significa que esos planteamientos teóricos no me interesen; me interesan mucho, pero cada cosa en su sitio y a su tiempo.

Tras estas reflexiones previas, me parece conveniente ordenar una serie de consideraciones más específicas.

La primera es que, fiel a ese espíritu didáctico y operativo, he incluido al comienzo de cada capítulo una referencia a los objetivos que en él se pretenden, expresados de una manera muy concreta. Es una especie de pregón de lo que se va a encontrar el estudioso, si se adentra en su contenido.

La segunda tiene que ver con la naturaleza de la obra. Es un manual de Contabilidad General de Empresas, que en principio podría asentarse en los esquemas contables que me parecieran más convenientes en cada caso. Pero también cabe la opción de asentarlo en los esquemas más generalizados. Son dos opciones que siempre aparecen cuando se va a explicar un curso de esta materia. Situado en esa alternativa, me he decidido por la segunda, siguiendo lo que constituye uno de los esquemas más generalizados entre nosotros: el Plan General de Contabilidad, que contiene la normativa española sobre la Contabilidad General de Empresas, a la que éstas han de ajustarse.

La tercera consideración intenta concretar un poco más esta opción. Porque, cuando hablamos de Plan General de Contabilidad podemos pensar en el Plan de 1973 o en el nuevo, que surge ante la necesidad de adaptar la normativa contable a las Directrices de la Comunidad Económica Europea.

Esta obra ha elegido el camino del nuevo Plan. He sopesado los pros y los contras, y he decidido esa vía por varias razones. La que más ha influido en mí ha sido la preocupación por un hecho previsible: los alumnos que empiezan ahora sus estudios a nivel universitario lo encontrarán aplicado ya en las empresas españolas cuando terminen.

Completo esta serie de consideraciones llamando la atención sobre los abundantes esfuerzos que se han ido catalizando en torno al nuevo Plan General de Contabilidad.

De una parte, el Instituto de Contabilidad y Auditoría de Cuentas ha heredado un trabajo que constituye una buena respuesta a la necesidad de dar cumplimiento, en un plazo razonable, a las exigencias de armonización, aprobadas por la Comunidad Económica Europea. El nuevo Plan General de Contabilidad tiene la virtud de aprovechar al máximo la experiencia acumulada en torno al anterior, ya implantado en casi todas las empresas españolas.

Por otra parte, hay que señalar la favorable acogida que ha tenido el nuevo Plan General de Contabilidad en el ámbito de la enseñanza; ahí están como prueba las ponencias y comunicaciones aportadas al Segundo Encuentro de Profesores Universitarios de Contabilidad o los cursos y seminarios de Tercer Ciclo que se han dado y se están dando sobre el nuevo Plan en numerosas Universidades.

En la misma dirección hay que inscribir los estudios monográficos que han ido apareciendo en distintas publicaciones de orientación profesional, y que constituyen ya un material importante a la hora de interpretar y aplicar el nuevo Plan General de Contabilidad.

En cuanto al contenido de esta obra, remito a las páginas posteriores en donde se recogen los epígrafes que lo describen de una manera sistemática y analítica. No obstante, me gustaría llamar la atención sobre algunas de sus características.

El contenido de este primer volumen está dividido en tres partes.

La primera se refiere a los «Aspectos fundamentales de la Contabilidad de Empresas». Es una introducción operativa a la Contabilidad, hecha desde los inicios a través de los dominios de la Contabilidad de Empresas. Se ha buscado preferentemente un enfoque que siempre mostrase las perspectivas de una visión de conjunto. De ahí que se culmine con un estudio sistemático y operativo del proceso contable general.

En la segunda parte se delimitan las fronteras de la Contabilidad General, marco en el que se moverá esta obra, para no traicionar al propio título. La normalización contable es una de las implicaciones modernas de la Contabilidad General; normalización que en nuestro país se manifiesta a través del Plan General de Contabilidad, al que se refieren los dos capítulos de esta parte: «La Contabilidad General: Normalización Contable y Plan General de Contabilidad».

La tercera parte inicia ya el estudio pormenorizado de ciertos ámbitos de la gestión de la empresa: la tesorería, las compras y las ventas. Se trata de operaciones de explotación comunes a cualquier tipo de empresa. De ahí que se denomine «Visión general del proceso contable de las operaciones de explotación». Además, esta parte retorna al proceso fundamental, cerrándose con el estudio operativo del proceso contable básico de acuerdo con el nuevo Plan General de Contabilidad español.

Esta obra *Contabilidad General,* consta de dos volúmenes. En ella se concibe la Contabilidad como ya se ha dicho, de una manera operativa. Por eso, lleva implícita la realización de supuestos y ejercicios que ayuden al estudio de las diferentes cuestiones. Esta es la razón por la que, al lado de esta obra, se haya elaborado otra: *Casos prácticos de Contabilidad General.*

Me es especialmente grato abordar el apartado de agradecimientos, aunque sepa que incurriré en alguna omisión por la que pido perdón de antemano, aunque sea imperdonable. He de manifestar públicamente mi reconocimiento a los profesores Muñoz Merchante, Rodrigo Illera y Rufín Moreno, que me han brindado continuamente sus ideas y han contribuido a desterrar errores, erratas y otras indeseables figuras afines. Por otra parte; he de reconocer las valiosas aportaciones al enunciado y solución de ejercicios de María Teresa Carrascal Morillo y Alfredo de Miguel Lillo y a todos los profesores tutores que me han enviado sus sugerencias. Además he de hacer un apartado para dejar constancia de la eficaz participación de José Carlos Herrero Berrocal en la tarea de tratamiento de textos.

Ha de ser particular mi agradecimiento al profesor Costas Rodríguez, eminente lingüista, que se tomó la molestia de hacer un cuidado repaso al estilo; las incorrecciones que se encuentren en este aspecto son debidas a mi desobediencia a sus consejos, haciendo valer el derecho que uno tiene siempre a equivocarse.

En este mismo apartado de agradecimientos, me es muy grato referirme a las personas de McGraw-Hill/Interamericana de España que han hecho posible esta obra. Desde Eduardo Susanna, que fue mi primer contacto, pasando por Antonio García-Maroto, que vio claro lo que yo pretendía y lo hizo posible, y terminando por Mariano José Norte, mi amable contacto permanente con la editorial. Además, he de agradecer a José Martínez Alaminos la eficaz y difícil dirección técnica de la obra, en tiempo récord y caluroso.

También he de reconocer especialmente la colaboración de Concepción Adrados Sastre y Demetrio González Crespo, que han intervenido especialmente en las adaptaciones sucesivas que ha experimentado esta obra.

Esta tercera edición se adapta totalmente al Plan General de Contabilidad de 1991. Para conseguirlo ha sido necesario hacer algunos retoques a la edición anterior.

Además, se han seguido recibiendo sugerencias muy acertadas de muchos profesores. De acuerdo con ellos, he introducido algunas modificaciones, entre las que citaré como ejemplo:

— Algunos cambios en el Capítulo 6, en particular en el desdoblamiento de las cuentas de inmovilizado.

— Una presentación sistemática nueva del esquema de los métodos de amortización.

Por último, deseo que este libro ayude a mis alumnos de la UNED en su ardua tarea, y deseo asimismo que pueda servir a los estudiosos de Contabilidad y a los profesionales que tengan la amabilidad de asomarse a sus páginas.

Las Rozas, verano 1991

CONTENIDO

Sección Segunda
EL PROCESO CONTABLE GENERAL

PARTE SEGUNDA
LA CONTABILIDAD GENERAL: NORMALIZACION CONTABLE Y PLAN GENERAL DE CONTABILIDAD

PARTE TERCERA
VISION GENERAL DEL PROCESO CONTABLE DE LAS OPERACIONES DE EXPLOTACION

Sección Primera
LAS DISPONIBILIDADES Y SU CONTROL CONTABLE

Sección Segunda
LAS EXISTENCIAS, SU VALORACION Y SU CONTROL CONTABLE

PARTE PRIMERA

ASPECTOS FUNDAMENTALES DE LA CONTABILIDAD DE EMPRESAS

Sección Primera

Fundamentos de la Contabilidad de Empresas

CAPITULO

1

INTRODUCCION A LA CONTABILIDAD

OBJETIVOS DIDACTICOS DEL CAPITULO

A través del estudio de este capítulo se puede aprender lo siguiente:

1.° Unidades económicas a las que puede referirse la Contabilidad, con una especial referencia a la empresa.

2.° Aspectos fundamentales de la Contabilidad de Empresas.

3.° Delimitación del objeto de la información contable.

4.° Funciones que constituyen la actividad básica de la Contabilidad de Empresas.

5.° Una primera aproximación al concepto de Contabilidad de Empresas.

6.° Análisis de los sujetos más frecuentes de la Contabilidad de Empresas: las empresas individuales y las empresas sociales.

1.1. IMPORTANCIA DE UNA VISION PREVIA DEL CONCEPTO DE CONTABILIDAD

Estamos en el mismo trance que un guía turístico al comienzo de una excursión.

Estamos en este preciso instante en el mismo trance en que se encuentran los guías de las excursiones turísticas, cuando un autobús va a iniciar el recorrido por una ciudad. Estos profesionales acostumbran a dar una breve explicación previa, en la que hacen una lista de los lugares más destacados que se van a visitar, a la vez que anticipan algunas de las características más importantes del itinerario. Incluso, los guías más avezados, llaman la atención de las distintas clases de personas a quienes acompañan (amantes del arte, aficionados a la historia o entusiastas de las curiosidades) sobre lo que más puede interesarles en la excursión desde sus diferentes perspectivas. De todos modos, las palabras del guía no se entenderán completamente hasta que se vayan viendo las cosas que él había explicado por anticipado.

Si bien nuestra posición es más favorable, porque ¿quién no ha tenido alguna experiencia relacionada con la información contable?

En nuestro caso, hemos de confesar que nos hallamos en clara ventaja respecto del guía, ya que prácticamente todos llevamos en la cabeza cierta idea de lo que vamos a ver. Porque, ¿quién no ha tenido alguna vez en sus manos algún documento con información contable o quién no la ha recibido a través de distintos medios de comunicación? Dicho de otra manera:

¿Quién no ha tenido a su alcance una carta de un banco o una cartilla de ahorro, plagada de términos contables, tales como: crédito, débito, saldo, etc., informando sobre las cuentas corrientes?

¿Quién no ha pasado su vista por una página de un periódico ocupada por datos sobre la situación y evolución de una empresa, con alusión a su activo, su pasivo, sus ingresos, sus gastos y sus resultados?

¿Quién no ha seguido de alguna manera los debates parlamentarios sobre los presupuestos del Estado, con cumplida referencia a los ingresos y a los gastos públicos?

¿Quién no ha oído, por radio o por televisión, párrafos enteros sobre la situación de la economía nacional, empleando expresiones como producto nacional bruto o déficit de la balanza de pagos?

O, por último, ¿quién no ha asistido a conversaciones sobre el patrimonio familiar, o sobre los ingresos, los gastos y el ahorro de la familia?

Precisamente la Contabilidad va a ocuparse de la información contable.

En todas estas experiencias nos topamos, pues, con información contable referida a la actividad económica de las empresas, del Estado, de la nación en su conjunto y de la propia familia; información contable que utiliza con profusión terminología contable, integrada ya en buena medida en el vocabulario corriente, aunque su explicación correcta y rigurosa haya de hacerse dentro del estudio de la Contabilidad.

Porque la información contable se obtiene a través de un proceso riguroso, asentado en unos planteamientos científicos que se han ido depurando a lo largo del tiempo. La Contabilidad es precisamente la ciencia depositaria de todo ese quehacer .

Así pues, imitando al guía turístico, vamos a proceder a dar una visión preliminar de ciertas cuestiones básicas.

1.2. ENTIDADES SOBRE LAS QUE PUEDE INFORMAR LA CONTABILIDAD

La Contabilidad y las unidades económicas.

Antes hemos destacado que la información contable puede referirse a la familia, a la empresa, al Estado o a la nación en su conjunto, como figura en el Cuadro 1.1.

LA CONTABILIDAD Y LAS ENTIDADES SOBRE LAS QUE PUEDE INFORMAR

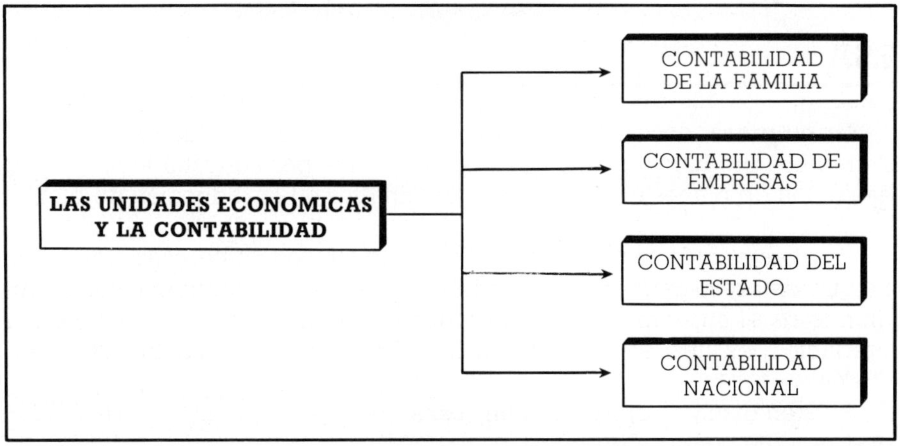

Cuadro 1.1

Aparecen así cuatro ramas bien diferenciadas de la Contabilidad.

• Contabilidad de las familias.

La ***Contabilidad de la unidad económica familiar***, entidad que suele decidir sobre el destino de la renta de sus miembros. Por eso se la suele denominar unidad económica de consumo.

• Contabilidad de Empresas.

La ***Contabilidad de Empresas***, consideradas normalmente como las unidades económicas de producción, es decir , como entes que deciden sobre los bienes que han de producirse y sobre cómo conseguirlos.

• Contabilidad del Estado.

La ***Contabilidad del Estado***, en la medida en que éste interviene en la economía a través de sus gastos y sus ingresos. Porque, como se sabe, los Estados modernos intervienen en mayor o menor medida en la economía, realizando unos gastos públicos, tales como los que se destinan a mantener una enseñanza gratuita para el ciudadano. Para pagar estos gastos el Estado recurre a los impuestos, que son cantidades que recauda coactivamente. La Contabilidad del Estado prepara oportunamente la información económica sobre los ingresos y los gastos que acabamos de mencionar.

• Contabilidad Nacional.

Y, por último, la ***Contabilidad Nacional*** contempla el suministro de información de toda la nación como unidad económica que integra a las familias, a las empresas y a la propia actividad económica del Estado. En ella se calcularán magnitudes tales como: renta nacional, inversión pública, consumo nacional o riqueza nacional. Esta información será útil para que los ciudadanos formen su opinión sobre dichas magnitudes económicas o para que los responsables de la política económica discutan y adopten las decisiones más adecuadas.

Nos circunscribiremos en este libro a la Contabilidad de Empresas. Por eso, nuestro paso inmediato será dar una idea a grandes rasgos de estas unidades económicas.

1.3. LA EMPRESA

Concepto de empresa.

La ***empresa***, desde el punto de vista económico, es una organización de medios productivos, que goza de autonomía para el establecimiento y ejecución de planes económicos, encaminados a la producción de bienes y servicios.

En nuestra vida diaria entramos en contacto con numerosas empresas. Es una empresa la farmacia donde compramos los medicamentos; también lo es el supermercado donde nos proveemos de alimentos y otros productos; es una empresa RENFE, IBERIA o el BANCO BILBAO VIZCAYA.

Clases de empresas:

Existen distintas ***clases de empresas***, según el elemento diferenciador que se tome como referencia.

• Por su tamaño.

Por su tamaño, hay empresas grandes, medianas y pequeñas. Hay diferentes criterios para medir la dimensión de las empresas: en ocasiones se utiliza el número de personas empleadas, en otras ocasiones el volumen de ventas, y todavía se dan más posibilidades. En cualquier caso, de las empresas mencionadas, la farmacia es un caso claro de empresa pequeña y RENFE es un caso claro de empresa grande. Un gran supermercado, que cuente con cien o doscientos empleados, puede catalogarse como empresa mediana.

• Por su actividad.

Por la actividad que desarrollan, distinguiremos empresas agrícolas, comerciales, industriales, de crédito, mineras, pesqueras, de servicios. Hay que destacar la gran disparidad que se observa entre las empresas de distinta actividad: por ejemplo, un banco y una fábrica de coches. Sin embargo, todas ellas, a pesar de su enormes diferencias, observables a simple vista, tienen en común la realización de una actividad productiva.

Por el ámbito de actuación hablaremos de empresas locales, regionales, nacionales y multinacionales. La dimensión de la empresa y la actividad a que se dedica están íntimamente relacionados con el ámbito de actuación. Una empresa muy grande tiende normalmente a ser multinacional. Una empresa que se dedica a la importación y a la exportación, también tiene sus alicientes para convertirse en multinacional.

• Por su ámbito de actuación.

Por la forma jurídica del titular: empresas individuales, cuyo titular es una persona física, y empresas sociales, en las que se realizan aportaciones de varias personas y cuyo titular es una sociedad, ya sea ésta una sociedad anónima, una sociedad colectiva o cualquier otra admitida en el ordenamiento jurídico. Después veremos esta cuestión más detenidamente.

• Por la forma jurídica del titular.

1.4. ASPECTOS FUNDAMENTALES DE LA CONTABILIDAD DE EMPRESAS

Aspectos fundamentales de la Contabilidad de Empresas.

El concepto de Contabilidad de Empresas se puede asentar en una serie de aspectos fundamentales, que son, de alguna manera, la síntesis de cuanto vamos a exponer después.

1.º Conjunto de conocimientos científicos.

En primer lugar, la Contabilidad constituye un conjunto de conocimientos rigurosamente elaborados a través de los cauces de la metodología científica más avanzada. Aunque no vamos a entrar ahora en esta cuestión tan importante, sí es preciso dejar constancia de ella desde un principio.

2.º Proyección práctica, fiel a sus orígenes.

En segundo lugar, estamos ante un conjunto de conocimientos que tiende a la proyección práctica; de esta manera, la Contabilidad es fiel a sus antiquísimos orígenes. Nace nada menos que en 1494 con Fray Lucas Paccioli, que escribió un tratado titulado «De Computis et Scripturis». En él no se hacía otra cosa que explicar sistemáticamente el modo de llevar las cuentas en las repúblicas italianas de aquella época. Pero esta explicación no la hacía Fray Lucas con grandes pretensiones científicas, sino, por el contrario, la hacía con el propósito inmediato de que los administradores de su mecenas, el Conde Urbino, registrasen correctamente todo lo que afectaba a la hacienda del noble.

3.º La elaboración de la información económica.

En tercer lugar, tanto el conjunto de conocimientos científicos como la técnica que está relacionada con ellos, tienen que ver fundamentalmente con la elaboración de la información económica. Esta información se refiere a la situación y evolución de la realidad económica y financiera de la empresa; e importa destacar que es, en su mayor parte, de carácter cuantitativo, expresada en unidades monetarias, si bien admite a veces algunas notas explicativas, complementarias de esa información cuantitativa.

4.º Destinatarios de la información económica.

En cuarto lugar, esta información económica no se elabora para quedar oculta, sino para ser comunicada a distintos destinatarios. Entre ellos hay que destacar:

Las terceras personas.

De un lado, los propietarios o socios de la empresa, la Administración Pública del Estado, en particular en cuanto puede ser útil para la aplicación de los impuestos. Para no extender demasiado la lista, ahora señalaremos que entre estos destinatarios de la información están también las entidades financieras que prestan su dinero a las empresas. Estas personas o entidades son ajenas a la empresa, aunque están relacionadas con ella y tienen en común la necesidad de información económica de la empresa, surgida de la Contabilidad, para defender sus propios intereses.

Los directivos.

De otro lado, hay que apuntar como destinatarios de la información económica, derivada de la Contabilidad, a los directivos de la empresa a todos los niveles. Ellos han de adoptar decisiones continuamente, y, para hacerlo bien, han de estar debidamente informados de la realidad económica de la empresa. Por ejemplo, cuando el director general de una empresa que fabrica televisores fija el precio de sus productos, ha de saber, previamente, a través de la Contabilidad, cuánto cuesta producirlos.

5.º La verificación de la información contable.

En quinto lugar, la Contabilidad garantiza la veracidad de esa información. Para ello, la Contabilidad abarca también aquellos conocimientos y técnicas que persiguen la verificación de la información. De esta manera, los destinatarios reciben una información contable auditada, es decir, verificada, por profesionales independientes de la empresa.

6.º Análisis e interpretación de la información.

En sexto lugar, la contabilidad no se conforma con la auditoría de la información económica, sino que incluye dentro de sus conocimientos y técnicas, el análisis e interpretación de la información. Cuando un socio de una sociedad recibe información contable, le queda aún la tarea de sacar partido de todos los datos que incluye, normalmente muy sintetizados. Estos datos permiten, a través de su análisis e interpretación, sacar las conclusiones útiles, para que los destinatarios de ellos se formen una opinión sobre la empresa y adopten las decisiones que les parezcan más pertinentes. Un banco, por ejemplo, no se conforma con leer la documentación contable que le facilitan las empresas solicitantes de créditos, sino que la interpreta, para ver si la empresa va a ser capaz de devolver los créditos.

1.5. LA INFORMACION CONTABLE COMO OBJETO DE LA CONTABILIDAD

Objeto de la información contable

Hemos de resaltar que el objeto de la Contabilidad de Empresas es la información relevante acerca de la situación y evolución de la realidad económica y financiera de la empresa. Esto nos lleva a aislar tres referencias claves para identificar ese objeto:

1.º Ha de referirse a la empresa.

— La primera referencia clave es la empresa, como sujeto de la Contabilidad. La empresa va a ser la unidad económica autónoma, dentro de cuyas fronteras se va a mover la Contabilidad. Cada empresa va a poder tener así su contabilidad propia.

Sin embargo, la contabilidad de una empresa no va a informar sobre todos los aspectos de la misma y sobre todo lo que suceda a diario en ella. La contabilidad de RENFE no puede informar de todo lo que ocurre en esta empresa todos los días; por ejemplo, no puede incluir información sobre las características técnicas de sus trenes, ni puede informar de los nombres y apellidos de quienes hacen consultas por teléfono o en los mostradores de las estaciones; ni puede dar datos del número de personas que acuden a despedir a los viajeros.

2.° Ha de referirse a la situación y a la evolución del patrimonio de la empresa.

— Aquí aparece la segunda referencia clave: la Contabilidad se va a limitar a informar sobre la situación y evolución de la realidad económica y financiera de esa unidad económica, es decir, sobre lo que vamos a llamar el patrimonio de la empresa. Todos aquellos aspectos que no tengan que ver con el patrimonio de la empresa son irrelevantes para la Contabilidad. El radar de la contabilidad va a ser sensible solamente a todo aquello relacionado con esa realidad económica y financiera, tanto en lo que se refiere a su situación, como en lo que tiene que ver con su evolución.

3.° Ha de referirse a los hechos contables como manifestación de la dinámica patrimonial.

— Así llegamos a la tercera referencia clave: los hechos contables, como acontecimientos que impulsan y explican la evolución del patrimonio de esa empresa. La Contabilidad va a ir reflejando sistemáticamente todo lo que sucede, y que afecta o puede afectar al patrimonio de la empresa.

1.6. ACTIVIDAD CONTABLE BASICA

Las funciones de la actividad contable.

La contabilidad lleva a cabo una actividad relacionada con la información contable, o, dicho de otra manera, desarrolla una serie de funciones en torno a la información contable. Estas funciones recogidas en el Cuadro 1.2, son la proyección operativa de todo lo que acabamos de decir y se pueden reducir a las siguientes:

1.ª Elaboración

2.ª Comunicación

3.ª Verificación

4.ª Análisis e interpretación

que pasamos a examinar.

1.ª Elaboración de la información, que descansa en las siguientes fases:

Primera: ***Elaboración de la información*** que se facilita a los diferentes destinatarios. Esta información se prepara a través de un proceso delicado que termina en la preparación de cuadros-síntesis, con algunas explicaciones complementarias. Este proceso implica varias tareas:

ACTIVIDAD CONTABLE BASICA

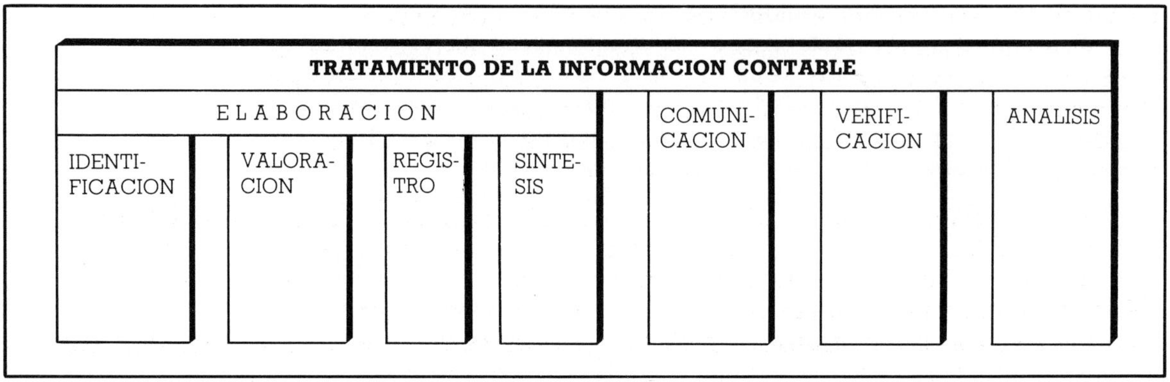

Cuadro 1.2

A) Identificación de los hechos contables.

A) ***Identificación de los hechos contables***, es decir, de aquellos acontecimientos que pueden interesar a la hora de informar sobre la empresa. La empresa ha de contar con unos canales adecuados para reunir, en la mesa de quienes llevan a cabo la contabilidad, todos los documentos donde se refleja su actividad económica.

B) Valoración de las consecuencias.

B) ***Valoración*** o medida en unidades monetarias de las consecuencias de los diferentes acontecimientos económicos. Estos, muchas veces, vienen expresados en dinero; por ejemplo, si una empresa compra un edificio pagando por él 500.000.000 ptas., ya tenemos hecha la traducción a unidades monetarias. Sin embargo, si ese edificio se incendiara parcialmente, habría que valorar, es decir, medir en dinero, las consecuencias del siniestro.

C) Registro de los hechos contables.

C) ***Registro*** de los acontecimientos que afectan económicamente a la empresa. Se trata de traducir al lenguaje contable los diferentes acontecimientos identificados, que afectan a la empresa económicamente y que se encuentran debidamente cuantificados en unidades monetarias. Se pretende en definitiva anotar o dejar constancia ordenada de cuanto va sucediendo en el patrimonio de la empresa.

D) Elaboración de la síntesis de la información contable.

D) ***Elaboración*** de los cuadros síntesis, y de informaciones complementarias. Estos cuadros síntesis, en donde se compendian los efectos que han tenido los diferentes acontecimientos que han incidido económicamente en la empresa, reciben el nombre de Estados Financieros. Los ejemplos más representativos de estos Estados son dos: el Balance, llamado también Estado de Situación, y la Cuenta General de Resultados, llamada a veces Estado de Pérdidas y Ganancias.

2.ª Comunicación de la información contable.

Segunda: ***Comunicación*** de la información contable a diferentes destinatarios. Para que los estados financieros queden al alcance de las personas que los van a utilizar, se siguen diferentes caminos. Por ejemplo, para que lleguen a conocimiento de sus socios, las sociedades editan unos folletos todos los años, que reciben el nombre de «Memoria de la Sociedad». Para llegar a los Bancos se suele preparar una documentación especial con los estados financieros. Para que llegue a conocimiento de la Administración Tributaria, ésta tiene previstos los impresos de la declaración de la renta, donde las empresas han de transcribir sus Estados Financieros. Si los destinatarios de la información son los propios directivos de la empresa, los cauces son menos formales, y se hará con más comodidad a través de comunicaciones internas.

3.ª Auditoría o verificación.

Tercera: ***Auditoría*** o ***verificación*** de la información contable. Esta función no la pueden realizar los servicios contables de la empresa, sino que ha de ser realizada por profesionales independientes. Estos profesionales redactan un informe de auditoría, en donde ponen de manifiesto la opinión que les merecen los estados contables; si no estuvieran de acuerdo con los estados financieros comunicados por la empresa, lo harán constar en ese informe.

El orden de la comunicación de la información contable y de la auditoría puede cambiar, es decir, las empresas facilitan a veces información contable antes de auditarla, y otras veces después de auditarla. En este caso, la información contable va acompañada del informe de auditoría.

4.ª Análisis e interpretación.

Cuarta: ***Análisis*** e ***interpretación*** de la información contable. Una vez que la información contable, preferiblemente auditada, ha llegado a manos de sus destinatarios, procederá su análisis e interpretación, valiéndose de los conocimientos y técnicas existentes al efecto. La Contabilidad se ocupa de este cometido como última tarea. Realmente es la que justifica todo el quehacer contable. Los usuarios de la información contable, a la vista de lo que resulte de su análisis e interpretación minuciosos, adoptarán las decisiones que estimen pertinentes. Por ejemplo: si el destinatario es un socio de la entidad, a la luz de las conclusiones a que le lleve el análisis e interpretación de la información puede decidir si vende la parte que tiene en la sociedad a otras personas que quieran ser socios o a otros socios; o los directivos de la empresa, a la vista del análisis e interpretación de los gastos e ingresos de la empresa, pueden decidir la realización de nuevas compras de maquinaria.

1.7. CONCEPTO DE CONTABILIDAD DE EMPRESAS

Después de todo lo que acabamos de decir, podemos acometer la tarea de proponer un concepto de Contabilidad de Empresas.

Concepto de Contabilidad de Empresas.

La ***Contabilidad de Empresas*** es el conjunto de conocimientos y funciones que tienen por objeto la elaboración, comunicación, auditoría y análisis e interpretación de la información relevante acerca de la situación y evolución de la realidad económica y financiera de la empresa, expresada en su mayor parte en unidades monetarias, con el fin de que, tanto las terceras personas interesadas como los directivos de la empresa puedan adoptar decisiones.

La Contabilidad de Empresas es una parte de la Contabilidad.

La Contabilidad de Empresas es una parte integrante de la ***Contabilidad***. Ya vimos que ésta puede referirse también a otras unidades económicas. De esta manera hablábamos de Contabilidad Pública, cuando se refiere a la Administración Pública del Estado, de Contabilidad Nacional, cuando se refiere a la nación en su conjunto y de Contabilidad Familiar, cuando se refiere a la unidad económica familiar.

La Contabilidad es un subsistema del sistema integrado de información para la gestión.

La Contabilidad de Empresas puede considerarse, por otro lado, como un subsistema del ***sistema integrado de información para la gestión***. Dado que además de la información económica, de la que se ocupa la Contabilidad de Empresas, existen otras ciencias y técnicas que se responsabilizan de otros tipos de información de la empresa, como por ejemplo la Estadística; dado que, además, los documentos que transcienden a la Contabilidad de Empresas, por ejemplo, las facturas que se entregan a los clientes, las solicitudes de mercancías a los proveedores, las nóminas del personal, exigen una administración o gestión burocrática; y dado que todos estos tratamientos se hacen hoy día con medios informáticos y teleinformáticos, se tiende a conectarlos en un sistema de tratamiento conjunto denominado ***sistema integrado de información para la gestión***.

1.8. EL SUJETO DE LA CONTABILIDAD DE EMPRESAS

La Contabilidad de Empresas se circunscribe en definitiva a la información relevante acerca de la situación y evolución de la realidad económica y financiera de la empresa.

Diferentes sujetos de la Contabilidad de Empresas.

Vamos a profundizar ahora en la empresa como ***sujeto de la Contabilidad de Empresas*** (Cuadro 1.3) sabiendo que interesa diferenciar, al menos, dos formas jurídicas de titularidad de la empresa:

- Las empresas individuales, y
- Las empresas sociales.

Existen otras formas de titularidad de empresas (como las cooperativas, o las fundaciones, por citar algunas), a las que dejaremos ahora fuera de nuestra consideración.

1.8.1. LA CONTABILIDAD Y LAS EMPRESAS INDIVIDUALES

Las empresas individuales.

Las ***empresas individuales*** son unidades económicas, cuyo propietario es una persona física, con nombre y apellidos. Por ejemplo, el Dr. Bernabé Pérez Mújica, médico odontólogo, tiene una consulta en un local que ha comprado al efecto; él es el propietario y el único médico que trabaja en ella y su nombre figura en la placa que hay en la puerta de la consulta.

POSIBLES SUJETOS DE LA CONTABILIDAD DE EMPRESAS

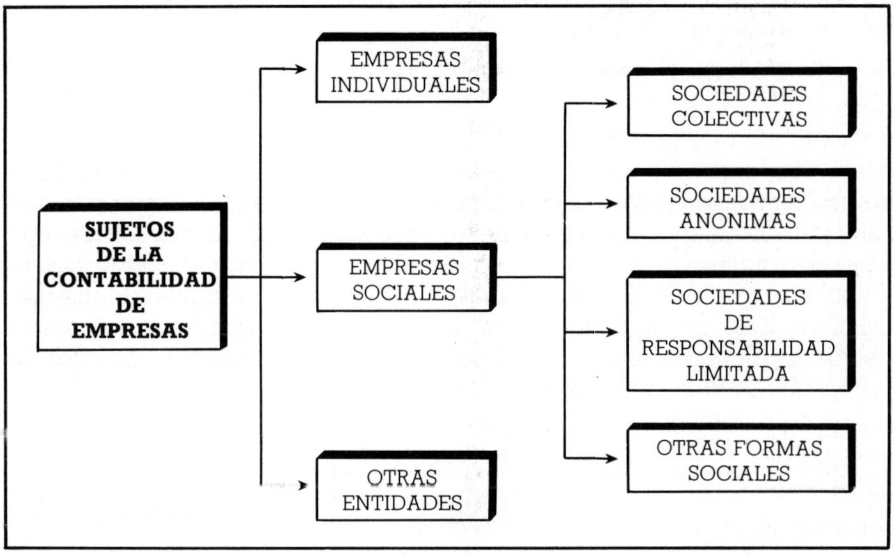

Cuadro 1.3

Un ejemplo.

Siendo esto así, la consulta del Dr. Pérez Mújica es un ejemplo claro de empresa individual.

Características económicas:

Conviene llamar la atención sobre varios aspectos económicos relacionados con la empresa individual, como forma más sencilla de titularidad de la empresa.

1.ª Separación entre la empresa y su titular.

El primer aspecto es que desde el punto de vista de la contabilidad se va a producir una separación entre la empresa y el titular. De tal modo que en el ejemplo del odontólogo se diferenciará todo lo que tiene que ver económicamente con la consulta, del resto de la actividad económica que pueda realizar el titular. A efectos de la contabilidad, cuando el Dr. Bernabé Pérez Mújica se ponga la bata blanca para actuar en la consulta, será una persona y fuera de ahí será otra. Por lo tanto su consulta es una entidad contable independiente.

• Cada empresa de un mismo titular ha de tener su contabilidad.

Una derivación de este primer aspecto es la separación, desde el punto de vista contable, entre las diferentes empresas de que sea titular una persona física. Volviendo al ejemplo, se sabe que el Dr. Bernabé Pérez Mújica, además de la consulta de odontólogo, que es una empresa, posee la explotación de gusanos de seda «La Morera», al frente de la cual ha puesto a un experto chino, el Sr. Sining. «La Morera» surge así como otra empresa distinta de la consulta, con una contabilidad separada.

2.ª La empresa individual puede tener un nombre para distinguirla.

Un segundo aspecto es el nombre con que se puede conocer una empresa individual, a efectos comerciales, aunque el titular sea una persona física. Desde luego en la consulta del Dr. Bernabé Pérez Mújica de nuestro ejemplo aparece su nombre en el rótulo de la puerta. Sin embargo, la explotación de gusanos de seda figura con el nombre de «La Morera»; esto no es óbice para que el titular o propietario único sea el Dr. Bernabé Peréz Mújica.

3.ª La empresa individual puede ser dirigida por una persona distinta de su titular.

Un tercer aspecto a contemplar es la posibilidad de separar, dentro de la empresa individual, la dirección efectiva y la propiedad, reforzando así la idea de la personalidad económica independiente de esta empresa, respecto a su titular. Aunque con frecuencia el titular o propietario de una empresa individual es quien dirige su empresa, no tiene por qué ser necesariamente así, sino que el responsable de la gestión de una empresa individual puede ser un director, contratado al efecto por el titular o propietario. En este caso, el director actuará siguiendo instrucciones que le dé el titular, pero, dentro de ese marco, él será quien decida sobre la gestión de la empresa. En nuestro ejemplo, el director de la consulta es el mismo propietario; sin embargo, el director de «La Morera» es el Sr. Sining.

Caraterísticas jurídicas:

Pero si estos aspectos económicos son importantes para entender la naturaleza de las empresas individuales, también son fundamentales los aspectos jurídicos.

El principal aspecto es la falta de personalidad jurídica de la empresa individual.

El principal aspecto jurídico a señalar es la titularidad jurídica única del propietario respecto de la empresa individual, cualquiera que sea el nombre que revista a efectos comerciales y cualquiera que sea la persona encargada de dirigir su gestión. La empresa individual no tiene personalidad jurídica independiente, aunque económica y contablemente sí la tenga. En nuestro ejemplo el Sr. Sining no puede firmar las escrituras notariales de un edificio a nombre del propietario de «La Morera», ni puede contratar un empleado a su nombre, ya que el propietario único es el Dr. Pérez Mújica.

La consecuencia es la responsabilidad total del titular.

Una de las consecuencias que hay que destacar de esta falta de independencia jurídica de la empresa individual es la responsabilidad que tiene el propietario respecto de todas las deudas que contraiga su empresa: él responde con todos sus bienes de esas deudas. En nuestro supuesto, si el Sr. Sining, director de la empresa «La Morera» de gusanos de seda, realiza una gestión desastrosa y llegado un momento «La Morera» no puede pagar sus deudas, responderá de ellas el Dr. Bernabé Peréz Mújica con toda su fortuna personal.

Al lado de las empresas individuales, a las que nos acabamos de referir, aparecen las empresas sociales como posibles sujetos de una contabilidad.

1.8.2. LA CONTABILIDAD Y LAS EMPRESAS SOCIALES

Las empresas sociales.

El prototipo de empresas sociales lo constituyen las empresas cuyo titular es una sociedad mercantil. Cada sociedad mercantil habrá de llevar su contabilidad independiente.

Una ***sociedad mercantil*** es una asociación de personas, que crean un fondo patrimonial común, para explotar una o varias empresas, con independencia de quienes la constituyen, y que se limitan a participar en el reparto de las ganancias que se obtengan.

Concepto de sociedad mercantil.

El ordenamiento jurídico español, igual que el de los demás países, recoge la posibilidad de crear sociedades mercantiles, que a efectos jurídicos tienen personalidad jurídica propia. De este modo, las sociedades mercantiles pueden comprar, pueden vender, pueden contratar personal, etc. Como esto es así, necesariamente cada sociedad mercantil ha de tener un nombre, que las distingue de las personas de carne y hueso y de las otras empresas mercantiles. Igual que las personas físicas inscriben su nacimiento y su nombre en un registro, que se llama Registro Civil, las sociedades mercantiles han de inscribir su nacimiento o creación y su nombre en otro registro, que se llama Registro Mercantil.

Las sociedades mercantiles tienen:
- **Responsabilidad jurídica independiente.**
- **Nombre propio.**

Las sociedades mercantiles, que, como hemos dicho, gozan todas ellas de personalidad jurídica propia, pueden ser de muchas clases, porque sus orígenes pueden tener motivaciones muy distintas. Entre estas motivaciones, vamos a fijarnos en dos:

Ventajas de estas sociedades:

1.° Agrupar recursos para adecuarse a las características de la economía moderna, que exige medios productivos costosos y una dimensión mínima, para afrontar con posibilidades de éxito ciertas actividades productivas. Así, aunque hay actividades económicas que siguen siendo idóneas para pequeños empresarios, muchas requieren la existencia de empresas grandes, y a veces, muy grandes.

1.° Agrupar recursos.

2.° Limitar la responsabilidad de los socios, circunscribiendo los riesgos que implica la participación en una empresa a unas cantidades de dinero determinadas. De tal forma que si a la sociedad mercantil no le van bien las cosas, los socios que la constituyeron limitan sus pérdidas a las cantidades aportadas al patrimonio de la sociedad. Es normal el caso de personas que, ostentando una fortuna inmensa, ven impasiblemente cómo alguna de las sociedades de las que son socios entran en quiebra por incapacidad para hacer frente a sus deudas.

2.° Limitar la responsabilidad de los socios.

Los distintos tipos de sociedades mercantiles atienden en mayor o menor medida a las motivaciones indicadas. Algunos de estos tipos de sociedades se justifican fundamentalmente por la agrupación de recursos y otros por la limitación de responsabilidad. Así encontramos en la legislación española los diferentes tipos de sociedades mercantiles, de los que nos interesa conocer ahora tres:

Diferentes tipos de sociedades mercantiles.

— Las sociedades colectivas
— Las sociedades anónimas y
— Las sociedades de responsabilidad limitada

Aparte de estas sociedades mercantiles, cuyas características fundamentales examinaremos a continuación, existen otras, como las sociedades comanditarias, que cada vez tienen menos importancia.

1.8.2.1. Las sociedades colectivas

Las sociedades colectivas: concepto y características.

Las ***sociedades colectivas*** pretenden sobre todo agrupar recursos y aunar esfuerzos. Estas sociedades mercantiles descansan en la mutua confianza de los asociados, cuya figura no se difumina del todo, detrás de la sociedad. De ahí que haya que anotar dos puntos característicos de estas sociedades mercantiles:

— El primero es que el nombre de la sociedad colectiva ha de formarse necesariamente con el de todos o alguno de los socios.

— El segundo es que en estas sociedades los socios responden frente a terceros personalmente, con todos sus bienes, de las resultas de la gestión social.

En este tipo de sociedades no es posible la escena del socio ostentando su fortuna personal al lado de una sociedad en quiebra, de la que forma parte.

1.8.2.2. Las sociedades anónimas

Las sociedades anónimas: características.

Las ***sociedades anónimas***, en cambio, ignoran las condiciones personales de los socios, hasta el punto de que éstos pueden estar en el más absoluto anonimato. En ellas destacan las siguientes peculiaridades:

— Los socios no responden personalmente de las deudas sociales, nada más que hasta el importe que se hayan comprometido a aportar a la sociedad.

— El capital de la sociedad anónima, es decir, la suma de las aportaciones que se hayan comprometido a hacer los socios, se encuentra dividido en una especie de certificados por cada 500 ptas., o por cada 1.000 ptas. aportadas o por otras cantidades generalmente pequeñas. Este certificado de lo aportado a la sociedad anónima se denomina acción, y sus propietarios reciben el nombre de accionistas. Normalmente los accionistas pueden transmitir estos certificados sin restricción alguna.

- **Las acciones y sus clases.**

Ya que hemos mencionado las ***acciones***, que como hemos visto son las partes alícuotas del capital de una sociedad anónima, conviene añadir que pueden cotizarse en la Bolsa de Valores. En España existen cuatro Bolsas de Valores: Madrid, Barcelona, Bilbao y Valencia y en ellas se pueden vender y comprar acciones. A diario, en los periódicos de información general se publican los precios a los que estas acciones han sido transmitidas, es decir, sus cotizaciones.

De ahí que pueda hablarse de dos clases de acciones: ***acciones con cotización oficial***, que son aquellas que pueden transmitirse en las Bolsas Oficiales de Valores, y ***acciones sin cotización oficial***, que también pueden transmitirse, pero no en las Bolsas Oficiales.

• Los accionistas.

Los socios de las sociedades anónimas reciben el nombre de ***accionistas***. Por el hecho de ser propietario de una acción de una sociedad anónima, ya se adquiere la condición de accionista.

1.8.2.3. Las sociedades de responsabilidad limitada

Las sociedades de responsabilidad limitada: características.

Las ***sociedades de responsabilidad limitada*** son un tipo de sociedad intermedio entre las sociedades colectivas y las sociedades anónimas, como se desprende de las siguientes notas características:

— Como su propio nombre indica, los socios de las sociedades de responsabilidad limitada no responden personalmente de las deudas sociales. En esto se parecen a las sociedades anónimas.

— El capital está dividido en partes iguales, denominadas ***participaciones***. A diferencia de las acciones, estos títulos no pueden ser transmitidos a cualquiera, sino que existen unas cautelas al respecto, cuidando que no se convierta en nuevo socio alguien que no cuente con el beneplácito de los socios antiguos. En esto se asemeja a las sociedades colectivas, en cuanto que descansan también en la confianza entre los socios.

1.8.3. ALCANCE DE CADA CONTABILIDAD

Igual que las personas físicas, una sociedad mercantil puede se titular de varias empresas.

Ya hemos dicho que una persona física puede poseer diferentes empresas. Pusimos el ejemplo del Dr. Bernabé Pérez Mújica, que era titular de una consulta de odontólogo y de una empresa dedicada a los gusanos de seda.

Una sociedad, que es una persona independiente desde el punto de vista jurídico, como acabamos de ver, también puede tener diferentes empresas. Es decir, puede ser titular de diferentes empresas.

Por ejemplo, es conocido que CAMPSA se dedica a la distribución de productos derivados del petróleo; ésa es su actividad empresarial principal. Sin embargo, la sociedad puede decidir diversificar su actividad, dedicándose a la investigación y explotación de la energía solar. Lo normal en este caso es que CAMPSA, dentro de su organización, dé una autonomía empresarial a cada una de esas actividades: la distribución de derivados del petróleo y la producción de energía solar. En este caso, dentro de una misma sociedad, existen dos empresas.

Se puede llevar una contabilidad separada para cada empresa, si bien lo obligatorio legalmente es una contabilidad para toda la sociedad.

Cuando una sociedad posee varias empresas, la sociedad es muy libre de llevar, a efectos internos, es decir, a efectos de la información contable que reciben los directivos de la sociedad, dos contabilidades. Sin embargo, a efectos de las terceras personas, es decir, a efectos de los accionistas, por ejemplo, la legislación española obliga a llevar una contabilidad para la sociedad en su conjunto.

En el ejemplo de CAMPSA, nadie puede impedir que lleve una contabilidad para cada una de las empresas que hemos planteado: una dedicada a la actividad de distribución de productos derivados del petróleo y otra dedicada a la actividad de producción de energía solar. Esta contabilidad será útil sin duda a los directivos responsables de la gestión de cada una de ellas. Sin embargo, la información contable que CAMPSA publica para informar a sus accionistas ha de referirse a la sociedad como un todo, presentando los datos en conjunto. Otra cosa distinta es que la sociedad, además de comunicar esta información a sus accionistas, les facilite los datos correspondientes a cada empresa para que estén mejor informados.

En definitiva, mientras no advirtamos otra cosa, daremos por sentado que la contabilidad se refiere a cada una de las empresas individuales, cuando el titular es una persona física, y a la sociedad en su conjunto, aunque tenga varias empresas, cuando el titular sea una sociedad mercantil.

Términos y expresiones clave explicados en este capítulo

Acciones (1.8.2.2)
Acciones con cotización oficial (1.8.2.2)
Acciones sin cotización oficial (1.8.2.2)
Accionista (1.8.2.2)
Análisis e interpretación de la información contable (1.6)
Auditoría (1.6)
Clases de empresas (1.3)
Comunicación de la información contable (1.6)
Contabilidad (1.7)
Contabilidad de Empresas (1.2)(1.7)
Contabilidad de la unidad económica familiar (1.2)
Contabilidad del Estado (1.2)
Contabilidad Nacional (1.2)
Empresa (1.3)
Elaboración de la información contable (1.6)
Empresas individuales (1.8.1)
Identificación (1.6)
Objeto de la Contabilidad de Empresas (1.5)
Participaciones (1.8.2.3)
Registro (1.6)
Sistema integrado de información para la gestión (1.7)
Sociedad anónima (1.8.2.2)
Sociedad colectiva (1.8.2.1)
Sociedad de responsabilidad limitada (1.8.2.3)
Sociedad mercantil (1.8.2)
Sujeto de la Contabilidad de Empresas (1.8)
Valoración (1.6)
Verificación (1.6)

CAPITULO

2

EL ACTIVO, EL PASIVO Y EL NETO. SU RELACION FUNDAMENTAL

OBJETIVOS DIDACTICOS DEL CAPITULO

A través del estudio de este capítulo se puede aprender lo siguiente:

1.° Alcance del concepto de patrimonio, como punto de partida para su estudio operativo.

2.° Significado de un estado de inventario o balance extracontable, y modo de elaborarlo.

3.° Concepto de elementos patrimoniales, y problema que plantea la disparidad de su denominación.

4.° Modo de operar con una normalización de los elementos patrimoniales en línea con la que incluye el nuevo Plan General de Contabilidad.

5.° Conceptos básicos de masa patrimonial, y de Activo, Pasivo y Neto.

6.° Ecuación fundamental del patrimonio, clave de la relación básica existente entre las masas patrimoniales de Activo, Pasivo y Neto.

7.° Una lista de los elementos patrimoniales que se emplearán con más frecuencia, ajustada al nuevo Plan General de Contabilidad.

2.1. EL PATRIMONIO DE LA EMPRESA: UNA PRIMERA APROXIMACION

Composición del patrimonio de una empresa:

El patrimonio de una empresa, sea individual o social, está formado por:

— el conjunto de bienes y derechos que le pertenecen y
— el conjunto de obligaciones a que ha de hacer frente.

• **Bienes.**

Entre los bienes que pueden pertenecer a una empresa se encuentran: edificios, solares, muebles, ordenadores electrónicos, camiones, etcétera.

• **Derechos.**

Entre los derechos pueden figurar las deudas que tengan con ella los clientes, etc.

• **Obligaciones.**

Entre las obligaciones a que ha de hacer frente la empresa cabe hablar de: las deudas con los bancos que le hayan prestado dinero, las deudas con los proveedores a quienes se haya comprado a crédito, etc.

Valor del patrimonio.

El ***valor del patrimonio*** se determina por la diferencia entre el valor del conjunto de bienes y derechos, por un lado, y el valor de las obligaciones por otro. Al valor del patrimonio también se le denomina neto patrimonial o patrimonio neto.

2.2. EL ESTADO DE INVENTARIO O BALANCE EXTRACONTABLE

El concepto de patrimonio no se asienta en una noción contable previa.

El concepto de patrimonio que acabamos de establecer no se asienta en ninguna noción contable previa. Más bien ocurre al contrario, va a ser el desarrollo de la Contabilidad el que va a quedar fundamentado en este concepto.

Por eso, aunque una persona no sepa contabilidad, puede hacer un recuento físico que conduzca a la descripción y valoración de los diferentes componentes del patrimonio de una empresa en un momento dado. Este recuento recibe el nombre de ***inventario*** y el documento en el que se recoge por escrito se denomina ***Estado de inventario o Balance extracontable***.

Un ejemplo de Estado de inventario.

COLICORSA (Comercio de Licores, Sociedad Anónima), sociedad que se dedica a la comercialización de licores, fue constituida el día 8 de noviembre de 1988, por seis socios, cada uno de los cuales se comprometió a aportar en la escritura de constitución de la sociedad 2 millones de pesetas; ese mismo día se ingresó en la cuenta corriente del banco el importe total de esos compromisos de aportación al capital social de COLICORSA. Con fecha 15 de noviembre el socio de más edad decidió hacer un inventario de todos los bienes que poseía la empresa en esa fecha. El socio que realizó el inventario no tenía otros conocimientos de contabilidad más que la noción de patrimonio que acabamos de exponer.

Estado de inventario preparado por el socio de más edad.

Estado de inventario de COLICORSA
con fecha 15 de noviembre de 1988
(redactado por el socio de más edad)

BIENES Y DERECHOS	
— Local comercial (valor de la construcción)	7.500.000
— Local comercial (valor del terreno)	2.800.000
— Licores nacionales	1.900.000
— Licores extranjeros	1.500.000
— Vinos	1.000.000
— Furgoneta para reparto (B-8676-WL)	3.600.000
— Dinero en Caja	700.000
— Dinero en c/c bancaria	4.000.000
Valor de todos los bienes y derechos	23.000.000
OBLIGACIONES CON TERCEROS	
— Préstamo del banco a pagar en tres años	11.000.000
Valor de las obligaciones	11.000.000
PATRIMONIO NETO	
— Aportaciones de los seis socios	12.000.000
Valor del patrimonio de COLICORSA	12.000.000

2.3. ELEMENTOS PATRIMONIALES

Componentes del patrimonio.

Una primera consideración que cabe hacer del Estado de inventario de COLICORSA, es que en él aparecen una serie de componentes, entre ellos:

— Licores nacionales.
— Licores extranjeros.
— Furgoneta.
— Préstamo del banco a pagar en tres años.

Elementos patrimoniales.

Estos componentes se denominan en Contabilidad elementos patrimoniales. Y se entiende en general que los ***elementos patrimoniales*** son los distintos ítems o partidas que forman el patrimonio de una entidad.

2.4. EL PROBLEMA DE LA DISPARIDAD EN LA IDENTIFICACION Y DENOMINACION DE LOS ELEMENTOS PATRIMONIALES

Los Estados de inventario pueden ser distintos.

Siguiendo con el ejemplo, conviene llamar la atención sobre el hecho de que, si todos y cada uno de los socios procediera a preparar un Estado de inventario de COLICORSA, llegarían a documentos diferentes, al menos por dos motivos:

• Por distinguir diferentes elementos patrimoniales.

De una parte, no tienen por qué distinguir los mismos elementos patrimoniales, si previamente no se han puesto de acuerdo. Esto quiere decir que, por ejemplo, y fijándonos solamente en los elementos patrimoniales

- Licores nacionales 1.900.000
- Licores extranjeros 1.500.000

es previsible que algún otro socio agruparía todos los licores, cualquiera que fuera su nacionalidad, en una única denominación que llamaría «licores»; así aparecería:

- Licores .... 3.400.000.

Algún otro socio habría establecido una clasificación diferente de los licores, y habría distinguido entre «licores europeos» y «licores americanos». Y ahí no terminarían las posibilidades, ya que otros socios habrían aplicado sin duda distintos criterios.

• Por denominar a los elementos patrimoniales de diferente manera.

De otra parte, cada socio habría dado un nombre diferente a los mismos elementos patrimoniales; por ejemplo, al elemento patrimonial que se ha denominado «licores nacionales» otros quizás lo habrían llamado «licores del país». Algo parecido habría podido suceder con «licores extranjeros». Así pues, la clasificación:

- Licores nacionales 1.900.000
- Licores extranjeros 1.500.000

puede aparecer de esta otra forma:

- Licores del país 1.900.000
- Licores importados 1.500.000

Posibilidad de hacer experimentos.

Lo que hemos planteado en este ejemplo puede generalizarse. Pongamos ahora el caso de todos los alumnos de una clase preparando el Estado de inventario de la papelería más cercana, y llegaríamos a situarnos ante los mismos problemas. Cada alumno obtendrá una agrupación de los bienes, derechos y obligaciones, y si algunos coinciden en la agrupación, muy probablemente la designarán con un nombre diferente.

De este modo nos podríamos encontrar con otro Estado de inventario elaborado por el socio más joven, que fuera de la siguiente manera:

Véase como muestra el Estado de inventario que haría el socio más joven y compárese con el que hacía el socio de más edad.

Estado de inventario de COLICORSA
con fecha 15 de noviembre de 1988
(elaborado por el socio más joven)

BIENES Y DERECHOS	
— Edificios para el negocio (solar aparte)	7.500.000
— Solar en que está enclavado el edificio	2.800.000
— Existencias de licores y vinos	4.400.000
— Vehículo para el reparto	3.600.000
— Dinero en metálico en caja	700.000
— Dinero disponible en el banco	4.000.000
Valor de todos los bienes y derechos	23.000.000
OBLIGACIONES CON TERCEROS	
— Deuda con el banco por préstamo a tres años	11.000.000
Valor de obligaciones	11.000.000
PATRIMONIO NETO	
— Dinero entregado por los socios como tales	12.000.000
Valor del patrimonio de COLICORSA	12.000.000

Compruébese que el Estado de inventario hecho por el socio de más edad contiene diferencias con el presentado por el socio más joven.

Puede observarse que este Estado de inventario de COLICORSA contiene elementos patrimoniales diferentes del Estado de inventario presentado por el socio de más edad, reproducido anteriormente.

Esto puede dificultar el entendimiento entre los socios cuando se reúnan, por ejemplo, para tratar de la situación de la empresa a la que han aportado su dinero.

2.5. LA NORMALIZACION DE LOS ELEMENTOS PATRIMONIALES

Normalización de la terminología.

El riesgo de una heterogeneidad tan grande como la apuntada anteriormente en la identificación y denominación de los elementos patrimoniales, se elimina en contabilidad disponiendo de una lista predeterminada de ellos. Se trata de ponerse de acuerdo en una especie de diccionario básico, que propondremos al final de este capítulo y a través del cual cabe lograr una ***normalización*** o estandarización en la tarea de identificación y denominación ***de los elementos patrimoniales***.

2.5.1 UNA PRIMERA PROPUESTA

Anticipación de los términos que afectan al supuesto.

Los términos de ese diccionario que serían aplicables a nuestro ejemplo, son los siguientes:

Capital social. Cantidad que figura como tal en las escrituras de las sociedades que presentan forma mercantil.

Deudas a largo plazo con entidades de crédito. Deudas contraídas con entidades de crédito por préstamos recibidos y otros débitos que no procedan de suministros de bienes, con vencimiento superior a un año.

Terrenos y bienes naturales. Solares de naturaleza urbana, fincas rústicas y otros terrenos no urbanos, así como las minas y canteras.

Construcciones. Construcciones en general, cualquiera que sea su destino. No se incluye aquí el valor del solar, que corresponde al elemento patrimonial «Terrenos y bienes naturales».

Elementos de transporte. Vehículos de todas clases, utilizables para el transporte terrestre, marítimo o aéreo de personas, animales, materiales o mercaderías, excepto todos aquellos elementos de transporte interno que se destinen a la misma finalidad dentro de las factorías, talleres, etcétera, sin salir al exterior.

Mercaderías. Cosas adquiridas por la empresa y destinadas a la venta sin transformación.

Caja, ptas. Disponibilidades de medios líquidos en caja.

Bancos e instituciones de crédito, c/c vista, pesetas. Saldos a favor de la empresa, en cuentas corrientes a la vista de disponibilidad inmediata en bancos e instituciones de crédito, entendiendo por tales, Cajas de Ahorros, Cajas Rurales y Cooperativas de Crédito para los saldos situados en España. Este elemento patrimonial lo denominaremos, de ahora en adelante, de un modo abreviado, **Bancos c/c.**

Cabe decir que el ***capital inicial en la vida de una empresa*** coincide normalmente con el valor del patrimonio inicial. Pero después, la empresa empezará sus operaciones que determinarán que el valor del patrimonio vaya aumentando o vaya disminuyendo; en definitiva, supondrán una diferenciación entre el importe del capital y el valor del patrimonio, patrimonio neto o neto patrimonial.

Estado de inventario redactado de acuerdo con esa lista.

El Estado de Inventario, redactado con esta terminología normalizada, es:

Estado de inventario
con fecha 15 de noviembre de 1988
(ajustado a la terminología normalizada)

BIENES Y DERECHOS	
— Mercaderías	4.400.000
— Terrenos y bienes naturales	2.800.000
— Construcciones	7.500.000
— Elementos de transporte	3.600.000
— Caja, ptas.	700.000
— Bancos c/c	4.000.000
Valor de los bienes y derechos	23.000.000
OBLIGACIONES CON TERCEROS	
— Deudas a largo plazo con entidades de crédito	11.000.000
Valor de las obligaciones	11.000.000
PATRIMONIO NETO	
— Capital social	12.000.000
Valor del patrimonio neto	12.000.000

De esta manera, el socio más joven y el socio de más edad, que habían presentado un Estado de inventario diferente, sí habrían coincidido en el Estado de inventario que acabamos de transcribir, si hubieran aceptado la terminología propuesta.

2.5.2. LA NORMALIZACION DE LA TERMINOLOGIA Y EL NUEVO PLAN GENERAL DE CONTABILIDAD

La normalización prevista en el Plan General de Contabilidad.

En los diferentes países, se ha procurado promover una armonización de la terminología contable. Esto ha ocurrido también en España, donde existe un Plan General de Contabilidad. En él, entre otros aspectos de la contabilidad, se presenta una relación de las denominaciones a aplicar a los elementos patrimoniales, acompañada de las correspondientes definiciones y explicaciones.

La terminología que hemos propuesto está adaptada al nuevo Plan General de Contabilidad. Al final de este capítulo ofreceremos una lista más completa, aunque no exhaustiva.

2.6. MASAS PATRIMONIALES ACTIVO, PASIVO Y NETO

La agrupación de los elementos patrimoniales.

Otra consideración que cabe hacer respecto de los diferentes Estados de Inventario que han ido apareciendo, es la colocación de los diferentes elementos patrimoniales en tres bloques diferentes:

— Bienes y derechos.
— Obligaciones con terceros.
— Patrimonio neto.

Una posibilidad, las masas patrimoniales de:

Esos bloques de elementos patrimoniales se denominan en Contabilidad masas patrimoniales. Las ***masas patrimoniales*** son así agrupaciones de elementos patrimoniales que tienen una misma significación económica y financiera.

Podríamos distinguir, en principio, dos masas patrimoniales: el Activo y el Pasivo en sentido amplio.

• Activo.

El ***Activo*** estaría integrado por el conjunto de bienes y derechos que pertenecen a la empresa.

• Pasivo en sentido amplio.

El ***Pasivo (en sentido amplio)*** estaría formado por las obligaciones que tiene la empresa.

Este pasivo en sentido amplio abarcaría, en el ejemplo que hemos puesto anteriormente:

— Deudas a largo plazo con entidades de crédito.
— Capital social.

Estos elementos patrimoniales recogen:

— Un préstamo del banco a tres años.
— Las aportaciones de los seis socios.

División del Pasivo en sentido amplio.

En ambos casos estamos ante dos obligaciones económicas de la empresa, pero que son dos obligaciones de naturaleza distinta.

— El préstamo habrá de ser devuelto al cabo de tres años, y llevará aparejados unos intereses predeterminados, que habrán de ser pagados en las fechas en que se pacte.

— Las aportaciones de los socios se hacen pensando en que la empresa no las va a devolver hasta que ésta se disuelva. Por otro lado, los socios no van a cobrar una cantidad predeterminada como participación en los beneficios, sino que van a estar a expensas de que haya beneficios o no los haya.

De aquí que en contabilidad se haya venido distinguiendo dos masas patrimoniales diferentes dentro de lo que hemos llamado Pasivo en sentido amplio. Estas dos masas son: el Pasivo y el Patrimonio neto o Neto patrimonial, con la significación siguiente:

• Pasivo en sentido estricto.

— El ***Pasivo (en sentido estricto)*** recoge las deudas para con terceras personas, distintas de los socios en cuanto tales.

— El ***Neto patrimonial*** o Patrimonio neto incluye las aportaciones iniciales y posteriores, hechas por los socios a la empresa, así como los beneficios que no retiren de ella, sino que vayan dejando como complemento de sus aportaciones.

• **Neto patrimonial.**

Agrupando los elementos patrimoniales del ejemplo en las tres masas patrimoniales: Activo, Pasivo y Neto, tendríamos:

Ejemplo.

Estado de inventario

Activo	
Mercaderías	4.400.000
Caja, ptas.	700.000
Terrenos y bienes naturales	2.800.000
Construcciones	7.500.000
Elementos de transporte	3.600.000
Bancos c/c	4.000.000
Total Activo	**23.000.000**
Pasivo	
Deudas a largo plazo con entidades de crédito	11.000.000
Total Pasivo	**11.000.000**
Neto patrimonial	
Capital social	12.000.000
Total Neto patrimonial	**12.000.000**

2.7. ECUACION FUNDAMENTAL DEL PATRIMONIO

Las masas patrimoniales guardan una relación que se puede expresar de la siguiente manera:

La ecuación fundamental del patrimonio.

ACTIVO = PASIVO + NETO

A esta relación se la denomina ***ecuación fundamental del patrimonio***. Esta ecuación se mantiene a lo largo de la vida de la empresa.

De acuerdo con esta ecuación, el Estado de inventario del ejemplo podría escribirse todavía de otra manera:

Ejemplo.

Estado de inventario

Activo		Pasivo y Neto patrimonial	
Mercaderías	4.400.000	Deudas a largo plazo con entidades de crédito	11.000.000
Terrenos y bienes naturales	2.800.000	Capital social	12.000.000
Caja, ptas.	700.000		
Construcciones	7.500.000		
Elementos de transporte	3.600.000		
Bancos c/c	4.000.000		
Total Activo	**23.000.000**	**Total Pasivo**	**23.000.000**

Los términos de la ecuación se colocan siempre del mismo modo:
- **Izquierda: Activo.**
- **Derecha: Pasivo y Neto.**

Conviene hacer una precisión en torno a la colocación en que aparecen las masas patrimoniales en la ecuación fundamental y en el estado de inventario, que no dejará de tener importancia después, aunque ahora no pase de una simple curiosidad. En efecto, cualquiera que sea el manual de contabilidad que consultemos y cualquiera que sea la empresa a la que pidamos su Estado de inventario, siempre encontraremos el Activo a la izquierda y el Pasivo y Neto a la derecha, tanto de la ecuación como del estado de inventario. Es un convenio admitido y respetado con generalidad.

Aspectos a distinguir en la ecuación:
- **Estructura financiera.**
- **Estructura económica.**

De esta manera, podemos decir que el Estado de inventario muestra los dos aspectos que cabe distinguir con relación al patrimonio:

— en su parte derecha, la ***estructura financiera*** de la empresa, es decir, el modo en que está financiada la empresa.

— en su parte izquierda muestra lo que se ha dado en llamar la ***estructura económica*** de la empresa. Es decir, contiene de hecho la explicación de la manera de materializarse el valor a que ha accedido la empresa.

Conviene hacer una precisión terminológica. Aquí el término «económico» se emplea en una acepción restringida, ya que lo financiero es una categoría de lo económico.

2.8. ESTUDIO OPERATIVO DE LA ECUACION FUNDAMENTAL DEL PATRIMONIO

Insistimos con un supuesto en la Ecuación Fundamental del Patrimonio.

La importancia que tiene para nosotros la Ecuación Fundamental del Patrimonio, nos aconseja insistir sobre ella desde una perspectiva operativa. Por eso propondremos un supuesto en el que, partiendo de la descripción de un patrimonio, presentaremos el estado de inventario ajustado a la terminología propuesta al final del capítulo, así como la expresión cuantitativa de la ecuación fundamental.

2.8.1. ENUNCIADO DE UN SUPUESTO

Enunciado del supuesto.

HELASA es una sociedad anónima cuyo objeto social es la comercialización de helados al por mayor. La sociedad hace un recuento físico de su patrimonio al 31 de diciembre de 19X9, del que se deriva la siguiente descripción y valoración de los elementos patrimoniales:

1. *Aportaciones dinerarias y no dinerarias realizadas a la unidad económica por sus propietarios, 7.000.000 ptas.*
2. *Dinero en efectivo en caja, 800.000 ptas.*
3. *Obligaciones de pago contraídas con los suministradores de las mercaderías, mediante facturas, 2.000.000 ptas.*
4. *Importe del dinero que se encuentra en las cuentas corrientes a la vista, en los Bancos e instituciones de crédito, 500.000 ptas.*
5. *Deuda correspondiente a un préstamo concedido por el Banco del Norte, a pagar en 2 años, 5.000.000 ptas.*
6. *Edificio en que se encuentra dicha sociedad, cuyo solar se valora en 1.500.000 ptas. y la construcción en 6.000.000 ptas.*
7. *Una furgoneta frigorífica valorada en 1.200.000 ptas.*
8. *Derechos de cobro sobre compradores de mercaderías, documentados mediante facturas por importe de 1.000.000 ptas.*
9. *Existencias en los almacenes de productos destinados a la venta sin trasformación, 3.000.000 ptas.*

SE PIDE:

1. *Presentar el Estado de inventario de HELASA al 31 de diciembre de 19X9 aplicando la terminología del Plan General de Contabilidad.*
2. *Expresión cuantitativa de la ecuación fundamental del patrimonio.*

2.8.2. SOLUCION DEL SUPUESTO

Solución del supuesto.

1. Estado de inventario de HELASA a 31 de diciembre de 19X9

Estado de inventario

Activo		Pasivo	
Caja, ptas.	800.000	Capital social	7.000.000
Bancos c/c	500.000	Proveedores (ptas.)	2.000.000
Construcciones	6.000.000	Deudas a largo plazo con entidades de crédito	5.000.000
Terrenos y bienes naturales	1.500.000		
Elementos de transporte	1.200.000		
Clientes (ptas.)	1.000.000		
Mercaderías	3.000.000		
Total	14.000.000	**Total**	14.000.000

2. Expresión cuantitativa de la ecuación fundamental del patrimonio

ACTIVO	=	PASIVO	+	NETO
14.000.000		7.000.000		7.000.000

Términos y expresiones clave explicados en este capítulo

Activo (2.6)
Balance extracontable (2.2)
Capital inicial (2.5.1)
Ecuación fundamental del patrimonio (2.7)
Elementos patrimoniales (2.3)
Estado de inventario (2.2)
Estructura económica (2.7)
Estructura financiera (2.7)
Inventario (2.2)
Masas patrimoniales (2.6)
Neto patrimonial (2.6)
Normalización de elementos patrimoniales (2.5)
Pasivo (2.6)
Pasivo en sentido amplio (2.6)
Patrimonio de una empresa (2.1)
Patrimonio neto (2.6)
Plan General de Contabilidad (2.5.2)
Valor del patrimonio (2.1)

Relación de elementos patrimoniales del Activo, Pasivo y Neto

A) PRESENTACION

Lista de elementos patrimoniales.

La importancia que tienen los elementos patrimoniales para la aplicación de la Contabilidad de Empresas, nos lleva a entrar en los pormenores de la elaboración de la lista que proponemos.

No hace falta saberse la lista, sólo estudiarla y consultarla.

Esta relación no ha de constituir materia directa de estudio, sino que ha de manejarse como un material didáctico auxiliar, que nos sirve para homogeneizar la terminología. Por ello, conviene hacer una lectura somera, y emplearla cuando sea necesario, especialmente en la solución de supuestos.

Normas para su interpretación:

Para interpretar adecuadamente esa lista conviene tener presentes las siguientes consideraciones:

1.ª Está inspirada en el Plan General de Contabilidad.

1.ª La lista está ajustada al nuevo Plan General de Contabilidad. Pensamos que, aunque pudiera ser discutible en algunos casos, no deja de ser una terminología que se caracteriza por su generalidad en nuestro país; y esto ya es una ventaja. Además, nos situamos ya en línea con lecciones posteriores, en las que seguiremos de cerca el desarrollo del Plan General de Contabilidad.

• Los elementos están codificados.

Esto último justifica también el número que aparece delante de cada elemento patrimonial. De momento, no lo utilizaremos; después explicaremos el significado del código que prevé el Plan General de Contabilidad para cada uno de los elementos patrimoniales.

2.ª Número elevado de elementos patrimoniales.

2.ª La lista contiene un número elevado de elementos patrimoniales. De esta manera intentamos eliminar la sensación de encorsetamiento a que nos puede conducir el hecho de disponer de un vocabulario muy limitado.

3.ª Agrupación de los elementos patrimoniales.

3.ª Los elementos patrimoniales están agrupados en subconjuntos y éstos en conjuntos de elementos dentro de cada masa patrimonial. Podrá observarse que los diferentes elementos patrimoniales, que se distinguen por ir precedidos de un código:

— se integran en subconjuntos de elementos patrimoniales, tales como las Inmovilizaciones materiales e Inmovilizaciones inmateriales,

— y, a su vez, estos subconjuntos se agrupan en conjuntos de éstos, como pueden ser, en este mismo caso, el Inmovilizado.

4.ª Hay subconjuntos sin codificar.

4.ª Todos los elementos patrimoniales aparecen codificados, menos los que se han incluido en el conjunto de «Bienes no pertenecientes al inmovilizado». La razón es que el Plan General de Contabilidad, si bien emplea las denominaciones que proponemos, las encuadra dentro de un planteamiento especial, que veremos posteriormente con el debido detenimiento.

Hemos procedido a dar un concepto de aquellos conjuntos y subconjuntos que nos parece que lo precisaban, para comprender mejor su contenido. Todos ellos aparecen en el siguiente cuadro:

ACTIVO

- INMOVILIZADO
  - Gastos de establecimiento.
  - Inmovilizaciones inmateriales.
  - Inmovilizaciones materiales.
  - Otras inversiones financieras permanentes.
  - Gastos a distribuir en varios ejercicios.
- BIENES NO INCLUIDOS EN EL INMOVILIZADO
- DEUDORES POR OPERACIONES DE TRAFICO (O DE LA ACTIVIDAD NORMAL DE LA EMPRESA)
- CUENTAS FINANCIERAS
  - Inversiones financieras temporales.
  - Tesorería.

NETO PATRIMONIAL

PASIVO EXIGIBLE

- PASIVO EXIGIBLE A LARGO PLAZO
  - Deudas a largo plazo por préstamos recibidos y otros conceptos.
- PASIVO EXIGIBLE A CORTO PLAZO
  - Acreedores por operaciones de tráfico
  - Deudas a largo plazo por préstamos recibidos y otros conceptos.

B) ALGUNOS DE LOS ELEMENTOS PATRIMONIALES DE LAS MASAS DE ACTIVO, PASIVO Y NETO

ACTIVO

INMOVILIZADO: Comprende los elementos del patrimonio destinados a servir de forma duradera en la actividad de la empresa. También se incluyen en este grupo los «gastos de establecimiento» y los «gastos a distribuir en varios ejercicios».

Gastos de establecimiento

200 Gastos de constitución: Gastos necesarios para llevar a efecto la constitución de la empresa. La nota más característica de estos gastos es su naturaleza jurídico formal. Se citan, a modo de ejemplo, honorarios de letrados, notarios y registradores; impresión de memorias, boletines y títulos; tributos; publicidad de la constitución; comisiones y otros gastos de colocación de títulos.

201 Gastos de primer establecimiento: Gastos necesarios hasta que la empresa inicie su actividad productiva, al establecerse aquélla o con motivo de ampliaciones de su capacidad. Se citan, a modo de ejemplo, honorarios, gastos de viaje y otros para estudios previos de naturaleza técnica y económica; publicidad de lanzamiento económico; captación, adiestramiento y distribución del personal hasta la puesta en marcha, etcétera.

202 Gastos de ampliación de capital: Gastos inherentes a la ampliación de capital; normalmente guardarán gran analogía con los citados en la cuenta de gastos de constitución.

Inmovilizaciones inmateriales: Elementos patrimoniales intangibles, constituidos por derechos susceptibles de valoración económica.

210 Gastos de investigación y desarrollo

Investigación: Es la indagación original y planificada que persigue descubrir nuevos conocimientos y superior comprensión en los terrenos científico o técnico.

Desarrollo: Es la aplicación concreta de los logros obtenidos en la investigación hasta que se inicia la producción comercial.

211 Concesiones administrativas: Gastos efectuados para la obtención de derechos de investigación o de explotación otorgados por el Estado u otras Administraciones Públicas, o el precio de adquisición de aquellas concesiones susceptibles de transmisión.

212 Propiedad industrial: Importe satisfecho por la propiedad, o por el derecho al uso, o a la concesión del uso, de las distintas manifestaciones de la propiedad industrial, en los casos en que, por las estipulaciones del contrato, deban inventariarse por la empresa adquirente. Comprenderá también los gastos realizados en investigación y desarrollo, cuando los resultados de los respectivos proyectos fuesen positivos y, cumpliendo los necesarios requisitos legales, se inscribieran en el correspondiente Registro.

215 Aplicaciones informáticas: Importe satisfecho por la propiedad o por el derecho al uso de programas informáticos; se incluirán los elaborados por la propia empresa.

> **Inmovilizaciones materiales:** Elementos patrimoniales tangibles, ya sean muebles o inmuebles.

220 Terrenos y bienes naturales: Solares de naturaleza urbana, fincas rústicas, otros terrenos no urbanos, minas y canteras.

221 Construcciones: Edificaciones en general, cualquiera que sea su destino. El valor del solar se incluirá dentro de terrenos y bienes naturales.

222 Instalaciones técnicas: Unidades complejas de uso especializado en el proceso productivo, que comprenden: edificaciones, maquinaria, material, piezas o elementos, incluidos los sistemas informáticos, que aún siendo separables por naturaleza, están ligados de forma definitiva, para su funcionamiento y sometidos al mismo ritmo de amortización. Se incluyen los repuestos o recambios válidos exclusivamente para este tipo de instalaciones.

223 Maquinaria: Conjunto de máquinas mediante las cuales se realiza la extracción o elaboración de los productos. Incluirá también todos aquellos elementos de transporte interno que se dediquen al traslado de personas, animales, material y mercaderías dentro de las factorías, talleres, etc., sin salir al exterior.

224 Utillaje: Conjunto de utensilios o herramientas que se pueden utilizar autónomamente o conjuntamente con la maquinaria.

225 Otras instalaciones: Conjunto de elementos ligados de forma definitiva para su funcionamiento y sometidos al mismo ritmo de amortización distintos de los señalados en la cuenta de instalaciones técnicas. Se incluirán también sus repuestos.

226 Mobiliario: Mobiliario, material y equipos de oficina, con excepción de los que se consideran equipos para procesos de información.

227 Equipos para procesos de información: Ordenadores y demás equipos electrónicos.

228 Elementos de transporte: Vehículos de todas clases utilizables para el transporte terrestre, marítimo o aéreo de personal, animales, materiales o mercaderías, excepto todos aquellos elementos de transporte de uso interno, y que están incluidos en Maquinaria.

229 Otro inmovilizado material: Cualesquiera otras inmovilizaciones materiales, no incluidas en otro elemento patrimonial de las inmovilizaciones materiales.

Otras inversiones financieras permanentes: Inversiones financieras permanentes cualquiera que sea su forma de instrumentación, incluidos los intereses devengados, con vencimiento superior a un año.

250 Inversiones financieras permanentes en capital: Inversiones a largo plazo en derechos sobre el capital —acciones con o sin cotización en un mercado secundario organizado u otros valores— siempre que la tenedora las adquiera con idea de permanencia.

251 Valores de renta fija: Inversiones a largo plazo en obligaciones, bonos u otros valores de renta fija.

252 Créditos a largo plazo: Préstamos y otros créditos no comerciales concedidos a terceros, incluidos los formalizados mediante efectos de giro, con vencimiento superior a un año.

253 Créditos a largo plazo por enajenación de inmovilizado: Créditos a terceros cuyo vencimiento sea superior a un año, con origen en operaciones de enajenación de inmovilizado.

254 Créditos a largo plazo al personal: Créditos concedidos al personal de la empresa cuyo vencimiento sea superior a un año.

Gastos a distribuir en varios ejercicios: Gastos que se considera que tienen proyección económica futura.

270 Gastos de formalización de deudas: Gastos de emisión y modificación de valores de renta fija y de formalización de deudas, entre los que se incluyen los de escritura pública, impuestos, confección de títulos, y otros similares.

EXISTENCIAS DE BIENES NO PERTENECIENTES AL INMOVILIZADO

Mercaderías: Cosas adquiridas por la empresa y destinadas a la venta sin transformación.

Materias primas: Las que, mediante elaboración o transformación, se destinan a formar parte de los productos fabricados.

Elementos y conjuntos incorporables: Los fabricados normalmente fuera de la empresa y adquiridos por ésta para incorporarlos a su producción sin someterlos a transformación.

Combustibles: Materias energéticas susceptibles de almacenamiento.

Repuestos: Piezas destinadas a ser montadas en instalaciones, equipos o máquinas en sustitución de otras semejantes. Se incluirán las que tengan un ciclo de almacenamiento inferior a un año.

Materiales diversos: Otras materias de consumo que no han de incorporarse al producto fabricado.

Embalajes: Cubiertas o envolturas, generalmente irrecuperables, destinadas a resguardar productos o mercaderías que han de transportarse.

Envases: Recipientes o vasijas, normalmente destinadas a la venta, juntamente con el producto que contienen.

Material de oficina: El destinado a la finalidad que indica su denominación.

Otros aprovisionamientos: Cualquier otra clase de aprovisionamientos susceptibles de almacenamiento.

Productos en curso: Los que se encuentran en fase de formación o transformación al cierre del ejercicio (o período).

Productos semiterminados: Los fabricados por la empresa y no destinados normalmente a su venta, hasta tanto sean objeto de elaboración, incorporación o transformación posterior.

Productos terminados: Los fabricados por la empresa y destinados al consumo final o a su utilización por otras empresas.

Subproductos: Los de carácter secundario o accesorio de la fabricación principal.

Residuos: Los obtenidos inevitablemente y al mismo tiempo que los productos o subproductos, siempre que tengan valor intrínseco y puedan ser utilizados o vendidos.

Materiales recuperados: Los que, por tener valor intrínseco, entran nuevamente en almacén, después de haber sido utilizados en el proceso productivo.

DEUDORES POR OPERACIONES DE TRAFICO: Cuentas personales y efectos comerciales activos, que tienen su origen en el tráfico o actividad normal de la empresa, así como las cuentas con las Administraciones Públicas.

407 Anticipos a proveedores: Entregas a proveedores, normalmente en efectivo, en concepto de «a cuenta» de suministros futuros.

4300 Clientes (pesetas): Créditos, en pesetas, con compradores de mercaderías y demás bienes no pertenecientes al inmovilizado, así como con los usuarios de los servicios prestados por la empresa, siempre que constituyan una actividad principal.

4309 Clientes, facturas pendientes de formalizar: Situación transitoria respecto a las relaciones con los clientes. Se produce por haber entregado mercaderías u otros bienes sin su correspondiente factura, o cuando ésta no resulta «de conformidad».

431 Clientes, efectos comerciales a cobrar: Créditos con clientes, formalizados en efectos de giro aceptados por el cliente.

4310 Efectos comerciales en cartera: Créditos con clientes, formalizados en efectos de giro aceptados por los clientes y que no han vencido.

4315 Efectos comerciales impagados: Créditos con clientes, formalizados en efectos de giro aceptados por los clientes y que no han sido pagados a su vencimiento.

435 Clientes de dudoso cobro: Saldos de clientes, incluidos los formalizados en efectos de giro, en los que concurran circunstancias que permitan razonablemente su calificación como de dudoso cobro.

440 Deudores: Créditos con compradores de servicios que no tienen la condición estricta de clientes, y con otros deudores de tráfico no incluidos en otras cuentas.

441 Deudores, efectos comerciales a cobrar: Créditos con deudores, formalizados en efectos de giro aceptados.

445 Deudores de dudoso cobro: Saldos de deudores, incluidos los formalizados en efectos de giro, en los que concurran circunstancias que permiten razonablemente su calificación como de dudoso cobro.

470 Hacienda Pública, deudor por diversos conceptos: Todas aquellas percepciones que sean debidas por motivos fiscales o de fomento realizadas por las Administraciones Públicas, excluida la Seguridad Social.

471 Organismos de la Seguridad Social, deudores: Créditos a favor de la empresa, de los diversos Organismos de la Seguridad Social, relacionados con las prestaciones sociales que ellos efectúen.

CUENTAS FINANCIERAS: Deudas y créditos por operaciones ajenas al tráfico, con vencimiento no superior al año, y medios líquidos disponibles.

Otras inversiones financieras temporales: Inversiones realizadas por la empresa para materializar excesos transitorios de tesorería, con el fin de obtener una renta, así como la parte de las inversiones a largo plazo que tenga vencimiento a corto plazo; también comprende los créditos concedidos con plazo inferior a un año.

540 Inversiones financieras temporales en capital: Inversiones a corto plazo en derechos sobre el capital —acciones con o sin cotización en un mercado secundario organizado u otros valores.

541 Valores de renta fija a corto plazo: Inversiones a corto plazo, por suscripción o adquisición de obligaciones, bonos u otros valores de renta fija.

542 Créditos a corto plazo: Los préstamos y otros créditos no comerciales concedidos a terceros, incluidos los formalizados mediante efectos de giro, con vencimiento no superior a un año.

543 Créditos a corto plazo por enajenación de inmovilizado: Créditos a terceros, cuyo vencimiento no sea superior a un año, con origen en operaciones de enajenación de inmovilizado.

544 Créditos a corto plazo al personal: Créditos concedidos al personal de la empresa, cuyo vencimiento no sea superior a un año.

548 Imposiciones a corto plazo: Saldos favorables en bancos e instituciones de crédito, formalizados por medio de «cuenta a plazo» o similares, con vencimiento no superior a un año y de acuerdo con las condiciones que rigen para el sistema financiero.

Tesorería

570 Caja, pesetas: Disponibilidades de medios líquidos en caja: monedas y billetes nacionales de curso legal.

571 Caja, moneda extranjera: Disponibilidades de medios líquidos en caja, divisas, monedas y billetes extranjeros, de curso legal en sus respectivos países, valorados en pesetas.

572 Bancos e instituciones de crédito, c/c vista, pesetas: Saldos a favor de la empresa, en cuentas corrientes a la vista, de disponibilidad inmediata en bancos e instituciones de crédito, entendiendo por tales, Cajas de Ahorros, Cajas Rurales, Cooperativas de Crédito para los saldos situados en España. Se excluirán los saldos en los bancos e instituciones citados, cuando no sean de disponibilidad inmediata. También se excluirán los saldos de disponibilidad inmediata, si no estuvieran en poder de los bancos o de las instituciones referidas.

573 Bancos e instituciones de crédito, c/c vista, moneda extranjera: Lo mismo que el elemento patrimonial anterior, si los saldos están situados en el extranjero.

574 Bancos e instituciones de crédito, cuenta de ahorro, pesetas: Lo mismo que el elemento patrimonial Bancos e instituciones de créditos c/c vista, pesetas, pero en cuentas de ahorro.

575 Bancos e instituciones de crédito, cuenta de ahorro, moneda extranjera: Lo mismo que el elemento patrimonial anterior si los saldos están situados en el extranjero.

NETO PATRIMONIAL

100 Capital social: Capital suscrito en las sociedades que revistan forma mercantil. Recogerá el valor de las aportaciones dinerarias o no dinerarias.

102 Capital: Valor de las aportaciones dinerarias y no dinerarias, realizadas a la unidad económica desde el mundo exterior por los propietarios de empresas individuales. Estará constituido, generalmente, por la diferencia entre el activo y el pasivo del negocio.

550 Titular de la explotación: Cuenta corriente mantenida con el titular de la explotación que expresa la relación existente entre el patrimonio personal del titular y la empresa a lo largo del ejercicio.

PASIVO

PASIVO EXIGIBLE A LARGO PLAZO: Comprende las deudas y créditos obtenidos con vencimiento superior a un año.

Deudas a largo plazo por préstamos recibidos y otros conceptos: Financiación ajena a largo plazo no instrumentada en valores mobiliarios negociables.

170 Deudas a largo plazo con entidades de crédito: Deudas contraídas con entidades de crédito por préstamos recibidos y otros débitos con vencimiento superior a un año.

171 Deudas a largo plazo: Las contraídas con terceros por préstamos recibidos y otros débitos, con vencimiento superior a un año.

173 Proveedores de inmovilizado a largo plazo: Deudas con suministradores de bienes incluidos en el inmovilizado, con vencimiento superior a un año.

174 Efectos a pagar a largo plazo: Deudas contraídas por préstamos recibidos y otros débitos con vencimiento superior a un año, instrumentadas mediante efectos de giro, incluidas aquellas que tengan su origen en suministros de bienes de inmovilizado.

PASIVO EXIGIBLE A CORTO PLAZO: Comprende las deudas y créditos obtenidos con vencimiento inferior a un año.

Acreedores por operaciones de tráfico: Cuentas personales y efectos comerciales pasivos que tienen su origen en el tráfico de la empresa, así como las cuentas con las Administraciones Públicas.

4000 Proveedores (pesetas): Deudas, en pesetas, con suministradores de mercancías y de los demás bienes no incluidos en el inmovilizado, así como los suministradores de servicios utilizados en el proceso productivo.

4009 Proveedores, facturas pendientes de recibir o formalizar: Situación transitoria respecto a las relaciones con los proveedores. Se produce por haberse recibido mercaderías u otros bienes sin su correspondiente factura, o cuando ésta no resulta «de conformidad».

401 Proveedores, efectos comerciales a pagar: Deudas, con proveedores, formalizadas en efectos de giro aceptados.

410 Acreedores por prestaciones de servicios: Deudas con suministradores de servicios que no tienen la condición estricta de proveedores.

411 Acreedores, efectos comerciales a pagar: Deudas con suministradores de servicios que no tienen la condición estricta de proveedores, formalizados en efectos de giro aceptados.

437 Anticipos de clientes: Entregas de clientes, normalmente en efectivo, en concepto de «a cuenta» de suministros futuros.

475 Hacienda Pública, acreedor por conceptos fiscales: Tributos a favor de las Administraciones Públicas, tanto si la empresa es contribuyente como si es sustituto del mismo o retenedor, pendientes de ingreso en el Tesoro.

476 Organismos de la Seguridad Social, acreedores: Deudas pendientes con Organismos de la Seguridad Social, como consecuencia de las prestaciones que éstos realizan.

Deudas a corto plazo por préstamos recibidos y otros conceptos: Financiación ajena a corto plazo no instrumentada en valores mobiliarios negociables, con vencimiento no superior a un año.

520 Deudas a corto plazo con entidades de crédito: Deudas contraídas con entidades de crédito por préstamos recibidos y otros débitos con vencimiento no superior a un año.

521 Deudas a corto plazo: Las contraídas con terceros por préstamos recibidos y otros débitos no incluidos en otras cuentas, con vencimiento no superior a un año.

523 Proveedores de inmovilizado a corto plazo: Deudas con suministradores de bienes incluidos en el inmovilizado, con vencimiento no superior a un año.

524 Efectos a pagar a corto plazo: Deudas contraídas por préstamos recibidos y otros débitos con vencimiento no superior a un año, instrumentadas mediante efectos de giro, incluidas aquellas que tengan su origen en suministros de bienes de inmovilizado.

CAPITULO

3

LOS HECHOS CONTABLES Y EL FUNCIONAMIENTO DE LAS CUENTAS DE ACTIVO, PASIVO Y NETO

OBJETIVOS DIDACTICOS DEL CAPITULO

A través de este capítulo se puede aprender lo siguiente:

1.° El concepto de hecho contable, su análisis y la manera de identificarlo.

2.° Representación de los hechos contables a través de las modificaciones sucesivas de la ecuación patrimonial.

3.° Una primera aproximación a las cuentas.

4.° Convenio fundamental del funcionamiento de las cuentas de Activo, Pasivo y Neto por el método de la partida doble.

5.° Una primera aproximación al Diario y al Mayor.

6.° Razonamiento contable básico para registrar los hechos contables.

7.° Aplicación práctica del convenio fundamental del funcionamiento de las cuentas de Activo, Pasivo y Neto.

3.1. LOS HECHOS CONTABLES Y SU IDENTIFICACION

La Contabilidad actúa como un radar.

Ya hemos señalado que, dentro de la actividad de la elaboración de la información contable, la primera función que se realiza es la identificación de aquellos hechos que han de ser registrados o tenidos en consideración, de alguna manera. En el desempeño de esta función la Contabilidad actúa como si fuera un radar que cubre el ámbito de la empresa .

Vigila la avalancha de hechos y documentos de todo tipo.

Es fácil comprobar que las empresas se encuentran inmersas en una avalancha de acontecimientos, a la vez que llegan a ellas gran cantidad de documentos, que en principio podrían interesar a la contabilidad de la empresa. Dicho de otra manera, la vida económica de las empresas se halla sumida en una dinámica de hechos muy diferentes, que es necesario examinar, a fin de identificar aquellos que pueden interesar a la Contabilidad.

Ejemplos de los diferentes documentos que pasan por la mesa del Jefe de Contabilidad.

Por ejemplo, en la bandeja de recepción de papeles que tiene en la mesa el Jefe de Contabilidad de MARMOLABSA (Mármoles Abulenses, S.A.), dedicada a la elaboración de mármoles, se encuentran los siguientes documentos el 2 de enero:

1. *Un cheque contra la cuenta corriente de MARMOLABSA en el Banco de Gredos, y que solamente está pendiente del visado del Jefe de Contabilidad para que un ordenanza vaya a cobrarlo.*
2. *El último informe de la OCDE en el que se preconiza una inmediata salida de la crisis económica en los países de la Comunidad Económica Europea.*
3. *Una factura de INCHAUSTISA, correspondiente a la adquisición de una maquinaria para el transporte de piedras desde la cantera a los talleres donde se preparan los bloques de mármol.*
4. *Documentación de un aval que el Banco de Gredos ha firmado a INCHAUSTISA, por el que dicho banco pagará la factura de ésta si MARMOLABSA no pudiera hacerlo.*
5. *Una nota interior por la que el Jefe de Personal comunica que, para empezar bien el año, los empleados jugaron en la tarde del día 1 un partido de fútbol contra el equipo del parque de bomberos de la localidad; el partido terminó sin goles. Todos los gastos corrieron a cargo del Ayuntamiento.*
6. *Un folleto anunciando las últimas novedades de una editorial especializada en numismática, que es un tema por el que el Jefe de Contabilidad tiene predilección.*

Selección de los hechos a tener en cuenta.

El Jefe de Contabilidad examinará todos y cada uno de los documentos, y dictaminará si son hechos que hayan de ser considerados por la Contabilidad o, por el contrario, si han de pasar desapercibidos. Es decir, el Jefe de Contabilidad dividirá los hechos en hechos contables y hechos no contables.

3.1.1. CONCEPTO DE HECHO CONTABLE

Caracterización de los hechos contables.

Entendemos que son ***hechos contables*** aquellos acontecimientos que afectan o pueden afectar significativamente al patrimonio de la empresa de una forma directa y concreta.

Análisis de estas características.

Hemos expuesto un concepto operativo de hecho contable, no un concepto teórico. Dada su importancia, conviene analizarlo con cuidado:

1.º Pueden ser independientes de la voluntad de la empresa.

En primer lugar, los acontecimientos pueden realizarse porque la empresa lo quiere, tal es el caso de una compra de un edificio, una venta de un camión, o pueden producirse sin su intervención e incluso contra su voluntad: por ejemplo, recibe una donación de dinero que no esperaba o padece un incendio.

2.º Pueden haber afectado al patrimonio o afectarlo en el futuro.

En segundo lugar, cuando decimos que «pueden afectar» al patrimonio de una empresa, nos referimos a los acontecimientos que no afectan de momento al patrimonio, pero si se cumplen ciertas condiciones o si se dejan de cumplir, lo afectarán. Por ejemplo, una empresa firma un contrato con otra que se está instalando, en virtud del cual la primera se compromete a vender a la segunda todas las materias primas que necesite en los tres primeros años a unos precios convenidos. Estamos realmente ante acontecimientos que se sitúan en las fronteras de la Contabilidad, de ahí que ésta ofrezca dos soluciones al respecto:

a) Registrarlos solamente para recordar que existe una posibilidad de modificación del patrimonio.

b) No registrarlos, pero incluirlo en los anexos complementarios a los estados contables, en una nota explicativa.

3.º Son hechos suficientemente significativos.

En tercer lugar, para que un acontecimiento sea conceptuado como hecho contable, ha de ser significativo. Una empresa no puede contabilizar la pléyade de acontecimientos minúsculos que afectan a su patrimonio. Por ejemplo, roban a una empresa una teja de un almacén que se valora en 5 ptas.; o la empresa regala un llavero de plástico. Su contabilidad no debe registrarlo.

4.º Tienen que ver con la empresa de una forma directa y concreta.

En cuarto lugar, el acontecimiento ha de afectar a la empresa de una forma directa y concreta. Pueden surgir acontecimientos que tendrán sin duda una repercusión en la empresa, pero son acontecimientos generales. Por ejemplo, la entrada en la Comunidad Económica Europea favoreció claramente a muchas empresas, pero a ninguna se le ocurrió hacer un asiento para registrarla en su contabilidad.

Identificación de los hechos contables en el ejemplo propuesto.

Volviendo a nuestro ejemplo, el Jefe de Contabilidad, aplicando el concepto de hecho contable expuesto, hará los siguientes razonamientos:

— El cheque y la factura documentan operaciones realizadas por la empresa, que influyen en su patrimonio, y corresponden por lo tanto a hechos contables.

— El aval no afecta ahora al patrimonio, pero puede modificarlo en el futuro, ya que si el Banco de Gredos tuviera que pagar a INCHAUSTISA, en ese momento surgiría a su vez una deuda de MARMOLABSA con el Banco de Gredos. El aval es la frontera del hecho contable, aunque puede considerarse que lo es.

— El informe de la OCDE no varía el patrimonio de MARMOLABSA de una manera directa y concreta, aunque la empresa pueda verse afectada positivamente por la salida de la crisis. No es un hecho contable.

— La nota interior sobre el partido de fútbol a cargo del Ayuntamiento, en principio cabe decir que no afecta a la empresa, al menos de una manera directa y concreta. No se puede negar que actos semejantes, además de contribuir a las buenas relaciones entre el personal de la empresa, pueden tener una incidencia positiva en su imagen exterior. El partido de fútbol no es un hecho contable.

— El folleto de las publicaciones no cambia, evidentemente, el patrimonio de MARMOLABSA. Las novedades editoriales no son un hecho contable en este caso.

3.2. LA EVOLUCION Y SITUACION DEL PATRIMONIO A TRAVES DE LA ECUACION FUNDAMENTAL

3.2.1. PLANTEAMIENTO

Utilización de la ecuación fundamental del patrimonio.

Hemos estudiado antes un documento importante para la Contabilidad, que es el Estado de Inventario o Balance Extracontable. Es un documento que se refiere al patrimonio en su conjunto, y muestra cuáles son los elementos que lo integran en un momento dado, así como el valor que en ese momento tienen todos y cada uno de los elementos patrimoniales.

Hemos visto también que siempre se cumple la ecuación fundamental del patrimonio:

ACTIVO	=	PASIVO	+	NETO

Esta ecuación se acostumbra a escribir en ese orden. Es decir, el Activo a la izquierda y el Pasivo y Neto a la derecha. Se trata de un convenio respetado con generalidad.

A través de la ecuación fundamental del patrimonio, se pueden mostrar las modificaciones de los elementos patrimoniales de la empresa y de las masas patrimoniales desde el momento mismo de su constitución, así como su situación en cada momento.

La ecuación fundamental puede seguir la evolución del patrimonio.

3.2.2. LA ECUACION FUNDAMENTAL Y LA CREACION DE UNA EMPRESA

Podemos empezar por la propia creación de una empresa utilizando un supuesto que después continuaremos.

Aplicación a un supuesto.

PROVICOSA (Productora y Distribuidora de Vídeos, Sociedad Anónima) es el nombre de una sociedad que acaban de constituir diez amigos de Mérida. Las operaciones que afectan a su contabilidad son:

El día 2 de noviembre de 19X8 se crea la sociedad con un capital inicial de 6.000.000 de ptas. que aportan íntegramente los diez amigos mediante ingreso en una cuenta corriente bancaria a nombre de PROVICOSA.

Enunciado: 2.11.X8 creación de una sociedad.

La operación efectuada el día 2 de noviembre de 19X8 ha provocado una modificación en el patrimonio de la empresa. Antes de esa operación no existía ningún elemento patrimonial propiedad de PROVICOSA. Después de ella tienen ya un valor de 6.000.000 ptas. cada uno de los elementos patrimoniales, Banco c/c y Capital social.

Análisis.

La ecuación fundamental del patrimonio puede presentarse con todo detalle, explicitando los elementos patrimoniales correspondientes; en nuestro ejemplo, en miles de pesetas, tendríamos:

FECHA	ACTIVO (A)	=	PASIVO (P)	+	NETO (N)
	Bancos c/c				Capital Social
2.11	+ 6.000	=	0		+ 6.000

Incidencia en la ecuación.

La variación experimentada en el Activo y el Neto por esta operación se observa analizando las modificaciones anotadas en sus elementos patrimoniales respectivos.

Hemos de advertir que a partir de aquí emplearemos muchas veces la denominación Bancos c/c, en lugar de Bancos e Instituciones de Crédito c/c. vista, pesetas, que es más correcta, pero que es extraordinariamente incómoda.

Bancos c/c, una expresión simplificada.

3.2.3. INCIDENCIA DE LAS DISTINTAS OPERACIONES EN LA ECUACIÓN FUNDAMENTAL

Estudio operativo

Para poner de relieve la repercusión que tienen en la ecuación fundamental del patrimonio las distintas operaciones que se efectúan en una empresa después de su creación, seguiremos valiéndonos del supuesto que habíamos iniciado.

3.11.X8: Obtención de un préstamo.

El día 3 de noviembre de 19X8, PROVICOSA obtiene de un banco un préstamo de 3.000.000 ptas. a pagar íntegramente al cabo de tres años. El importe total del préstamo se abona en la cuenta corriente.

Análisis.

El análisis de este segundo hecho nos lleva a descubrir que han intervenido en él dos elementos patrimoniales: por un lado, Deudas a largo plazo con entidades de crédito que recogerá la deuda contraída con el Banco; y, por otro lado, Bancos c/c, que reflejará el aumento del dinero disponible por PROVICOSA en su cuenta corriente.

La ecuación fundamental del patrimonio, con el detalle de los elementos patrimoniales existentes, será ahora ésta (también miles de pesetas):

Incidencia en la ecuación.

FECHA	ACTIVO	=	PASIVO	+	NETO
	Bancos c/c		Deudas a largo plazo con entidades de crédito		Capital social
2.11	+ 6.000	=	0		+ 6.000
3.11	+ 3.000	=	+ 3.000		0
	+ 9.000	=	**+ 3.000**		**+ 6.000**

Continuemos con el ejemplo:

12.11.X8: Disminución del capital.

El día 12 de noviembre de 19X8, los socios de la empresa PROVICOSA consideran que, por el momento, ésta no va a necesitar todo el dinero de que dispone, y los diez amigos deciden disminuir el capital social en 1.000.000 ptas., que se transfieren de la cuenta corriente bancaria de PROVICOSA a la cuenta corriente personal de cada accionista.

Análisis.

Observemos lo que ha ocurrido en el patrimonio de la empresa. Después de realizada esta operación, habrá disminuido en 1.000.000 ptas. el dinero que PROVICOSA tenía en su cuenta corriente bancaria, y por otra parte, habrá disminuido también el Capital social en la misma cuantía.

En los hechos que habíamos analizado hasta ahora en este ejemplo, los elementos patrimoniales aumentaban. En cambio, en el hecho que ha tenido lugar el día 12 de noviembre, los elementos patrimoniales han disminuido.

Para reflejar más claramente lo ocurrido en la ecuación fundamental del patrimonio, separaremos las alteraciones positivas de las alteraciones negativas que se hayan operado en cada elemento patrimonial. Para ello, a cada elemento patrimonial le reservamos dos columnas. Con este criterio, la ecuación patrimonial, en miles de ptas., será:

Incidencia en la ecuación.

FECHA	ACTIVO		=	PASIVO		+ NETO	
	Bancos c/c			Deudas a largo plazo con entidades de crédito		Capital social	
2.11	+ 6.000		=				+ 6.000
3.11	+ 3.000		=		+ 3.000		
12.11		− 1.000	=			−1.000	
	+ 8.000		=		+ 3.000		+ 5.000

Y, para completar el ejemplo, añadiremos una nueva operación:

15.11.X8: Devolución de parte de un préstamo.

El día 15 de noviembre de 19X8, PROVICOSA considera que todavía tiene exceso de dinero para hacer frente a los pagos que ha de realizar. Por este motivo, su director pacta con el banco la devolución de 500.000 pesetas del préstamo que había obtenido.

Análisis.

Un somero análisis de lo ocurrido en el patrimonio de PROVICOSA como consecuencia de esta operación, nos muestra que ha vuelto a disminuir el dinero de la cuenta corriente bancaria, ahora en 500.000 ptas., y, por otro lado, ha disminuido la deuda por el préstamo en ese mismo importe.

La ecuación fundamental del patrimonio pasa a ser, en miles de pesetas, la siguiente:

Incidencia en la ecuación.

FECHA	ACTIVO		=	PASIVO		+	NETO	
	Bancos c/c			Deudas a largo plazo con entidades de crédito			Capital social	
2.11	+ 6.000		=					+ 6.000
3.11	+ 3.000		=		+ 3.000			
12.11		− 1.000	=				−1.000	
15.11		− 500	=	− 500				
	+ 7.500		=		**+ 2.500**			**+ 5.000**

Precisamente en el modo de presentar las alteraciones de los elementos patrimoniales que acabamos de emplear se encuentra el germen de algunos de los conceptos que expondremos a continuación.

3.3. LAS CUENTAS: UNA PRIMERA APROXIMACION

Inconveniente de continuar con la ecuación patrimonial.

Es fácil percatarse de que el último cuadro, en que se recoge la ecuación fundamental del patrimonio detallada, se complicaría prolijamente, en cuanto considerásemos, por ejemplo, cien operaciones afectando a veinte elementos patrimoniales. Este modo de trabajar resultaría absolutamente inoperante.

Búsqueda de alternativas.

Para buscar alternativas a esa representación del patrimonio, cabe apoyarse en ese último cuadro. En él queda patente el seguimiento de las incidencias de cada elemento patrimonial.

En este sentido, sería interesante contemplar solamente los elementos patrimoniales que intervienen en cada hecho u operación contable.

Ello es posible merced al concepto de cuenta, que late en ese último cuadro.

La cuenta como solución. Una primera aproximación.

Las cuentas son registros que recogen las variaciones experimentadas por un elemento patrimonial, y ponen de manifiesto su situación en una fecha determinada. De esta forma hablamos de la cuenta de Bancos c/c, que recogerá las alteraciones y situación en un momento dado del elemento patrimonial Bancos c/c, o de la cuenta de Capital social, que refleja las modificaciones y situaciones en una fecha determinada del elemento patrimonial Capital social.

Cuentas de Activo, de Pasivo y Neto.

Hay muchas formas de proceder a la clasificación de ***las cuentas***: una de ellas es la que distingue cuentas de activo, cuentas de pasivo y cuentas de Neto, según que se refieran a elementos patrimoniales pertenecientes a su respectiva masa patrimonial. Así, serán cuentas de Activo las que registren la evolución de elementos patrimoniales de Activo.

La cuenta en forma de T.

De un modo esquemático, la cuenta reviste la forma de T (te mayúscula). En el centro de la parte superior se escribe el nombre del elemento patrimonial al que se refiere. Arriba también, pero en la parte izquierda, se escribe la palabra ***Debe,*** y, en la parte derecha, la palabra ***Haber***.

Debe	**Título de Cuenta** **Haber**
Anotaciones realizadas en el debe o parte izquierda de la cuenta.	Anotaciones realizadas en el haber o parte derecha de la cuenta.

Un ejemplo traído de la aplicación de la ecuación patrimonial.

En el ejemplo que hemos puesto antes, han aparecido de hecho tres cuentas, de las que escribimos a continuación la cuenta de Bancos c/c

Debe	**Cuenta de Bancos c/c** **Haber**
+ 6.000.000	− 1.000.000
+ 3.000.000	− 500.000
+ 9.000.000	**− 1.500.000**

La cuenta de Bancos c/c recoge así las alteraciones que experimenta este elemento patrimonial y nos dice cuál es su valor en un momento dado.

Para poder hacer estas anotaciones en la cuenta de Bancos c/c, nos hemos debido apoyar en los cuadros de desarrollo de la ecuación fundamental del patrimonio. Y ya hemos dicho que esos cuadros se complican enseguida, y pierden totalmente su operatividad.

Un método sustitutivo consiste en basarse en el convenio fundamental, aplicable al funcionamiento de las cuentas de Activo, Pasivo y Neto.

3.4. CONVENIO FUNDAMENTAL DEL FUNCIONAMIENTO DE LAS CUENTAS DE ACTIVO, PASIVO Y NETO POR EL METODO DE LA PARTIDA DOBLE

Dijimos anteriormente que se ha adoptado el convenio de escribir la ecuación fundamental del patrimonio de manera que el Activo aparezca a la izquierda y el Pasivo y el Neto a la derecha.

Convenio fundamental del funcionamiento de las cuentas

En el desarrollo del ejemplo hemos respetado este convenio, y es fácil comprobar que está relacionado con otro convenio muy importante, denominado ***convenio fundamental del funcionamiento de las cuentas de Activo, Pasivo y Neto***.

Este último convenio se puede expresar diciendo que:

- **De Activo.**

— En las cuentas de Activo, las existencias iniciales, las compras, las entradas del elemento patrimonial por otras razones y el aumento por cualquier causa del valor que representan, se reflejan en la parte izquierda de la cuenta. En cambio, las ventas, las salidas y las disminuciones del valor por cualquier causa se recogen en la parte derecha de la misma cuenta.

- **De Pasivo y Neto.**

— En las cuentas de Pasivo y Neto, los valores iniciales de los elementos patrimoniales y sus incrementos se escriben en la parte derecha de las cuentas, mientras que las disminuciones se anotan en la parte izquierda.

Cuadro estrella.

El convenio se puede representar en un cuadro de la siguiente manera:

CONVENIO FUNDAMENTAL DEL FUNCIONAMIENTO DE LAS CUENTAS

Debe CUENTAS DE ACTIVO	Haber
Existencias iniciales Ei Aumentos (+A)	Disminuciones (−A)

Debe CUENTAS DE PASIVO	Haber
Disminuciones (−P)	Deudas iniciales Di Aumentos (+P)

Debe CUENTAS DE NETO	Haber
Disminuciones (−N)	Neto inicial Ni Aumentos (+N)

Aplicación del convenio.

Empleando este convenio, se pueden representar los hechos contables, tras su análisis, sin necesidad de recurrir al método de aplicar la ecuación fundamental del patrimonio después de cada uno de esos hechos.

Pongamos un ejemplo.

Un ejemplo.

Una empresa vende el 10 de septiembre de 19X8 un autocar por 1.500.000 ptas., que es lo que le había costado a ella. El pago se realiza en efectivo.

El hilo del razonamiento a seguir, para llegar a las anotaciones contables pertinentes, podría ser éste:

Hilo del razonamiento para aplicación del convenio al ejemplo.

En el hecho contable descrito intervienen dos elementos patrimoniales: un autocar y dinero. Utilizando los elementos patrimoniales previstos en el segundo capítulo, tendríamos que hablar de: Elementos de transporte y Caja, ptas.

El razonamiento no termina con la identificación de los elementos patrimoniales que han intervenido. Ahora se trata de seguir la pista a lo que ha ocurrido en cada uno de esos elementos patrimoniales.

Empezamos por Elementos de transporte, al que pertenece el autocar.

En primer lugar, destacaríamos que se trata de un elemento patrimonial encuadrado en la masa patrimonial de activo, pues es un bien.

A continuación observaríamos que el hecho contable ha motivado una disminución de la masa patrimonial de activo (–A).

Inmediatamente señalaríamos que las disminuciones del activo (–A) se anotan en el haber de las cuentas de activo, según el convenio fundamental del funcionamiento de las cuentas, en este caso en el haber de la cuenta de «Elementos de transporte».

Por fin cabe concretar que esa anotación se haría por un importe de 1.500.000 de ptas.

Prestando atención ahora al otro elemento patrimonial, Caja, ptas., el razonamiento podría ser éste:

Subrayaríamos primero que estamos en presencia de otro elemento de los que componen la masa patrimonial de Activo, pues es un bien.

Pasaríamos enseguida a constatar que el hecho contable en cuestión se ha traducido en un aumento de la masa patrimonial activo (+A).

Y nos sería dado indicar a continuación que conforme al convenio fundamental del funcionamiento de las cuentas, esta variación se escribiría en el debe de la cuenta de «Caja, ptas.»

Por último, es necesario fijar la cuantía, que vuelve a ser 1.500.000 pesetas.

Estas anotaciones obedecen así al denominado ***método de la partida doble,*** que fue expuesto sistemáticamente por primera vez por Fray Lucas Paccioli en 1494.

Método de la partida doble

Podemos decir que su fundamento está en que en todo hecho contable se da un origen o recursos y un destino o empleo. De este modo todo hecho contable se analiza desde esa doble perspectiva.

3.5. LAS ANOTACIONES EN EL DIARIO Y EN EL MAYOR

La Contabilidad viene plasmando las consecuencias finales de este análisis en unas hojas o ***registros contables***, apropiados para ello.

Concepto del libro Diario. Una primera aproximación.

De una parte, en unas hojas se escriben por orden cronológico, día a día, las anotaciones a que dan lugar los diferentes hechos contables. Estas hojas pueden estar encuadernadas o se pueden encuadernar después, constituyendo así el ***libro Diario***. Por lo tanto, las hojas del libro Diario recogen las anotaciones día a día, por el orden correspondiente a las fechas en que van ocurriendo los hechos.

En el ejemplo propuesto en el epígrafe anterior, se harían los asientos o anotaciones contables que procedieran desde el comienzo del año, y al llegar al día 10 de septiembre haríamos:

Anotación en el Diario.

10.9.X8	
1.500.000 Caja, ptas.	a Elementos de transporte 1.500.000

Este asiento se lee así: hay que anotar 1.500.000 ptas. en la parte izquierda o debe de la cuenta de Caja, ptas., con contrapartida en (eso es lo que viene a significar la preposición «a»), la cuenta de Elementos de transporte, donde procede anotar 1.500.000 ptas. en su parte derecha o haber.

Concepto del libro Mayor. Una primera aproximación.

Esto implica, de otra parte, que todo lo escrito en las hojas del libro Diario por orden cronológico, día a día, debe trasladarse inmediatamente a otras hojas, cada una de las cuales está dedicada a un elemento patrimonial distinto, es decir, en cada hoja se representa una cuenta. Esas hojas también pueden encuadernarse «a posteriori» o pueden aparecer previamente encuardernadas en lo que se denomina libro Mayor.

Por lo tanto, en el ***libro Mayor*** podemos ver las cuentas referentes a cada elemento patrimonial, y que hasta ahora hemos representado en forma de T mayúscula.

En definitiva, el hecho contable de nuestro ejemplo exigiría el traslado de lo escrito en el libro Diario al libro Mayor, de esta manera:

Anotación en el Mayor.

D	Caja, ptas. H	D Elementos de transporte	H
1.500.000	←	→	1.500.000

Insistimos en que cada una de estas cuentas vendría a ocupar una página del libro Mayor.

Simbólicamente, y volviendo a las masas patrimoniales, el asiento ha supuesto:

$$(+ A) \longleftarrow (- A)$$

que ponemos de manifiesto como un anticipo de una posterior clasificación de las anotaciones contables.

3.6. EL RAZONAMIENTO CONTABLE BASICO

Orden a seguir en el razonamiento contable básico.

Si realizamos un pequeño esfuerzo, para descubrir los pasos que hemos ido dando en el razonamiento montado en torno al hecho patrimonial puesto como ejemplo, no nos sería difícil plasmarlos en la secuencia de preguntas concatenadas, que se indican a continuación:

1.ª ¿Qué elementos patrimoniales han resultado afectados o intervienen en el hecho contable, que pretendemos plasmar contablemente?
2.ª ¿A qué masa patrimonial pertenecen cada uno de los elementos patrimoniales identificados?
3.ª ¿Las diferentes masas patrimoniales —no los elementos— han aumentado o disminuido como consecuencia del hecho contable considerado?
4.ª Contestada la pregunta anterior, ¿a qué lado de la cuenta se escribiría la valoración según el convenio fundamental?
5.ª (y última) ¿En qué cuantía se ha modificado cada elemento patrimonial debido al efecto contable acaecido?

Repárese que precisamente este orden es el que se guarda en el razonamiento expuesto anteriormente. Y véase que estas preguntas pueden dar pie a la elaboración de un cuadro, que viene a ser una versión operativa del razonamiento seguido más arriba. El cuadro es el siguiente:

Importante: Cuadro operativo del razonamiento contable básico.

CUADRO DE RAZONAMIENTO CONTABLE BASICO

Elementos patrimoniales afectados	Masas a las que pertenecen	Aumentan o disminuyen esas masas	Anotación conforme al convenio	Cuantía de la variación

Aplicando el cuadro de razonamiento contable básico al ejemplo anterior, obtendríamos lo siguiente:

Elementos patrimoniales afectados	Masas a las que pertenecen	Aumentan o disminuyen esas masas	Anotación conforme al convenio	Cuantía de la variación
Elementos de transporte	Activo	− A	Haber	1.500.000
Caja, ptas.	Activo	+ A	Debe	1.500.000

3.7. ESTUDIO OPERATIVO DEL CUADRO DE RAZONAMIENTO CONTABLE BASICO

Estudio operativo.

La destacada importancia del cuadro de razonamiento contable que acabamos de proponer, requiere que nos detengamos en él, proyectándolo hacia un supuesto que pasamos a enunciar.

3.7.1. ENUNCIADO DE UN SUPUESTO

Enunciado de un supuesto.

POLVORONES DE ESTEPA es el nombre comercial de una empresa, que ha decidido crear el Sr. Ortigosa Barajas, con parte del dinero que le tocó en la lotería primitiva. Como consecuencia, se produce la serie de hechos contables que relatamos a continuación:

1.º El Sr. Ortigosa Barajas pone al frente de POLVORONES DE ESTEPA al Sr. Marín Armero, entregándole 5.000.000 ptas. en billetes de 10.000 pesetas como aportación inicial.

2.º El Sr. Marín Armero ingresa en el Banco de Moguer 4.900.000 ptas., quedándose con la diferencia para pagos de poca cuantía.

3.º El Sr. Marín Armero compra una moto japonesa para visitar a los clientes de POLVORONES DE ESTEPA. El importe total, 3.000.000 pesetas, lo deja a deber a la empresa distribuidora que se la vendió, y lo pagará de una vez a los tres años.

4.º El Sr. Marín Armero se arrepiente de haber pactado unos plazos tan largos para el pago de la moto y renegocia la deuda con la distribuidora. En virtud del nuevo acuerdo, POLVORONES DE ESTEPA, pagará 1.000.000 ptas. en quince días y el resto al mes siguiente.

5.º El Sr. Marín Armero, transcurridos los quince días, paga la deuda de 1.000.000 ptas., mediante un cheque contra la cuenta corriente.

6.º El Sr. Ortigosa Barajas, propietario de POLVORONES DE ESTEPA, exige al Sr. Marín Armero que le dé la moto para su uso privado, pues la necesita para ir a ver una amiga de Málaga.

7.º El mismo día en que el Sr. Ortigosa Barajas se llevó la moto, se compró unos muebles para el chalet que tiene en Córdoba. Costaron 1.500.000 ptas., que pagará en ocho meses, indicando al Sr. Marín Armero que se haga cargo de la deuda POLVORONES DE ESTEPA.

8.º Cuando vence la deuda de 2.000.000 ptas. por la compra de la moto, el Sr. Ortigosa Barajas se hace cargo de ella, pagando con un cheque contra su cuenta corriente bancaria privada.

9.º Llegado el final del año, se disminuye el capital por 2.500.000 ptas., que era la diferencia entre las anotaciones a la derecha y las anotaciones a la izquierda de la cuenta «Titular de la explotación» a lo largo del año.

El trabajo a realizar consiste en:

1.º Elaborar el cuadro de razonamiento constante básico.

2.º Hacer las correspondientes anotaciones en el Diario y en el Mayor.

3.7.2. ESTUDIO OPERATIVO DEL SUPUESTO

3.7.2.1. Cuadro de razonamiento contable básico

Operación	Elementos patrimoniales afectados	Masas a las que pertenecen	Aumentan o disminuyen esas masas	Anotación conforme al convenio	Cuantía de la variación
1	Caja, ptas. Capital	Activo Neto	+ A + N	Debe Haber	5.000.000 5.000.000
2	Bancos c/c Caja, ptas.	Activo Activo	+ A − A	Debe Haber	4.900.000 4.900.000
3	Elementos de transporte Proveedores de inmovilizado a largo plazo	Activo Pasivo	+ A + P	Debe Haber	3.000.000 3.000.000
4	Proveedores de inmovilizado a largo plazo Proveedores de inmovilizado a corto plazo	Pasivo Pasivo	− P + P	Debe Haber	3.000.000 3.000.000
5	Proveedores de inmovilizado a corto plazo Bancos c/c	Pasivo Activo	− P − A	Debe Haber	1.000.000 1.000.000
6	Titular de la explotación Elementos de transporte	Neto Activo	− N − A	Debe Haber	3.000.000 3.000.000
7	Titular de la explotación Deudas a corto plazo	Neto Pasivo	− N + P	Debe Haber	1.500.000 1.500.000
8	Proveedores de inmovilizado a corto plazo Titular de la explotación	Pasivo Neto	− P + N	Debe Haber	2.000.000 2.000.000
9	Capital Titular de la explotación	Neto Neto	− N + N	Debe Haber	2.500.000 2.500.000

3.7.2.2. Anotaciones en el Diario y en el Mayor

ANOTACIONES EN EL MAYOR

D	Caja, ptas.	H		D	Capital	H
5.000.000			← 1 →			5.000.000

D	Bancos c/c	H		D	Caja, ptas.	H
4.900.000			← 2 →			4.900.000

D	Elementos de transporte	H		D	Proveedores de inmovilizado a largo plazo	H
3.000.000			← 3 →			3.000.000

D	Proveedores de inmovilizado a largo plazo	H		D	Proveedores de inmovilizado a corto plazo	H
3.000.000			← 4 →			3.000.000

D	Proveedores de inmovilizado a corto plazo	H		D	Bancos c/c	H
1.000.000			← 5 →			1.000.000

D	Titular de la explotación	H		D	Elementos de transporte	H
3.000.000			← 6 →			3.000.000

D	Titular de la explotación	H		D	Deudas a corto plazo	H
1.500.000			← 7 →			1.500.000

D	Proveedores de inmovilizado a corto plazo	H		D	Titular de la explotación	H
2.000.000			← 8 →			2.000.000

D	Capital	H		D	Titular de la explotación	H
2.500.000			← 9 →			2.500.000

ANOTACIONES EN EL DIARIO

1			
5.000.000	Caja, ptas.		
		a Capital	5.000.000
2			
4.900.000	Bancos c/c		
		a Caja, ptas.	4.900.000
3			
3.000.000	Elementos de transporte		
		a Proveedores de inmovilizado a largo plazo	3.000.000
4			
3.000.000	Proveedores de inmovilizado a largo plazo		
		a Proveedores de inmovilizado a corto plazo	3.000.000
5			
1.000.000	Proveedores de inmovilizado a a corto plazo		
		a Bancos c/c	1.000.000
6			
3.000.000	Titular de la explotación		
		a Elementos de transporte	3.000.000
7			
1.500.000	Titular de la explotación		
		a Deudas a corto plazo	1.500.000
8			
2.000.000	Proveedores de inmovilizado a a corto plazo		
		a Titular de la explotación	2.000.000
9			
2.500.000	Capital		
		a Titular de la explotación	2.500.000

3.8. CUADRO DE ANOTACIONES CONTABLES BASICAS

Cuadro de anotaciones contables básicas.

Es interesante hacer una síntesis sistemática de los diferentes tipos de relaciones posibles que pueden producirse entre los diversos elementos patrimoniales y, por lo tanto, entre las distintas masas patrimoniales.

Si nos centramos en los denominados hechos contables simples, es decir, en aquellos que solamente afectan a dos elementos patrimoniales, esos tipos de relaciones básicas se reflejarían en el siguiente cuadro:

Haber (– A, + P, + N) / Debe (+ A, – P, – N)	ACTIVO (– A)	PASIVO (+ P)	NETO (+ N)
ACTIVO (+ A)	(+ A) (– A)	(+ A) (+ P)	(+ A) (+ N)
PASIVO (– P)	(– P) (– A)	(– P) (+ P)	(– P) (+ N)
NETO (– N)	(– N) (– A)	(– N) (+ P)	(– N) (+ N)

Se demuestra así que caben solamente nueve tipo de anotaciones contables básicas. De manera que cualquier hecho contable coincide con alguno de ellos.

Puede observarse que en la solución del supuesto de POLVORONES DE ESTEPA nos han aparecido todos los tipos de anotaciones contables básicas a que nos acabamos de referir.

Términos y expresiones clave explicados en este capítulo

Convenio fundamental del funcionamiento de las cuentas de Activo, Pasivo y Neto (3.4)
Cuadro de razonamiento contable básico (3.6)
Cuenta (3.3)
Debe (3.3)
Haber (3.3)
Hechos contables (3.1.1)
Libro Diario (3.5)
Libro Mayor (3.5)
Método de la partida doble (3.3.2)
Registros contables (3.5)

CAPITULO

4

ANALISIS Y REGISTRO DE LOS HECHOS CONTABLES

OBJETIVOS DIDACTICOS DEL CAPITULO

A través de este capítulo se puede aprender lo siguiente:

1.º Análisis y registro de los hechos contables compuestos, completando de esta manera el análisis y registro de los hechos contables.

2.º Terminología operativa relacionada con la utilización de las cuentas.

3.º Aplicación práctica del análisis y registro de los hechos compuestos, empleando la terminología operativa de las cuentas.

4.º Clasificación de los hechos conforme a diferentes criterios, de una manera operativa, lo que permite, de paso, completar el estudio del análisis y registro de hechos contables.

5.º Utilización de los registros tradicionales de contabilidad, empezando por el libro Diario, en sus diferentes modalidades y siguiendo con el libro Mayor.

6.º Elaboración y significado del Balance de Sumas y Saldos.

7.º Utilización de los libros Diario y Mayor, y formato del Balance de Sumas y Saldos en las contabilidades informatizadas.

8.º Leyes del funcionamiento de las cuentas.

4.1. LOS HECHOS CONTABLES COMPUESTOS

Hechos contables simples y hechos contables compuestos.

Hasta ahora han aparecido exclusivamente acontecimientos en los que intervenían sólo dos elementos patrimoniales; estos acontecimientos reciben el nombre de ***hechos contables simples.*** Nos encontramos en condiciones de ensanchar nuestro campo de estudio con el tratamiento de los denominados ***hechos contables compuestos*** que se caracterizan porque en ellos intervienen más de dos elementos patrimoniales.

Ejemplo de hecho simple.

Si ponemos el ejemplo de una empresa que vende un camión que acaba de comprar, recibiendo como contrapartida lo mismo que le había costado: 2.000.000 ptas., cobrados en dinero efectivo, sabemos que estamos ante un hecho contable simple, puesto que en el mismo intervienen solamente dos elementos patrimoniales: Caja, ptas. y Elementos de transporte.

Ejemplo de hecho compuesto.

Por el contrario, contemplaremos un hecho contable compuesto si el camión se vende por el mismo precio: 2.000.000 ptas., pero alterando las condiciones de cobro. Supondremos ahora que la mitad, 1.000.000 ptas., se percibirán en billetes de curso legal, y la otra mitad, 1.000.000 ptas., queda pendiente, y el comprador pagará al cabo de seis meses.

Se puede observar que en el enunciado se incluye la novedad de que ya no son sólo dos los elementos patrimoniales que intervienen en el hecho contable: «Elementos de transporte» y «Caja, ptas.», sino que hay que añadir un nuevo elemento: «Créditos a corto plazo por enajenación de inmovilizado». De esta forma el hecho simple queda transformado en un hecho compuesto.

4.2. EL ANALISIS CONTABLE DE LOS HECHOS CONTABLES COMPUESTOS

Análisis contable de los hechos compuestos.

El razonamiento contable y el cuadro de anotaciones contables que hacíamos a propósito de los hechos contables simples se puede y se debe aplicar a los hechos contables compuestos.

Aplicación al ejemplo de hecho compuesto.

Una vez identificados los elementos patrimoniales que intervienen en el hecho compuesto descrito anteriormente, pasamos a realizar el análisis contable y a preparar el cuadro correspondiente.

En primer lugar, «Elementos de transporte» pertenece a la masa patrimonial Activo, en la que se produce una disminución como consecuencia de la venta. Las disminuciones de activo implican una anotación en el haber de la cuenta correspondiente, en este caso de «Elementos de transporte». El importe es de 2.000.000 ptas.

En segundo lugar, el elemento patrimonial «Caja, ptas.» forma parte también de la masa patrimonial Activo, la cual experimenta por este lado un incremento. Los aumentos de activo se anotan en el debe de la cuenta pertinente, en nuestro ejemplo de «Caja, ptas.». El importe asciende a 1.000.000 ptas.

En tercer lugar, el elemento patrimonial «Créditos a corto plazo por enajenación de inmovilizado» corresponde asimismo a la masa patrimonial Activo, que también se ha incrementado. Por lo tanto, un nuevo asiento en el debe, en esta ocasión de la cuenta de «Créditos a corto plazo por enajenación de inmovilizado». El importe es de 1.000.000 ptas.

En el cuadro de razonamiento contable fundamental tendríamos:

Cuadro-esquema.

ELEMENTOS PATRIMONIALES	MASA PATRIMONIAL	AUMENTO DISMINUCION	ANOTACION	IMPORTE
Elementos de transporte	Activo	–	Haber	2.000.000
Caja, ptas.	Activo	+	Debe	1.000.000
Créditos a corto plazo por enajenación de inmovilizado	Activo	+	Debe	1.000.000

La anotación en el Diario sería, en consecuencia, la siguiente:

Anotación en el Diario.

1.000.000	Caja, ptas.		
1.000.000	Créditos a corto plazo por enajenación de inmovilizado		
		a Elementos de transporte	2.000.000

Que al pasarlo al Mayor, originaría estos apuntes:

Anotación en el Mayor.

D	Caja, ptas.	H
1.000.000		

D	Elementos de transporte	H
		2.000.000

D	Créditos a corto plazo por enajenación de inmovilizado	H
1.000.000		

4.3. TERMINOLOGIA OPERATIVA DE LAS CUENTAS

En contabilidad, igual que ocurre en todas las ciencias y técnicas, existe una terminología específica. Hasta este momento han surgido una serie de palabras privativas de la contabilidad, tales como: cuenta, debe, haber, mayor, diario, por citar algunas.

Vocabulario básico.

Ahora vamos a completar este vocabulario con algunos términos que se utilizan en relación con el funcionamiento de las cuentas. Son éstos:

Abrir una cuenta. Consiste en preparar una cuenta en el Mayor a un elemento patrimonial. Si estamos contabilizando, y aparece un elemento patrimonial que no estaba previsto en el Mayor, hemos de crear una cuenta que lo recoja.

Cargar o adeudar una cuenta. Efectuar un asiento en el debe o lado izquierdo.

Abonar o acreditar una cuenta. Realizar un asiento, una anotación o registro en el haber o lado derecho.

Sumas deudoras. Total de la adición de todas las anotaciones realizadas en el debe.

Sumas acreedoras. Total de la adición de todas las anotaciones efectuadas en el haber.

Saldo. Diferencia entre las sumas deudoras y sumas acreedoras de una cuenta. Si importan más las sumas deudoras, hablaremos de saldo deudor. Si son mayores las sumas acreedoras, estaremos en presencia de un saldo acreedor. Si suman igual ambos lados de la cuenta, diremos que el saldo es cero.

Determinar el saldo. Hacer las operaciones que permiten conocer el saldo. A veces se habla en este caso de liquidar, si bien este término tiene una significación un tanto imprecisa.

Saldar una cuenta. Consiste en hacer una anotación en ella de tal manera que se quede con un saldo cero.

Cerrar una cuenta. Es lo contrario de abrirla. Significa operar en la cuenta de tal manera que ya no pueda escribirse más en ella.

Aprovecharemos el supuesto que enunciamos a continuación para aplicar los términos que acabamos de proponer, a la vez que llevamos a cabo un estudio operativo de la contabilización de los hechos compuestos.

4.4. UN SUPUESTO CON HECHOS CONTABLES COMPUESTOS

Vamos a proponer un supuesto en el que aparecen diferentes hechos contables compuestos:

Enunciado.

ALIMSA, sociedad dedicada a la comercialización al por mayor de productos alimenticios, ha sido fundada por un grupo de personas. Las operaciones realizadas, incluida su constitución, han sido las siguientes:

1. *Se constituye la sociedad anónima con un capital escriturado de 15.000.000 ptas. nominales. Los socios desembolsan en el momento de la constitución 10.000.000 ptas. en efectivo y aportan un ordenador de gran capacidad valorado en 5.000.000 ptas.*
2. *Se adquieren unos camiones para el transporte de las mercaderías por 5.000.000 ptas., pagando en el acto 2.000.000 ptas. en efectivo y dejando a deber al proveedor los 3.000.000 ptas. restantes a pagar en dos años.*
3. *Se compran mercaderías por un valor de 15.000.000 ptas. aceptando una letra de cambio a 30 días por 3.000.000 ptas. y el resto a crédito.*
4. *Se vende el ordenador de gran capacidad que posee la sociedad en el valor por el que fue aportado, es decir 5.000.000 ptas. El comprador abona 2.000.000 ptas. a través de banco en el momento de la compra y los otros 3.000.000 ptas. se pagarán a los diez meses.*
5. *De los 12.000.000 ptas. que se adeudan a los proveedores de acuerdo con el apartado tercero se abonan ahora 6.000.000 ptas., entregando 5.000.000 ptas. en efectivo y 1.000.000 ptas. mediante cheque bancario.*
6. *Se paga la letra de 3.000.000, a la que se refiere el apartado tercero, correspondiente a la compra de mercaderías abonando 1.000.000 ptas. en efectivo y entregando uno de los camiones adquiridos que se valora en lo que costó: 2.000.000 ptas.*

SE PIDE:

1. *Cuadro-esquema del razonamiento contable fundamental.*
2. *Anotaciones en el libro Diario y en el libro Mayor.*

4.5. SOLUCION COMENTADA DEL SUPUESTO PROPUESTO

4.5.1. EXPLICACIONES PREVIAS

Primer punto de la solución.

Antes de proponer la solución de todo el supuesto de modo continuado, veremos cómo se resuelve el primer punto, ya que esa forma de proceder se aplicará a todos los demás.

Cuadro-esquema de razonamiento.

Si examinamos el primero de los hechos propuestos a la luz del cuadro del razonamiento contable fundamental, tendremos:

ELEMENTOS PATRIMONIALES	MASA PATRIMONIAL	AUMENTO DISMINUCION	ANOTACION	IMPORTE
Caja, ptas.	Activo	+	Debe	10.000.000
Equipos para proceso de información	Activo	+	Debe	5.000.000
Capital social	Neto	+	Haber	15.000.000

La anotación en el Diario por la constitución de la sociedad será, en consecuencia, la siguiente:

10.000.000	Caja, ptas.		
5.000.000	Equipos para procesos de información		
		a Capital social	15.000.000

Que al pasarlo al Mayor, exigiría

1.º Abrir las correspondientes cuentas a cada uno de los elementos patrimoniales que han intervenido, es decir, dejarlas preparadas para poder escribir en ellas:

D	Caja, ptas.	H

D	Capital social	H

D	Equipos para procesos de información	H

2.º Cargar, es decir, anotar a la izquierda de las cuentas de Caja, ptas. y Equipos para procesos de información, y abonar, o sea, anotar a la derecha de la cuenta de Capital social:

D	Caja, ptas.	H
10.000.000		

D	Capital social	H
		15.000.000

D	Equipos para procesos de información	H
5.000.000		

Terminología operativa de las cuentas.

Para familiarizarnos con la terminología específica de las cuentas, diríamos que el saldo de las cuentas empleadas es el siguiente:

- Cuenta de Caja, ptas.: saldo deudor de 10.000.000 ptas.
- Cuenta de Equipos para procesos de información: saldo deudor de 5.000.000 ptas.
- Cuenta de Capital social: saldo acreedor de 15.000.000 ptas.

Después de realizadas estas anotaciones ninguna de estas cuentas está saldada, es decir, ninguna tiene saldo cero. Y desde luego ninguna está cerrada.

Esta es una muestra de la aplicación de la terminología operativa de las cuentas, y que a partir de aquí iremos utilizando.

De esta manera razonaríamos con todos y cada uno de los hechos contables descritos y llegaríamos a la siguiente solución completa, incluyendo el hecho analizado antes.

Recomendación para empezar el cuadro-esquema de razonamiento contable fundamental.

El análisis de los hechos contables que se recoge en el cuadro-esquema del razonamiento fundamental, requiere una atención mayor en la primera columna, donde quedan identificados los elementos patrimoniales que intervienen. Por otro lado, puede ser conveniente para esa identificación, cubrir simultáneamente la primera columna y la última.

Por ejemplo, en el hecho contable que figura después en el supuesto: adquisición de camiones, observamos que aparecen Elementos de transporte por 5.000.000 ptas., con lo que cubrimos la primera y la última columna, como se ve en el cuadro que aparece inmediatamente después. La contrapartida es múltiple, ya que la empresa entrega a cambio 2.000.000 ptas. en efectivo, que colocamos en el cuadro, a continuación, pero con ello no se equilibra la operación.

Para que la operación quede debidamente compensada, ALIMSA deja a deber al proveedor 3.000.000 ptas., que se hacen lucir inmediatamente en el cuadro, con lo que la operación queda equilibrada.

Elementos patrimoniales	Masa patrimonial	Aumentos Disminución	Anotación	Importe
Elementos de transporte				5.000.000
Caja, ptas.				2.000.000
Proveedores de inmovilizado a largo plazo				3.000.000

Creemos que esta manera de actuar, facilita la elaboración del cuadro-esquema de razonamiento fundamental.

4.5.2. CUADRO-ESQUEMA DEL RAZONAMIENTO CONTABLE FUNDAMENTAL

	Elementos patrimoniales	Masa patrimonial	Aumento (+) Disminución (–)	Anotación	Importe
	Caja, ptas.	Activo	+	Debe	10.000.000
1	Equipos para procesos de información	Activo	+	Debe	5.000.000
	Capital social	Neto	+	Haber	15.000.000
	Elementos de transporte	Activo	+	Debe	5.000.000
2	Caja, ptas.	Activo	–	Haber	2.000.000
	Proveedores de inmovilizado a largo plazo	Pasivo	+	Haber	3.000.000
	Mercaderías	Activo	+	Debe	15.000.000
3	Proveedores (ptas.)	Pasivo	+	Haber	12.000.000
	Proveedores, efectos comerciales a pagar	Pasivo	+	Haber	3.000.000
	Bancos c/c.	Activo	+	Debe	2.000.000
4	Créditos a corto plazo por enajenación de inmovilizado	Activo	+	Debe	3.000.000
	Equipos para procesos de información	Activo	–	Haber	5.000.000
	Proveedores (ptas.)	Pasivo	–	Debe	6.000.000
5	Caja, ptas.	Activo	–	Haber	5.000.000
	Bancos c/c.	Activo	–	Haber	1.000.000
	Proveedores, efectos comerciales a pagar	Pasivo	–	Debe	3.000.000
6	Caja, ptas.	Activo	–	Haber	1.000.000
	Elementos de transporte	Activo	–	Haber	2.000.000

4.5.3. ASIENTOS EN EL LIBRO DIARIO Y EN EL LIBRO MAYOR

Anotaciones en el Mayor.

Asiento	Cuenta	D	H
1)	Caja, ptas.	10.000.000	
	Capital social		15.000.000
	Equipos para procesos de información	5.000.000	
2)	Elementos de transporte	5.000.000	
	Caja, ptas.		2.000.000
	Proveedores de inmovilizado a largo plazo		3.000.000
3)	Mercaderías	15.000.000	
	Proveedores (ptas.)		12.000.000
	Proveedores, efectos comerciales a pagar		3.000:000
4)	Bancos c/c	2.000.000	
	Equipos para procesos de información		5.000.000
	Créditos a corto plazo por enajenación de inmovilizado	3.000.000	
5)	Proveedores (ptas.)	6.000.000	
	Caja, ptas.		5.000.000
	Bancos c/c		1.000.000
6)	Proveedores, efectos comerciales a pagar	3.000.000	
	Caja, ptas.		1.000.000
	Elementos de transporte		2.000.000

Anotaciones en el Diario.

Debe	Cuenta	Cuenta	Haber
1			
10.000.000	Caja, ptas.		
5.000.000	Equipos para procesos de información		
		a Capital social	15.000.000
2			
5.000.000	Elementos de transporte		
		a Caja, ptas.	2.000.000
		a Proveedores de inmovilizado a largo plazo	3.000.000
3			
15.000.000	Mercaderías		
		a Proveedores (ptas.)	12.000.000
		a Proveedores, efectos comerciales a pagar	3.000.000
4			
2.000.000	Bancos c/c		
3.000.000	Créditos a corto plazo por enajenación de inmovilizado		
		a Equipos para procesos de información	5.000.000
5			
6.000.000	Proveedores (ptas.)		
		a Caja, ptas.	5.000.000
		a Bancos c/c	1.000.000
6			
3.000.000	Proveedores, efectos comerciales a pagar		
		a Caja, ptas.	1.000.000
		a Elementos de transporte	2.000.000

4.6. CLASES DE HECHOS CONTABLES

Diferentes clases de hechos contables.

Es muy importante proyectar el análisis realizado a través del cuadro-esquema resumen, a la gran variedad de hechos contables que se presentan en la empresa. Para tener una garantía de cobertura del campo de los hechos contables es conveniente añadir otras posibilidades a la clasificación ya apuntada, de hechos simples y hechos compuestos. Nos referiremos especialmente:

a) Hechos expansivos, hechos reductivos, hechos neutros y hechos combinados
b) Hechos modificativos, hechos permutativos y hechos mixtos.

Para explicarlos enunciaremos un supuesto progresivamente.

Comienzo del enunciado de un supuesto.

DIVERSIONES INFANTILES es una empresa individual que tiene por objeto amenizar las fiestas de los niños. Fue creada por el Sr. Marqués, quien puso al frente de ella al intérprete de canciones infantiles Torrealbino. Su Balance de Situación al 1 de enero de 19X9 es como sigue:

ACTIVO		PASIVO	
Caja, ptas.	50.000	Capital	12.000.000
Bancos c/c	9.000.000	Deudas a corto plazo con entidades de crédito	8.000.000
Maquinaria	3.950.000		
Elementos de transporte	7.000.000		
Total Activo	20.000.000	Total Pasivo	20.000.000

4.7. HECHOS CONTABLES EXPANSIVOS, REDUCTIVOS, NEUTROS Y COMBINADOS

Hechos expansivos.

Llamamos ***hechos contables expansivos*** a aquellos que hacen mayor la estructura económica y la estructura financiera de la empresa. De tal manera que si, por ejemplo, en un momento dado DIVERSIONES INFANTILES se encuentra en la siguiente situación patrimonial:

A	=	P	+	N
20.000.000	=	8.000.000	+	12.000.000

diremos que un hecho es expansivo, si después de producirse, aumenta el Activo (estructura económica), y simultáneamente el Pasivo o el Neto patrimonial (estructura financiera).

Hechos reductivos.

Por el contrario denominamos ***hechos contables reductivos*** a aquellos que hacen menor la estructura económica y la estructura financiera de la empresa.

Representación.

En el cuadro representamos, en la columna central, la situación patrimonial en un momento dado, a la izquierda presentamos la situación patrimonial si se produce un hecho expansivo, y a la derecha, la situación patrimonial, si en lugar de un hecho expansivo, aparece un hecho reductivo.

HECHOS CONTABLES EXPANSIVOS Y REDUCTIVOS

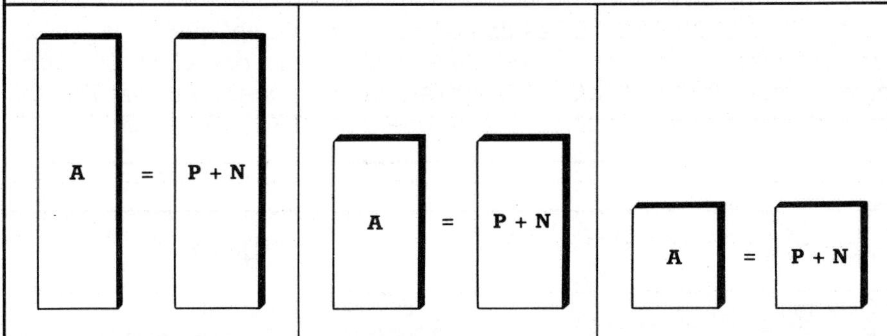

Situación patrimonial después de un hecho expansivo	Situación patrimonial inicial	Situación patrimonial después de un hecho reductivo

Hechos neutros.

Designamos por ***hechos contables neutros*** a aquellos hechos que dejan invariable la cuantía de la estructura económica y de la estructura financiera de la empresa.

Hechos combinados.

Por último calificamos como ***hechos contables combinados*** a aquellos hechos compuestos que aúnan las características de, al menos dos de los tipos de hechos que acabamos de referir.

Ejemplo de hecho expansivo.

Un ejemplo de hecho expansivo lo constituye la compra, por parte de DIVERSIONES INFANTILES de un proyector de películas a crédito, por 1.500.000 ptas. La factura se pagará: 500.000 al cabo de seis días y el resto a los dos meses.

Elementos patrimoniales afectados	Masas a las que pertenecen	Aumentan o disminuyen esas masas	Anotación conforme al convenio	Cuantía de la variación
Maquinaria	Activo	+ A	Debe	1.500.000
Proveedores de inmovilizado a corto plazo ...	Pasivo	+ P	Haber	1.500.000

Después de esta operación, el activo o estructura económica de DIVERSIONES INFANTILES ha aumentado en 1.500.000 ptas, a la vez que la estructura financiera ha aumentado en la misma cantidad. Antes, la estructura económica y la estructura financiera ascendían a 20.000.000 ptas, y ahora, a 21.500.000 ptas.

Un ejemplo de hecho contable reductivo lo encontramos en el pago por Banco de la primera parte de la deuda contraída por la compra del proyector, que asciende a 500.000 ptas.

Ejemplo de hecho reductivo.

Elementos patrimoniales afectados	Masas a las que pertenecen	Aumentan o disminuyen esas masas	Anotación conforme al convenio	Cuantía de la variación
Proveedores de inmovilizado a corto plazo ...	Pasivo	− P	Debe	500.000
Bancos c/c	Activo	− A	Haber	500.000

Vemos que la estructura financiera de DIVERSIONES INFANTILES ha disminuido en 500.000 ptas., lo mismo que la estructura económica. Ahora la estructura económica y financiera tienen un importe de 21.000.000.

Un ejemplo de hecho neutro lo hallamos en la retirada de 100.000 ptas. de la cuenta corriente bancaria, que hace Torrealbino para disponer de más dinero en Caja.

Ejemplo de hecho neutro.

Elementos patrimoniales afectados	Masas a las que pertenecen	Aumentan o disminuyen esas masas	Anotación conforme al convenio	Cuantía de la variación
Caja, ptas	Activo	+ A	Debe	100.000
Bancos c/c	Activo	− A	Haber	100.000

Tras este hecho, ni la estructura económica, ni la estrutura financiera han variado cuantitativamente; siguen siendo de 21.000.000 ptas.

Ejemplo de hecho combinado.

Un ejemplo de hecho contable combinado viene dado por la compra de sillas para DIVERSIONES INFANTILES, especialmente diseñadas para asistir a sus espectáculos. Importan 1.800.000 ptas., de las cuales se pagan al contado por Banco 600.000 ptas., y el resto queda aplazado, firmando Torrealbino una letra de cambio, a pagar en dos años.

Elementos patrimoniales afectados	Masas a las que pertenecen	Aumentan o disminuyen esas masas	Anotación conforme al convenio	Cuantía de la variación
Mobiliario	Activo	+ A	Debe	1.800.000
Bancos c/c	Activo	– A	Haber	600.000
Efectos a pagar a largo plazo	Pasivo	+ P	Haber	1.200.000

Esta operación ha implicado un aumento de la estructura económica y financiera de DIVERSIONES INFANTILES en 1.200.000 ptas., que es lo que ha dejado a deber.

Efectos patrimoniales.

El cuadro de Relaciones Contables Básicas nos permite establecer la clasificación de todos los hechos expansivos, reductivos y neutros.

HECHOS CONTABLES EXPANSIVOS Y HECHOS REDUCTIVOS

Haber (– A, + P, + N) / Debe (+ A, – P, – N)	ACTIVO (– A)	PASIVO (+ P)	NETO (+ N)
ACTIVO (+ A)	(+ A) (– A)	(+ A) (+ P)	(+ A) (+ N)
PASIVO (– P)	(– P) (– A)	(– P) (+ P)	(– P) (+ N)
NETO (– N)	(– N) (– A)	(– N) (+ P)	(– N) (+ N)

Hechos expansivos: (+ A) (+ P), (+ A) (+ N)

Hechos reductivos: (– P) (– A), (– N) (– A)

El resto de los hechos son neutros

4.8. HECHOS CONTABLES PERMUTATIVOS, MODIFICATIVOS Y MIXTOS

Hechos modificativos, permutativos y mixtos.

Son ***hechos contables permutativos*** los que sólo afectan a la composición del patrimonio, variándolo cualitativamente, pero sin modificar la cuantía del Neto patrimonial.

Hechos contables modificativos son los que alteran la cuantía del Neto patrimonial, y de paso su composición.

Hechos contables mixtos son aquellos que en parte son modificativos y en parte permutativos.

Ejemplo de hecho permutativo.

Por ejemplo: Torrealbino vende al contado, por banco, el proyector de películas que había comprado en 1.500.000 ptas., por el mismo precio.

Elementos patrimoniales afectados	Masas a las que pertenecen	Aumentan o disminuyen esas masas	Anotación conforme al convenio	Cuantía de la variación
Bancos c/c	Activo	+ A	Debe	1.500.000
Maquinaria	Activo	− A	Haber	1.500.000

Tras realizar esta operación, DIVERSIONES INFANTILES tiene una diferente composición de su Activo, pero el Neto patrimonial no ha variado.

Ejemplo de hecho modificativo.

Son hechos modificativos los que afectan al Neto patrimonial, es decir, a los recursos propios de la empresa.

El Sr. Marqués paga de su cuenta corriente particular, diferente de la que tiene abierta DIVERSIONES INFANTILES, la deuda de 1.000.000 ptas., que surgió por la compra del proyector de películas, considerándolo una mayor aportación.

Elementos patrimoniales afectados	Masas a las que pertenecen	Aumentan o disminuyen esas masas	Anotación conforme al convenio	Cuantía de la variación
Proveedores de inmovilizado a corto plazo ...	Pasivo	− P	Debe	1.000.000
Titular de la explotación	Neto	+ N	Haber	1.000.000

Los hechos mixtos son combinación de los anteriores.

Ejemplo de hecho mixto.

El Sr. Torrealbino convence al Sr. Marqués para que ponga más dinero en la empresa, a la vez que un banco relacionado con el Sr. Marqués presta 4.000.000 ptas. que han de devolverse en tres años, para comprar un oso Panda, un caballo Poney, cuatro monos y cuatro loros a un zoológico. El importe de la operación asciende a 10.000.000 ptas., de los que el Sr. Marqués paga de su patrimonio familiar 6.000.000 ptas. y el resto lo pone el banco en los términos indicados.

Elementos patrimoniales afectados	Masas a las que pertenecen	Aumentan o disminuyen esas masas	Anotación conforme al convenio	Cuantía de la variación
Otro inmovilizado material	Activo	+ A	Debe	10.000.000
Titular de la explotación	Neto	+ N	Haber	6.000.000
Deudas a largo plazo con entidades de crédito	Pasivo	+ P	Pasivo	4.000.000

Efectos patrimoniales.

Puede observarse que el hecho es mixto, por cuanto la adquisición del inmovilizado ha supuesto, en parte, una modificación del Neto patrimonial y, en parte, del Pasivo.

Los hechos modificativos y permutativos pueden indentificarse en el cuadro de Anotaciones Contables Básicas:

HECHOS MODIFICATIVOS Y HECHOS PERMUTATIVOS

Haber (– A, + P, + N) / Debe (+ A, – P, – N)	ACTIVO (– A)	PASIVO (+ P)	NETO (+ N)
ACTIVO (+ A)	**(+ A) (– A)**	**(+ A) (+ P)**	**(+ A) (+ N)**
PASIVO (– P)	**(– P) (– A)**	**(– P) (+ P)**	**(– P) (+ N)**
NETO (– N)	**(– N) (– A)**	**(– N) (+ P)**	**(– N) (+ N)**

← **Hechos modificativos** (columna NETO (+ N): (+ A) (+ N), (– P) (+ N))

↑ **Hechos modificativos** (fila NETO (– N): (– N) (– A), (– N) (+ P))

El resto de los hechos son permutativos

4.9. LOS REGISTROS TRADICIONALES DE LA CONTABILIDAD

La tradición formal en Contabilidad.

La Contabilidad ha respetado siempre la tradición en cuanto al formalismo de los registros. Quizás en el fondo haya un cierto ritual, mantenido a través de los tiempos y seguido internacionalmente. Este ritual empieza por admitir, sin excepción alguna de países, que el debe y el activo aparecen a la izquierda y el pasivo y el haber a la derecha y continúa en el propio formalismo de los libros registros, Diario y Mayor, que ya conocemos en una primera aproximación.

4.9.1. EL LIBRO DIARIO

El libro Diario.

Es el libro de contabilidad en el que se anotan los hechos contables por riguroso orden cronológico. Una forma tradicional de presentar el ***libro Diario*** es la que aparece en el Cuadro 4.1, denominado modelo americano. En las columnas, de izquierda a derecha, figuran los siguientes conceptos:

Contenido de las columnas del Diario.

1. Cantidad correspondiente al debe de las cuentas que después se indican en el punto 2.
2. En esta columna se escriben los siguientes datos: • Número de orden de los asientos en el Diario. • Fecha: día, mes y año. • Nombre de la cuenta. • Explicación del hecho anotado.
3. Referencia al folio del Mayor al que se traslada ese asiento.
4. Cantidad correspondiente al haber de las cuentas que se han indicado en el punto 2.

Modelo americano de Diario.

MODELO AMERICANO DEL LIBRO DIARIO

DEBE	ASIENTO, FECHA, CUENTA, EXPLICACION	Ref	HABER

Cuadro 4.1

Un ejemplo.

SILESA es una empresa que se ve afectada por las siguientes operaciones:

1 de marzo de 198X: Se constituye la sociedad, aportando los accionistas ese mismo día la totalidad del capital, 25.000.000 ptas., mediante un ingreso en la cuenta abierta a SILESA en el Banco de Segovia por 3.000.000 ptas., y en la cuenta abierta en el Banco de Cáceres por 2.000.000 ptas. y mediante la cesión de un edificio para almacenes y oficinas, cuya construcción se valora en 12.000.000 ptas. y el solar en 8.000.000 ptas.

5 de marzo de 198X: Compra de mobiliario a Almacenes Generales por 1.000.000 ptas., pagadas a través de la cuenta corriente que SILESA tiene abierta en el Banco de Segovia. SILESA recibe la factura n.º 1.001.

15 de marzo de 198X: Compra de mercaderías a crédito por 9.000.000 ptas., a la empresa Distribuidora General, quien entrega la factura n.º 8.424.

25 de marzo de 198X: Vende al mismo precio que costaron mercaderías por 500.000 ptas., a D. Emiliano Pérez, cobrando 100.000 ptas. al contado por caja y el resto a crédito. Entrega la factura n.º 1.

En el mes de marzo no realiza más operaciones.

Se desea pasar estas operaciones al libro Diario, al libro Mayor y presentar el Balance de Sumas y Saldos.

Representación en el Diario modelo americano.

El Diario se escribirá de la siguiente forma:

DEBE	FECHA, CUENTAS, EXPLICACION	Ref.	HABER
	1) ________ 1 de marzo de 198X ________		
5.000.000	(572) Bancos c/c	1	
8.000.000	(220) Terrenos y bienes naturales	2	
12.000.000	(221) Construcciones	3	
	a (100) Capital social	4	25.000.000
	Constitución de la sociedad y desembolso total de las acciones de esta manera:		
	Por ingreso en Banco de Segovia: 3.000.000		
	Por ingreso en Banco de Cáceres: 2.000.000		
	Por entrega de edificio valorado en:		
	Solar: 8.000.000		
	Construcción: 12.000.000 — 20.000.000		
	Total aportación: 25.000.000		
	2) ________ 5 de marzo de 198X ________		
1.000.000	(226) Mobiliario	5	
	a (572) Bancos c/c	1	1.000.000
	Compra a Almacenes Generales según su factura n.º 1001 pagada por Banco de Segovia.		

	3) ______ 15 de marzo de 198X ______		
9.000.000	(300) Mercaderías	6	
	a (4000) Proveedores (ptas.)	7	9.000.000
	Compra a crédito de mercaderías a Distribuidora General según su factura n.º 8424		
	4) ______ 25 de marzo de 198X ______		
100.000	(570) Caja, ptas.	8	
400.000	(4300) Clientes (ptas.)	9	
	a (300) Mercaderías	6	500.000
	Venta a D. Emiliano Pérez según nuestra factura n.º 1.		
35.500.000	SUMA Y SIGUE		35.500.000

Algunas observaciones:

Conviene hacer las siguientes aclaraciones a propósito de lo escrito en el libro Diario:

• **Fecha.**

1.ª Respecto de la fecha. Cuando se realizan varias operaciones en un mismo día, en el libro Diario suele escribirse, antes de cada anotación, la abreviatura «d/d» que quiere decir dicho día.

• **Explicación.**

2.ª La explicación puede hacerse de muy diversas formas, según la mayor o menor meticulosidad con que se quiera plasmar. En cualquier caso debe hacerse brevemente.

• **Partícula «a».**

3.ª Las cuentas que se abonan se escriben a la derecha, precedidas de la preposición «a».

• **Código.**

4.ª Es normal dar a cada cuenta un número o código. En ese caso caben dos soluciones, para dejar constancia de él en el Diario:

— Una solución es ponerlo entre paréntesis delante de cada cuenta.
— Otra solución es escribir el número de la cuenta en una columna reservada para ello.

Número provisional para mercaderías.

Optamos por la primera solución, poniendo el número delante de cada cuenta. El número que asignamos es el que aparece en la relación de elementos patrimoniales incluida en el Capítulo 2. A la cuenta de mercaderías de momento le atribuimos el número 300.

Modelo italiano de Diario.

A veces, el Diario se presenta con rayado semejante al que puede observarse en el cuadro siguiente, de acuerdo con lo que se denomina modelo italiano. Se diferencia del presentado con anterioridad, que se denomina modelo americano, en que la columna destinada a representar las cantidades anotadas en el Debe se traslada al lado derecho, delante de la columna del Haber. La elección de uno u otro modelo es totalmente irrelevante, ya que tiene la misma información en distinto orden.

FECHA, CUENTAS, EXPLICACION	Ref.	DEBE	HABER
1 ———— 1 de marzo de 198X ————			
(572) Bancos c/c	1	5.000.000	
(220) Terrenos y bienes naturales	2	8.000.000	
(221) Construcciones	3	12.000.000	
a (100) Capital social	4		25.000.000
Constitución de la sociedad y desembolso total de las acciones de esta manera:			
Por ingreso en Banco de Segovia: 3.000.000			
Por ingreso en Banco de Cáceres: 2.000.000			
Por entrega de edificio valorado en:			
Solar: 8.000.000			
Construcción: 12.000.000 20.000.000			
Total aportación: 25.000.000			
2 ———— 5 de marzo de 198X ————			
(226) Mobiliario	5	1.000.000	
a (572) Bancos c/c	1		1.000.000
Compra a Almacenes Generales según su factura n.º 1001 pagada por Banco de Segovia.			
3 ———— 15 de Marzo de 198X ————			
(300) Mercaderías	6	9.000.000	
a (4000) Proveedores (ptas.)	7		9.000.000
Compra de mercaderías según s/f 8424			
4 ———— 25 de marzo de 198X ————			
(570) Caja, ptas.	8	100.000	
(4300) Clientes (ptas.)	9	400.000	
a (300) Mercaderías	6		500.000
Venta a D. Emiliano Pérez según nuestra factura n.º 1.			
Suma y sigue		35.500.000	35.500.000

4.9.2. EL LIBRO MAYOR

Concepto de Mayor. La información que se refleja en el libro Diario, ha de figurar también en el ***libro Mayor***. Si en el Diario aparece cronológicamente, en el Mayor aparece dentro de las cuentas que hasta ahora hemos presentado esquemáticamente en forma de T mayúscula, pero que ahora vamos a examinar con todos sus detalles.

Modelo de Mayor. El libro Mayor tradicionalmente viene presentando un rayado semejante al que se presenta en el Cuadro 4.2.

MODELO DEL LIBRO MAYOR

Fecha	Explicación	Ref	Debe	Haber	Saldo

Cuadro 4.2

Contenido de las columnas.

En él aparecen los siguientes detalles:

1.º Fecha.
2.º Explicación breve, apropiada para cada cuenta y para cada operación. En ella, dada la estrechez del espacio, se emplean abreviaturas generalizadas como: s/f, es decir, su factura o n/f, nuestra factura; incluso abreviaciones o eliminaciones de palabras, como Bancos Seg. y Các. en lugar de Banco de Segovia y Banco de Cáceres.
3.º Referencia al asiento del Diario al que corresponde esta anotación en el Mayor.
4.º Columna para los cargos.
5.º Columna para los abonos.
6.º Columna para el saldo, que se calcula después de cada anotación en el Debe o en el Haber de la cuenta.

Representación del Ejemplo en el Mayor.

Aplicado ese formato de Libro Mayor al supuesto enunciado con anterioridad, llegaríamos a las cuentas que aparecen en el Cuadro 4.3.

PAGINAS DEL LIBRO MAYOR **Cuadro 4.3**

Bancos c/c **N.º 572** Pág. 1

Fecha	Explicación	Ref	Debe	Haber	Saldo
1/03/8X	Desembolso Bancos Seg. y Các.	1	5.000.000		5.000.000
5/03/8X	Pago f/1001 compra mobiliario	2		1.000.000	4.000.000

Terrenos y bienes naturales **N.º 220** Pág. 2

Fecha	Explicación	Ref	Debe	Haber	Saldo
1/03/8X	Aportación inicial accionistas	1	8.000.000		8.000.000

Construcciones **N.º 221** Pág. 3

Fecha	Explicación	Ref	Debe	Haber	Saldo
1/03/8X	Aportación inicial accionistas	1	12.000.000		12.000.000

Capital social **N.º 100** Pág. 4

Fecha	Explicación	Ref	Debe	Haber	Saldo
1/03/8X	Constitución, aportación inicial	1		25.000.000	25.000.000

Mobiliario **N.º 226** Pág. 5

Fecha	Explicación	Ref	Debe	Haber	Saldo
5/03/8X	Compra a Almacenes Generales, s/f n.º 1001	2	1.000.000		1.000.000

Mercaderías **N.º 300** Pág. 6

Fecha	Explicación	Ref	Debe	Haber	Saldo
15/03/8X	Compra a Distribuidora General, s/f n.º 8424	3	9.000.000		9.000.000
25/03/8X	Venta a Emiliano Pérez, n/f n.º 1	4		500.000	8.500.000

Proveedores (ptas.) **N.º 4000** Pág. 7

Fecha	Explicación	Ref	Debe	Haber	Saldo
15/03/8X	Distribuidora General, s/f n.º 8424	3		9.000.000	9.000.000

Caja, ptas. **N.º 570** Pág. 8

Fecha	Explicación	Ref	Debe	Haber	Saldo
25/03/8X	Cobro n/f n.º 1 venta mercaderías	4	100.000		100.000

Clientes (ptas.) **N.º 4300** Pág. 9

Fecha	Explicación	Ref	Debe	Haber	Saldo
25/03/8X	Emiliano Pérez pendiente n/f n.º 1	4	400.000		400.000

4.10. BALANCE DE SUMAS Y SALDOS

Balance de Sumas y Saldos.

En determinadas fechas, al final de cada mes, de cada trimestre, de cada semestre o, al menos, al final de cada año, se prepara un ***Balance de Sumas y Saldos***, también llamado ***Balance de Comprobación.*** Este balance es un estado demostrativo de la situación en que se presentan las sumas deudoras o acreedoras y los saldos deudores o acreedores de todas las cuentas en un momento determinado.

Aplicación al ejemplo.

El Balance de Comprobación al 25-3-8X, en el ejemplo que hemos propuesto sería el que aparece en el Cuadro 4.4. A este balance se ha ido trasladando el Mayor. Podríamos haberlo hecho según el orden del número de cuentas o siguiendo otros criterios que en su momento propondremos.

BALANCE DE COMPROBACION AL 25-3-8X

N.°	CUENTA	SUMAS		SALDOS	
		Deudora	Acreedora	Deudor	Acreedor
100	Capital social		25.000.000		25,000.000
220	Terrenos y bienes naturales	8.000.000		8.000.000	
221	Construcciones	12.000.000		12.000.000	
226	Mobiliario	1.000.000		1.000.000	
300	Mercaderías	9.000.000	500.000	8.500.000	
4000	Proveedores (ptas.)		9.000.000		9.000.000
4300	Clientes (ptas.)	400.000		400.000	
570	Caja, ptas.	100.000		100.000	
572	Bancos c/c	5.000.000	1.000.000	4.000.000	
	TOTALES	35.500.000	35.500.000	34.000.000	34.000.000

Cuadro 4.4

Finalidades:

El Balance de Sumas y Saldos tiene dos finalidades:

- **Técnica.**

Una finalidad puramente técnica: ver si han existido errores al escribir en el Mayor las mismas cantidades que aparecen en el Diario. Incluso, si han existido errores en el propio Mayor al calcular el saldo de una cuenta. Por eso, a veces se denomina Balance de Comprobación.

- **Informativa.**

Otra finalidad informativa: ofrecer una síntesis del Mayor, con todo lo que eso puede significar. Desde luego que hasta que no se haya terminado el proceso contable, no tendremos una representación ajustada de la situación patrimonial. Sin embargo, un Balance de Sumas y Saldos tiene un destacado valor informativo.

Análisis contable superficial a través del Balance de Sumas y Saldos.

En efecto, la síntesis contable que representa el Balance de Sumas y Saldos es importante para darse una idea de cómo va evolucionando el patrimonio. Así, de la simple observación del Balance de Sumas y Saldos pueden deducirse algunas conclusiones, tales como:

1.ª Que SILESA dispone desde un principio de unas instalaciones: edificios y mobiliario.

2.ª Que ya ha comprado mercancías y ha vendido una parte de ellas.

3.ª Que tiene una liquidez de 4.000.000 ptas. en Bancos c/c y 100.000 pesetas en Caja.

4.ª Que su única deuda es a proveedores por 9.000.000 ptas., no habiendo pedido aún ningún crédito a los bancos.

La lista de ideas que se pueden deducir del análisis superficial del Balance de Sumas y Saldos podría continuar, pero con lo dicho parece suficiente para poner de manifiesto que sirve para suministrar información relevante de la empresa.

4.11. EL DIARIO, EL MAYOR Y EL BALANCE DE SUMAS Y SALDOS EN UNA CONTABILIDAD INFORMATIZADA

La contabilidad informatizada sigue el formalismo tradicional.

La presentación que hemos hecho del Diario, del Mayor y del Balance de Sumas y Saldos corresponde al planteamiento tradicional de una empresa que lleva todos esos registros contables en auténticos libros de contabilidad.

Pero ¿tiene algo que ver esta manera de registrar la información contable con la forma que se sigue en las ***contabilidades informatizadas***, es decir, en las contabilidades hechas mediante ordenador?

La contestación a esta pregunta es afirmativa sin lugar a dudas. La informática aplicada a la Contabilidad, ha tenido el buen acierto de acercarse a los formalismos de la Contabilidad tradicional.

Los formatos del Diario y del Mayor han debido acomodarse, indudablemente, a las exigencias del tratamiento informatizado de los datos contables, pero no hasta el punto de ser irreconocibles.

A continuación presentamos, aplicado al mismo supuesto enunciado para ver el formato convencional, tipos de Diario y de Mayor deducidos de un programa informático de contabilidad.

4.11.1. EL DIARIO

Características del Diario en una contabilidad informatizada.

El Diario aparece en el Cuadro 4.5; respecto del cual queremos llamar la atención sobre los siguientes puntos:

1.° Toda la información que figuraba en el Diario convencional se recoge en éste, si bien de otra manera. En efecto, se incluyen en

DIARIO EN UNA CONTABILIDAD INFORMATIZADA

N.° de asiento	Posición	Fecha	N.° de cuenta	Nombre de la cuenta	Debe	Haber	Explicación
1	1	01.03.8X	572	Bancos c/c	5.000.000		Desembolso Bancos Seg. y Các.
1	2	01.03.8X	220	Terrenos y bienes naturales	8.000.000		Aportación inicial accionistas
1	3	01.03.8X	221	Construcciones	12.000.000		Aportación inicial accionistas
1	4	01.03.8X	100	Capital social		25.000.000	Aportación inicial
2	5	05.03.8X	226	Mobiliario	1.000.000		Compra Alm. Generales s/f 1001
2	6	05.03.8X	572	Bancos c/c		1.000.000	Pago s/f 505 compra mobiliario
3	7	15.03.8X	300	Mercaderías	9.000.000		Compra a D. General s/f 8424
3	8	15.03.8X	4000	Proveedores (ptas.)		9.000.000	Distribuidora General s/f 8424
4	9	25.03.8X	570	Caja, ptas.	100.000		Cobro n/f n.° 1
4	10	25.03.8X	4300	Clientes (ptas.)	400.000		E. Pérez pendiente de n/f n.° 1
4	11	25.03.8X	300	Mercaderías		500.000	Venta Emiliano Pérez n/f n.° 1
				Suma y sigue	35.500.000	35.500.000	

Cuadro 4.5

este Diario todos y cada uno de los conceptos a los que hemos aludido más arriba.

2.º Si acaso, la única información nueva en el formato propuesto es la segunda columna, de posición en el Diario, que no es otra cosa que el renglón del Diario que el ordenador va escribiendo automáticamente.

4.11.2. EL MAYOR Y EL BALANCE DE SUMAS Y SALDOS

Características del Mayor en una contabilidad informatizada.

Con relación al registro de las contabilidades informatizadas, donde aparece el mismo registro Mayor que en la contabilidad llevada tradicionalmente, conviene hacer las siguientes observaciones:

La primera es que el modelo o formato al que se suele ajustar este registro en las contabilidades informatizadas es semejante al de las contabilidades tradicionales.

La segunda es que lo que se escribe en el registro del Diario pasa automáticamente al registro del Mayor. De esta manera no pueden producirse errores de transcripción.

La tercera es que aunque no pueden producirse errores de transcripción, ni errores aritméticos, ya que éstos quedarían detectados automáticamente por el ordenador, sin embargo procede hacer periódicamente balances de sumas y saldos, dada la facilidad con que se obtienen, y considerando la utilidad que pueden tener para darse una idea de la situación económica y financiera a lo largo del ejercicio.

El Balance de Comprobación no varía.

El Balance de Comprobación no presenta novedades formales dignas de mención dentro de una contabilidad informatizada.

4.12. LEYES DEL FUNCIONAMIENTO DE LAS CUENTAS

Leyes propias de la doctrina española.

La doctrina contable española viene recogiendo con acierto una serie de normas que conviene tener presentes en la utilización de las cuentas: se denominan ***leyes del funcionamiento de las cuentas*** y las presentamos a continuación con ciertos retoques.

1.ª Ley de desglose:

1.ª ***Ley de desglose (o disociativa)***. Una cuenta puede separarse en varias, debido a alguna de las siguientes razones:

• Desglose en elementos patrimoniales menores.

a) Que el elemento patrimonial al que se refiere la cuenta se divide en elementos patrimoniales más detallados. Por ejemplo, una empresa industrial, que exporta, tiene abierta la cuenta:

— Clientes,

sin embargo, por diversas razones, considera conveniente desglosarla. Entonces, la empresa abrirá las siguientes cuentas:

— Clientes (ptas.)
— Clientes (moneda extranjera)
— Clientes, facturas pendientes de formalizar

Más adelante estudiaremos el contenido y funcionamiento de esta última cuenta.

Lo mismo podríamos hacer con la cuenta de Proveedores, que se desglosa de forma similar.

• Desglose por diferentes perspectivas de un mismo elemento.

b) Que pasen a considerarse diferentes aspectos u operaciones relacionadas con un elemento patrimonial. Por ejemplo, una empresa tiene abierta la cuenta de:

— Mercaderías;

sin embargo, para estudiar mejor las diferentes operaciones relacionadas con las mercaderías puede, aplicando la ley de desglose, abrir en su lugar las siguientes cuentas:

— Existencias (para recoger los stocks iniciales y finales)
— Compras
— Ventas

2.ª Ley de integración.

2.ª ***Ley de integración de las cuentas (o asociativa)***. Es la norma que permite la operación inversa a la anterior. Por ejemplo, una empresa tiene abiertas las cuentas de:

— Mercaderías A
— Mercaderías B

pero quiere agruparlas. Entonces abrirá la cuenta:

— Mercaderías

3.ª Ley de eliminación.

3.ª ***Ley de eliminación***: Cuando, como consecuencia de un mismo hecho contable, una cuenta resulte cargada y abonada, solamente se afectará por la diferencia entre el cargo y el abono.

Esta norma debe aplicarse con mucha cautela, ya que pueden producirse compensaciones que enturbien la información contable.

4.ª Ley de coordinación:

4.ª ***Ley de coordinación de las cuentas (o ley de conexión)***. Cabe enunciarla a dos niveles:

• Coordinación general.

a) Coordinación general: En una lista o cuadro de cuentas de una empresa, en principio, cualquier cuenta puede coordinarse, es decir, puede relacionarse a través de un asiento con cualquier otra. Esta conexión recibe a veces el nombre de conexión general. Ejemplo: podríamos elegir al azar dos cuentas de una lista de ellas, y siempre podríamos encontrar, teóricamente, algún hecho contable que justificase el asiento en que intervinieran. Por ejemplo:

Clientes (ptas.)	a	Capital social

Aunque parece una relación rara, cabe pensar en una Sociedad Anónima en la que los accionistas han aportado facturas de clientes, que antes iban a cobrar ellos y después cobrará la sociedad.

• Coordinación específica.

b) Coordinación específica: Si bien se cumple la ley de conexión general, lo normal es que haya una especie de círculo reducido de conexiones más frecuentes. Por ejemplo: si se carga la cuenta de Anticipos a proveedores, lo normal es que, en principio, se haya hecho una entrega de dinero por Caja, o por Banco; es decir, las conexiones específicas en este caso serían:

Anticipos a proveedores	a	Caja, ptas.

o bien:

Anticipos a proveedores	a	Bancos c/c

5.ª Ley de adecuación y diferenciación de la nomenclatura de las cuentas:

• Adecuación de la nomenclatura.

• Diferenciación de la nomenclatura.

5.ª ***Ley de adecuación y diferenciación en la nomenclatura de las cuentas***. Cada cuenta ha de recibir una denominación que cumpla los siguientes requisitos:

1.° Que la denominación, sin dejar de ser corta, sea lo suficientemente completa como para dar una idea explicativa de su contenido. Por ejemplo, carecería de sentido denominar a una cuenta «Créditos». Eso no quiere decir nada; otra cosa diferente es llamar a esa cuenta «Créditos a largo plazo por enajenación de inmovilizado».

2.° Que no aparezca la misma denominación para cuentas diferentes. Por eso el Plan General de Contabilidad diferencia acertadamente las cuentas Proveedores de inmovilizado a largo plazo y Proveedores de inmovilizado a corto plazo.

De esta manera se consigue que el nombre de cada cuenta sea completo y que sea distinto del nombre de otras cuentas.

Términos y expresiones clave explicados en este capítulo

Abonar una cuenta (4.3)
Abrir una cuenta (4.3)
Adeudar una cuenta (4.3)
Balance de comprobación (4.10)
Balance de Sumas y Saldos (4.10)
Cargar una cuenta (4.3)
Cerrar una cuenta (4.3)
Contabilidades informatizadas (4.11)
Determinar el saldo (4.3)
Hechos contables combinados (4.7)
Hechos contables compuestos (4.1)
Hechos contables expansivos (4.7)
Hechos contables mixtos (4.8)
Hechos contables modificativos (4.8)
Hechos contables neutros (4.7)
Hechos contables permutativos (4.8)
Hechos contables reductivos (4.7)
Hechos contables simples (4.1)
Ley de adecuación y diferenciación de la nomenclatura de las cuentas (4.12)
Ley de coordinación de las cuentas (o de conexión) (4.12)
Ley de desglose (o disociativa) (4.12)
Ley de eliminación (4.12)
Ley de integración de las cuentas (o asociativa) (4.12)
Leyes de funcionamiento de las cuentas (4.12)
Libro Diario (4.9.1)
Libro Mayor (4.9.2)
Saldar una cuenta (4.3)
Saldo (4.3)
Sumas acreedoras (4.3)
Sumas deudoras (4.3)

CAPITULO

5

LAS CUENTAS DE GASTOS E INGRESOS Y SU FUNCIONAMIENTO

OBJETIVOS DIDACTICOS DEL CAPITULO

Estudiando este capítulo se puede aprender:

1.° Los conceptos de gastos, ingresos y resultados.

2.° Las fases a distinguir económicamente en los gastos y en los ingresos.

3.° Las fases de representación contable de los gastos y los ingresos de acuerdo con esa interpretación económica:

— La fase de captación de los gastos y de los ingresos.
— La fase de traslado de los gastos e ingresos a resultados.

4.° El convenio fundamental del funcionamiento de las cuentas de gastos, ingresos y resultados.

5.° Una primera aproximación operativa, con el seguimiento del proceso contable básico de las empresas de servicios a través de un supuesto.

6.° Una lista de gastos, ingresos y resultados del Plan General de Contabilidad español relacionados con las empresas de servicios.

5.1. PLANTEAMIENTO

Entramos en cuestiones delicadas.

Si tuviéramos que dar nuestra opinión sobre la parte más delicada, y quizás más difícil, de la introducción a la Contabilidad, casi seguro que nos decidiríamos por la que abordamos seguidamente.

Aparecen otros conceptos al nivel de las masas patrimoniales.

Guiados por la intención de no mezclar cuestiones distintas, hasta ahora solamente han intervenido en nuestros razonamientos y en nuestros ejemplos las masas patrimoniales Activo, Pasivo y Neto. Ello ha implicado que hayamos tomado en consideración una cierta categoría de hechos contables. Sin embargo, la actividad empresarial tiene que ver también con otros tipos de hechos contables. Para mostrar más cómodamente algunos de los que nos faltan por examinar, nos apoyaremos en un supuesto, que pasamos a enunciar.

5.2. ENUNCIADO DE UN SUPUESTO EN EL QUE APARECEN GASTOS, INGRESOS Y RESULTADOS

COPAMUNDI es una empresa individual, cuyo objeto social es la realización del partido de revancha de la final del mundial de fútbol de 1990. El único propietario de la empresa es el Sr. Havalancha, quien pone al frente de ella, sin retribución, a un primo suyo, el Sr. Roque. Las operaciones que se realizan en 1991, y que tienen que ver con COPAMUNDI son:

1. *Se crea la empresa COPAMUNDI con la aportación de un capital de 100.000.000 ptas. por parte del Sr. Havalancha, que deposita en una cuenta corriente abierta a nombre de la sociedad en el Banco de Crédito Turístico.*
2. *El Banco de Crédito Turístico concede a COPAMUNDI un préstamo de 18.000.000 ptas. a seis meses, sin pago de intereses.*
3. *COPAMUNDI contrata a los equipos de los dos países participantes, pagando por adelantado 70.000.000 ptas. en total, mediante unos cheques contra la cuenta corriente del Banco.*
4. *COPAMUNDI entrega al Club propietario del campo un cheque de 10.000.000 ptas. por la utilización en su día del campo y del personal necesario para cubrir todos los servicios.*
5. *La venta de localidades se realiza en exclusiva por una empresa especializada en este tipo de actividad. Las localidades se agotaron con 15 días de anticipación a la celebración del partido, y la recaudación por este concepto, que asciende a 65.000.000 ptas., es ingresada por la empresa especializada en la cuenta bancaria de COPAMUNDI antes del partido.*
6. *La venta de los derechos por retransmitir el partido por televisión*

se ha hecho a una cadena por un importe de 60.000.000 ptas., que ha ingresado en la cuenta corriente de COPAMUNDI antes de celebrarse el partido.

7. *Los espacios para carteles de publicidad estática dentro del campo han sido cedidos a una empresa del ramo por 15.000.000 ptas., que paga mediante un cheque que se ingresa en la cuenta corriente de COPAMUNDI.*
8. *Terminado el partido, el Sr. Roque calcula contablemente el resultado obtenido por COPAMUNDI. Y de acuerdo con las instrucciones recibidas del Sr. Havalancha, propietario de la empresa, el Sr. Roque aumenta el capital con el resultado obtenido.*

¿Cambia el cuadro de anotaciones contables básicas?

Si nos fijamos atentamente, las operaciones efectuadas son hechos contables simples, en la mayor parte de los cuales ha intervenido un ingreso o un gasto. Siendo esto así, podemos preguntarnos si esos hechos contables pueden identificarse con alguna de las nueve categorías de hechos simples, presentadas al final del Capítulo 3.

Cabe adelantar que la contestación de la doctrina no es unánime. Se han ido adoptando diferentes posiciones, entre las que destacan:

Según la posición más clásica, no cambia.

- Una clásica o convencional, que considera que los gastos son una disminución del Neto patrimonial, y por lo tanto, una pérdida, mientras que los ingresos son un aumento del Neto patrimonial, o sea, una ganancia. Esta tesis conlleva la asimilación de estos hechos a algunos de los que ya teníamos tipificados al referirnos al funcionamiento de las cuentas de Activo, Pasivo y Neto.

Según la más moderna, sí.

- Una posición moderna, cuyos defensores han abandonado esa interpretación, razonan como veremos inmediatamente.

5.3. LOS GASTOS NO SON PERDIDAS, NI LOS INGRESOS GANANCIAS

Insistencia en las dos posiciones.

Frente a la posición tradicional,que se mantiene en muchas ocasiones por razones puramente pedagógicas, a nuestro juicio discutibles, se levanta cada vez con más fuerza otra que se opone a considerar los gastos del ejercicio como disminuciones del neto patrimonial y los ingresos como aumentos del mismo.

Significación de los gastos en el nuevo enfoque.

Entienden los partidarios del nuevo enfoque que cuando surge un ***gasto*** se inicia una doble circulación económica: de un lado sale dinero, y, como contrapartida se recibe en su momento algo real, una contraprestación en bienes y servicios que colaborarán en el proceso productivo. Acudiendo al supuesto del partido de fútbol, cuando se paga a los jugadores, sale un dinero de la empresa organizadora, pero como contrapartida, esta misma empresa va a contar con la actuación de los dos equipos de fútbol durante el tiempo reglamentario.

Un gasto no es igual que una pérdida.

Para recalcar la idea desde otra perspectiva, conviene dejar claro que un gasto es distinto de una ***pérdida***. En efecto, cada uno de los gastos presentados en el ejemplo es muy diferente de un caso en que la empresa organizadora fuera objeto de un robo de parte del dinero que tuviera en caja. Si esto sucediera, sí cabría hablar de una disminución del neto patrimonial en una cuantía equivalente a la suma sustraída.

Significación de los ingresos en el nuevo enfoque.

Siendo consecuentes con este planteamiento, quienes se sitúan en esta posición moderna, consideran que cuando se vende un producto o servicio, es decir, cuando se obtiene un ***ingreso***, existe también una doble circulación económica: de una parte entrará dinero, y de otra, como contrapartida saldrá una prestación de un servicio o una entrega de un bien. Retornando al supuesto del partido de fútbol, la venta de localidades implica una entrada de dinero en la cuenta corriente de la empresa organizadora, pero ésta entrega a su vez la posibilidad de ocupar un asiento desde el que se podrá asistir a la celebración del partido, todo lo cual ha supuesto un coste para ella; fijémonos en que, si el partido se suspendiera, el dinero debería ser devuelto.

Un ingreso es diferente de una ganancia pura.

Para justificar aún más esta tesis, se suele resaltar que es muy distinto un ingreso que una ganancia pura. Si algún forofo regalase 1.000.000 ptas. al organizador del partido porque había ganado su equipo, estaríamos indiscutiblemente en presencia de un aumento del Neto patrimonial en esa misma cuantía.

En consecuencia, los gastos y los ingresos no pueden asimilarse a aumentos o disminuciones del Neto patrimonial. Son conceptos diferentes.

5.4. RELACION ENTRE GASTOS, INGRESOS Y RESULTADOS

Los gastos, los ingresos y los resultados de una actividad productiva.

Avanzando un poco más en esa interpretación, hay que pensar que los gastos permiten la realización de una actividad en el momento oportuno. Y los ingresos no aparecen llovidos del cielo, sino que son un producto de esa actividad.

De esta manera, pueden compararse en determinados momentos los gastos que han sido aplicados al desempeño de una actividad con los ingresos derivados de esa actividad. Y esa diferencia es precisamente el ***resultado económico de la actividad.***

Insistimos en que hacemos esta comparación en determinados momentos, no continuamente. Ese momento puede ser cuando se termina una actividad totalmente, como ocurre en el supuesto. Pero aún caben otras posibilidades que analizaremos después. Por ejemplo, cuando acaba un período de tiempo, durante el cual se ejerce la actividad.

5.5. LAS DOS FASES EN QUE INTERVIENEN LOS INGRESOS Y LOS GASTOS

Dos fases económicas:

El proceso económico se compone, tal y como lo hemos explicado, de dos fases totalmente distintas.

1.ª Adquisición de medios productivos y venta de productos.

En una primera fase se van produciendo una serie de gastos e ingresos relacionados con la actividad que realice la empresa.

En el supuesto, la empresa paga a los equipos participantes en el momento de la contratación, que es cuando aparece el gasto, es decir, es cuando aparece la adquisición de los medios que se van a emplear en el desarrollo de la actividad. Lo mismo ocurre con el campo de fútbol arrendado.

En el supuesto, la empresa cobra las localidades, los derechos de retrasmisión y la publicidad estática antes del partido.

2.ª Aplicación de los medios adquiridos al proceso productivo y entrega de los bienes y servicios a los clientes.

En una segunda fase tomamos en consideración:

De un lado, los ingresos obtenidos del ejercicio de la actividad y de otro lado, los gastos en la medida en que han sido aplicados efectivamente a la realización de la actividad.

Y por diferencia entre los gastos aplicados y los ingresos obtenidos, determinaremos el resultado en esta segunda fase.

Aclaración.

Para ver mejor lo que acabamos de exponer, podríamos preguntarnos ¿qué hubiera ocurrido si el partido no se celebrase por causas ajenas a la empresa organizadora? En ese caso, probablemente los equipos y los propietarios del terreno de juego devolverían el dinero cobrado, y a su vez, la empresa tendría que devolver el importe de las entradas, el importe de los derechos de retrasmisión y el importe de la publicidad estática.

Ahora bien, una vez celebrado el partido, aunque el responsable de la empresa COPAMUNDI no supiera contabilidad, podría hacer estos cálculos:

Ingresos derivados de la actividad:		
Venta de localidades	65.000.000	
Derechos de retrasmisión	60.000.000	
Publicidad estática	15.000.000	**140.000.000**
Gastos aplicados a la actividad:		
Participación de equipos	70.000.000	
Arrendamiento del campo	10.000.000	**– 80.000.000**
Resultado obtenido en la actividad		**60.000.000**

5.6. LA REPRESENTACION CONTABLE DE LOS GASTOS, LOS INGRESOS Y LOS RESULTADOS

Dos fases contables.

Las dos fases que acabamos de diferenciar dan pie asimismo a dos fases en la contabilización, que denominaremos:

1.ª Fase de captación de los gastos e ingresos, y
2.ª Fase de traslación de los gastos e ingresos a los resultados

que pasamos a exponer separadamente.

5.6.1. FASE DE CAPTACION DE LOS GASTOS E INGRESOS

5.6.1.1. Abonos en las cuentas de ingresos y cargos en las cuentas de gastos

Estudio de la 1.ª fase, en que los gastos son análogos al Activo y los ingresos al Pasivo.

Ya hemos repetido que en esta primera fase no podemos hablar todavía de resultados, solamente de la adquisición de unos medios que podrán aplicarse en su momento en el proceso productivo y de unos ingresos que exigirán la entrega de unos bienes o servicios. En este sentido, los gastos guardan una analogía con los activos y los ingresos con los pasivos; en este caso, un pasivo que se hará efectivo con la entrega de los bienes o servicios.

Comprobación de esta tesis mediante el supuesto.

Insistiremos en esta relación.

La empresa COPAMUNDI tiene un derecho sobre los equipos que van a jugar desde el momento en que los contrata. Por un lado, este derecho permite que COPAMUNDI exija a los futbolistas que jueguen el día del partido.

Por otro lado, COPAMUNDI tiene una obligación con los espectadores que han adquirido sus entradas, esta obligación ha de hacerse efectiva facilitándoles la localidad a que se hace referencia explícita en el papel de la entrada, que han de entregar en su momento al acomodador.

Relación de esta fase con la ecuación fundamental.

Por esto la ecuación fundamental del patrimonio:

ACTIVO	=	PASIVO	+	NETO

podría ampliarse así:

La nueva ecuación.

ACTIVO	+	GASTOS	=	PASIVO	+	NETO	+	INGRESOS

Representación contable:

De tal manera que, en la captación de gastos e ingresos, el convenio de funcionamiento de las cuentas de Activo, Pasivo y Neto, habría de ser completado de esta forma:

• Cargos en las cuentas de gastos.

— La aparición y el aumento de un gasto, ocasionado por la adquisición de medios productivos se ha de anotar en el debe de la cuenta de gastos correspondiente. O dicho de otra manera: los aumentos de gasto se registran a la izquierda de la cuenta correspondiente.

• Abonos en las cuentas de ingresos.

— La aparición y el aumento de un ingreso, motivado por la venta de bienes y servicios, se ha de registrar en el haber de la cuenta de ingreso correspondiente. O dicho de otra forma: los aumentos de ingresos se registran en la parte derecha de la cuenta de ingreso correspondiente.

Visión esquemática.

Este convenio de cargo de las cuentas de gastos y abono de las cuentas de ingresos aparece sintetizado en el Cuadro 5.1.

CARGOS EN LAS CUENTAS DE GASTOS Y ABONOS EN LAS CUENTAS DE INGRESOS

D GASTOS	H	D INGRESOS	H
Adquisición de medios de producción (+)			Venta de bienes y servicios (+)

Cuadro 5.1

5.6.1.2. Estudio operativo de los cargos en las cuentas de gastos y los abonos en las cuentas de ingresos

Estudio operativo:

1.º Los dos primeros hechos no incluyen ingresos ni gastos.

El supuesto que hemos enunciado anteriormente incluye las dos operaciones primeras que nos sirven para hacer alusión al convenio, que ya conocemos, del funcionamiento de las cuentas de Activo, Pasivo y Neto. Aplicándolo a través del esquema de razonamiento contable básico, tendremos:

Hecho contable	Elementos del patrimonio que intervienen	Magnitudes afectadas	¿Aumentan o disminuyen las magnitudes?	Anotación al debe o al haber	Cuantía
1	• Bancos c/c • Capital	A N	(+) (+)	Debe Haber	100.000.000 100.000.000
2	• Bancos c/c • Deudas a corto plazo con entidades de crédito	A P	(+) (+)	Debe Haber	18.000.000 18.000.000

2.º En los siguientes sí aparecen, y los contabilizaremos:

Pero además, en lo referente a los gastos e ingresos, queremos hacer dos observaciones:

Utilizando nombres provisionales para los distintos tipos de ingresos y gastos.

La primera es con relación a las denominaciones de los diferentes gastos e ingresos. A este respecto hemos decidido utilizar de momento unas denominaciones informales, acordes con la descripción que se hace en el enunciado del supuesto. Más adelante, en este mismo capítulo, emplearemos ya una terminología tipificada, análoga en este sentido a la que venimos aplicando a los elementos patrimoniales de Activo, Pasivo y Neto.

Aplicando el esquema de análisis contable básico.

La segunda es que cabe perfectamente la aplicación del esquema del razonamiento o análisis contable básico, relativo a las cuentas de Activo, Pasivo y Neto, a los hechos contables en que interviene un gasto o un ingreso. Por lo tanto, el cuadro operativo en que se refleja ese razonamiento o análisis, y que acabamos de aplicar a las cuentas de Activo, Pasivo y Neto, sirve también para los casos en que aparecen gastos e ingresos. Por eso, elaboramos a continuación el Cuadro 5.2 con el esquema del análisis o razonamiento contable fundamental aplicado a los gastos y a los ingresos .

ESQUEMA DE RAZONAMIENTO CONTABLE FUNDAMENTAL PARA INGRESOS Y GASTOS

Hecho contable	Elementos del patrimonio que intervienen	Magnitudes afectadas	¿Aumentan o disminuyen las magnitudes?	Anotación al debe o al haber	Cuantía
3	• Gastos por participación de los equipos • Bancos c/c	G A	(+) (−)	Debe Haber	70.000.000 70.000.000
4	• Gastos de arrendamiento del campo • Bancos c/c	G A	(+) (−)	Debe Haber	10.000.000 10.000.000
5	• Ingresos por venta de localidades • Bancos c/c	I A	(+) (+)	Haber Debe	65.000.000 65.000.000
6	• Ingresos por derechos de transmisión por televisión • Bancos c/c	I A	(+) (+)	Haber Debe	60.000.000 60.000.000
7	• Ingresos por publicidad estática • Bancos c/c	I A	(+) (+)	Haber Debe	15.000.000 15.000.000

Cuadro 5.2

Anotaciones en el Diario.

Este análisis que acabamos de presentar en el Cuadro 5.2, nos lleva de la mano a las siguientes anotaciones en el Diario:

	1 ————————	
100.000.000	Bancos c/c	
	a Capital	100.000.000
	Por la constitución de la sociedad y aportación del capital inicial.	
	2 ————————	
18.000.000	Bancos c/c	
	a Deudas a corto plazo con entidades de crédito	18.000.000
	3 ————————	
70.000.000	Gastos por participación de los equipos	
	a Bancos c/c	70.000.000
	4 ————————	
10.000.000	Gastos de arrendamiento del campo	
	a Bancos c/c	10.000.000
	5 ————————	
65.000.000	Bancos c/c	
	a Ingresos por venta de localidades	65.000.000
	6 ————————	
60.000.000	Bancos c/c	
	a Ingresos por derechos de transmisión por televisión	60.000.000
	7 ————————	
15.000.000	Bancos c/c	
	a Ingresos por publicidad estática	15.000.00

El esquema de Mayor.

Las cuentas de ingresos y gastos, en la primera fase en que estamos, figuran ordenadamente en el esquema de Mayor que presentamos seguidamente, a la vez que señalamos las relaciones surgidas de los asientos anteriores:

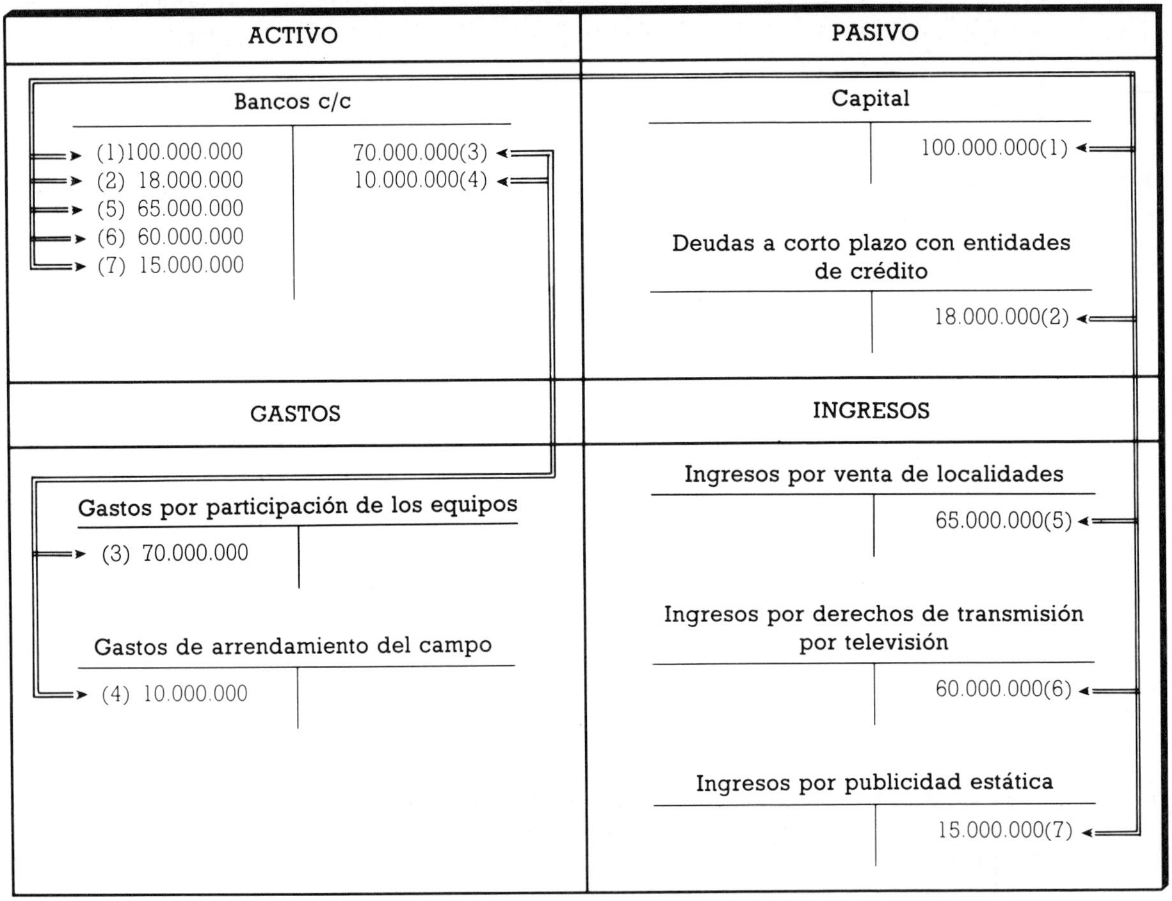

5.6.2. FASE DE TRASLADO DE LOS GASTOS E INGRESOS A RESULTADOS

5.6.2.1. Abonos en las cuentas de gastos y cargos en las cuentas de ingresos

Estudio de la segunda fase, en la que aparece el resultado.

Nos situamos en el momento en que se acaban de aplicar los medios productivos al desarrollo de la actividad y, por otra parte, se han entregado los bienes y servicios a los clientes. En ese momento se produce el resultado como diferencia entre ambas corrientes reales.

Contablemente exige el traslado de los gastos y los ingresos a los resultados.

Es fácil expresar esa realidad contablemente. Basta trasladar los gastos correspondientes a los medios que se han sacrificado en el desarrollo de la actividad, a la cuenta de resultados y, por otra parte, basta llevar a esa misma cuenta de resultados el ingreso correspondiente al valor atribuido por el mercado a los bienes y servicios que se han entregado a los adquirentes.

Esquema del traslado.

Es decir, se harían las anotaciones que aparecen como nuevas en el Cuadro 5.3, donde se recoge el ***esquema de funcionamiento de las cuentas de gastos, ingresos y resultados:***

ESQUEMA DE FUNCIONAMIENTO DE INGRESOS Y GASTOS

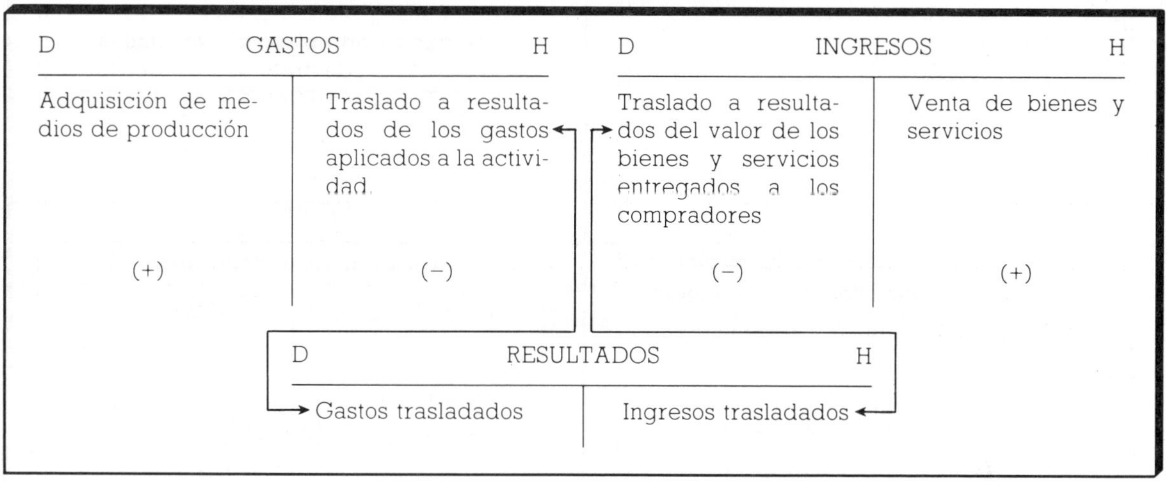

Cuadro 5.3

5.6.2.2. Estudio operativo de los abonos en las cuentas de gastos y los cargos en las cuentas de ingresos

Anotaciones en el Diario por el traslado en el supuesto.

Los asientos que procede hacer en el Diario según este esquema son:

	8 ______________	
65.000.000	Ingresos por venta de localidades	
60.000.000	Ingresos por derechos de transmisión por televisión	
15.000.000	Ingresos por publicidad estática	
	a Resultados	140.000.000
	9 ______________	
80.000.000	Resultados	
	a Gastos por participación de los equipos	70.000.000
	a Gastos de arrendamiento del campo	10.000.000

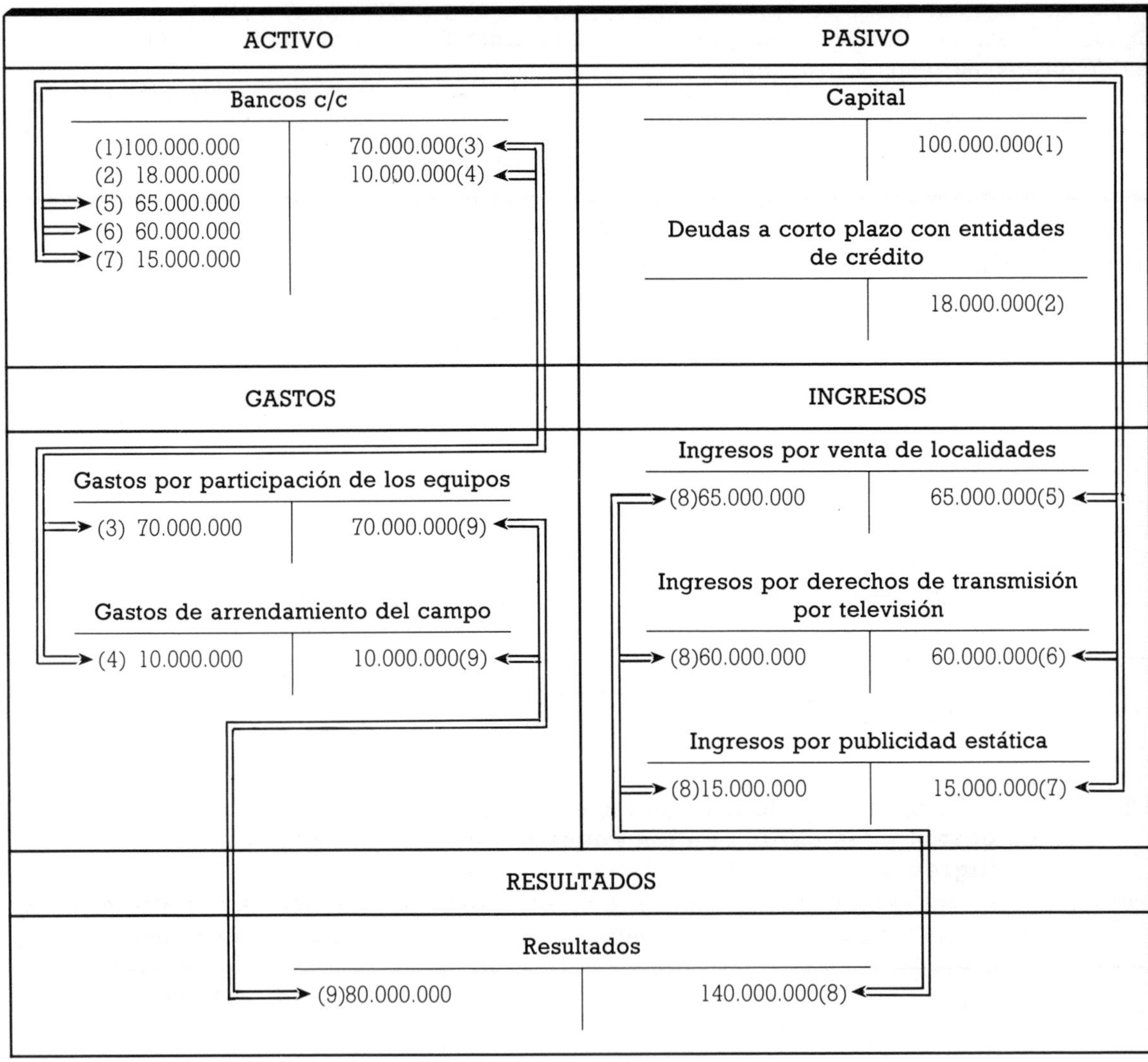

Los resultados recogen

Los gastos exigidos por la actividad.

Los ingresos por la entrega de bienes y servicios.

Así pues, la cuenta de Resultados de la actividad recoge:

— por un lado, el conjunto de gastos que ha sido necesario realizar, para llevar a cabo la actividad empresarial, es decir, el coste de los medios empleados en la actividad. En el ejemplo han sido la contratación de los equipos de fútbol y el campo con sus servicios.

— Y por otro lado, el conjunto de ingresos que obtiene la empresa por la salida de servicios y productos derivados de la actividad productiva; en el ejemplo esos productos y servicios han sido las localidades disponibles para presenciar el encuentro, la transmisión por televisión y los espacios de la publicidad estática.

Resultados:

Y pueden darse tres casos en la comparación de los ingresos y los gastos:

• Pérdidas por la actividad.

— Que el valor de los medios sacrificados, adquiridos anteriormente, sea superior al precio que por los bienes y servicios obtenidos ofrece el mercado, entonces aparecen pérdidas por la diferencia.

• Beneficios por la actividad.

— Que, por el contrario, el mercado ofrezca un precio por los bienes que la empresa le transfiere, superior al valor pagado por los medios productivos sacrificados. Entonces la empresa habría obtenido un beneficio.

• Ni beneficios ni pérdidas.

— Que el valor de los medios empleados sea igual al valor de los productos obtenidos. Entonces no hay beneficios ni pérdida.

Esquema de Mayor.

Este enfoque moderno considera que el proceso al que se ajusta una actividad empresarial se traduce, según lo que interesa para el tema que estamos abordando, en el siguiente esquema, adaptado al ejemplo propuesto:

5.6.3. CONVENIO FUNDAMENTAL DEL FUNCIONAMIENTO DE LAS CUENTAS DE GASTOS, INGRESOS Y RESULTADOS

Convenio fundamental para G e I.

De acuerdo con lo que acabamos de exponer, el ***convenio fundamental del funcionamiento de las cuentas de gastos e ingresos*** aparece en el Cuadro 5.4.

CONVENIO FUNDAMENTAL DE FUNCIONAMIENTO DE LAS CUENTAS DE GASTOS E INGRESOS

D GASTOS	H	D INGRESOS	H
Aparición del gasto	Eliminación o traslado del gasto	Eliminación o traslado del ingreso	Aparición del ingreso
+ G	– G	– I	+ I

Cuadro 5.4

Los resultados y la ecuación fundamental del patrimonio.

Quizás sea el momento de volver a la ecuación fundamental del patrimonio, incluyendo los gastos e ingresos:

$$\text{ACTIVO} + \text{GASTOS} = \text{PASIVO} + \text{NETO} + \text{INGRESOS}$$

para que, mediante una transformación escribamos:

ACTIVO = PASIVO + NETO + INGRESOS – GASTOS

y como:

INGRESOS – GASTOS = RESULTADOS

entonces:

ACTIVO = PASIVO + NETO + RESULTADOS

Se confirma que los resultados sí son Neto.

Las cuentas de Resultados, que recogerán en su parte izquierda los gastos y en su parte derecha los ingresos, se comportan como los elementos pertenecientes al Neto patrimonial, cuyo convenio fundamental de funcionamiento ya habíamos explicado. Es decir, que el ***convenio fundamental del funcionamiento de las cuentas de resultados*** es igual al de las cuentas de Neto.

Los resultados y el cuadro de razonamiento contable básico.

Esta interpretación nos lleva al siguiente análisis del último hecho del supuesto: la incorporación de los resultados positivos al capital. De acuerdo con el cuadro de razonamiento contable básico, sería:

Hecho contable	Elementos del patrimonio que intervienen	Magnitudes afectadas	¿Aumentan o disminuyen las magnitudes?	Anotación al debe o al haber	Cuantía
10	• Resultados	N	(–)	Debe	60.000.000
	• Capital	N	(+)	Haber	60.000.000

5.7. LOS RESULTADOS EN LAS EMPRESAS DE SERVICIOS EFIMERAS

Las empresas de servicios de duración efímera.

Hemos presentado la contabilización de los ingresos y gastos, así como la determinación de los resultados en un tipo de empresas: las empresas de servicios que empiezan y terminan su actividad dentro de un mismo ejercicio económico, es decir, aquéllas cuya vida dura menos de un año. Podríamos denominarlas ***empresas de servicios efímeras.*** Recuérdese que la empresa que organizaba el partido de revancha del campeonato de fútbol llevaba a cabo todos los gastos y obtenía todos los ingresos dentro del año.

Hay que reconocer que no faltan ejemplos de empresas de este tipo que realizan una actividad de un ciclo limitado y corto. Tal es el caso de las empresas que se constituyen para hacer una película, o para realizar una operación de importación o de exportación, o para realizar una feria o exposición.

Hay muchos casos de este tipo de empresas.

5.8. RESULTADOS EN LAS EMPRESAS DE SERVICIOS NORMALES

5.8.1. EL PERIODO CONTABLE EN LAS EMPRESAS DE SERVICIOS

Aunque abundan ejemplos con las características anteriores, lo normal es que las empresas lleven a cabo una actividad que va más allá de un ejercicio económico, entendiendo generalmente que el ejercicio económico coincide con el año natural.

Lo normal son empresas que no tengan una vida tan efímera.

En este caso, cuando la actividad no termina dentro del año natural, las empresas calculan los resultados que han obtenido dentro de un ejercicio. Con este propósito, a lo largo del año se van registrando los diferentes ingresos y gastos en las cuentas previstas para cada uno de ellos. Y al final del período, se llevan los gastos que han sido requeridos para realizar la actividad que desarrolla durante el año a la cuenta de Resultados y, por otra parte, los ingresos obtenidos a lo largo del ejercicio se trasladan contablemente, también, a la cuenta de Resultados.

El año natural suele ser el período contable.

5.8.2. ESTUDIO OPERATIVO DE LA DETERMINACION DE RESULTADOS AJUSTADOS AL PLAN GENERAL DE CONTABILIDAD

Para presentar una primera aproximación a las empresas de servicios normales, que calculan los resultados correspondientes a un período de tiempo, generalmente el año, nos valdremos de un supuesto.

Conviene advertir que en lo que llevamos expuesto de este capítulo, no nos hemos ajustado a la terminología del Plan General de Contabilidad en lo referente a los ingresos, gastos y resultados. A partir de este momento trataremos de hacerlo, para evitar los problemas de falta de homogeneidad en las denominaciones que ya apuntamos con ocasión de los elementos patrimoniales de Activo, Pasivo y Neto.

Estudio operativo de las empresas de servicios.

Una ***relación de gastos, ingresos y resultados*** previstos en el Plan General de Contabilidad español, que pueden interesarnos ahora, se encuentra al final de este mismo capítulo. Por lo tanto, para comprender el alcance de las diferentes cuentas de gastos, ingresos y resultados que aparecerán ahora y en lo sucesivo, es aconsejable consultar esa lista.

Emplearemos desde aquí nombres «estandarizados».

5.8.2.1. Enunciado de un supuesto

ECOASA (Economistas Asesores, Sociedad Anónima) es una sociedad anónima que se ha constituido el 2 de enero de 198X. Los accionistas han desembolsado íntegramente el capital que figura en las escrituras de constitución. Asciende a 10.000.000 ptas. y se ha ingresado en la cuenta corriente bancaria, menos 1.000.000 ptas., que se han ingresado en la caja de ECOASA.

Durante el año, se han realizado las gestiones para comenzar la actividad a final del mismo. En el mes de diciembre, lleva a cabo las siguientes operaciones:

Día 1: *ECOASA paga por Banco la nómina de los empleados, 2.000.000 pesetas.*

Día 3: *Le comunican que está a su disposición el recibo del alquiler de las oficinas donde ejerce la actividad, que asciende a 400.000 pesetas. Lo pagará por Banco en enero.*

Día 7: *Paga por caja el recibo del mes de 50.000 ptas. a Pluriasistencia, empresa encargada de la reparación y conservación de las oficinas.*

Día 10: *ECOASA entrega un informe sobre los presupuestos de una Comunidad Autónoma. La factura asciende a 1.500.000 ptas., y se espera cobrar en junio del año siguiente.*

Día 16: *ECOASA realiza un asesoramiento a una empresa para la solicitud de un crédito a la Comunidad Económica Europea, servicio por el que cobra 1.000.000 ptas. por Banco.*

Día 20: *El Director General asiste a un congreso que se celebra en Bruselas, costando el viaje, entre locomoción y estancia, 200.000 pesetas, que se le entregan por caja al volver con los justificantes.*

Día 27: *ECOASA hace llegar al Ayuntamiento de Sevilla un análisis económico preliminar sobre la repercusión que tendrá la Exposición de 1992 en los ingresos y en los gastos municipales normales. Asciende a 5.000.000 ptas., que cobra inmediatamente por Banco.*

SE DESEA:

1.º Contabilizar todas las operaciones del año en el Diario y en el Mayor.
2.º Balance de Sumas y Saldos.
3.º Asientos de regularización.
4.º Asiento de cierre de la contabilidad.

5.8.2.2. Solución del supuesto

1.° Contabilización de las operaciones en el Diario y en el Mayor

A) ANOTACIONES EN EL DIARIO

	1 ——— 2 de enero 198X ———	
9.000.000	Bancos c/c	
1.000.000	Caja, ptas. a Capital social	10.000.000
	Por la constitución de la sociedad y aportación del capital inicial.	
	2 ——— 1 de diciembre 198X ———	
2.000.000	Sueldos y salarios	
	a Bancos c/c	2.000.000
	Por el pago de la nómina del mes.	
	3 ——— 3 de diciembre 198X ———	
400.000	Arrendamientos y cánones	
	a Acreedores por prestaciones de servicios	400.000
	Por el alquiler de las oficinas.	
	4 ——— 7 de diciembre 198X ———	
50.000	Reparaciones y conservación	
	a Caja, ptas.	50.000
	Por las reparaciones y conservación de las oficinas	
	5 ——— 10 de diciembre 198X ———	
1.500.000	Clientes (ptas.)	
	a Prestaciones de servicios	1.500.000
	Por el trabajo hecho a la Comunidad Autónoma.	
	6 ——— 16 de diciembre 198X ———	
1.000.00	Bancos c/c	
	a Prestaciones de de servicios	1.000.000
	Por el asesoramiento para la solicitud del crédito a la CEE.	

	7 ——— 20 de diciembre 198X ———	
200.000	Otros servicios	
	a Caja, ptas.	200.000
	Por los gastos del viaje del director al congreso de Bruselas.	
	8 ——— 27 de diciembre 198X ———	
5.000.000	Bancos c/c	
	a Prestaciones de servicios	5.000.000
	Por el estudio preliminar para el Ayuntamiento de Sevilla.	

B) ANOTACIONES EN EL MAYOR

Las anotaciones en el Mayor por las operaciones anteriores, serían:

ACTIVO

Bancos c/c

Debe	Haber
(1)9.000.000	2.000.000(2)
(6)1.000.000	
(8)5.000.000	

Caja, ptas.

Debe	Haber
(1)1.000.000	50.000(4)
	200.000(7)

Clientes (ptas.)

Debe	Haber
(5)1.500.000	

PASIVO Y NETO

Capital social

Debe	Haber
	10.000.000(1)

Acreedores por prestaciones de servicios

Debe	Haber
	400.000(3)

GASTOS

Sueldos y salarios

Debe	Haber
(2)2.000.000	

Arrendamientos y cánones

Debe	Haber
(3) 400.000	

Reparaciones y conservación

Debe	Haber
(4) 50.000	

Otros servicios

Debe	Haber
(7) 200.000	

INGRESOS

Prestaciones de servicios

Debe	Haber
	1.500.000(5)
	1.000.000(6)
	5.000.000(8)

2.° Balance de Sumas y Saldos

CUENTA	SUMAS		SALDOS	
	Deudora	Acreedora	Deudor	Acreedor
Bancos c/c	15.000.000	2.000.000	13.000.000	
Caja, ptas.	1.000.000	250.000	750.000	
Clientes (ptas.)	1.500.000		1.500.000	
Capital social		10.000.000		10.000.000
Acreedores por prestaciones de servicios		400.000		400.000
Sueldos y salarios	2.000.000		2.000.000	
Arrendamientos y cánones	400.000		400.000	
Reparaciones y conservación	50.000		50.000	
Otros servicios	200.000		200.000	
Prestaciones de servicios		7.500.000		7.500.000
TOTALES	20.150.000	20.150.000	17.900.000	17.900.000

3.° Asientos de regularización

En este momento, no se conoce todavía lo que la empresa ha ganado o ha perdido. Para determinarlo contablemente se procede a regularizar las cuentas al final del ejercicio. En ese preciso momento, se pasan los gastos ocasionados por la actividad y los ingresos correspondientes a esa misma actividad a la cuenta de «Resultado de explotación».

A) ANOTACIONES EN EL DIARIO

Las anotaciones a realizar en el Diario son:

	9 ________	
7.500.000	Prestaciones de servicios	
	a Resultado de explotación	7.500.000
	Por el traslado de los ingresos a resultados.	
	10 ________	
2.650.000	Resultado de explotación	
	a Sueldos y salarios	2.000.000
	a Arrendamientos y cánones	400.000
	a Reparaciones y conservación	50.000
	a Otros servicios	200.000
	Por el traslado de los gastos a resultados.	

Después de estos asientos quedan saldadas las cuentas de ingresos y gastos, correspondientes a la actividad del ejercicio.

Por otro lado, el saldo de la cuenta de Resultado de Explotación nos da el resultado que buscábamos, que ha ascendido a:

$$7.500.000 - 2.650.000 = 4.850.000$$

B) *ANOTACIONES EN EL LIBRO MAYOR*

Pasando estas anotaciones al Mayor, éste queda:

ACTIVO

Bancos c/c	
(1)9.000.000	2.000.000(2)
(6)1.000.000	
(8)5.000.000	

Caja, ptas.	
(1)1.000.000	50.000(4)
	200.000(7)

Clientes (ptas.)	
(5)1.500.000	

PASIVO Y NETO

Capital social	
	10.000.000(1)

Acreedores por prestaciones de servicios	
	400.000(3)

GASTOS

Sueldos y salarios	
(2)2.000.000	2.000.000(10)

Arrendamientos y cánones	
(3)400.000	400.000(10)

Reparaciones y conservación	
(10) 50.000	50.000(4)

Otros servicios	
(7)200.000	200.000(10)

INGRESOS

Prestaciones de servicios	
(9)7.500.000	1.500.000(5)
	1.000.000(6)
	5.000.000(8)

RESULTADOS

Resultado de explotación	
(10)2.650.000	(9)7.500.000

4.° Asiento de cierre

El ***asiento de cierre***, es decir, el que se hace al final del proceso contable, para que queden saldadas todas las cuentas, será:

10.000.000	Capital social	
400.000	Acreedores por prestaciones de servicios	
4.850.000	Resultado de explotación	
	a Bancos c/c	13.000.000
	a Caja, pts.	750.000
	a Clientes (ptas.)	1.500.000

5.8.2.3. Consideraciones acerca del estudio operativo de las empresas de servicios

Algunas precisiones sobre aspectos pendientes.

El estudio operativo que hemos realizado de las empresas de servicios, tanto las de vida efímera como las normales, constituye una primera aproximación. De ahí que no hayamos podido mostrar todos los problemas contables importantes que afectan a este tipo de empresas.

Llevar a cabo el estudio progresivamente, significa que se irá completando poco a poco, por lo que nos vemos en la necesidad de hacer algunas precisiones:

1.ª El orden de las fases que se han distinguido en la contabilización de gastos e ingresos.

La primera tiene que ver con las dos fases que hemos señalado para los gastos y los ingresos, y en las que tanto hemos insistido, e insistiremos, dada su importancia. Lo que nos interesa señalar ahora es el orden de las fases.

A este respecto queremos ratificar que el orden propuesto es frecuente, sobre todo en los gastos: primero se adquieren los medios productivos y luego se aplican al proceso productivo.

Sin embargo, por el lado de los ingresos hay más variedad. Así encontramos:

— Empresas donde se venden los servicios y después se entregan. Es el caso de COPAMUNDI donde primero se venden las localidades y después se celebra el espectáculo, es decir se entrega el servicio «a posteriori».

— Empresas de servicios en las que la venta del servicio y la entrega del mismo se hacen casi simultáneamente; este es el caso de las peluquerías, donde muchas veces el peluquero vende el servicio a medida que lo está realizando, a medida que nos va atendiendo, nos pregunta si queremos tónico capilar o arreglarnos la barba o que nos aplique laca.

— Empresas de servicios en las que primero se hace la entrega del servicio y luego la venta del mismo. Por ejemplo, un dentista que realice diferentes servicios sin dar precio hasta el final de su trabajo, por lo tanto, sin que pueda surgir la contrapartida hasta ese momento.

2.ª Los diferentes tipos de resultados.

La segunda precisión es que la cuenta de Pérdidas y ganancias, que es la cuenta que va a recoger el resultado total de la empresa, de conformidad con la ley de desglose, puede dividirse.

Esta división, que es aconsejable desde el punto de vista didáctico, está implícita en el Plan General de Contabilidad. Nosotros la iremos viendo poco a poco. De momento adelantamos una idea de cada uno de estos tipos de resultados:

Resultado de explotación: Ingresos de la explotación, menos gastos de la explotación.

Resultado financiero: Ingresos financieros menos gastos financieros.

Resultado ordinario del ejercicio, también llamado ***Resultado de actividades ordinarias:*** Resultados de la explotación más Resultados financieros.

Resultados extraordinarios: Beneficios e ingresos extraordinarios menos Pérdidas y gastos extraordinarios.

Resultado del ejercicio: Resultado ordinario del ejercicio más resultados extraordinarios.

3.ª Diferenciación de urgencia de: gastos y pagos; e ingresos y cobros.

La tercera precisión, sobre la que habrá que volver lo mismo que sobre las anteriores, es que hasta ahora no hemos subrayado la diferencia que existe entre gasto y ***pago*** y entre ingreso y ***cobro***.

De momento nos basta apuntar que una cuestión es la compra de un bien o servicio y otra es su pago, es decir la entrega de la contrapartida, normalmente en billetes de curso legal o a través de la cuenta corriente bancaria. Por otra parte, una cosa es un ingreso de una venta, que puede hacerse a crédito, y otra es el cobro de la venta, que implica una entrada de dinero en billetes de curso legal o en la cuenta corriente bancaria.

4.ª El problema de los gastos no aplicados a la actividad.

La cuarta y última precisión es que no todos los medios productivos adquiridos en un ejercicio se aplican a la actividad productiva de ese ejercicio. Se pueden pagar en un año los servicios de un asesor por los tres siguientes. Este y otros problemas semejantes serán estudiados con posterioridad, de acuerdo con el avance progresivo que nos hemos propuesto.

Términos y expresiones clave explicados en este capítulo

Asiento de cierre (5.8.2.2)
Cobro (5.9)
Convenio fundamental del funcionamiento de las cuentas de gastos e ingresos (5.6.1.1) (5.6.2.1) (5.6.3)
Convenio fundamental del funcionamiento de las cuentas de resultados (5.6.2.1) (5.6.3)
Empresas efímeras de servicios (5.7)
Esquema de funcionamiento de las cuentas de gastos, ingresos y resultados (5.6.3)
Ganancia (5.3)
Gasto (5.9)
Ingreso (5.9)
Pago (5.9)
Pérdida (5.3)
Pérdidas y ganancias (5.9)
Relación de gastos, ingresos y resultados (5.4)
Resultados extraordinarios (5.9)
Resultado de explotación (5.9)
Resultado financiero (5.9)
Resultado ordinario (5.9)

Relación de gastos, ingresos y resultados correspondientes a empresas de servicios

PRESENTACION

La lista como material de trabajo.

Ante todo, hemos de indicar que no tiene mucho sentido estudiarse esta relación de memoria. Lo que se pretende al facilitarla es ofrecer una propuesta de gastos, ingresos y resultados estandarizada, de general aceptación en las empresas españolas.

Observaciones.

Además, nos parece conveniente hacer las siguientes consideraciones respecto a esta lista:

1.ª Incluimos cuentas que interesan a todas las empresas.

En primer lugar, en la relación aparecen solamente aquellos gastos, ingresos y resultados que pueden interesar a una empresa comercial o de servicios. Reservamos para después aquellos conceptos que pueden ser relevantes exclusivamente para las empresas comerciales.

2.ª Aplazamos la inclusión del material de oficina.

En segundo lugar, y para ser rigurosos en lo que acabamos de indicar, es necesario precisar que existen en el Plan General de Contabilidad unos conceptos muy ligados a las empresas de servicios, y que se han dejado aplazados para incluirlos entre los conceptos relacionados exclusivamente con las empresas comerciales. Se trata del material de oficina, que puede ser cuantitativa y cualitativamente importante para las empresas de servicios.

Lista de gastos, ingresos y resultados

GASTOS

Servicios exteriores: Servicios de naturaleza variada, adquiridos por la empresa y que no forman parte del precio de adquisición del inmovilizado o de las inversiones financieras temporales ni de la actividad propia de la empresa.

620 **Gastos de investigación y desarrollo del ejercicio:** Gastos de investigación y desarrollo por servicios encargados a otras empresas y que no tienen proyección futura.

621 **Arrendamientos y canónes:** La significación de cada uno de estos gastos es la siguiente:

— **Arrendamientos:** Los devengados por el alquiler de bienes muebles o inmuebles en uso o a disposición de la empresa.

— **Cánones:** Cantidades fijas o variables que se satisfacen por el derecho al uso o a la concesión de uso de las distintas manifestaciones de la propiedad industrial.

622 Reparaciones y conservación: Los de sostenimiento de los bienes comprendidos en el inmovilizado.

623 Servicios de profesionales independientes: Importe que se satisface a los profesionales por los servicios prestados a la empresa. Comprende los honorarios de economistas, abogados, auditores, notarios, etc., así como las comisiones a agentes mediadores independientes.

624 Transportes: Transportes a cargo de la empresa, realizados por terceros, cuando no proceda incluirlos en el precio de adquisición del inmovilizado o de otros bienes. En esta cuenta se registrarán, entre otros, los transportes de ventas.

625 Primas de seguros: Cantidades satisfechas en concepto de primas de seguro, excepto las que se refieren al personal de la empresa.

626 Servicios bancarios y similares: Cantidades satisfechas en concepto de servicios bancarios y similares, que no tengan la consideración de gastos financieros. Comprende los gastos de compra, venta y custodia de títulos; comisiones y gastos relativos a la emisión de empréstitos y a la formalización de préstamos; comisiones sobre efectos; alquiler de cajas de seguridad, comisiones por el servicio de pagos de dividendos, intereses y otros de las mismas características.

627 Publicidad, propaganda y relaciones públicas: Importe de los gastos satisfechos por los conceptos que indica la denominación de esta cuenta.

628 Suministros: Electricidad y cualquier otro abastecimiento que no tuviere la cualidad de almacenable.

629 Otros servicios: Los no comprendidos en las cuentas anteriores. Se contabilizarán, entre otros, los gastos de viaje del personal de la empresa, los de transporte, y los gastos de oficina no incluidos en otras cuentas, etcétera...

Tributos

630 Impuesto sobre beneficios: Importe del Impuesto sobre beneficios devengados en el ejercicio.

631 Otros tributos: Importe de los tributos de los que la empresa es contribuyente y no tengan asiento específico en otras cuentas.

Gastos de personal: Retribuciones al personal, cualquiera que sea el concepto por el que se satisfacen, cuotas de la Seguridad Social a cargo de la empresa y los demás gastos de carácter social.

640 **Sueldos y salarios:** Remuneraciones, fijas y eventuales, al personal de la empresa.

641 **Indemnizaciones:** Cantidades que se entregan al personal de la empresa para resarcirle de un daño y perjuicio. Se incluyen específicamente en esta cuenta las indemnizaciones por despido y jubilaciones anticipadas.

642 **Seguridad Social a cargo de la empresa:** Cuotas de la empresa a favor de los Organismos de la Seguridad Social por las diversas prestaciones que éstos realizan.

649 **Otros gastos sociales:** Gastos de naturaleza social realizados en cumplimiento de una disposición legal o voluntariamente por la empresa.

Se citan, a título indicativo, las subvenciones a economatos y comedores; sostenimiento de ecuelas e instituciones de formacion profesional; becas para estudio; primas por contratos de seguros sobre la vida, accidentes, enfermedad, etc., excepto las cuotas de la Seguridad Social.

Otros gastos de gestión: Gastos no comprendidos en otros subconjuntos siempre que no tengan carácter extraordinario.

659 **Otras pérdidas de gestión corriente:** Las que teniendo esta naturaleza no figuran en otras cuentas de este subconjunto. En particular, reflejará la regularización anual de utillaje y herramientas.

Gastos financieros

661 **Intereses de obligaciones y bonos:** Importe de los intereses devengados durante el ejercicio correspondiente a la financiación ajena instrumentada en valores negociables, cualquiera que sea el plazo de vencimiento y el modo en que estén instrumentados.

662 **Intereses de deudas a largo plazo:** Importe de los intereses de los préstamos recibidos y otras deudas a largo plazo, pendientes de amortizar.

663 **Intereses de deudas a corto plazo:** Importe de los intereses de los préstamos recibidos y otras deudas a corto plazo, pendientes de amortizar.

664 Intereses por descuento de efectos: Intereses en las operaciones de descuento de letras y otros efectos.

665 Descuentos sobre ventas por pronto pago: Descuentos y asimilados que conceda la empresa a sus clientes, por pronto pago, estén o no incluidos en la factura.

666 Pérdidas en valores negociables: Pérdidas producidas en la enajenación de valores de renta fija o variable.

667 Pérdidas de créditos: Pérdidas producidas por insolvencias firmes de créditos.

668 Diferencias negativas de cambio: Pérdidas producidas por modificaciones del tipo de cambio en valores de renta fija, créditos, deudas y efectivo, en moneda extranjera.

669 Otros gastos financieros: Gastos de naturaleza financiera, no recogidos en otras cuentas, incluyendo la cuota anual que corresponda imputar al ejercicio de los gastos de formalización de deudas, así como las pequeñas diferencias de caja.

Pérdidas procedentes de inmovilizado y gastos excepcionales

670 Pérdidas procedentes del inmovilizado inmaterial:
671 Pérdidas procedentes del inmovilizado material:
Estas dos cuentas recogen las pérdidas producidas en la enajenación de inmovilizado inmaterial, material, o por la baja en inventario total o parcial, como consecuencia de pérdidas por depreciaciones irreversibles de dichos activos.

678 Gastos extraordinarios: Pérdidas y gastos de cuantía significativa, que no deban considerarse periódicos al evaluar los resultados futuros de la empresa.

VENTAS E INGRESOS

Prestación de servicios que son objeto del tráfico de la empresa; comprende también los demás ingresos del ejercicio.

Ventas de servicios

705 Prestaciones de servicios: Transacciones, con salida o entrega de bienes o servicios objeto de tráfico de la empresa, mediante precio.

Otros ingresos de gestión: Ingresos no comprendidos en otros subconjuntos, siempre que no tengan carácter excepcional.

752 Ingresos por arrendamientos: Los devengados por el alquiler de bienes muebles o inmuebles cedidos para el uso o la disposición por terceros.

753 Ingresos de propiedad industrial cedida en explotación: Cantidades fijas y eventuales que se perciben por la cesión en explotación, del derecho al uso, o a la concesión del uso de las distintas manifestaciones de la propiedad industrial.

754 Ingresos por comisiones: Cantidades fijas o variables percibidas como contraprestación a servicios de mediación realizados de manera accidental.

755 Ingresos por servicios al personal: Ingresos por servicios varios, tales como economatos, comedores, transportes, viviendas, etc., facilitados por la empresa a su personal.

759 Ingresos por servicios diversos: Los originados por la prestación eventual de ciertos servicios a otras empresas o particulares. Se citan, a modo de ejemplo, los de transporte, reparaciones, asesorías, informes, etcétera.

Ingresos financieros

760 Ingresos de participaciones en capital: Rentas a favor de la empresa, devengadas en el ejercicio, provenientes de participaciones en capital.

761 Ingresos de valores de renta fija: Intereses de valores negociables de renta fija a favor de la empresa, devengados en el ejercicio.

762 Ingresos de créditos a largo plazo:
763 Ingresos de créditos a corto plazo:
Importe de los intereses de préstamos y otros créditos, devengados en el ejercicio.

765 Descuentos sobre compras por pronto pago: Descuentos y asimilados, que le concedan a la empresa sus proveedores, por pronto pago, estén o no incluidos en factura.

766 Beneficios en valores negociables: Beneficios producidos en la enajenación de valores de renta fija o variable.

768 Diferencias positivas de cambio: Beneficios producidos por modificaciones del tipo de cambio en valores de renta fija, créditos, deudas y efectivo, en moneda extranjera.

769 Otros ingresos financieros: Ingresos de naturaleza financiera no recogidos en otras cuentas.

Beneficios procedentes del inmovilizado e ingresos excepcionales

770 Beneficios procedentes del inmovilizado inmaterial:
771 Beneficios procedentes del inmovilizado material:
Estas dos cuentas recogen los beneficios producidos en la enajenación de inmovilizado inmaterial o material.

778 Ingresos extraordinarios: Los beneficios e ingresos de cuantía significativa, que no deban considerarse periódicos al evaluar los resultados futuros de la empresa.

Pérdidas y ganancias

Resultado de explotación: Ingresos de la explotación, menos gastos de la explotación.

Resultado financiero: Ingresos financieros menos gastos financieros.

Resultado ordinario del ejercicio: Resultado de explotación más resultado financiero.

Resultados extraordinarios: Beneficios e ingresos extraordinarios menos pérdidas y gastos extraordinarios.

Pérdidas y ganancias: Resultado ordinario del ejercicio más resultados extraordinarios.

CAPITULO

6

LA DETERMINACION DE LOS RESULTADOS

OBJETIVOS DIDACTICOS DEL CAPITULO

A través del estudio de este capítulo se puede aprender:

1.° Las características principales de las empresas comerciales a efectos contables.

2.° La comparación de las características generales de los procedimientos contables al alcance de las empresas comerciales:

- Cuenta única administrativa.
- Cuenta única especulativa.
- Desdoblamiento de la cuenta de mercaderías como cuenta especulativa.

3.° El procedimiento de las mercaderías como cuenta única administrativa, no solamente en su planteamiento, sino también en su aplicación a través de su desarrollo operativo.

4.° El procedimiento de cuenta única administrativa correspondiente al inmovilizado de cualquier empresa, sea o no comercial, siguiendo también un desarrollo operativo.

5.° El procedimiento de mercaderías como cuenta única especulativa, con su planteamiento y estudio operativo, resaltando:

— La comparación con el procedimiento de cuenta única administrativa y

— El modo de determinar extracontablemente el beneficio bruto en la venta de mercaderías.

6.° El procedimiento de desdoblamiento de la cuenta de mercaderías como cuenta especulativa, y de las cuentas de inmovilizado, llevando a cabo un desarrollo operativo.

7.° Lista de cuentas propias de las empresas comerciales.

6.1. LAS EMPRESAS COMERCIALES Y LAS EMPRESAS DE SERVICIOS

Concepto de empresa comercial.

Las ***empresas comerciales*** llevan a cabo la actividad de venta de bienes no incluidos en el inmovilizado, sin someterlos previamente a transformación.

Comparación con las empresas de servicios.

Podemos afirmar que las empresas de servicios y las empresas comerciales guardan analogías y diferencias en su actividad a efectos de la determinación de los resultados. Nos limitaremos a señalar la analogía y la diferencia más importante.

Analogía.

Empezaremos con la analogía, señalando que las empresas comerciales suelen tener un fuerte componente de servicio. Piénsese, por ejemplo, en una carnicería, donde un especialista nos prepara los productos de acuerdo con nuestras exigencias, invirtiendo en ello una buena cantidad de tiempo.

Diferencia.

La diferencia más destacable estriba en que las empresas comerciales poseen un elemento patrimonial característico, que son las mercaderías, entendidas como aquellos bienes adquiridos por ellas y que se destinan a la venta sin apenas transformación y son susceptibles de almacenamiento.

Las operaciones con mercaderías.

Por lo general, las empresas comerciales disponen de unas existencias iniciales de mercaderías al comenzar un ejercicio económico, realizan compras y ventas a lo largo de él y al término del mismo pueden quedar, en los almacenes, existencias sin vender.

El material de oficina.

Cabe decir, para limar aún más estas diferencias entre las empresas comerciales y las empresas de servicios, que éstas poseen asimismo algunos elementos patrimoniales que se almacenan, y no son mercaderías. Tal es el caso del material de oficina.

6.2. DIFERENTES TIPOS DE PROCEDIMIENTOS CONTABLES EN LAS EMPRESAS COMERCIALES EN RELACION CON LAS MERCADERIAS

Las empresas comerciales son distintas entre sí.

Las empresas comerciales son muy distintas entre sí, y reúnen diferentes características, debidas, entre otras razones, al tipo de mercadería que venden. No hay que esforzarse mucho para comprender que hay diferencias entre una empresa que vende locomotoras para trenes y una empresa que venda botones. Después volveremos precisamente sobre este ejemplo.

Diferentes procedimientos.

Lo que importa señalar ahora es que la contabilidad ofrece diferentes procedimientos contables a los distintos tipos de empresas comerciales, procedimientos que varían sobre todo por el tratamiento aplicado a las mercaderías dentro de ellos, y que son básicamente:

Procedimiento de cuenta única administrativa o de inventario contable permanente.

1.° ***Procedimiento contable de cuenta única administrativa***, o de ***inventario contable permanente***, caracterizado por dos notas:

1.ª Que inmediatamente después de cada asiento de una operación de venta se conoce el beneficio bruto habido en la operación y el valor de las existencias. Esto último hace que se le denomine también método de inventario permanente.

2.ª Que solamente se abre una cuenta para registrar todo lo relacionado con las mercaderías como: existencias, salidas por ventas, entradas por compras.

Procedimiento contable de cuenta única especulativa.

2.° ***Procedimiento contable de cuenta única especulativa***, cuyas características son:

1.ª Que no se conoce el beneficio bruto de la operación, ni el valor de las existencias. inmediatamente después de cada asiento correspondiente a una operación de venta.

2.ª Que solamente se abre una cuenta para registrar todo lo relacionado con las mercaderías, como: existencias, salidas por ventas, entradas por compras.

Procedimiento contable de desglose de la cuenta especulativa.

3.° ***Proceso contable con desglose de la cuenta de mercaderías, funcionando especulativamente***. Tiene estas peculiaridades:

1.ª Que, igual que en el caso anterior, no se conoce el beneficio bruto de cada operación, ni el valor de las existencias inmediatamente después de los asientos correspondientes a cada una de las operaciones de venta.

2.ª Que se abren diversas cuentas para recoger las diferentes operaciones y aspectos relacionados con las mercaderías: Compras, Ventas y Existencias principalmente.

Cuadro comparativo de los diferentes procedimientos.

En el Cuadro 6.1, presentamos un análisis comparativo de los tipos de procedimientos, a que acabamos de hacer referencia.

DIFERENTES PROCEDIMIENTOS DE TRATAMIENTO DE MERCADERIAS EN EMPRESAS COMERCIALES

NOMBRE DEL PROCEDIMIENTO	¿Una sola cuenta o varias para registrar las operaciones relacionadas con mercaderías?	¿Después de cada venta se conoce el beneficio bruto y el valor de las existencias?
1. Cuenta única administrativa	UNA	SI
2. Cuenta única especulativa	UNA	NO
3. Cuenta desglosada especulativa	VARIAS	NO

Cuadro 6.1

6.3. PROCEDIMIENTO CONTABLE CON MERCADERIAS COMO CUENTA UNICA ADMINISTRATIVA

Estudiaremos a continuación el procedimiento contable de mercaderías por cuenta única administrativa que es muy importante desde la perspectiva de la Contabilidad en general. Si esto no fuera suficiente, que a nuestro juicio lo es, habría que añadir que este procedimiento también es susceptible de aplicarse al inmovilizado de cualquier tipo de empresa, sea o no comercial. Precisamente vamos a empezar por esta proyección del método, para después pasar a un estudio operativo.

6.3.1. PROCEDIMIENTO UTILIZADO TAMBIEN PARA LAS CUENTAS DE ACTIVO INMOVILIZADO

Es el procedimiento que hemos venido aplicando.

En este caso, el funcionamiento de la cuenta de mercaderías es semejante al aplicado, también hasta ahora, a las cuentas de inmovilizado, por ejemplo, mobiliario. Dicho de otra manera, los elementos patrimoniales del inmovilizado también pueden seguir este procedimiento.

Diferencia: los tipos de resultados.

La diferencia en el tratamiento contable provendrá de que los resultados habidos en la venta de inmovilizado se conceptuarán como resultados extraordinarios, ya que normalmente una empresa no se dedicará a vender su inmovilizado, es decir los edificios, la maquinaria o el mobiliario que emplea para el desarrollo de su actividad específica.

Resultados excepcionales para inmovilizado.

Por eso registraremos los resultados de la venta de mobiliario en la cuenta de Resultados extraordinarios, lo que pone de relieve que la empresa no se dedica a eso y que sólo esporádicamente efectuará una venta de elementos de su inmovilizado.

Resultados de explotación para mercaderías.

En cambio, los resultados de la venta de mercaderías, que constituye la actividad normal, se registrarán en la cuenta de Resultado de explotación; a esta misma cuenta irán a parar, en una fase posterior, aquellos gastos exigidos por el desarrollo de la actividad de compra-venta de mercaderías.

Hasta ahora hemos aplicado a las mercaderías un tratamiento semejante a cualquier otro bien, perteneciente al inmovilizado.

El procedimiento contable con cuenta única administrativa, exige que se conozca el coste de las mercaderías vendidas en cada venta. Esto es normal para los elementos del inmovilizado.

Atención a las amortizaciones.

Hay que advertir que para calcular el coste del inmovilizado vendido habrá que deducir, del coste originario, la amortización acumulada hasta el momento mismo de la venta.

6.3.2. ENUNCIADO DE UN SUPUESTO PARA EL ESTUDIO OPERATIVO DE ESTE PROCEDIMIENTO

GRABINSA (Grabados Industriales, S.A.) es una empresa dedicada a la venta de grabados que se acaba de constituir. Presenta el siguiente balance a 1 de enero de 198X:

ACTIVO		PASIVO	
Bancos c/c	5.000.000	Capital social	14.000.000
Mercaderías	9.000.000		
Total Activo	14.000.000	Total Pasivo	14.000.000

Obsérvese que en las ventas de mercaderías se facilita el dato del coste de las mercaderías vendidas.

Durante el año no realiza ninguna otra operación hasta el mes de diciembre, en que tienen lugar los siguientes hechos (mientras no se diga otra cosa, los cobros y pagos se considerarán efectuados por banco):

2.12.198X: Compra a crédito mercaderías por 2.500.000 ptas.

3.12.198X: Adquiere al contado mobiliario por 2.000.000 ptas.

8.12.198X: Vende un arcón, que acababa de comprar en 400.000 ptas., por 700.000 ptas. al contado.

9.12.198X: Vende al contado mercaderías por 4.000.000 ptas., que habían costado 2.800.000 ptas.

15.12.198X: Vende al contado unas sillas que también acababa de comprar y que hacían juego con el arcón. Costaron 300.000 ptas. y las vende por 200.000 ptas.

21.12.198X: Vende al contado mercaderías por 1.400.000 ptas.; habían costado 1.800.000 ptas.

25.12.198X: Paga al contado:

- *Sueldos y salarios: 650.000 ptas. (sin ninguna retención).*
- *Al propietario del local, por el arrendamiento mensual, 450.000 pesetas.*

SE PIDE:

1.° Asientos que procedan para contabilizar las operaciones en el Diario y simultáneamente en el Mayor.
2.° Balance de Comprobación antes de regularizar.
3.° Proceso de regularización en el Diario.
4.° Asiento de cierre.
5.° Libro Mayor, incluyendo el asiento de cierre.

6.3.3. ESTUDIO OPERATIVO DE ESTE PROCEDIMIENTO

Haremos este estudio operativo siguiendo el orden que acabamos de marcar. Según él tendremos:

1.° Asientos que proceden para contabilizar las operaciones realizadas

A) EN EL DIARIO

1		1-1-198X		
5.000.000	Bancos c/c	a	Capital social	14.000.000
9.000.000	Mercaderías			
		Por el asiento de apertura		
2		2-12-198X		
2.500.000	Mercaderías	a	Proveedores (ptas.)	2.500.000
		Por la compra de mercaderías		
3		3-12-198X		
2.000.000	Mobiliario	a	Bancos c/c	2.000.000
		Por la compra del mobiliario		
4		8-12-198X		
700.000	Bancos c/c	a	Mobiliario	400.000
		a	Resultados extraordinarios	300.000
		Por la venta del arcón		
5		9-12-198X		
4.000.000	Bancos c/c	a	Mercaderías	2.800.000
		a	Resultado de explotación	1.200.000
		Por la venta de mercaderías		
6		15-12-198X		
200.000	Bancos c/c			
100.000	Resultados extraordinarios	a	Mobiliario	300.000
		Por la venta de las sillas		
7		21-12-198X		
1.400.000	Bancos c/c			
400.000	Resultado de explotación	a	Mercaderías	1.800.000
		Por la venta de mercaderías		

8	25-12-198X			
650.000	Sueldos y salarios			
450.000	Arrendamientos y cánones	a	Bancos c/c	1.100.000

B) ASIENTOS REALIZADOS SIMULTANEAMENTE EN EL MAYOR

Aparecen en el esquema de Mayor que figura en el Cuadro 6.2.

ESQUEMA DE MAYOR

MAYOR

ACTIVO

Bancos c/c

Debe		Haber	
(1)	5.000.000	2.000.000	(3)
(4)	700.000	1.100.000	(8)
(5)	4.000.000		
(6)	200.000		
(7)	1.400.000		

Mobiliario

Debe		Haber	
(3)	2.000.000	400.000	(4)
		300.000	(6)

Mercaderías

Debe		Haber	
(1)	9.000.000	2.800.000	(5)
(2)	2.500.000	1.800.000	(7)

PASIVO

Capital social

Debe	Haber	
	14.000.000	(1)

Proveedores (ptas.)

Debe	Haber	
	2.500.000	(2)

GASTOS DE EXPLOTACION

Sueldos y salarios

Debe		Haber
(8)	650.000	

Arrendamientos y cánones

Debe		Haber
(8)	450.000	

INGRESOS DE EXPLOTACION

RESULTADOS

Resultado de explotación

Debe		Haber	
(7)	400.000	1.200.000	(5)

Resultados extraordinarios

Debe		Haber	
(6)	100.000	300.000	(4)

Cuadro 6.2

2.° Balance de Comprobación

El Balance de Comprobación, de acuerdo con el estado en que se hallan las cuentas de Mayor en este mismo momento, sería:

CUENTA	SUMAS		SALDOS	
	Deudora	Acreedora	Deudor	Acreedor
Bancos c/c	11.300.000	3.100.000	8.200.000	
Mobiliario	2.000.000	700.000	1.300.000	
Mercaderías	11.500.000	4.600.000	6.900.000	
Sueldos y salarios	650.000		650.000	
Arrendamientos y cánones	450.000		450.000	
Capital social		14.000.000		14.000.000
Proveedores (ptas.)		2.500.000		2.500.000
Resultado de explotación	400.000	1.200.000		800.000
Resultados extraordinarios	100.000	300.000		200.000
TOTALES	26.400.000	26.400.000	17.500.000	17.500.000

3.° Proceso de regularización

En este momento conocemos contablemente:

En este instante del proceso contable, en que se han registrado todas las operaciones realizadas durante el ejercicio, sabemos el resultado bruto en la venta de mercaderías y el valor de las existencias en este momento a través de las propias cuentas.

En el supuesto, tendremos:

• El resultado bruto de explotación.

- Resultado bruto de explotación: 800.000 ptas. que es el saldo acreedor de la cuenta de Resultado de explotación en este momento.

• El valor de las existencias finales.

- Valor de las existencias finales: 6.900.000 ptas., que es el saldo deudor de la cuenta de Mercaderías en este instante.

Otras magnitudes a determinar contablemente:

Sin embargo, aparte de esta información, es necesario conocer otras magnitudes, una vez registrados todos los hechos contables. Esto se conseguirá a través del proceso de regularización, que nos va a permitir determinar:

• El resultado neto de la explotación.

- el resultado neto de la explotación, es decir, después de deducir del beneficio bruto los demás gastos que necesita una empresa comercial para desarrollar su actividad, por ejemplo: gastos de personal, gastos de local, etc.

• El resultado del ejercicio.

- el resultado del ejercicio, que vendrá dado por el saldo de la cuenta «Pérdidas y ganancias», recolectora de los diferentes tipos de resultados.

Veamos, pues, las anotaciones que procede realizar dentro del proceso de regularización en el supuesto planteado.

A) Asientos en el Diario.

9		31-12-198X		
1.100.000	Resultado de explotación	a	Sueldos y salarios	650.000
		a	Arrendamientos y cánones	450.000
		Para llevar los gastos a Resultado de explotación.		
10		31-12-198X		
200.000	Resultados extraordinarios			
100.000	Pérdidas y ganancias	a	Resultado de explotación	300.000
		Para llevar los distintos tipos de resultados a la cuenta de Pérdidas y ganancias		

4.° Asiento de cierre

11		31-12-198X		
14.000.000	Capital social			
2.500.000	Proveedores (ptas.)	a	Bancos c/c	8.200.000
		a	Mobiliario	1.300.000
		a	Mercaderías	6.900.000
		a	Pérdidas y ganancias	100.000

Los valores que aparecen en este asiento corresponden a las cantidades que figurarían en el Balance de situación al final del ejercicio.

5.° Libro Mayor, incluyendo el asiento de cierre

B) LAS ANOTACIONES ACUMULADAS EN EL MAYOR APARECEN EN EL CUADRO 6.3

Conviene hacer dos observaciones al esquema de Mayor.

En primer lugar, todas las cuentas se hallan saldadas en este instante.

En segundo lugar, hemos escrito el valor de las sumas en la parte inferior de cada cuenta, debajo de una raya, para darlas por cerradas.

MAYOR

ACTIVO

Bancos c/c

(1)	5.000.000	2.000.000	(3)
(4)	700.000	1.100.000	(8)
(5)	4.000.000	8.200.000	(11)
(6)	200.000		
(7)	1.400.000		
	11.300.000	11.300.000	

Mobiliario

(3)	2.000.000	400.000	(4)
		300.000	(6)
		1.300.000	(11)
	2.000.000	2.000.000	

Mercaderías

(1)	9.000.000	2.800.000	(5)
(2)	2.500.000	1.800.000	(7)
		6.900.000	(11)
	11.500.000	11.500.000	

PASIVO

Capital social

(11)	14.000.000	14.000.000	(1)
	14.000.000	14.000.000	

Proveedores (ptas.)

(11)	2.500.000	2.500.000	(2)
	2.500.000	2.500.000	

GASTOS DE EXPLOTACION

Sueldos y salarios

(8)	650.000	650.000	(9)
	650.000	650.000	

Arrendamientos y cánones

(8)	450.000	450.000	(9)
	450.000	450.000	

INGRESOS DE EXPLOTACION

RESULTADOS

Resultado de explotación

(7)	400.000	1.200.000	(5)
(9)	1.100.000	300.000	(10)
	1.500.000	1.500.000	

Resultados extraordinarios

(6)	100.000	300.000	(4)
(10)	200.000		
	300.000	300.000	

Pérdidas y ganancias

(10)	100.000	100.000	(11)
	100.000	100.000	

Cuadro 6.3

6.3.4. CARACTERISTICAS DE ESTE PROCEDIMIENTO

Recapitulando, podríamos decir que este procedimiento presenta una serie de características que conviene destacar:

En primer lugar, este procedimiento exige que en cada operación de venta se conozca exactamente el coste de las mercaderías vendidas. Esto es fácil cuando una empresa vende, por ejemplo, locomotoras, pero es más difícil cuando la empresa vende botones o al menos exigiría un coste burocrático grande.

1.° En cada operación de venta ha de conocerse el coste de las mercaderías vendidas.

En segundo lugar, en este procedimiento se registra contablemente en cada asiento de venta de mercaderías el importe de los beneficios brutos, habidos en la operación. Y para que quede más claro, los recogemos en una cuenta que denominamos Resultado de explotación. Esta cuenta es diferente de la cuenta de Resultados extraordinarios, que es donde aparecen los beneficios o pérdidas que se producen con ocasión de las ventas esporádicas de bienes de inmovilizado.

2.° Eso permite que en cada operación de venta se determinen los beneficios brutos.

En tercer lugar, es muy importante considerar que las empresas comerciales en general tienen un componente destacable de empresas de servicios. De tal modo que del beneficio bruto de las operaciones de venta habrá que restar los demás gastos del ejercicio, relacionados con la actividad. Esta operación se consigue contablemente, como hemos visto, cargando después a la cuenta de Resultados de explotación los gastos del ejercicio obteniéndose así el resultado neto de la explotación.

3.° Los demás gastos tienen importancia, igual que en las empresas de servicios.

En cuarto lugar, conviene destacar que en cualquier momento, el saldo de la cuenta de Mercaderías ha de coincidir con el valor de las existencias en ese instante. Por eso a este procedimiento también se le denomina de inventario contable permanente.

4.° El saldo de mercaderías ha de coincidir siempre con el inventario.

6.4. PROCEDIMIENTO DE MERCADERIAS COMO CUENTA UNICA ESPECULATIVA

Hemos dicho que lo normal es que la empresa comercial no sepa cuál es el coste de las mercaderías entregadas al cliente en cada operación; en este caso, la empresa ha de conformarse con determinar los resultados al final de cada ejercicio. Señalado este hecho, pasamos a desarrollar el procedimiento de mercaderías como cuenta única especulativa.

Planteamiento.

Para ver mejor las relaciones con el procedimiento de cuenta única administrativa o de inventario contable permanente, que acabamos de estudiar, nos valdremos de un supuesto que es prácticamente igual que el enunciado antes. Sin embargo, es importante que nos fijemos en que eliminamos las referencias al coste de las mercaderías vendidas, que en este caso no se conocerían.

Seguiremos el supuesto anterior con algunas variantes.

6.4.1. ENUNCIADO DE UN SUPUESTO PARA EL ESTUDIO OPERATIVO DE ESTE PROCEDIMIENTO

GRABINSA (Grabados Industriales, S.A.) es una empresa dedicada a la venta de grabados que se acaba de constituir. Presenta el siguiente balance a 1 de enero de 198X:

ACTIVO		PASIVO	
Bancos c/c	5.000.000	Capital social	14.000.000
Mercaderías	9.000.000		
Total Activo	14.000.000	Total Pasivo	14.000.000

Durante el año no realiza ninguna otra operación hasta el mes de diciembre, en que tienen lugar los siguientes hechos (los cobros y pagos al contado se han efectuado a través del Banco):

Obsérvese que aquí no se facilita el coste de las mercaderías entregadas en cada operación de venta.

2.12.198X: Compra a crédito mercaderías por 2.500.000 ptas.

3.12.198X: Adquiere al contado mobiliario por 2.000.000 ptas.

8.12.198X: Vende un arcón, que acababa de comprar en 400.000 ptas., por 700.000 ptas. al contado.

9.12.198X: Vende al contado mercaderías por 4.000.000 ptas.

15.12.198X: Vende al contado unas sillas que acababa de comprar y que hacían juego con el arcón. Costaron 300.000 ptas. y las vende por 200.000 ptas.

21.12.198X: Vende al contado mercaderías por 1.400.000 ptas.

25.12.198X: Se paga al contado:

- *Sueldos y salarios: 650.000 ptas., (sin ninguna retención).*
- *Al propietario del local, por el arrendamiento mensual, 450.000 pesetas.*

Para la regularización se sabe que las existencias finales de mercaderías, calculadas a través de un inventario realizado el 31 de diciembre, ascienden a 6.900.000 ptas.

SE PIDE:

1.º Asientos que procedan para contabilizar las operaciones en el Diario y simultáneamente en el Mayor.
2.º Balance de Comprobación antes de regularizar.
3.º Proceso de regularización en el Diario.
4.º Asiento de cierre.
5.º Mayor después del asiento de cierre.

6.4.2. ESTUDIO OPERATIVO DE ESTE PROCEDIMIENTO: CONTABILIZACION DE LAS OPERACIONES REALIZADAS A LO LARGO DEL EJERCICIO

1.° Asientos que proceden para contabilizar las operaciones realizadas

A) ANOTACIONES EN EL DIARIO

1 ——— 1-1-198X ———

5.000.000	Bancos c/c			
9.000.000	Mercaderías	a	Capital social	14.000.000

Por el asiento de apertura

2 ——— 2-12-198X ———

2.500.000	Mercaderías	a	Proveedores (ptas.)	2.500.000

Por la compra de mercaderías

3 ——— 3-12-198X ———

2.000.000	Mobiliario	a	Bancos c/c	2.000.000

Por la compra del mobiliario

4 ——— 8-12-198X ———

700.000	Bancos c/c	a	Mobiliario	400.000
		a	Resultados extraordinarios	300.000

Por la venta del arcón

5 ——— 9-12-198X ———

4.000.000	Bancos c/c	a	Mercaderías	4.000.000

Por la venta de mercaderías

6 ——— 15-12-198X ———

200.000	Bancos c/c			
100.000	Resultados extraordinarios	a	Mobiliario	300.000

Por la venta de las sillas

7 ——— 21-12-198X ———

1.400.000	Bancos c/c	a	Mercaderías	1.400.000

Por la venta de mercaderías

8 ——— 25-12-198X ———

650.000	Sueldos y salarios			
450.000	Arrendamientos y cánones	a	Bancos c/c	1.100.000

Por el pago de los gastos

B) ASIENTOS EN EL MAYOR

MAYOR

ACTIVO

Bancos c/c

(1)	5.000.000	2.000.000	(3)
(4)	700.000	1.100.000	(8)
(5)	4.000.000		
(6)	200.000		
(7)	1.400.000		

Mobiliario

(3)	2.000.000	400.000	(4)
		300.000	(6)

Mercaderías

(1)	9.000.000	4.000.000	(5)
(2)	2.500.000	1.400.000	(7)

PASIVO

Capital social

	14.000.000(1)

Proveedores (ptas.)

	2.500.000(2)

GASTOS DE EXPLOTACION

Sueldos y salarios

(8)	650.000	

Arrendamientos y cánones

(8)	450.000	

INGRESOS DE EXPLOTACIÓN

RESULTADOS

Resultados extraordinarios

(6)100.000	300.000(4)

Cuadro 6.4

2.º Balance de Comprobación

CUENTA	SUMAS		SALDOS	
	Deudora	Acreedora	Deudor	Acreedor
Bancos c/c	11.300.000	3.100.000	8.200.000	
Mobiliario	2.000.000	700.000	1.300.000	
Mercaderías	11.500.000	5.400.000	6.100.000	
Sueldos y salarios	650.000		650.000	
Arrendamientos y cánones	450.000		450.000	
Capital social		14.000.000		14.000.000
Proveedores (ptas.)		2.500.000		2.500.000
Resultados extraordinarios	100.000	300.000		200.000
TOTALES	26.000.000	26.000.000	16.700.000	16.700.000

6.4.3. COMPARACION DEL PROCEDIMIENTO DE CUENTA UNICA ADMINISTRATIVA CON EL PROCEDIMIENTO DE CUENTA UNICA ESPECULATIVA

Comparación entre los dos procedimientos propuestos.

Es conveniente asomarse en este momento a las diferencias que se han producido entre el procedimiento de inventario contable permanente o cuenta única administrativa, y el procedimiento que estamos siguiendo ahora. Para ver esas diferencias con más facilidad hemos preparado el Cuadro 6.5 de la página siguiente.

En el cuadro se pone de manifiesto:

El cuadro es muy elocuente para el análisis comparativo de ambos procedimientos; por ello conviene tomarlo como referencia constante en la explicación que sigue. En efecto, en él se pone de manifiesto:

1.° Disparidad de las anotaciones en el Diario de las ventas según reflejen o no el resultado.

Primero, en cuanto a las anotaciones en el Diario que aparecen en la parte superior del cuadro, son distintos los asientos referentes a las ventas de mercaderías, pero los demás son idénticos. Y son distintos los asientos de ventas porque en el caso del procedimiento especulativo se desconoce el coste de las mercaderías entregadas a los clientes, mientras que en el caso del procedimiento de cuenta única administrativa se conoce ese dato, lo cual permite determinar en ese mismo asiento el beneficio bruto habido en cada operación.

2.° Diferencia en las cuentas del Mayor.

Segundo, en cuanto al Mayor, se observan diferencias en las cuentas de Mercaderías y Resultado de explotación, como puede verse de nuevo en el cuadro. Puede observarse al respecto que en el procedimiento de mercaderías como cuenta única especulativa no se ha hecho ninguna anotación en la cuenta de Resultado de explotación. La razón estriba en que se han agregado, en este procedimiento de cuenta especulativa, las cuentas de Mercaderías y Resultado de explotación, que aparecen separadas en el otro.

3.° Diferencia en los abonos.

Tercero, es fácil comprobar lo que acabamos de decir si comparamos los cargos y los abonos de las cuentas de Mercaderías en ambos procedimientos, conforme aparece en el cuadro. Puede verse que la diferencia es precisamente el importe del resultado obtenido en cada operación, que aparece reflejado en la cuenta de Resultado de explotación en el procedimiento de cuenta única administrativa.

4.° En el saldo del procedimiento especulativo está inmerso el resultado.

Cuarto, si comparamos los saldos de las cuentas de Mercaderías para ambos procedimientos, como aparece en el cuadro, se ratifica lo que acabamos de indicar. La diferencia entre las cuentas de Mercaderías en ambos procedimientos radica en que, en el caso del procedimiento de cuenta única especulativa, dentro de la cuenta está involucrado el beneficio bruto en ventas, conforme venimos demostrando.

Asiento-clave.

Por lo tanto, si queremos que coincidan los saldos de ambas cuentas

ESTUDIO COMPARATIVO DEL PROCEDIMIENTO DE CUENTA UNICA ESPECULATIVA Y DEL PROCEDIMIENTO DE CUENTA UNICA ADMINISTRATIVA

DIARIO

CUENTA UNICA ESPECULATIVA	CUENTA UNICA ADMINISTRATIVA
1 ——— 1-1-8X ——— 5.000.000 Bancos c/c 9.000.000 Mercaderías a Capital social 14.000.000	1 ——— 1-1-8X ——— 5.000.000 Bancos c/c 9.000.000 Mercaderías a Capital social 14.000.000
2 ——— 2-12-8X ——— 2.500.000 Mercaderías a Proveedores (ptas.) 2.500.000	2 ——— 2-12-8X ——— 2.500.000 Mercaderías a Proveedores (ptas.) 2.500.000
5 ——— 9-12-8X ——— 4.000.000 Bancos c/c a Mercaderías 4.000.000	5 ——— 9-12-8X ——— 4.000.000 Bancos c/c a Mercaderías 2.800.000 Resultado de explotación 1.200.000
7 ——— 21-12-8X ——— 1.400.000 Bancos c/c a Mercaderías 1.400.000	7 ——— 21-12-8X ——— 1.400.000 Bancos c/c 400.000 Resultado de explotación a Mercaderías 1.800.000

MAYOR

Cuenta única especulativa

Mercaderías

Debe	Haber
(1) 9.000.000	4.000.000 (5)
(2) 2.500.000	1.400.000 (7)

SALDO: 6.100.000

Resultado de explotación

Debe	Haber

Cuenta única administrativa

Mercaderías

Debe	Haber
(1) 9.000.000	2.800.000 (5)
(2) 2.500.000	1.800.000 (7)

SALDO: 6.900.000

Resultado de explotación

Debe	Haber
(7) 400.000	1.200.000 (5)

SALDO: 800.000

DEBE DE MERCADERIAS			HABER DE MERCADERIAS		
Especulativa	Administrativa	Diferencia	Especulativa	Administrativa	Diferencia
(1) 9.000.000	(1) 9.000.000	0	4.000.000	2.800.000	+1.200.000
(2) 2.500.000	(2) 2.500.000	0	1.400.000	1.800.000	− 400.000

SALDOS DE MERCADERIAS

SALDO CUENTA ESPECULATIVA = 6.100.000 | SALDO CUENTA ADMINISTRATIVA = 6.900.000

DIFERENCIA EN LOS SALDOS = 800.000

Cuadro 6.5

de Mercaderías y los saldos de ambas cuentas de Resultado de explotación en este momento, hemos de llevar a cabo el siguiente asiento:

Mercaderías	a	Resultado de explotación

por el beneficio calculado extracontablemente; de esa manera coincidirán ya ambos procedimientos. Podríamos decir que reconvertimos por esa vía el procedimiento de cuenta única especulativa en el procedimiento de cuenta única administrativa.

Es muy importante, si se quiere entender bien cuanto expondremos a continuación, que veamos claro que en el procedimiento de mercaderías por cuenta única especulativa no conocemos en este momento el resultado. Por lo tanto, si queremos saberlo, lo debemos determinar extracontablemente, siguiendo el método que estudiamos seguidamente.

Pero por el procedimiento de cuenta especulativa no se conoce el resultado.

6.4.4. CALCULO EXTRACONTABLE DEL BENEFICIO BRUTO EN VENTA DE MERCADERIAS

Para determinar el resultado extracontablemente, procede dar los siguientes pasos, cuando las existencias iniciales de mercaderías fueran superiores a las existencias finales. Es decir, cuando hubieran disminuido las existencias, haríamos los cálculos que se indican en el Cuadro 6.6, y que explicamos inmediatamente después:

Necesidad de determinar ese resultado extracontablemente.

CUADRO EXTRACONTABLE DEL BENEFICIO CUANDO HAY DISMINUCION DE EXISTENCIAS

Cuadro modelo de cálculo si las existencias finales son menores que las iniciales.

Ingresos por ventas			YYYY
Menos coste de las mercaderías vendidas:			
Compras		YYYY	
Más variación de existencias:			
Existencias iniciales	YYYY		
Menos existencias finales	YYYY	YYYY	YYYY
Beneficio (o pérdida) bruto de mercaderías			YYYY

Cuadro 6.6

De acuerdo con este cuadro trataremos, en definitiva, de llegar a conocer el beneficio bruto en las ventas de mercaderías, deduciendo del importe de las ventas el coste de las mercaderías vendidas. Para ello:

Modo de ir cubriendo las filas del cuadro.

En primer lugar, escribimos el importe de las ventas, que en nuestro caso ascienden a 5.400.000 ptas.

En segundo lugar, como no sabemos el coste de las mercaderías vendidas operación por operación a través del enunciado, debemos calcularlo. Por eso lo determinaremos globalmente, para lo cual hemos de sumar al coste de las compras el coste de la disminución de mercaderías, porque eso es en definitiva lo que hemos entregado a los clientes. Por eso llevamos al cuadro:

Primero, las compras realizadas durante el ejercicio que ascienden a 2.500.000 ptas.,

y segundo, la variación de existencias. En el supuesto, al principio del ejercicio, había unas existencias de 9.000.000 ptas., mientras que al final solamente importaban, de acuerdo con el dato facilitado en el enunciado, 6.900.000 ptas. Por consiguiente, además del valor de las compras, los clientes se han llevado el valor correspondiente a la disminución de las existencias, que asciende a 2.100.000 ptas.

La suma de estas dos partidas: compras y disminución de las existencias es precisamente el coste de las mercaderías vendidas.

En definitiva, los cálculos descritos aparecen en el siguiente cuadro:

Cuadro con los datos del supuesto.

APLICACION DE LA DETERMINACION DEL RESULTADO BRUTO SI LAS EXISTENCIAS DISMINUYEN

Ingresos por ventas			5.400.000
Menos coste de las mercaderías vendidas:			
Compras		2.500.000	
Más variación de existencias:			
Existencias iniciales	9.000.000		
Menos:			
Existencias finales	6.900.000	2.100.000	−4.600.000
Beneficio (o pérdida) bruto de mercaderías			800.000

Casos de variaciones de existencias:

Conviene hacer algunas consideraciones respecto de los casos en que no hubiera variación de existencias o que éstas hubieran aumentado.

a) Si no hay existencias finales.

a) Si no hubiera existencias finales en los almacenes, habríamos entregado las existencias iniciales y las compras a los clientes. Es decir, el coste de las mercaderías vendidas habría sido en este caso 11.500.000 ptas. (Compras: 2.500.000 ptas. más existencias iniciales: 9.000.000 ptas.)

b) Si las existencias finales son superiores a las iniciales.

b) Si las existencias finales fuesen mayores que las existencias iniciales, esto significará económicamente que la empresa no ha entregado ni siquiera todas sus compras a los clientes, ya que una parte ha ido a incrementar sus existencias en los almacenes. De esta forma, y suponiendo que el valor de las existencias finales fuera 10.000.000 ptas., en lugar de los 6.900.000 ptas. que apare-

Un ejemplo.

cen en el enunciado, el cálculo del beneficio bruto se haría conforme se indica en el siguiente cuadro:

APLICACION DE LA DETERMINACION DE RESULTADO BRUTO SI LAS EXISTENCIAS AUMENTAN

Aplicación del cuadro a este ejemplo.

Ingresos por ventas			5.400.000
Menos coste de las mercaderías vendidas:			
Compras		2.500.000	
Menos: Variación de existencias:			
Existencias iniciales	9.000.000		
Menos:			
Existencias finales	10.000.000	−1.000.000	−1.500.000
Beneficio (o pérdida) bruto de mercaderías			3.900.000

6.4.5. ASIENTOS DEL PROCESO DE REGULARIZACION. UNA APROXIMACION

Proceso de regularización.

Ya hemos recalcado que, en este momento del proceso contable, en el que ya se han contabilizado todas las operaciones realizadas durante el período, a través del procedimiento de mercaderías como cuenta única especulativa no se conoce contablemente:

Lo que desconocemos en este momento.

— ni el beneficio bruto, habido en las ventas de mercaderías,
— ni el valor de las existencias finales

Cuando decimos que no se conocen contablemente, queremos indicar que ninguna cuenta nos representa esas magnitudes.

Lo que necesitamos:

Para que la Contabilidad muestre expresamente esas magnitudes, hemos de recurrir al proceso de regularización, que tendrá las siguientes etapas, a efectos del supuesto enunciado:

1.ª Determinación del beneficio bruto de explotación, con lo que, a la vez, se reflejarán contablemente las existencias.
2.ª Determinación del resultado neto de explotación
3.ª Determinación del resultado total de la empresa

Todo ello se encuadra en el punto:

3.ª Proceso de regularización en el Diario

9 ———————— 31-12-198X ————————

800.000 Mercaderías a Resultado de explotación 800.000

Por el resultado bruto en venta de mercaderías que habíamos calculado

———————— ————————

• **Asiento-clave.**

Al hacer este asiento tendremos:

Mercaderías	
(1) 9.000.000	4.000.000 (5)
(2) 2.500.000	1.400.000 (7)
(9) 800.000	

que tras esta anotación presenta un saldo de 6.900.000, que son precisamente las existencias finales.

Por otra parte:

Resultado de explotación	
	800.000 (9)

De esta manera hemos conseguido la convergencia con el procedimiento de cuenta única administrativa de que hemos hablado antes, por lo que el proceso contable coincide a partir de aquí:

10		31-12-198X		
1.100.000	Resultado de explotación	a	Sueldos y salarios	650.000
		a	Arrendamientos y cánones	450.000
		Para llevar los gastos a resultados		
11		31-12-198X		
200.000	Resultados extraordinarios			
100.000	Pérdidas y ganancias	a	Resultado de explotación	300.000
		Para llevar los distintos tipos de resultados a la cuenta de Pérdidas y ganancias		

4.° Asiento de cierre

12		31-12-198X		
14.000.000	Capital social			
2.500.000	Proveedores (ptas.)	a	Bancos c/c	8.200.000
		a	Mobiliario	1.300.000
		a	Mercaderías	6.900.000
		a	Pérdidas y ganancias	100.000

5.º Anotaciones en el Mayor después del asiento de cierre

Al pasar al Mayor (Cuadro 6.7) todos los asientos del proceso de regularización y el asiento de cierre, todas las cuentas quedan saldadas, y, puesto que ya no hay que hacer ningún asiento más por el ejercicio, se escribe el valor de las sumas deudoras y acreedoras, para dejar constancia de que es el mismo. Por último, se hace una raya debajo para indicar que la cuenta queda cerrada.

MAYOR

ACTIVO

Bancos c/c

(1)	5.000.000	2.000.000	(3)
(4)	700.000	1.100.000	(8)
(5)	4.000.000	8.200.000	(12)
(6)	200.000		
(7)	1.400.000		
	11.300.000	11.300.000	

Mobiliario

(3)	2.000.000	400.000	(4)
		300.000	(6)
		1.300.000	(12)
	2.000.000	2.000.000	

Mercaderías

(1)	9.000.000	4.000.000	(5)
(2)	2.500.000	1.400.000	(7)
(9)	800.000	6.900.000	(12)
	12.300.000	12.300.000	

PASIVO

Capital social

(12)	14.000.000	14.000.000	(1)
	14.000.000	14.000.000	

Proveedores (ptas.)

(12)	2.500.000	2.500.000	(2)
	2.500.000	2.500.000	

GASTOS DE EXPLOTACION

Sueldos y salarios

(8)	650.000	650.000	(10)
	650.000	650.000	

Arrendamientos y cánones

(8)	450.000	450.000	(10)
	450.000	450.000	

INGRESOS DE EXPLOTACION

RESULTADOS

Resultado de explotación

(10)	1.100.000	800.000	(9)
		300.000	(11)
	1.100.000	1.100.000	

Resultados extraordinarios

(6)	100.000	300.000	(4)
(11)	200.000		
	300.000	300.000	

Pérdidas y ganancias

(11)	100.000	100.000	(12)
	100.000	100.000	

Cuadro 6.7

6.5. PROCEDIMIENTO CONTABLE CON DESDOBLAMIENTO DE LA CUENTA DE MERCADERIAS

Aplicación de la ley de desglose.

Ya dijimos que una de las leyes de funcionamiento de las cuentas es la ley de desglose, por la cual, se puede desagregar una cuenta, atendiendo a diferentes aspectos del elemento patrimonial que representa.

Desagregación de la cuenta de Mercaderías.

Es decir, que podemos, según esto, desagregar la cuenta de Mercaderías en los diferentes aspectos u operaciones relacionadas con las mercaderías, conforme aparece en el cuadro:

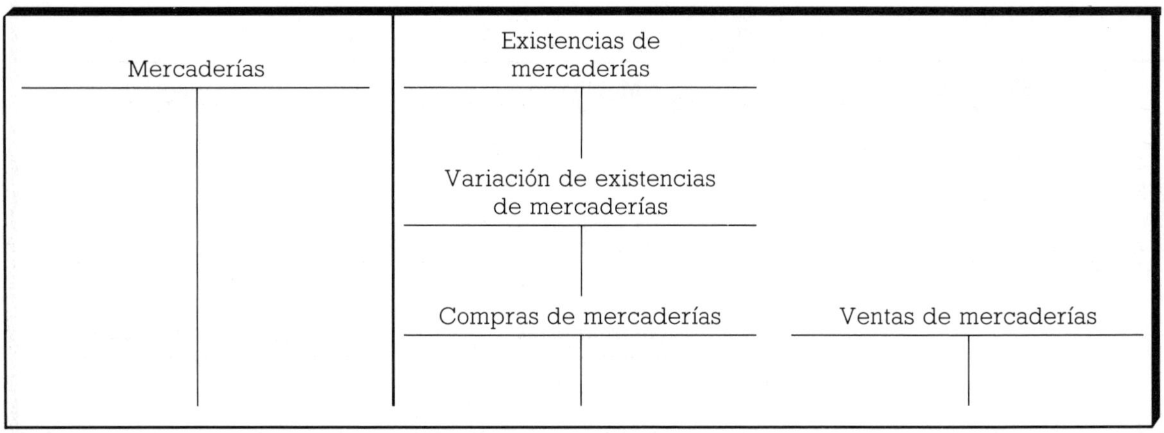

Contenido de las cuentas:

El contenido de estas nuevas cuentas, en que se ha desagregado la cuenta de Mercaderías, será el siguiente:

• Existencias de mercaderías.

— ***Existencias de mercaderías:*** Recoge el valor de las existencias iniciales o al comienzo del ejercicio, y el que queda al final del ejercicio con un saldo igual a las existencias finales.

• Variaciones de existencias de mercaderías.

— ***Variación de existencias de mercaderías:*** Diferencia entre las existencias iniciales de mercaderías y las existencias finales.

• Compras de mercaderías.

— ***Compras de mercaderías:*** Aprovisionamiento de mercaderías.

• Ventas de mercaderías.

— ***Ventas de mercaderías:*** Transacciones con salida o entrega de los bienes objeto del tráfico habitual.

6.6. DESDOBLAMIENTO DE LA CUENTA DE RESULTADOS EXTRAORDINARIOS

Desglose de la cuenta de Resultados extraordinarios.

En principcio, cualquier cuenta es susceptible de desdoblamiento. Así, la cuenta Resultados extraordinarios que hemos empleado para registrar los resultados habidos en la enajenación de los elementos del inmovilizado se puede desglosar en otras. Entre ellas están las siguientes:

- Pérdidas procedentes del inmovilizado material.
- Beneficios procedentes del inmovilizado material.
- Gastos extraordinarios.
- Ingresos extraordinarios.

De esta manera, pasaríamos de utilizar las cuentas que vemos a la izquierda del cuadro que aparece inmediatamente, a utilizar las cuentas que observamos a la derecha del mismo.

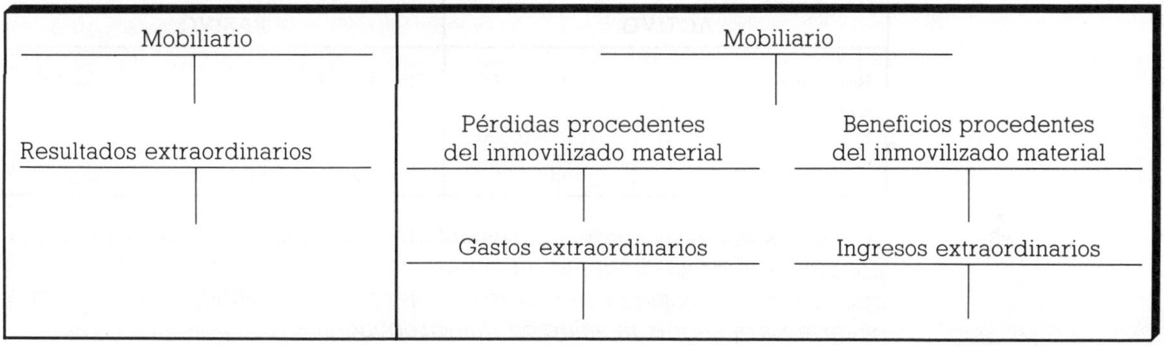

Contenido:

El contenido de estas cuentas es el siguiente:

• Mobiliario.

Mobiliario: Valor de este elemento del inmovilizado, perteneciente a la empresa. El funcionamiento que hemos examinado anteriormente como cuenta única administrativa no varía por el hecho de haber procedido al desdoblamiento de la cuenta de Resultados extraordinarios.

• Pérdidas procedentes del inmovilizado material.

Pérdidas procedentes del inmovilizado material: Se incluirán aquí los resultados extraordinarios negativos que se produzcan como consecuencia de la enajenación del mobiliario o de cualquier otro elemento del inmovilizado material.

• Beneficios procedentes del inmovilizado material.

Beneficios procedentes del inmovilizado material: Se registrarán aquí los resultados extraordinarios que se deriven de la enajenación del mobiliario o de otro elemento cualquiera del inmovilizado material.

Entre los resultados extraordinarios negativos citados se computarán los que surjan como consecuencia de donaciones de los mencionados elementos.

Gastos extraordinarios: Comprende, entre otros conceptos, las pérdidas del inmovilizado debidas a siniestros o a cualquier otro hecho que no deba considerarse como periódico.

Ingresos extraordinarios: Abarca, entre otros conceptos, las ganancias que no deban considerarse como periódicas.

6.7. ESTUDIO OPERATIVO DEL PROCEDIMIENTO DE DESDOBLAMIENTO DE LA CUENTA DE MERCADERIAS Y DE LAS CUENTAS DE INMOVILIZADO

6.7.1. ENUNCIADO DE UN SUPUESTO

Tomamos el mismo supuesto, enunciado para el estudio del procedimiento de mercaderías por cuenta única especulativa. Es decir, se trata de GRABINSA (Grabados Industriales, S.A.), que es una empresa dedicada a la venta de grabados, que se acaba de constituir, y presenta el siguiente balance a 1 de enero de 198X:

ACTIVO		PASIVO	
Bancos c/c	5.000.000	Capital social	14.000.000
Existencias de mercaderías	9.000.000		
Total Activo	14.000.000	Total Pasivo	14.000.000

Demos por reproducida la restante información del enunciado correspondiente al procedimiento de cuenta única especulativa, referente a las operaciones realizadas a lo largo del ejercicio económico. Conviene consultarla para seguir la solución que proponemos.

Recuérdese que no se conoce el coste de las mercaderías vendidas en cada operación.

SE PIDE:

1.º Asientos que procedan para contabilizar las operaciones en el Diario y simultáneamente en el Mayor.
2.º Balance de Comprobación antes de regularizar.
3.º Asientos de regularización en el Diario.
4.º Asiento de cierre.
5.º Mayor después del asiento de cierre

6.7.2. ESTUDIO OPERATIVO DE ESTE PROCEDIMIENTO

Procedimiento que se va a seguir:

Desarrollaremos el caso que hemos enunciado, siguiendo:

Para mercaderías: el procedimiento consistente en sustituir la cuenta única especulativa por las cuentas que hemos mencionado anteriormente.

Para mobiliario: el procedimiento que estriba en complementar la cuenta única de «Mobiliario» con las otras dos a que hemos hecho referencia para el caso.

1.° Asientos de las operaciones realizadas

A) ANOTACIONES EN EL DIARIO:

1		1-1-198X		
5.000.000	Bancos c/c			
9.000.000	Existencias de mercaderías	a	Capital social	14.000.000
		Por el asiento de apertura		
2		2-12-198X		
2.500.000	Compras de mercaderías	a	Proveedores (ptas.)	2.500.000
		Por la compra de mercaderías		
3		3-12-198X		
2.000.000	Mobiliario	a	Bancos c/c	2.000.000
		Por la compra de mobiliario		
4		8-12-198X		
700.000	Bancos c/c	a	Beneficios procedentes del inmovilizado material	300.000
		a	Mobiliario	400.000
		Por la venta del arcón con beneficio		
5		9-12-198X		
4.000.000	Bancos c/c	a	Ventas de mercaderías	4.000.000
		Por la venta de mercaderías		
6		15-12-198X		
200.000	Bancos c/c			
100.000	Pérdidas procedentes del inmovilizado material	a	Mobiliario	300.000
		Por la venta de las sillas con pérdida		
7		21-12-198X		
1.400.000	Bancos c/c	a	Ventas de mercaderías	1.400.000
		Por la venta de mercaderías		

8		25-12-198X		
650.000	Sueldos y salarios			
450.000	Arrendamientos y cánones	a	Bancos c/c	1.100.000

B) ANOTACIONES EN EL MAYOR

MAYOR

ACTIVO

Bancos c/c

	Debe	Haber	
(1)	5.000.000	2.000.000	(3)
(4)	700.000	1.100.000	(8)
(5)	4.000.000		
(6)	200.000		
(7)	1.400.000		

Mobiliario

	Debe	Haber	
(3)	2.000.000	400.000	(4)
		300.000	(6)

Existencias de mercaderías

	Debe	Haber	
(1)	9.000.000		

PASIVO

Capital social

	Debe	Haber	
		14.000.000	(1)

Proveedores (ptas.)

	Debe	Haber	
		2.500.000	(2)

GASTOS DE EXPLOTACION

Sueldos y salarios

	Debe	Haber	
(8)	650.000		

Arrendamientos y cánones

	Debe	Haber	
(8)	450.000		

Compras de mercaderías

	Debe	Haber	
(2)	2.500.000		

INGRESOS DE EXPLOTACION

Ventas de mercaderías

	Debe	Haber	
		4.000.000	(5)
		1.400.000	(7)

PERDIDAS Y GASTOS EXTRAORDINARIOS

Pérdidas procedentes del inmovilizado material

	Debe	Haber	
(6)	100.000		

BENEFICIOS E INGRESOS EXTRAORDINARIOS

Beneficios procedentes del inmovilizado material

	Debe	Haber	
		300.000	(4)

Observemos que hemos separado en el Mayor un ámbito ocupado por las pérdidas y gastos extraordinarios y otro por los beneficios e ingresos extraordinarios.

2.° Balance de Sumas y Saldos

N.°	CUENTA	SUMAS		SALDOS	
		Deudora	Acreedora	Deudor	Acreedor
	Bancos c/c	11.300.000	3.100.000	8.200.000	
	Mobiliario	2.000.000	700.000	1.300.000	
	Existencias de mercaderías	9.000.000		9.000.000	
	Ventas de mercaderías		5.400.000		5.400.000
	Compras de mercaderías	2.500.000		2.500.000	
	Sueldos y salarios	650.000		650.000	
	Arrendamientos y cánones	450.000		450.000	
	Capital social		14.000.000		14.000.000
	Proveedores (ptas.)		2.500.000		2.500.000
	Pérdidas procedentes del inmovilizado material	100.000		100.000	
	Beneficios procedentes del inmovilizado material		300.000		300.000
	TOTALES	26.000.000	26.000.000	22.200.000	22.200.000

3.° Asientos de regularización en el Diario

Estado extracontable para cálculo del beneficio bruto en ventas.

Nos valdremos de los cálculos, para la determinación del beneficio bruto en ventas, aplicando el correspondiente al caso en que las existencias iniciales son superiores a las finales. De este modo aparecería:

Ingresos por ventas			5.400.000
Menos coste de las mercaderías vendidas:			
Compras		2.500.000	
Más variación de existencias:			
Existencias iniciales	9.000.000		
Menos existencias finales	6.900.000	2.100.000	4.600.000
Beneficio (o pérdida) bruto de mercaderias			800.000

El proceso contable de la regularización.

El proceso de regularización y el cierre serán entonces, haciéndolo por partes, así:

9 ——— 31-12-198X ———

9.000.000	Variación de existencias de mercaderías	a	Existencias de mercaderías	9.000.000

Por las existencias iniciales

- Obsérvese que al hacer este asiento tendremos:

Existencias de mercaderías

(1) 9.000.000	9.000.000 (9)

con lo que la cuenta de Existencias de mercaderías queda saldada

10 ——— 31-12-198X ———

6.900.000	Existencias de mercaderías	a	Variación de existencias de mercaderías	6.900.000

Por las existencias finales

- Obsérvese asimismo que al hacer este asiento en la cuenta tendremos:

Existencias de mercaderías

(1) 9.000.000	9.000.000 (9)
(10) 6.900.000	

con lo que la cuenta de Existencias de mercaderías tiene un saldo igual a las existencias finales.

- Y, por otro lado:

Variación de existencias de mercaderías

(9) 9.000.000	6.900.000 (10)

su saldo refleja la disminución de las existencias de mercaderías que ha sido de 2.100.000 ptas.

11 ——— 31-12-198X ———

5.400.000	Ventas de mercaderías	a	Resultado de explotación	5.400.000

- Tras este asiento tendremos:

Ventas de mercaderías

(11) 5.400.000	4.000.000 (5)
	1.400.000 (7)

con lo que esta cuenta queda saldada.

12 ——— 31-12-198X ———

4.600.000	Resultado de explotación	a	Compras de mercaderías	2.500.000
		a	Variación de existencias de mercaderías	2.100.000

• Tras esta anotación hemos conseguido que las cuentas que han intervenido en este asiento queden así:

Compras de mercaderías

(2) 2.500.000	2.500.000 (12)

Variación de existencias de mercaderías

9.500.000	6.900.000 (10)
	2.100.000 (12)

ambas cuentas están saldadas en este momento.
Por otro lado tendremos:

Resultado de explotación

(12) 4.600.000*	5.400.000** (11)

Saldo acreedor: 800.000***

* Coste de mercaderías vendidas
** Ventas
*** Saldo, igual al beneficio bruto en ventas

	13	31-12-198X		
1.100.000	Resultado de explotación	a	Sueldos y salarios	650.000
		a	Arrendamientos y cánones	450.000

• El resultado de explotación de una empresa comercial no solamente ha de reflejar el beneficio bruto en venta de mercaderías, si no que ha de registrar también todos los datos que ha ocasionado la actividad.

Tendremos en este instante:

Sueldos y salarios

(8) 650.000	650.000 (13)

Arrendamientos y cánones

(8) 450.000	450.000 (13)

Y por otra parte:

Resultado de explotación

(12) 4.600.000	5.400.000 (11)
(13) 1.100.000	

Saldo deudor: 300.000

El saldo, antes de este asiento, era acreedor en 800.000 ptas., importe del beneficio bruto en ventas.
Después de computar los gastos de la explotación, se ve que la empresa ha tenido pérdidas en la actividad comercial que han ascendido a 300.000 pesetas.

	14 ——— 31-12-198X ———			
300.000	Beneficios procedentes del inmovilizado material	a	Pérdidas procedentes del inmovilizado material	100.000
		a	Resultados extraordinarios	200.000

De esta manera hemos determinado el resultado habido en la venta de mobiliario.

	15 ——— 31-12-198X ———			
200.000	Resultados extraordinarios			
100.000	Pérdidas y ganancias	a	Resultado de explotación	300.000

Para trasladar los distintos tipos de resultados a la cuenta de Pérdidas y ganancias.

4.º Asiento de cierre

	16 ——— 31-12-198X ———			
14.000.000	Capital social			
2.500.000	Proveedores (ptas.)	a	Bancos c/c	8.200.000
		a	Mobiliario	1.300.000
		a	Existencias de mercaderías	6.900.000
		a	Pérdidas y ganancias	100.000

En el esquema de Mayor que mostramos a continuación podemos comprobar que, tras el asiento de cierre, todas las cuentas quedan saldadas. Hemos aprovechado esta circunstancia para dejarlas cerradas, una vez que hemos escrito el importe de las sumas deudoras y acreedoras.

5.° Mayor después del asiento de cierre

MAYOR

ACTIVO

Bancos c/c

	Debe	Haber	
(1)	5.000.000	2.000.000	(3)
(4)	700.000	1.100.000	(8)
(5)	4.000.000	8.200.000	(16)
(6)	200.000		
(7)	1.400.000		
	11.300.000	11.300.000	

Mobiliario

	Debe	Haber	
(3)	2.000.000	400.000	(4)
		300.000	(6)
		1.300.000	(16)
	2.000.000	2.000.000	

Existencias de mercaderías

	Debe	Haber	
(1)	9.000.000	9.000.000	(9)
(10)	6.900.000	6.900.000	(16)
	15.900.000	15.900.000	

PASIVO

Capital social

	Debe	Haber	
(16)	14.000.000	14.000.000	(1)
	14.000.000	14.000.000	

Proveedores (ptas.)

	Debe	Haber	
(16)	2.500.000	2.500.000	(2)
	2.500.000	2.500.000	

GASTOS DE EXPLOTACION

Sueldos y salarios

	Debe	Haber	
(8)	650.000	650.000	(13)
	650.000	650.000	

Arrendamientos y cánones

	Debe	Haber	
(8)	450.000	450.000	(13)
	450.000	450.000	

Compras de mercaderías

	Debe	Haber	
(2)	2.500.000	2.500.000	(12)
	2.500.000	2.500.000	

Variación de existencias de mercaderías

	Debe	Haber	
(9)	9.000.000	6.900.000	(10)
		2.100.000	(12)
	9.000.000	9.000.000	

INGRESOS DE EXPLOTACION

Ventas de mercaderías

	Debe	Haber	
(11)	5.400.000	4.000.000	(5)
		1.400.000	(7)
	5.400.000	5.400.000	

PERDIDAS Y GASTOS EXTRAORDINARIOS

Pérdidas procedentes del inmovilizado material

	Debe	Haber	
(6)	100.000	100.000	(14)
	100.000	100.000	

BENEFICIOS E INGRESOS EXTRAORDINARIOS

Beneficios procedentes del inmovilizado material

	Debe	Haber	
(14)	300.000	300.000	(4)
	300.000	300.000	

RESULTADOS

Resultado de explotación

	Debe	Haber	
(12)	4.600.000	5.400.000	(11)
(13)	1.100.000	300.000	(15)
	5.700.000	5.700.000	

Resultados extraordinarios

	Debe	Haber	
(15)	200.000	200.000	(16)
	200.000	200.000	

Pérdidas y ganancias

	Debe	Haber	
(15)	100.000	100.000	(16)
	100.000	100.000	

Términos y expresiones clave explicados en este capítulo

Beneficios procedentes del inmovilizado material (6.6)
Compras de mercaderías (6.5)
Desdoblamiento de la cuenta de Resultados extraordinarios (6.6)
Empresas comerciales (6.1)
Existencias de mercaderías (6.5)
Mobiliario (6.6)
Pérdidas procedentes del inmovilizado material (6.2)
Procedimiento contable de desglose (o desdoblamiento) funcionando especulativamente (6.2)(6.5)
Procedimiento contable de mercaderías como cuenta única administrativa (6.2)(6.3)
Procedimiento contable de mercaderías como cuenta única especulativa (6.2)(6.4)
Procedimiento contable de permanencia de inventario (6.1)
Variación de existencias de mercaderías (6.5)
Ventas de mercaderías (6.5)

Relación de cuentas específicas de las empresas comerciales

PRESENTACION

Advertencias:

Ampliaremos las relaciones de cuentas aparecidas en este capítulo, con una lista que tiene que ver directamente con las empresas comerciales.

Conviene hacer las siguientes advertencias:

En las empresas comerciales pueden aparecer también otras cuentas.

La primera es que las diversas cuentas que han aparecido en las dos relaciones anteriores pueden aparecer en las empresas comerciales, salvo aquellas que sean propias de otros tipos de empresas, por ejemplo de servicios, examinadas en el capítulo anterior.

Búsqueda del nombre completo de las cuentas.

La segunda es que seguimos completando el nombre con que aparecen algunas de ellas en el Plan General de Contabilidad. La palabra o expresiones que hemos considerado necesario añadir figuran, como siempre, entre paréntesis.

Sólo están las cuentas más útiles.

La tercera es que hemos incluido las cuentas que son más útiles, en una primera aproximación, a las empresas comerciales.

LISTA DE CUENTAS

EXISTENCIAS

300 Existencias de mercaderías: Cosas adquiridas por la empresa y destinadas a la venta sin transformación.

321 Existencias de combustibles: Materias energéticas susceptibles de almacenamiento.

322 Existencias de repuestos: Piezas destinadas a ser montadas en instalaciones, equipos o máquinas en sustitución de otras semejantes. Se incluirán en esta cuenta las que tengan un ciclo de almacenamiento inferior a un año.

325 Existencias de materiales diversos: Otras materias de consumo, que no han de incorporarse al producto fabricado.

328 Existencias de material de oficina: El material destinado a la finalidad que indica su denominación, salvo que la empresa opte por considerar que el material de oficina adquirido durante el ejercicio es objeto de consumo en el mismo.

COMPRAS

Aprovisionamiento de mercaderías y demás bienes adquiridos por la empresa para venderlos, bien sea sin alterar su forma y sustancia, o previó sometimiento a procesos industriales de adaptación, transformación o construcción. Comprende también todos los gastos del ejercicio.

Compras: Aprovisionamientos en mercaderías y demás bienes catalogados como existencias.

600 Compras de mercaderías: Aprovisionamiento de la empresa de cosas destinadas a la venta sin transformación.

602 Compras de otros aprovisionamientos: Adquisiciones de la empresa de elementos y conjuntos incorporables, combustibles, repuestos (de duración inferior a un año), materiales diversos, embalajes, envases, material de oficina y otros similares.

Variación de existencias

610 Variación de existencias de mercaderías: Cuentas destinadas a registrar, al cierre del ejercicio, las variaciones entre las existencias finales y las iniciales de mercaderías del mismo.

612 Variación de existencias de otros aprovisionamientos: Idem de otros aprovisionamientos.

VENTAS E INGRESOS

Enajenación de bienes y prestación de servicios que son objeto del tráfico de la empresa; comprende también los demás ingresos del ejercicio.

Ventas de mercaderías, de producción propia, de servicios, etc.

700 Ventas de mercaderías: Transacciones, con salida o entrega de los bienes objeto de tráfico de la empresa, mediante precio.

Sección Segunda

El proceso contable general

CAPITULO

7

EL PROCESO CONTABLE GENERAL (I)

OBJETIVOS DIDACTICOS DEL CAPITULO

A través del estudio de este capítulo se puede aprender:

1.º Las etapas que integran el proceso general de elaboración de la información contable.

2.º Unos esquemas representativos de este proceso.

3.º Las fases que componen el proceso de regularización, cuyo examen pormenorizado se hace inmediatamente.

4.º La fase 1.ª del proceso de regularización: la contabilización de operaciones no formalizadas.

5.º La fase 2.ª del proceso de regularización: la clasificación correcta de las operaciones.

6.º La fase 3.ª del proceso de regularización: la periodificación, incluyendo:

a) Planteamiento de su necesidad
b) Análisis operativo, los ajustes tipo.
c) Representación esquemática de cada ajuste.
d) Representación esquemática del conjunto de los ajustes.

7.1. LAS ETAPAS DEL PROCESO CONTABLE

Etapas del proceso contable general:

Poco a poco hemos ido estudiando aspectos básicos del ***proceso contable***, seguido tanto en las empresas de servicios como en las empresas comerciales. Ahora estudiaremos con más amplitud este proceso, dividiéndolo en las siguientes etapas:

1.ª Asientos.

1.ª ***Asientos, en el Diario y en el Mayor, de la apertura de la contabilidad y de las operaciones efectuadas a lo largo del ejercicio.*** Conviene diferenciar:

De apertura.

— ***El asiento de apertura***, que se realiza el primer día del período contable y se limita a recoger el balance de situación final del período contable anterior, con lo que se asegura la continuidad de unos períodos a otros.

De contabilización de hechos contables.

— ***Los asientos de los hechos contables*** que hayan ocurrido durante el ejercicio, de los cuales se tiene constancia a través de los documentos correspondientes. Para estudiar estas anotaciones hay que someter a análisis cada uno de los documentos en que se deja constancia de los hechos contables acaecidos. Esta es la etapa de mayor amplitud, ya que registrará todos los documentos referentes, entre otras, a las operaciones de compras, ventas, pagos y concesiones de préstamos, por citar algunas.

2.ª Balance de Sumas y Saldos.

2.ª ***Balance de Sumas y Saldos,*** una vez registrados todos los documentos relativos a los hechos contables que han tenido lugar a lo largo del ejercicio. Este estado contable permite indagar los posibles errores aritméticos o de traslación, que se hayan podido cometer en la contabilización de los hechos acaecidos durante el ejercicio, bien en los asientos del Diario o bien en los del Mayor.

Estos balances se elaboran en cualquier momento.

Es necesario dejar claro que el Balance de Sumas y Saldos puede elaborarse en cualquier momento del proceso contable. Por ejemplo, un Jefe de Contabilidad podría defender la conveniencia de prepararlo en su empresa cada semana. Recordemos que en el capítulo anterior presentábamos un Balance de Sumas y Saldos justamente al final de todo el proceso contable; lo hacíamos así para ver la posición en que se hallaban las cuentas del Mayor, cuando ya han recibido todas las anotaciones posibles.

Es aconsejable, en términos generales, preparar un Balance de Sumas y Saldos en los momentos clave del proceso contable, entendiendo por tales los que separan las diferentes etapas del mismo, a las que estamos aludiendo.

3.ª Regularización.

3.ª ***Regularización***. Ya se ha dicho que a través de esta etapa se consiguen dos objetivos:

Primero, determinar tanto el resultado del período como otras magnitudes de ingresos y gastos que se desee calcular.

Segundo, que el saldo de las cuentas refleje la auténtica situación de los diferentes elementos patrimoniales, puesta de manifiesto en el inventario realizado al efecto.

Los asientos pertenecientes a esta etapa del proceso contable general, que inmediatamente estudiaremos con detenimiento, aparecen también en el Diario y en el Mayor, referidos al último día del período contable.

4.ª Balance de Sumas y Saldos después de la regularización.

4.ª ***Balance de Sumas y Saldos después de la regularización.*** Una vez regularizada la contabilidad, se puede elaborar el Balance de Sumas y Saldos en ese momento, para comprobar que no hemos padecido errores aritméticos o de transcripción dentro de la etapa de regularización.

5.ª Cierre de la Contabilidad.

5.ª ***Cierre de la Contabilidad.*** De acuerdo con los saldos que presentan las cuentas en ese momento, puestos de manifiesto por el Balance de Sumas y Saldos elaborado, se procederá a realizar un asiento formal en el Diario y en el Mayor, consistente en cargar y abonar todas las cuentas, de tal modo que queden saldadas, es decir, con saldo cero. Esto permitirá escribir en el Mayor las sumas de las cuentas, con una raya debajo para que no se pueda escribir más en ellas, quedando de esta manera cerradas.

6.ª Elaboración de información contable de síntesis.

6.ª ***Elaboración de la información contable de síntesis.*** Ya sabemos que la información contable se comunica a los diferentes destinatarios de ella. Pero no se dan a conocer ninguno de los documentos contables: Mayor, Diario o balances sucesivos de comprobación; toda esta documentación contable, esto sí, ha de ser archivada cuidadosamente por la empresa. Lo que ésta pone a disposición de los diferentes usuarios son unos documentos contables de síntesis, que se reducen fundamentalmente a tres:

— Balance de Situación, debidamente ordenado y estructurado.
— Cuenta de Pérdidas y ganancias, que recoge los resultados de explotación, financieros y extraordinarios.
— La Memoria explicativa y complementaria de esos documentos incluyendo el cuadro de financiación.

Proceso válido también para contabilidades informatizadas.

Es necesario señalar que este proceso es válido tanto para las empresas que utilizan los libros tradicionales, como para las empresas que tienen informatizada su contabilidad. Si bien, en este último caso, los balances de sumas y saldos no son necesarios a efectos de comprobar errores aritméticos o de traslación de cantidades, por citar un ejemplo; sí son convenientes, sin embargo, para ofrecer una idea de la realidad económica de la empresa, con todas las limitaciones que tienen.

A efectos didácticos, indicamos que el inventario se lleva a cabo el último día del ejercicio. Sin embargo, el inventario puede hacerse, y de hecho se hace, a lo largo del ejercicio.

7.2. REPRESENTACION DEL PROCESO CONTABLE GENERAL

Visualización del proceso.

Dada la importancia que tiene el proceso contable general, nos parece conveniente visualizarlo de diferentes maneras.

• **Cuadro 7.1.**

En primer lugar, dejando constancia clara en el Cuadro 7.1 de las distintas fases, a que acabamos de aludir.

FASES DEL PROCESO CONTABLE GENERAL

1.ª Asiento de apertura y registro de operaciones en el:
- *a)* Diario
- *b)* Mayor

2.ª. Balance de Sumas y Saldos antes de la regularización

3.ª Asientos de regularización en el:
- *a)* Diario
- *b)* Mayor

4.ª Balance de Sumas y Saldos después de la regularización

5.ª Asiento de cierre en el:
- *a)* Diario
- *b)* Mayor

6.ª Elaboración de información contable de síntesis

Cuadro 7.1

En segundo lugar, mostrando en el Cuadro 7.2, de un modo más concreto, esas mismas fases, aludiendo gráficamente a los diferentes libros y estados contables que intervienen en el proceso; se excluye del gráfico la referencia a la información contable de síntesis final.

• **Cuadro 7.2.**

DESARROLLO DEL PROCESO CONTABLE GENERAL
(EXCLUIDA LA ELABORACION DE DOCUMENTOS DE SINTESIS)

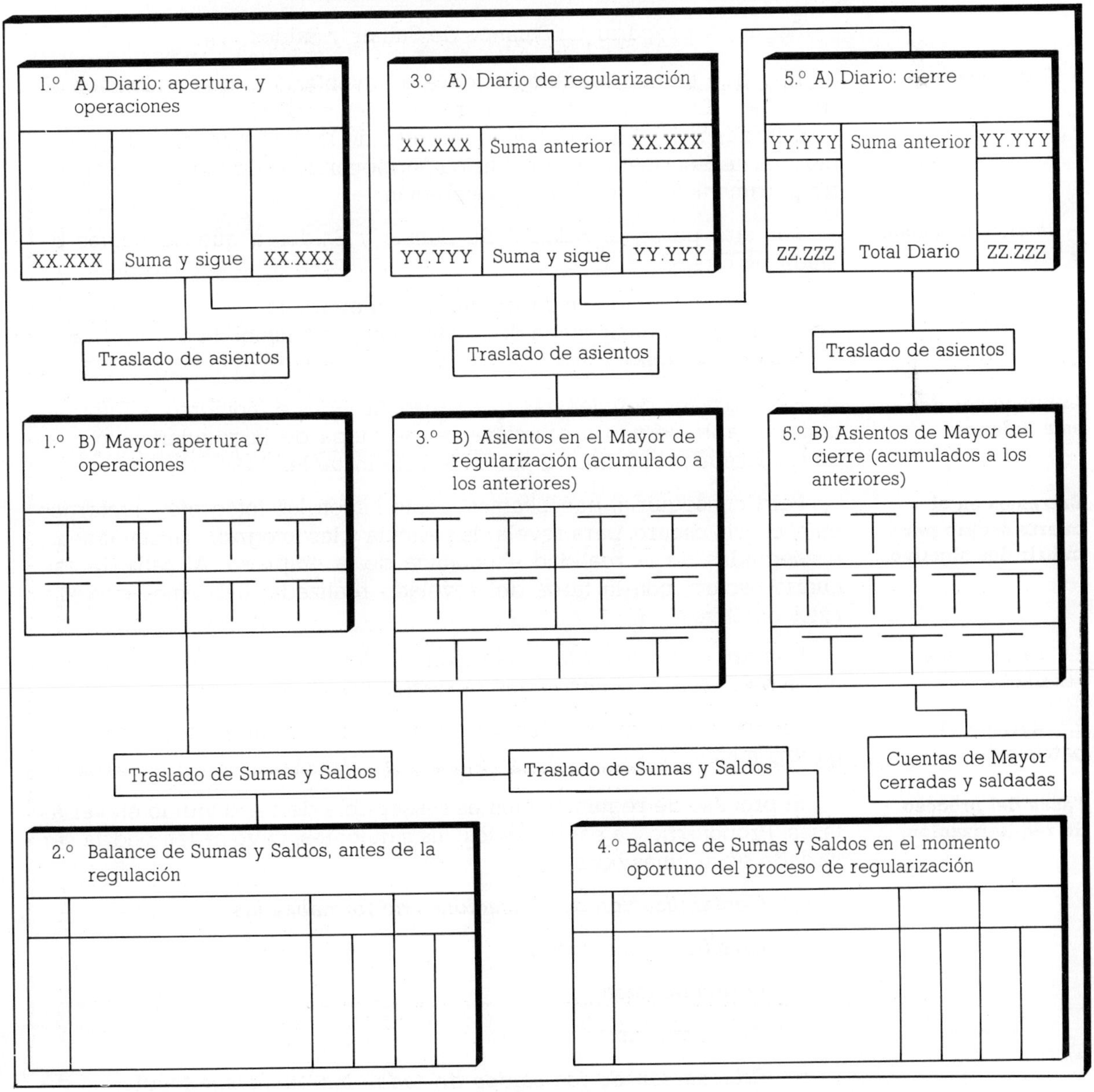

Cuadro 7.2

7.3. EL PROCESO DE REGULARIZACION

Tareas del proceso de regularización:

Cuando se han contabilizado todas las operaciones que afectan o pueden afectar al patrimonio de la empresa, es preciso, como ya hemos repetido, acometer dos tareas:

Primera, elaborar un inventario extracontable.

Segunda, preparar un Balance de Sumas y Saldos.

• El inventario.

Hay que llamar la atención sobre el inventario al que acabamos de referirnos. Efectivamente, el último día del período contable, una vez registradas todas las operaciones y antes de la determinación del resultado, es necesario un recuento físico pormenorizado de todos los elementos patrimoniales, junto con su valoración.

• Balance de Sumas y Saldos.

Por otra parte, el Balance de Sumas y Saldos a que acabamos de aludir no ofrece:

— ni los resultados habidos durante el ejercicio
— ni una visión ajustada de la situación patrimonial de la empresa en ese momento

Limitaciones de este Balance.

Estas graves deficiencias que presenta en este momento la información contable se van a solucionar en la etapa de la regularización, en cuyos dominios entramos a partir de este instante.

Entramos en el cuarto oscuro para cubrir dos objetivos:

Para conseguirlo, necesitamos, como hacen los fotógrafos, meternos en el cuarto oscuro, para revelar la película y las fotografías instantáneas, conseguidas de la realidad económica de la empresa. Al salir de ese cuarto oscuro, con la tarea del revelado realizada, habremos cubierto estos objetivos:

1.º Conocer los resultados.

Primero, determinar tanto el resultado del período como otras magnitudes de ingresos y gastos, que se desee calcular.

2.º Reflejar el patrimonio.

Segundo, reflejar la auténtica situación de los diferentes elementos patrimoniales.

Fases del proceso de regularización.

El proceso de regularización es susceptible de ser dividido en varias fases. Proponemos, a estos efectos, las siguientes, cuyo orden podría ser variado en algunas ocasiones:

1.ª ***Contabilización de operaciones no formalizadas.***

2.ª ***Clasificación correcta***

3.ª ***Periodificación***

4.ª ***Amortización***

5.ª ***Adecuación de los saldos de todas las cuentas,*** excepto las de existencias, a los valores atribuidos, según el inventario, a los elementos patrimoniales. Las cuentas de existencias se ajustarán al inventario en la fase siguiente.

6.ª ***Determinación de aquellas magnitudes que se desee conocer.*** Con carácter general cabe afirmar que, en principio, hay que determinar el Resultado de explotación, el Resultado financiero, el Resultado ordinario del ejercicio, los Resultados extraordinarios y el Resultado del ejercicio. Pero se podrían determinar de paso otras magnitudes, por ejemplo el valor añadido.

7.ª ***Traslado de los distintos tipos de resultados calculados, a la cuenta de «Pérdidas y ganancias».***

Presentamos estas etapas en el Cuadro 7.3.

Pueden verse las fases en el Cuadro 7.3.

FASES DEL PROCESO DE REGULARIZACION

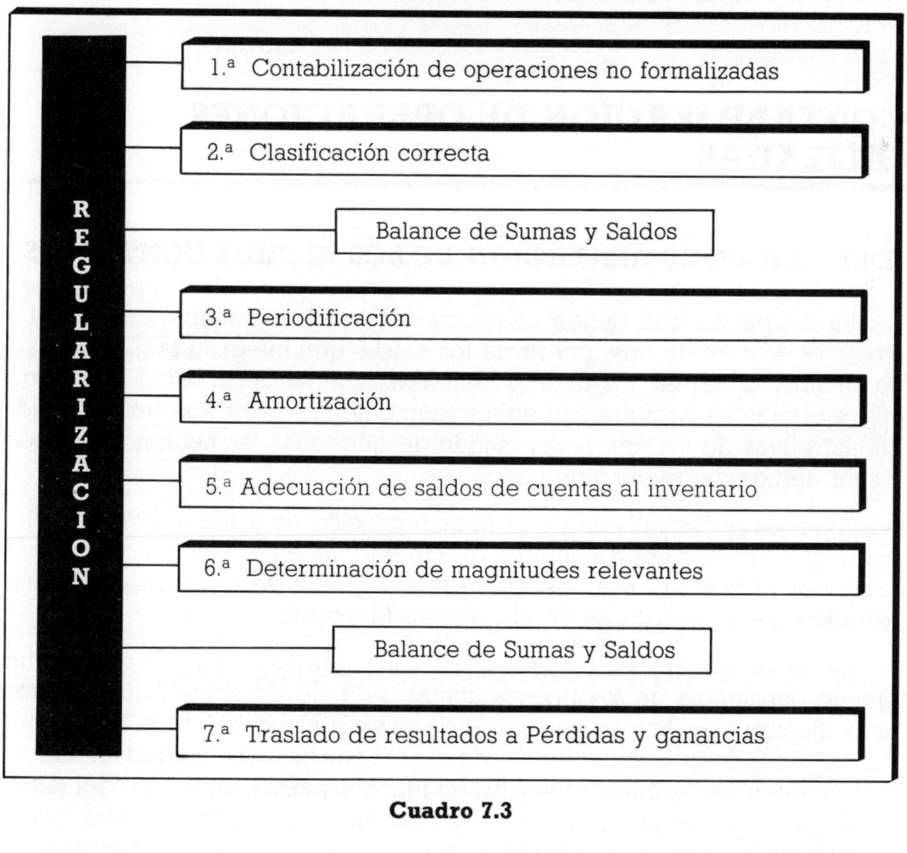

Cuadro 7.3

Insistimos en que nos vamos a meter en el cuarto oscuro a revelar la película y la fotografía de la información contable a través de las fases mencionadas. Pero ya que nos hallamos en el símil del fotógrafo, no estará de más advertir que, igual que éste, antes de encerrarnos en el cuarto oscuro, hemos de tomar algunas precauciones respecto del ma-

Las dos primeras fases se hacen en el umbral del cuarto oscuro.

terial contable con el que vamos a trabajar. De ahí las dos primeras fases propuestas:

1.ª Contabilización de algunas operaciones no formalizadas.
2.ª Clasificación correcta.

Razones por las que las dos primeras fases se incluyen aquí.

Son, de alguna manera, tareas que acometemos en el dintel o en la antesala del cuarto oscuro, y alguien podría defender que forman parte de la etapa de contabilización de operaciones y no del proceso de regularización.

Desde luego, situar esas dos fases al comienzo del proceso de regularización tiene la ventaja de destacar el momento en que se realizan: justamente al final del período contable, es decir, en condiciones normales, el día 31 de diciembre de cada año, en esa misma fecha se acometen las etapas del proceso contable de regularización que vienen después, y que ya se realizan indiscutiblemente puertas para adentro del cuarto oscuro.

7.4. FASE DE CONTABILIZACION DE OPERACIONES NO FORMALIZADAS

7.4.1. LA DOCUMENTACION DE LOS HECHOS CONTABLES

Importancia de la documentación de los hechos.

En los países que tienen una sociedad económicamente organizada, como es el caso de cualquiera de los países que integran la Comunidad Económica Europea, los hechos contables que se desarrollan a lo largo del ejercicio se documentan adecuadamente. Es decir, los servicios administrativos de las empresas cuidan de que todos los hechos contables estén debidamente documentados.

A veces la documentación es muy estricta.

A veces el formalismo de la documentación es grande. Por ejemplo, para que una sociedad anónima quede válidamente constituída, el contrato por el que se crea la sociedad ha de elevarse a Escritura Pública ante Notario e inscribirse en el Registro Mercantil.

Otras veces la documentación es muy difícil.

Otras veces, en cambio, es difícil conseguir documentos en los que quede constancia de los hechos contables, o se consiguen documentos muy incompletos. Por ejemplo, cuando se viaja al extranjero, y es necesario justificar desplazamientos desde el aeropuerto a una ciudad, es difícil, por no decir imposible, conseguir, en muchos países, un recibo del taxista. En estos casos la empresa ha de buscar una solución interna, como puede ser un documento firmado por el director general o persona en quien él delegue, que deje constancia de que el desplazamiento no documentado ha existido, indicando la cantidad correspondiente.

Un caso especial: la emisión de documentos transitorios.

No vamos a profundizar ahora más en estas cuestiones. Solamente queremos aludir a ellas para incluir en este contexto otro caso que se da con mucha frecuencia, y que es un aspecto más de la documentación adecuada de las operaciones contables. Nos referimos a la emisión de documentos provisionales, o transitorios o complementarios de un documento definitivo y principal que se emite posteriormente, cuando los servicios administrativos de la empresa lo consideren oportuno.

7.4.2. LA DOCUMENTACION DE LAS RELACIONES COMERCIALES HABITUALES

La documentación de ventas continuas: el albarán.

Cuando existe una entrega continua de bienes o servicios de una empresa a otra, lo normal es que se facilite un documento acreditativo de las distintas entregas, donde se deje constancia de los bienes entregados y de los servicios prestados, incluyendo el precio. Este documento acreditativo de la entrega, se denomina ***albarán*** o ***nota de entrega.***

El albarán no se extiende para ser pagado inmediatamente, sino para dejar constancia de las entregas de bienes o prestación de servicios. A efectos del pago, que vendrá después, lo que se hace es facturar periódicamente, por ejemplo todos los meses, reuniendo en una factura la referencia a todas las entregas documentadas previamente en los albaranes. La factura sí se emite para que sea pagada en los términos pactados, por ejemplo, al contado, a un mes, o a seis meses. Este es el proceso administrativo que se sigue normalmente en las relaciones entre las empresas y sus clientes habituales.

Un ejemplo de documentación continua.

Por ejemplo, la empresa individual REPARACIONES RAPIDAS, está dedicada a la reparación de automóviles; adquiere las piezas de recambio en la tienda RECAMBIOS SUREÑOS, S.A., situada a cincuenta metros. Lo normal es que por cada pedido que vaya haciendo REPARACIONES RAPIDAS, a veces de muy pequeña cuantía, RECAMBIOS SUREÑOS extienda un albarán y que todos los meses, a primeros, se haga una factura con las compras del mes anterior.

Lo mismo hace REPARACIONES RAPIDAS con su cliente habitual: TRANSPORTES LIGEROS, S.A., empresa de reparto, que tiene varias furgonetas pequeñas, cuyas reparaciones corren a su cargo.

7.4.3. CONTABILIZACION DE LOS HECHOS CONTABLES NO FORMALIZADOS

¿Se contabilizan estas compras y ventas aunque no haya factura?

El problema contable que se plantea es si se contabilizan o no en el Diario y en el Mayor todas esas compras y ventas antes de formalizarse en la factura correspondiente. Desde luego que a medida que se van produciendo la infinidad de entregas aisladas a clientes habituales de bienes y servicios, justificados por albaranes o documentos semejantes, no procede hacer ninguna anotación.

La cuestión estriba en si al final de cada mes, o al menos al final de cada año, procede o no:

1.° Las ventas.

1.° Registrar todas las entregas por ventas de bienes o prestaciones de servicios justificadas en albaranes o documentos semejantes, y por las cuales no se ha extendido todavía la correspondiente factura.

Por ejemplo, situándonos en la contabilidad de REPARACIONES RAPIDAS, la pregunta que nos hacemos es si contabilizará el 31 de diciembre las diversas reparaciones hechas en diciembre a TRANSPORTES LIGEROS, formalizadas en unos documentos semejantes a los albaranes, donde se describen las diferentes reparaciones realizadas, pero que están pendientes de incorporarse a una factura.

2.° Las compras.

2.° Registrar todas las adquisiciones de productos o de servicios, formalizadas en albaranes o documentos semejantes, y por las cuales no se ha recibido todavía la correspondiente factura.

Por ejemplo, volviendo a situarnos en REPARACIONES RAPIDAS, el interrogante está en si contabilizará a 31 de diciembre las múltiples compras que haya podido hacer a RECAMBIOS SUREÑOS, y por las cuales se habrán producido los albaranes pertinentes, todos los cuales se incluirán en la factura que se extienda en el mes de enero.

La doctrina y la práctica se inclinan por que sí se haga.

Tanto la doctrina como la práctica contables están de acuerdo en la conveniencia de registrar en el Diario y en el Mayor todas las compras, en las que se hayan retirado bienes o recibido servicios. También se registrarán todas las ventas y prestaciones de servicios, en las que se hayan entregado los bienes y ejecutado los servicios, aunque no se haya extendido todavía la correspondiente factura.

Las cuentas en que no se incluyen los hechos pendientes de formalizar.

Sabemos que cuando se han producido las correspondientes facturas, los créditos que surgen por las operaciones comerciales se reflejan en las cuentas:

— Proveedores (ptas.)
— Acreedores por prestaciones de servicios
— Clientes (ptas.)
— Deudores

Sin embargo, los casos en que nos hemos situado, no pueden registrarse dentro de estas cuentas, hasta que no se extiendan las diferentes facturas.

Las cuentas donde se incluyen los hechos pendientes de formalizar.

Para registrar estas situaciones que se producen normalmente al final del ejercicio, se utilizan otras cuentas, previstas en el Plan General de Contabilidad. Las cuentas a las que hacemos alusión, y que no figuran en las listas de cuentas facilitadas hasta ahora, salvo la primera, son:

— Proveedores, facturas pendientes de recibir o formalizar
— Acreedores por prestaciones de servicios, facturas pendientes de recibir o de formalizar.
— Clientes, facturas pendientes de formalizar
— Deudores, facturas pendientes de formalizar.

De esta manera, registramos los hechos contables que se habían producido, pero que debido a las particularidades de su documentación, no se habían registrado en el Diario ni en el Mayor.

Se trata de hechos que afectan a alguna masa patrimonial o a los gastos o a los ingresos.

7.4.4. ENUNCIADO DE UN SUPUESTO PARA EL ESTUDIO OPERATIVO

Continuamos con la misma empresa REPARACIONES RAPIDAS, cuyas relaciones documentales con otras empresas hemos planteado antes.

REPARACIONES RAPIDAS tiene arrendado a los propietarios, un matrimonio de Cervera, el edificio del taller con todas sus máquinas y herramientas. Después de haber contabilizado las operaciones (excepto las que se detallan después), presenta, el 31 de diciembre de 198X, el siguiente Balance de Saldos.

CUENTA	SALDOS	
	Deudor	Acreedor
Bancos c/c	3.000.000	
Clientes (ptas.)	10.000.000	
Capital		6.000.000
Proveedores (ptas.)		4.000.000
Prestaciones de servicios		30.000.000
Compras de otros aprovisionamientos	12.000.000	
Sueldos y salarios	14.000.000	
Suministros	1.000.000	
TOTALES	40.000.000	40.000.000

No se han contabilizado los siguientes hechos:

1.º *REPARACIONES RAPIDAS ha efectuado trabajos para TRANSPORTES LIGEROS durante el mes de diciembre, que se han venido documentando en unos albaranes. Hay un total de 24, por un importe total de 500.000 ptas., que se incluirán en la factura de enero.*

2.º *REPARACIONES RAPIDAS ha ido realizando compras a RECAMBIOS SUREÑOS, S.A. durante todo el mes de diciembre. Los 153 albaranes correspondientes, a incluir en las facturas de enero, acienden a 1.500.000 ptas.*

SE PIDE:

1.º Realizar los asientos que proceda hacer el último día del período contable, correspondientes a estas operaciones no formalizadas aún en facturas.
2.º Asientos que se realizarán en enero, cuando se extiendan las correspondientes facturas a pagar a dos meses.

7.4.5. ESTUDIO OPERATIVO DE LA CONTABILIZACION DE OPERACIONES NO FORMALIZADAS

1.º Asientos a realizar el último día del ejercicio

	———— 31-12-8X ————	
500.000	Clientes, facturas pendientes de formalizar a Prestaciones de servicios	500.000
	Por las reparaciones aún no facturadas	
	———— 31-12-8X ————	
1.500.000	Compras de otros aprovisonamientos a Proveedores, facturas pendientes de recibir o de formalizar	1.500.000

2.º Asientos a realizar, cuando se extiendan las facturas en enero del año siguiente

500.000	Clientes (ptas.) a Clientes, facturas pendientes de formalizar	500.000
	———— ————	
1.500.000	Proveedores, facturas pendientes de recibir o de formalizar a Proveedores (ptas.)	1.500.000

Objetivos que se consiguen con este modo de actuar.

Al actuar de esta manera, se consiguen dos objetivos:

Primero: que incidan en los resultados de 198X los ingresos por servicios prestados en el ejercicio y los gastos ocasionados por la actividad durante el mismo, aunque se hayan facturado unos y otros al año siguiente. No hay que olvidar, que de no haber realizado estas anotaciones, los ingresos por prestaciones serían 30.000.000 ptas., mientras que de esta forma pasan a ser 30.500.000 ptas.

Por otro lado, los gastos por compras de otros aprovisionamientos pasan a ser 13.500.000 en lugar de 12.000.000 ptas.

Segundo: El Balance de Situación incluirá la cuenta Clientes, facturas pendientes de formalizar, 500.000 ptas. en el Activo. También figurará la cuenta Proveedores, facturas pendientes de recibir o formalizar, en el Pasivo, por 1.500.000 ptas.

7.4.6. EL CASO PARTICULAR DEL IMPUESTO SOBRE SOCIEDADES

El caso particular del Impuesto sobre Sociedades.

Pasamos ahora a presentar un caso particular de anotación a realizar al finalizar el año, de acuerdo con los cálculos internos que haga la empresa: ***El Impuesto sobre Sociedades***.

Las sociedades han de pagar un impuesto que grava los beneficios obtenidos. De manera que si la sociedad consigue unos beneficios en un año cualquiera, pongamos por caso, 1988, al año siguiente ha de presentar la oportuna declaración a la Hacienda Pública, y hacer el ingreso correspondiente.

La cuestión que se plantea es si ha de practicar alguna anotación al final del ejercicio.

Asiento a realizar.

De acuerdo con el Plan General de Contabilidad es conveniente hacerla, y sería la siguiente:

Impuesto sobre beneficios		
	a	Hacienda Pública, acreedor por conceptos fiscales

El importe que aparezca será el resultado de los cálculos previos que haga la sociedad respecto de la cuantía a que ascenderá el Impuesto sobre Sociedades.

La cuenta Impuesto sobre beneficios recoge así, un gasto que tiene un tratamiento contable especial, ya que se llevará directamente a la cuenta de Pérdidas y ganancias.

¿Cuáno hacer el asiento?

¿En qué fase del proceso de regularización es conveniente incluir el asiento propuesto? A este respecto creemos que caben distintas soluciones, de las que destacamos dos:

• Cuando se contabilizan las operaciones no formalizadas.

Primera: considerar que se trata de un caso claro de contabilización de operaciones no formalizadas. En efecto, la sociedad realiza unos cálculos del Impuesto sobre Sociedades, pero la obligación de presentar las declaraciones a la Hacienda Pública y de hacer los correspondientes pagos no aparecen hasta el año siguiente.

• Después de trasladar los resultados a Pérdidas y ganancias. Generalización a las empresas individuales.

Segunda: situar esta anotación inmediatamente después del traslado de todos los resultados a Pérdidas y ganancias. En ese momento se conoce el resultado del ejercicio, que es antecedente obligado para determinar el importe del Impuesto sobre Sociedades.

Por otro lado, si nos situamos ante una empresa individual, no cabe duda de que no está sujeta al pago del Impuesto sobre Sociedades; sin embargo, sí que estará sujeta al Impuesto sobre la Renta de las Personas Físicas. En este caso, lo dicho acerca del Impuesto sobre Sociedades no procede aplicarlo a la parte del Impuesto sobre la Renta de las Personas Físicas atribuible a la actividad empresarial. La empresa individual no contabilizará como gasto el pago de este impuesto.

7.5. FASE DE CLASIFICACION CORRECTA

2.ª Fase: Clasificación correcta.

Parece razonable pensar que éste es el momento oportuno para efectuar ciertos arreglos en la Contabilidad. Se trata de llevar a cabo una clasificación correcta de anotaciones, que, por unas razones u otras, necesitan de un retoque.

Necesidad de acometerla, porque:

Algunos motivos que aconsejan esa clasificación podrían describirse así:

1.º No se disponía de información correcta al contabilizar o se interpretó incorrectamente.

Una primera razón surge en ciertos hechos, de los que no se tenía información correcta o completa en el momento en que se contabilizaron o que se contabilizaron defectuosamente por cualquier causa.

Por ejemplo, una empresa ha llevado por inercia a la cuenta de Proveedores (ptas.) el importe de la factura correspondiente a una farmacia, por 55.000 ptas; automáticamente se contabilizó como una compra de medicamentos, sin advertir que se trataba de una serie de análisis clínicos, hechos al director general. La empresa hizo el siguiente asiento en el mes de octubre:

55.000	Otros gastos sociales	a	Proveedores (ptas.)	55.000

cuando el asiento correcto hubiera sido:

55.000	Otros gastos sociales	a	Acreedores por prestaciones de servicios	55.000

No se trata exactamente de un error, sino de una incorrección técnica.

2.º Clasificación correcta respecto del corto y largo plazo.

Una segunda razón está ligada a la clasificación de ciertos elementos patrimoniales en cuanto a los plazos. Por ejemplo, una empresa obtiene el día 15 de enero de 198X un préstamo de 25.000.000 ptas. a devolver a los veinte meses; el Banco que lo concedió lo ingresó en la cuenta corriente.

La empresa registrará normalmente este hecho mediante el siguiente asiento:

25.000.000 Bancos c/c	a	Deudas a largo plazo con entidades de crédito 25.000.000

Llegado el final del año, el crédito ya no es a largo plazo, por lo que procederá hacer el asiento:

25.000.000 Deudas a largo plazo con entidades de crédito	a	Deudas a corto plazo con entidades de crédito 25.000.000

Estos trasvases de cuentas a largo plazo hacia cuentas a corto plazo conviene hacerlos justo en esta fase de regularización, si no queremos ir celebrando contablemente las onomásticas de todos los cambios de plazo, mediante el correspondiente asiento contable.

Soluciones ante una clasificación incorrecta.

Teóricamente cabrían muchas soluciones para estos casos que hemos planteado:

La primera es eliminar todas las incorrecciones en cuanto se adviertan, salpicando de esta manera la Contabilidad de anotaciones de esa naturaleza.

La segunda es tomar nota de ellas y al final del ejercicio, justamente en el momento en que nos encontramos del proceso contable, hacer todas las correcciones.

Nos inclinamos por rectificar lo que merezca la pena.

Y, por último, la tercera consiste en no hacer ninguna rectificación salvo las incorrecciones que desnaturalicen la significación de las cuentas.

De todas estas soluciones, nos inclinaríamos en la práctica por la tercera.

De esta manera, hemos conseguido preparar la Contabilidad para acometer las fases siguientes del proceso de regularización. Ya dijimos que en este momento estaríamos en trance de penetrar en el cuarto oscuro, para realizar lo que falta del proceso de regularización.

7.6. FASE DE PERIODIFICACION

7.6.1. PLANTEAMIENTO DE LA NECESIDAD DE LA PERIODIFICACION

7.6.1.1. Ideas previas

Las conocidas fases de registro de gastos e ingresos.

Ya sabemos que la contabilización de los ingresos y gastos descansa en dos fases diferentes.

En la primera se registran los gastos, a medida que se adquieren los medios que se van a aplicar a la actividad, y los ingresos, a medida que se venden los productos a los clientes.

En la segunda se anota la aplicación de los gastos a los resultados, conforme los medios productivos se aplican a la realización de la actividad, y, por otra parte, la asignación de los ingresos a los resultados, conforme los productos y servicios se entregan a los clientes.

7.6.1.2. Enunciado de un supuesto sin periodificación

PALADSA (Palacio de Adanero, S.A.) es una sociedad creada para enseñar el Palacio de Adanero, muestra representativa de las mansiones nobles de la Edad Media. Lo tiene arrendado a los propietarios con este objeto; y presenta el 31 de diciembre de 19X8, después de haber contabilizado todas las operaciones, el siguiente Balance de saldos

CUENTA	SALDOS	
	Deudor	Acreedor
Bancos c/c	8.000.000	
Créditos a largo plazo	10.000.000	
Capital social		11.000.000
Deudas a largo plazo con entidades de crédito		4.000.000
Sueldos y salarios	4.000.000	
Primas de seguros	960.000	
Arrendamientos y cánones	12.000.000	
Publicidad, propaganda y relaciones públicas	2.400.000	
Intereses de deudas a largo piazo	600.000	
Prestaciones de servicios		21.460.000
Ingresos de créditos a largo plazo		1.500.000
TOTALES	37.960.000	37.960.000

SE PIDE:

1.º Asientos de regularización.

2.º Cuadro analítico de resultados.

7.6.1.3. Estudio operativo del supuesto, omitiendo la periodificación

Este supuesto nos va a permitir plantear la necesidad de la periodificación.

La primera fase ya está contabilizada.

Puede comprobarse que ya se ha registrado completamente la primera fase, es decir, se ha contabilizado, entre las operaciones llevadas a cabo con el exterior, los gastos realizados a lo largo del ejercicio, que según el Balance han ascendido a:

— Sueldos y salarios	4.000.000
— Primas de seguros	960.000
— Arrendamientos y cánones	12.000.000
— Publicidad, propaganda y relaciones públicas	2.400.000
— Intereses de deudas a largo plazo	600.000

Por otro lado, tenemos ya registrados los ingresos habidos durante el mismo ejercicio:

— Prestaciones de servicios	21.460.000
— Ingresos de créditos a largo plazo	1.500.000

Asientos de regularización.

En nuestro supuesto, los asientos que procede realizar en la segunda fase con los datos facilitados en el enunciado, son los siguientes:

• Determinación del resultado de explotación.

	a) ————		
21.460.000	Prestaciones de servicios a Resultado de explotación		21.460.000
	Por los ingresos correspondientes a la actividad desarrollada en el ejercicio.		
	b) ————		
19.360.000	Resultado de explotación		
	a Sueldos y salarios		4.000.000
	a Primas de seguros		960.000
	a Arrendamientos y cánones		12.000.000
	a Publicidad, propaganda y relaciones públicas		2.400.000
	Por los gastos aplicados a la actividad del ejercicio.		

Tralado de datos a un Cuadro Analítico de Resultados.

Trasladamos estos valores a la parte superior del Cuadro Analítico de Resultados (Cuadro 7.4) y observamos que el Resultado de explotación es de 2.100.000 ptas.

CUADRO ANALITICO DE RESULTADOS

A) Explotación		
Ingresos de la explotación		
• Prestaciones de servicios		(+) 21.460.000
Gastos de la explotación		
• Sueldos y salarios	4.000.000	
• Primas de seguros	960.000	
• Arrendamientos y cánones	12.000.000	
• Publicidad, propaganda y relaciones públicas	2.400.000	(–) 19.360.000
Resultado de explotación		(+) 2.100.000
B) Resultado financiero		
Ingresos financieros		
• Ingresos de créditos a largo plazo	(+) 1.500.000	
Gastos financieros		
• Intereses de deudas a largo plazo	(–) 600.000	(+) 900.000
Resultado ordinario del ejercicio		(+) 3.000.000
Resultado del ejercicio		(+) 3.000.000

Cuadro 7.4

El Cuadro Analítico de Resultados, sobre el que volveremos posteriormente, es un estado contable que muestra ordenada y detalladamente la génesis del resultado del ejercicio, pasando por las diferentes categorías de gastos e ingresos generados, que en él aparecen.

• Determinación del resultado financiero.

	c) ____________		
1.500.000	Ingresos de créditos a largo plazo		
	a Resultado financiero		1.500.000
	Por los ingresos financieros		
	d) ____________		
600.000	Resultado financiero		
	a Intereses de deudas a largo plazo		600.000
	Por los gastos financieros		

Pasamos estos valores al Cuadro Analítico de Resultados (Cuadro 7.4) y observamos que el Resultado financiero asciende a 900.000 ptas.

	e) ______		
2.100.000	Resultado de explotación		
900.000	Resultado financiero		
	a Resultado ordinario del ejercicio		3.000.000
	Para la determinación del resultado ordinario del ejercicio		
	f) ______		
3.000.000	Resultado ordinario del ejercicio		
	a Resultado del ejercicio		3.000.000
	Para la determinación del resultado del ejercicio.		

• Determinación del resultado ordinario del ejercicio.

• Determinación del resultado del ejercicio.

7.6.2. NECESIDAD DE LA PERIODIFICACION

Levantamiento de cierta hipótesis.

Hasta ahora hemos admitido implícitamente que todos los medios adquiridos de acuerdo con esos gastos se empleaban a lo largo del ejercicio a la realización de la actividad productiva. Y hemos admitido implícitamente también que en todas las ventas realizadas ya se han entregado a los clientes los bienes y servicios correspondientes. El supuesto planteado es un caso representativo de lo que acabamos de decir.

La periodificación es imprescindible.

Sin embargo, esto no tiene por qué ser necesariamente así, y lo normal es que algunos de los medios adquiridos contribuyan a la realización de la actividad en ejercicios futuros, y que, por otra parte, algunos de los productos o servicios vendidos aún no se hayan entregado a los clientes. Si esto ocurre, se hace imprescindible la periodificación, a la que nos vamos a referir seguidamente.

7.6.3. REPLANTEAMIENTO DEL ENUNCIADO DEL SUPUESTO CON INFORMACION PARA LA PERIODIFICACION

Los datos completos del enunciado.

Nos trasladamos de nuevo al supuesto de PALADSA con el fin de complementarlo con ciertos datos, que nos van a ser útiles en el estudio operativo que llevaremos a cabo.

Revisada la Contabilidad de PALADSA, se ha podido constatar que existe una serie de datos que pueden afectar a los resultados de 1988 y que no se tuvieron en consideración. Son los siguientes:

1. La cuenta de gastos Arrendamientos y cánones incluye el importe del arrendamiento del Palacio de Adanero. Se venía pagando al principio de cada mes, a razón de 600.000 ptas. mensuales.

En 1988 se cambió el contrato, y los propietarios consiguieron incluir unas cláusulas, que comprometen a pagar el arrendamiento por años y anticipadamente, si bien no se ha aumentado el precio.

Las condiciones se cambiaron con fecha 1 de septiembre, día en que se pagaron por Banco 7.200.000 ptas., que, unidas a 4.800.000 ptas. que se habían pagado a lo largo del año, suman 12.000.000 ptas., que figuran en el Balance.

2. La cuenta de gastos Intereses de deudas a largo plazo ha registrado los intereses de un préstamo de 4.000.000 ptas. obtenido del Banco Oriental el día 1 de diciembre de 1988, habiendo pagado unos intereses de 600.000 pesetas por anticipado, correspondientes a un año.

3. Entre los ingresos contabilizados en Prestaciones de servicios están incluidas 500.000 ptas. que pagó la Universidad de Boston por la visita que hará al Palacio de Adanero el 2 de febrero de 1989.

4. Dentro de la cuenta Ingresos de créditos a largo plazo se han contabilizado los intereses a favor de PALADSA, correspondientes a un crédito que concedió a una empresa, que está terminando un hotel de lujo al lado del Palacio. El préstamo, de 10.000.000 ptas. a devolver en tres años, fue pactado a un interés del 15 %, pagadero por años anticipados y se concedió el 1 de diciembre de 1988.

¿Es necesario introducir alguna modificación en el proceso de regularización desarrollado anteriormente?

Los interrogantes que plantea la nueva información.

A la vista de esta información complementaria, es necesario plantearse las siguientes cuestiones:

— ¿Puede mantenerse que todos los gastos de arrendamiento del Palacio han sido necesarios para desarrollar la actividad del ejercicio 1988?

— ¿Cabe admitir que los intereses a considerar como gastos del año 1988 son las 600.000 ptas. que se pagaron en diciembre?

— ¿No habrá que excluir de alguna manera de los ingresos a computar en 1988 los correspondientes a la visita que hará la Universidad de Boston en 1989?

— ¿No será necesario descartar de los ingresos financieros obtenidos en 1988 los correspondientes a los 11 meses de 1989 que ya se han cobrado?

Estas cuestiones desvelan la conveniencia de operar de diferente manera a como se hizo en la solución propuesta, y que se sintetizaba en el Cuadro Analítico de Resultados (Cuadro 7.4.)

Todas ellas reclaman los ajustes aconsejables para conseguir, de una parte, que el año 1988 no cargue con gastos que no le corresponden a él, sino a los siguientes, y de otra parte, que no compute como pertenecientes a él, ingresos que no pertenecen a 1988, sino a los años posteriores.

Estos ajustes reciben el nombre de Ajustes por periodificación y a ellos nos vamos a referir a continuación.

7.6.4. CUENTAS QUE INTERVIENEN EN LOS AJUSTES POR PERIODIFICACION

En los asientos correspondientes a los ajustes por periodificación, intervienen de una manera específica:

Gastos anticipados: Gastos contabilizados en el ejercicio que se cierra y que corresponden al siguiente o siguientes. Es decir, que participan en la actividad de ejercicios posteriores.

Ingresos anticipados: Ingresos contabilizados en el ejercicio que se cierra y que corresponden al siguiente o siguientes. De tal modo que la entrega de los bienes y servicios se hace en ejercicios posteriores.

Intereses pagados por anticipado: Intereses a cargo de la empresa que correspondiendo al ejercicio siguiente, se han satisfecho en el que se cierra.

Intereses cobrados por anticipado: Intereses a favor de la empresa, cobrados en el ejercicio que se cierra y que corresponden al posterior.

Conviene señalar que estamos en presencia de elementos patrimoniales de Activo y de Pasivo. Los Gastos anticipados y los Intereses pagados por anticipado son elementos patrimoniales de Activo, mientras que los Ingresos anticipados y los Intereses cobrados por anticipado son elementos patrimoniales del Pasivo.

7.6.5. ANALISIS DE LOS DIFERENTES AJUSTES POR PERIODIFICACION

Asientos correspondientes a los diferentes ajustes.

Anteriormente hemos transcrito la información correspondiente a PALADSA, empezando por el Balance de Saldos a 31 de diciembre de 1988 y siguiendo con la serie de datos que no se habían tenido en cuenta, y que ahora sí vamos a considerar. La solución de ese supuesto implica los siguientes asientos de periodificación por:

Asiento por los gastos anticipados.

1.° ***Gastos anticipados***. Se pagó el arrendamiento del Palacio de acuerdo con el esquema que aparece en el Cuadro 7.5.

GASTOS ANTICIPADOS

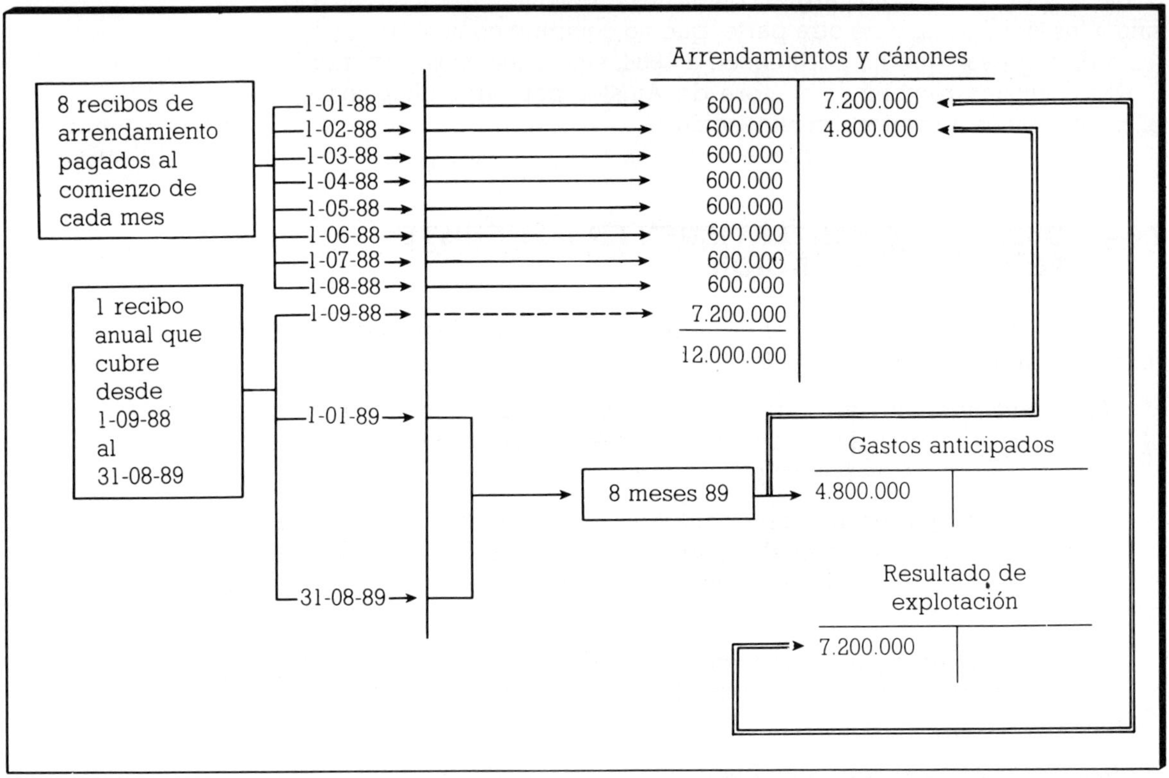

Cuadro 7.5

el cual muestra que se fueron pagando mensualidades de 600.000 ptas. hasta el mes de septiembre, en que se pagó un recibo de un año, cubriendo hasta el 31 de agosto de 1989. De este modo PALADSA puede ocupar el Palacio de Adanero hasta el 31 de agosto de 1989, con lo que se hace un pago que contribuye a la actividad de 1989.

Justamente por el arrendamiento de esos meses de 1989, se procederá a hacer el asiento:

• **En el Diario.**

4.800.000 Gastos anticipados		
	a Arrendamientos y cánones	4.800.000

(7.200.000/12 × 8 = 600.000 × 8 = 4.800.000)

• **En el Mayor.** Anotación que recogemos en el Cuadro 7.5, que muestra que el gasto por Arrendamientos y cánones, del ejercicio queda reducido a: 7.200.000

pesetas. Este es el gasto a computar en el cálculo de los resultados de 1988 como gasto del período.

La otra parte de este gasto, 4.800.000 pasará al Activo del Balance dentro de la cuenta Gastos anticipados.

Intereses pagados por anticipado.

2.° ***Intereses pagados por anticipado***. Se pagaron anticipadamente los intereses de once meses según se indica en el Cuadro 7.6.

INTERESES PAGADOS POR ANTICIPADO

• En el Mayor.

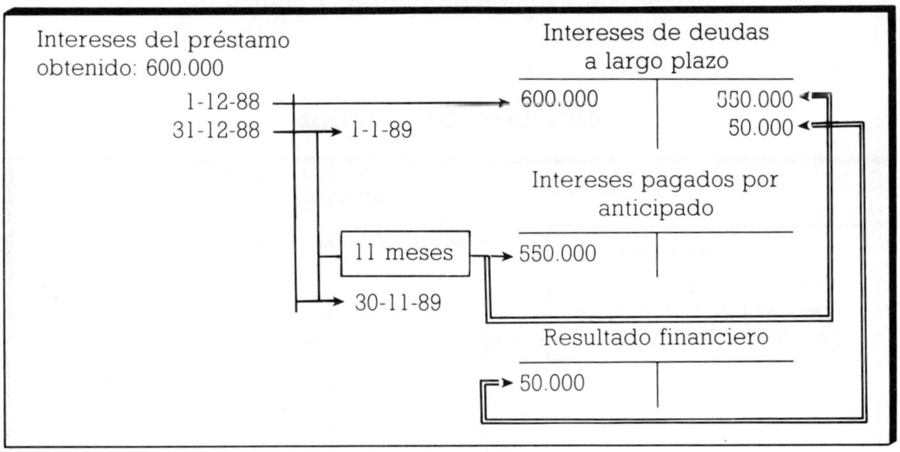

Cuadro 7.6

Se observa en el Cuadro 7.6 que fueron pagadas 600.000 ptas. de los intereses de 12 meses, y recogidas en la cuenta de Intereses de deudas a largo plazo.

Sin embargo, como cubren 11 meses del año 1989, es preciso hacer el asiento:

• En el Diario.

550.000	Intereses pagados por anticipado	a	Intereses de deudas a largo plazo 550.000

(600.000/12 × 11 = 50.000 × 11 = 550.000)

Con lo que los Intereses de deudas a largo plazo correspondientes a 1988, 50,000 pesetas, son realmente los intereses por el tiempo de disposición del préstamo durante ese año.

El resto de los intereses pagados es por la disposición del préstamo durante once meses de 1989, por lo que no ha de llevarse a los resultados de 1988, sino que ha de figurar en el Activo del Balance al final del ejercicio.

Ingresos anticipados.

3.° ***Ingresos anticipados***. Hay que tener presente que entre los ingresos anotados en 1988 están los cobrados a la Universidad de Boston:

500.000 ptas. Todos ellos corresponden a la actividad de 1989, ya que la visita se hará el 12 de febrero de 1989. Por ello se efectuará el asiento:

• En el Diario.

500.000 Prestaciones de servicios	a	Ingresos anticipados	500.000

• En el Mayor.

En el Cuadro 7.7 se observa cómo al hacer este asiento la cuenta de Prestaciones de servicios disminuye en 500.000 ptas., que figurarán después en el Pasivo del Balance dentro de la cuenta de Ingresos anticipados.

INGRESOS ANTICIPADOS

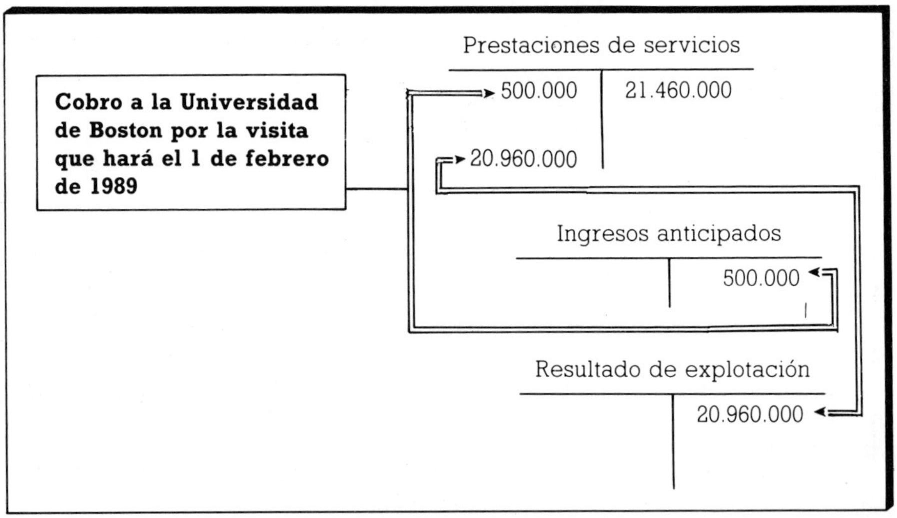

Cuadro 7.7

De esta manera no lucen en la cuenta de Resultado de explotación de 1988 los ingresos correspondientes a una visita que se hará al año siguiente.

Intereses cobrados por anticipado.

4.° ***Intereses cobrados por anticipado***. Si bien los intereses cobrados cubren 12 meses, y ascienden a: 15% s/10.000.000 ptas = 1.500.000 ptas., se han cobrado por anticipado 11 meses, por los que se hará el asiento:

• En el Diario.

1.375.000 Ingresos de créditos a largo plazo	a	Intereses cobrados por anticipado	1.375.000

(1.500.000/12 × 11 = 125.000 × 11 = 1.375.000)

• **En el Mayor.**

En el Cuadro 7.8 se puede comprobar que al trasladar 1.375.000 ptas., correspondientes a los 11 meses adelantados, a la cuenta de Intereses cobrados por anticipado, que figurarán después en el Pasivo del Balance, queda en la cuenta Ingresos de créditos a largo plazo, un saldo de 125.000 pesetas que pasa a la cuenta de Resultado financiero.

INTERESES COBRADOS POR ANTICIPADO

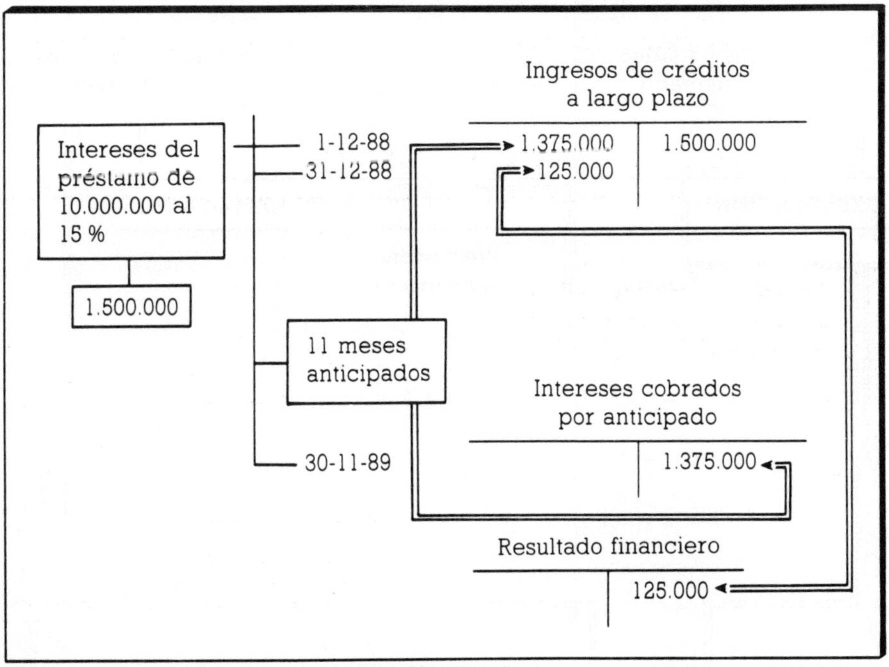

Cuadro 7.8

7.6.6. VISION DE CONJUNTO DE LOS AJUSTES POR PERIODIFICACION

Visión de conjunto: Esquema de Mayor.

En el Cuadro 7.9 se escriben todos estos asientos en el esquema de Mayor, pudiendo comprobarse que los ajustes por periodificación trasladan a cuentas de Activo o de Pasivo, según proceda, gastos e ingresos que de otra manera irían a parar posteriormente a las cuentas de Resultados.

En este esquema de Mayor hemos habilitado un ámbito para los gastos financieros y para los ingresos financieros.

ESQUEMA DE MAYOR CON LOS AJUSTES POR PERIODIFICACION

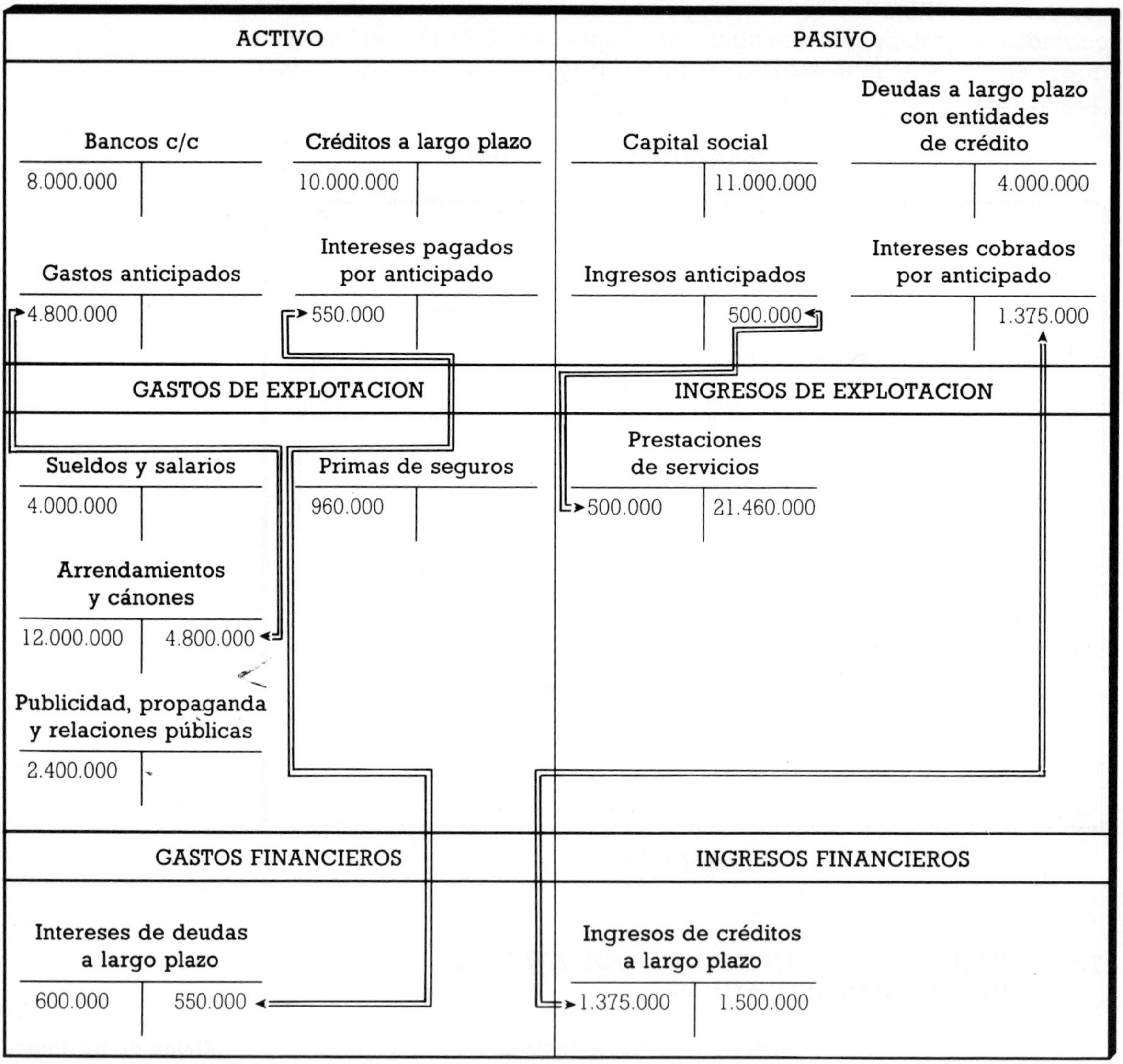

Cuadro 7.9

Cuadro de ajustes. Para mayor claridad presentaremos de otra manera la incidencia de los ***ajustes por periodificación***. Aparece en el Cuadro 7.10 donde adosamos dos columnas dobles a la estructura de un Balance de Saldos.

En la primera doble columna escribimos los ajustes por periodificación, añadiendo dentro de los conceptos las cuentas que no tenían saldo, pero que intervienen en los asientos de periodificación, y en la siguiente, mostramos el Balance de Saldos conforme queda después de realizar esos asientos.

CUADRO DE AJUSTES POR PERIODIFICACION

Conceptos	Balance de saldos antes de la periodificacion		Ajuste por periodificación		Balance de saldos después de la periodificación	
Bancos c/c	8.000				8.000	
Créditos a largo plazo	10.000				10.000	
Capital social		11.000				11.000
Deudas a largo plazo con entidades de crédito		4.000				4.000
Sueldos y salarios	4.000				4.000	
Primas de seguro	960				960	
Arrendamientos y cánones	12.000			(1) 4.800	7.200	
Publicidad, propaganda y relaciones públicas	2.400				2.400	
Intereses de deudas a largo plazo	600			(2) 550	50	
Prestaciones de servicios		21.460	(3) 500			20.960
Ingresos de créditos a largo plazo		1.500	(4) 1.375			125
Gastos anticipados			(1) 4.800		4.800	
Intereses pagados por anticipado			(2) 550		550	
Ingresos anticipados				(3) 500		500
Intereses cobrados por anticipado				(4) 1.375		1.375
TOTALES	37.960	37.960	7.225	7.225	37.960	37.960

Cuadro 7.10

Términos y expresiones clave explicados en este capítulo

Acreedores por prestaciones de servicios, facturas pendientes de recibir o de formalizar (7.4.3)
Ajustes por periodificación (7.6.5) (7.6.6)
Albarán (7.4.2)
Amortización (7.3)
Asiento de apertura (7.1)
Clasificación correcta (7.3) (7.5)
Cierre de la Contabilidad (7.1)
Clientes, facturas pendientes de formalizar (7.4.3)
Contabilización de operaciones no formalizadas (7.3)
Deudores, facturas pendientes de formalizar (7.4.3)
Documentación (7.4)
Elaboración de la información contable de síntesis (7.1)
Gastos anticipados (7.6.5)
Impuesto sobre Sociedades (7.4.6)
Ingresos anticipados (7.6.5)
Intereses cobrados por anticipado (7.6.5)
Intereses pagados por anticipado (7.6.5)
Periodificación (7.3) (7.6)
Proceso contable (7.1)
Proveedores, facturas pendientes de recibir o de formalizar (7.4.3)
Regularización (7.1)

CAPITULO

8

EL PROCESO CONTABLE GENERAL (II)

OBJETIVOS DIDACTICOS DEL CAPITULO

A través de este capítulo se puede aprender:

1.º La Fase 4.ª del proceso de regularización: la amortización, incluyendo:

   a) El concepto de amortización
   b) Las cuestiones fundamentales que plantea la amortización:

      1.ª Determinación de la cuantía de la depreciación
      2.ª Métodos contables de la amortización

   c) Utilización de las cuentas de amortización para agrupaciones de elementos.

2.º La fase 5.ª del proceso de regularización: la adecuación del saldo de las cuentas al inventario extracontable.

3.º La fase 6.ª del proceso de regularización: la determinación de ciertas magnitudes contables.

4.º La fase 7.ª del proceso de regularización: el traslado de los resultados a la cuenta de «Pérdidas y ganancias».

5.º La 5.ª etapa del proceso contable general: el asiento de cierre.

6.º La 6.ª etapa del proceso contable general: la elaboración de los estados contables.

7.º El proceso de regularización simplificado, en linea con lo previsto en el Plan General de Contabilidad.

8.º La distribución de beneficios.

8.1. FASE DE AMORTIZACION

Entramos en los dominios de la fase 4.ª: amortización.

Continuamos con el estudio de la regularización que hemos iniciado en el Capítulo anterior. Entramos en los dominios de la fase 4.ª, que reviste un gran interés.

8.1.1. CONCEPTO DE AMORTIZACION

Los elementos del inmovilizado participan en la actividad de varios ejercicios.

Los elementos patrimoniales que pertenecen al inmovilizado pueden participar en el proceso productivo. Esto ocurre con el mobiliario, los elementos de transporte o con los equipos para proceso de información, por poner algunos ejemplos.

La intervención del inmovilizado en el proceso productivo no termina en un ejercicio económico, sino que se prolonga a través de varios de ellos.

Causas de la depreciación del inmovilizado.

Lo normal es que el inmovilizado vaya perdiendo valor, por diversas razones:

En primer lugar, el transcurso del tiempo deteriora los elementos patrimoniales del inmovilizado. Por ejemplo, un coche se encuentra sometido a un envejecimiento físico por el mero paso del tiempo, al oxidarse las chapas o perder capacidad la batería, por citar algunas de las causas de ese envejecimiento.

En segundo lugar, el uso contribuye también a la pérdida del valor del inmovilizado. En el ejemplo del coche, a medida que se van haciendo más kilómetros, las piezas se van desgastando, la carrocería sufre y se acelera el deterioro.

En tercer lugar, la aparición de nuevos modelos de ciertos elementos del inmovilizado, hace que los antiguos se queden envejecidos técnicamente, es decir, provoca lo que se denomina ***obsolescencia***. Siguiendo con el ejemplo del coche, la salida al mercado de nuevos modelos, con línea más moderna y con mejores prestaciones, incide en la pérdida de valor de los modelos antiguos, que van quedando obsoletos.

De esta manera, a la serie de gastos aplicados a la realización de la actividad, hay que añadir la amortización de los elementos del inmovilizado.

La Contabilidad irá recogiendo esa depreciación, a medida que se va produciendo, a través de la amortización, cuyos asientos característicos veremos enseguida.

Concepto de la amortización.

Se puede definir ***la amortización*** como la expresión contable de la depreciación experimentada por los elementos del inmovilizado.

La amortización es análoga a la periodificación, pero para gastos incluidos en el inmovilizado.

La amortización es, en cierto modo, una extensión de la periodificación para medios productivos del inmovilizado. Cuando la empresa adquiere un ordenador, es decir, cuando hace un gasto consistente en la compra de un ordenador, lo contabiliza en la cuenta de Equipos para procesos de información. A través del proceso de amortización se pretende distribuir el gasto efectuado entre los ejercicios económicos en que la empresa utiliza el ordenador.

Lo mismo que con el ordenador, ocurre con cualquier otro elemento del inmovilizado.

Un ejemplo.

Por ejemplo, supongamos que una empresa dedicada al transporte de mercancías por carretera compra el 1 de enero de 1988 cinco camiones en los que gasta 50.000.000 ptas. y que pagará a partir de los dos años siguientes.

Por esta compra hará:

50.000.000	Elementos de transporte		
		a Proveedores de inmovilizado a largo plazo	50.000.000

Si la empresa considerase este gasto como gasto del ejercicio en su integridad, llevaría el importe total de la compra, 50.000.000 ptas., al Resultado de explotación y, en definitiva, a Pérdidas y ganancias.

Se entiende en seguida que este modo de actuar solamente sería defendible, si los camiones quedasen totalmente inservibles al final del año, de manera que para continuar con la actividad al año siguiente, se necesitase comprar otros. Como es prácticamente imposible que suceda eso, ya que los camiones prestarán servicio en años sucesivos, es necesario distribuir el gasto que se ha efectuado entre los diferentes ejercicios.

8.1.2. CUESTIONES FUNDAMENTALES QUE PLANTEA LA AMORTIZACION

La amortización plantea dos problemas:

— La determinación de la cuantía de la depreciación.
— Los asientos a emplear para su contabilización.

8.1.2.1. Determinación de la cuantía de la depreciación

El cálculo de la cuantía de la depreciación.

El cálculo de la ***cuantía de la depreciación*** es un problema de difícil, por no decir imposible, solución. Baste pensar en el ejemplo del coche ¿a cuánto asciende exactamente la depreciación sufrida por un automóvil al cabo de un año, debido a las diversas causas antes apuntadas? Sin embargo la dificultad no ha de ser óbice para que, buscando la operatividad que caracteriza a la contabilidad, se llegue, a través de métodos más o menos complejos y rigurosos, a la determinación de la cuantía de la depreciación.

Por eso, a pesar de las dificultades que acarrea el cálculo de la depreciación, es necesario determinarla de alguna manera. Y la contabilidad lo hace a veces buscando métodos sencillos y de fácil interpretación por terceras personas.

Los datos:

Los diferentes métodos para el cálculo de la amortización de cada año, también llamada cuota anual de amortización, se apoyan en unos datos básicos, entre los que estarán normalmente:

- **La base.**

1.° ***La base de la amortización*** sobre la que se va a hacer el cálculo, por ejemplo, el coste de adquisición; en nuestro caso, 50.000.000 pesetas.

- **La vida útil.**

2.° ***El tiempo de vida útil,*** que en nuestro caso no se ha señalado, pero que podría ser de 5 años o de 400.000 km. Esto quiere decir que se prevé que al cabo de 5 años o de 400.000 km los camiones no servirán, y habrán de ser vendidos para chatarra.

- **El valor residual.**

3.° ***El valor residual,*** que es precisamente el valor que se prevé que tendrá el elemento patrimonial, cuando se venda al final de su vida útil. En el supuesto, los camiones podrían alcanzar un valor residual de 2.500.000 ptas. cada uno.

Métodos de cálculo:

Con estos datos se pueden aplicar los diferentes métodos de determinación de la amortización. Plantearemos ahora dos que tienen la virtud de ser sencillos:

1.° Métodos de la cuota anual de amortización constante:

1.° ***Métodos de cuota anual de amortización constante:*** Consiste en amortizar todos los años una misma cantidad que se determina aplicando un tipo, coeficiente o porcentaje de amortización fijado. Siendo esto así, caben variantes. Nos referimos a los dos métodos más frecuentes:

a) Coeficiente sobre el coste originario.

a) Aplicar el ***coeficiente sobre el gasto efectuado en la adquisición del elemento a amortizar.***

En nuestro ejemplo, si el coeficiente que se aplica es el 20 % cada año, la cuota anual será de:

20 % s/50.000.000 = 10.000.000

A veces se ignora el valor residual por tres razones:

Primera, porque es difícil calcularlo

Segunda, porque se supone que es comparativamente pequeño.

Tercera, porque al actuar así se opera prudentemente, evitando amortizaciones insuficientes.

b) Aplicar el ***coeficiente sobre el gasto efectuado menos el valor residual.***

b) Coeficiente sobre el coste originario menos el valor residual.

En el ejemplo, fijando también el 20 %, se tiene la siguiente cuota anual:

20 % s/(50.000.000 – 2.500.000) = 20 % s/47.500.000
= 9.500.000

2.° ***Métodos de amortización variable:*** Incluimos aquí todos los métodos que no buscan una cantidad fija anual. A su vez pueden ser de dos clases:

2.° Métodos de amortización variable:

a) Los métodos que determinan unas cuotas de amortización que siguen una ley matemática, por ejemplo, que crecen o decrecen en progresión aritmética o geométrica, o que son el resultado de aplicar un coeficiente sobre el valor contable, dado por el coste menos la amortización acumulada.

a) Siguiendo una ley matemática.

b) Los métodos que no siguen un esquema de cálculo matemático, sino que se hace una estimación de acuerdo con la situación en que se encontrará el elemento amortizable del inmovilizado. Por ejemplo, si se estima que un camión tiene una vida útil de 400.000 km, cada año se amortizará según los kilómetros recorridos.

b) Método de revisión anual.

8.1.2.2. Métodos contables de la amortización

La segunda cuestión que se plantea es la contabilización. Ese es un reto mucho más fácil de resolver satisfactoriamente que la determinación de la cuantía de la depreciación.

La contabilización.

Existen, a este respecto, dos métodos donde elegir. El método directo y el método indirecto.

8.1.2.2.1. El método directo

El método directo consiste en disminuir, en la propia cuenta del elemento patrimonial depreciado, el importe de la amortización, con cargo a una cuenta de gasto de la explotación que llamaremos «Amortización de...», en los puntos suspensivos escribiremos el nombre del elemento del inmovilizado material o inmaterial que se haya depreciado.

1.° Método directo.

Siguiendo el ejemplo de los camiones, y aplicando la cuota anual constante de 10.000.000 ptas. Entonces la amortización por el método directo será:

Asiento en el Diario.

10.000.000	Amortización de elementos de transporte		
		a Elementos de transporte	10.000.000

Esquema de Mayor.

El esquema de Mayor donde se recoge este asiento se muestra en el Cuadro 8.1.

METODO DIRECTO DE AMORTIZACION

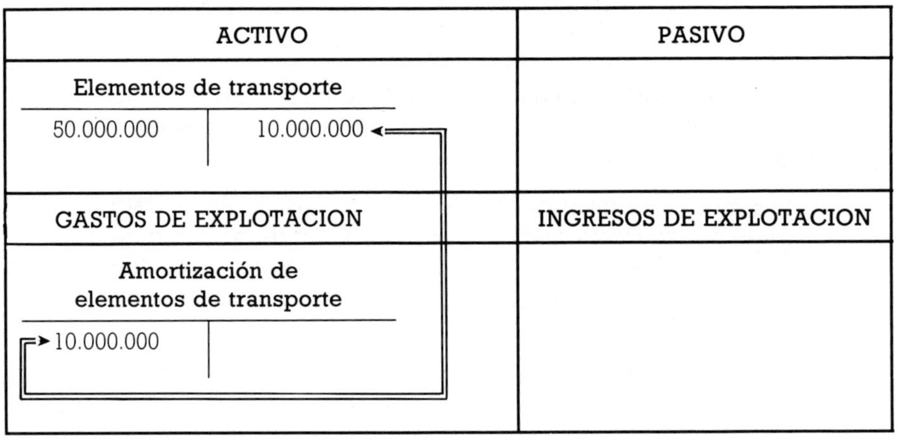

Cuadro 8.1

Evolución de la cuenta del elemento amortizado.

La cuenta de «Elementos de transporte», si este es el primer año en que circulan los camiones, después de comprarse nuevos, presentaría estas anotaciones:

Elementos de transporte	
50.000.000	10.000.000

de modo que el saldo nos ofrece el valor contable de los camiones después de la amortización, 40.000.000 ptas., registrando así exactamente la depreciación que habíamos calculado.

Funcionamiento de la cuenta de «Amortización de elementos de transporte».

Pero la contrapartida también debe examinarse con cuidado. Nos aparecerá la cuenta de:

Amortizacion de elementos de transporte	
10.000.000	

ésta es una cuenta de gasto, igual que puede serlo la de «Sueldos y salarios», en que se reflejarán las retribuciones a los conductores de camiones. Ambas, junto con todas las semejantes, se saldarán con la cuenta de «Resultado de la explotación», como gastos de la actividad y del ejercicio que son. Por ese cauce este gasto del ejercicio, que es la cuota de amortización, pasará a la cuenta de Pérdidas y ganancias.

8.1.2.2.2. El método indirecto

2.º Método indirecto.

El ***método indirecto*** se caracteriza porque, en lugar de emplear como contrapartida del reconocimiento del gasto la cuenta representativa del elemento amortizado, se emplea una cuenta que viene a sustituirla de alguna forma.

Aparición de una cuenta compensadora.

En lugar de abonar la cuenta de «Elementos de transporte», se emplea otra cuenta que va a actuar año tras año de contrapartida de la cuenta de «Amortización de elementos de transporte».

Esa cuenta es «Amortización acumulada de..... » escribiendo donde los puntos suspensivos el nombre de la cuenta del elemento patrimonial al que reemplazan.

Asiento en el Diario.

En el ejemplo, la anotación que se hará por este método indirecto es:

10.000.000	Amortización de elementos de transporte		
		a Amortización acumulada de elementos de transporte	10.000.000

Esquema de Mayor.

El esquema de Mayor donde se muestra este asiento puede verse en el Cuadro 8.2.

METODO INDIRECTO DE AMORTIZACION

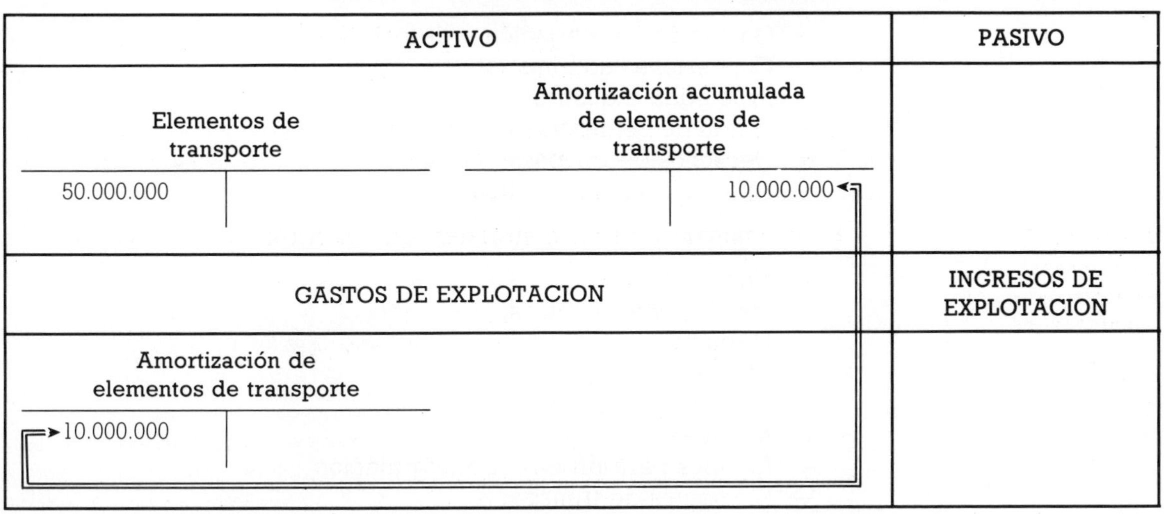

Cuadro 8.2

Comparación de ambos métodos.

Cuando hayan transcurrido tres años, por el método directo aparecerá en el Balance esta cuenta:

Elementos de transporte	
20.000.000	

Más información por el método indirecto.

Por el método indirecto, en cambio, aparecerían estas dos

Elementos de transporte	
50.000.000	

Amortización acumulada de elementos de transporte	
	30.000.000

Así se pone de manifiesto cómo el método indirecto aporta más información, ya que permite saber, de un lado, cuál ha sido el coste del elemento y, de otro lado, el importe amortizado hasta la fecha, que da una idea del envejecimiento del inmovilizado.

8.1.3. UTILIZACION DE CUENTAS DE AMORTIZACION PARA AGRUPACIONES DE ELEMENTOS

La lista de elementos amortizables.

La amortización como expresión contable de la depreciación puede referirse a:

- Los gastos de establecimiento, donde se incluyen:
  - — Gastos de constitución.
  - — Gastos de primer establecimiento.
  - — Gastos de ampliación de capital.
- Las inmovilizaciones inmateriales, que abarcan:
  - — Gastos de investigación y desarrollo.
  - — Concesiones administrativas.
  - — Propiedad industrial.
  - — Fondo de comercio.
  - — Derechos de traspaso.
  - — Aplicaciones informáticas.
- Las inmovilizaciones materiales, que integran:
  - — Construcciones.
  - — Instalaciones técnicas.
  - — Maquinaria.
  - — Utillaje.
  - — Otras instalaciones.
  - — Mobiliario.
  - — Equipos para proceso de información.
  - — Elementos de transporte.
  - — Otro inmovilizado material.

- Los gastos a distribuir en varios ejercicios, que incluye entre otras cuentas, los gastos de formalización de deudas.

Los métodos de contabilización de la amortización: método directo y método indirecto, se aplican a los diversos elementos patrimoniales, de acuerdo con lo que se indica en el Cuadro 8.3.

Cuadro síntesis.

LOS ELEMENTOS DE INMOVILIZADO Y SU AMORTIZACION

<table>
<tr><th>Cuentas de gastos</th><th>Cuenta de amortización acumulada</th><th>Cuenta del inmovilizado sujeto a amortización</th></tr>
<tr>
<td><table><tr><th colspan="2">Amortización de gastos de establecimiento</th></tr><tr><td>(1)</td><td>(2)</td></tr></table></td>
<td></td>
<td><table><tr><th colspan="2">Cuentas de gastos de establecimiento</th></tr><tr><td></td><td>(1)</td></tr></table></td>
</tr>
<tr><th>Cuentas de gastos</th><th>Cuenta de amortización acumulada</th><th>Cuenta del inmovilizado sujeto a amortización</th></tr>
<tr>
<td><table><tr><th colspan="2">Amortización del inmovilizado inmaterial</th></tr><tr><td>(1)</td><td>(2)</td></tr></table></td>
<td><table><tr><th colspan="2">Amortización acumulada del inmovilizado inmaterial</th></tr><tr><td>(3)</td><td>(1)</td></tr></table></td>
<td><table><tr><th colspan="2">Cuentas de inmovilizaciones inmateriales</th></tr><tr><td></td><td>(3)</td></tr></table></td>
</tr>
<tr><th>Cuentas de gastos</th><th>Cuenta de amortización acumulada</th><th>Cuenta del inmovilizado sujeto a amortización</th></tr>
<tr>
<td><table><tr><th colspan="2">Amortización del inmovilizado material</th></tr><tr><td>(1)</td><td>(2)</td></tr></table></td>
<td><table><tr><th colspan="2">Amortización acumulada del inmovilizado material</th></tr><tr><td>(3)</td><td>(1)</td></tr></table></td>
<td><table><tr><th colspan="2">Cuentas del inmovilizado material</th></tr><tr><td></td><td>(3)</td></tr></table></td>
</tr>
<tr><td colspan="3">1) Por la dotación de la amortización, normalmente al final del ejercicio. 2) Por el traslado de su saldo a la cuenta de Pérdidas y ganancias. 3) Compensación cuando es baja el elemento.</td></tr>
</table>

Cuadro 8.3

Consideraciones acerca del sistema de amortizaciones: 1.ª Aplicación del método directo y del indirecto.

A este respecto, es necesario hacer las siguientes consideraciones acerca del sistema de amortizaciones:

La primera es que el método directo se aplica a los Gastos de establecimiento y a los Gastos a distribuir en varios ejercicios, mientras que el método indirecto se aplica al Inmovilizado material y al Inmovilizado inmaterial. Ambos métodos de amortización se aplican, si bien para diferentes elementos patrimoniales.

2.ª Amortización de los gastos de establecimiento.

La segunda es que la amortización de los Gastos de establecimiento se carga en la cuenta:

«Amortización de gastos de establecimiento».

Es decir, cuenta que recoge la amortización de una agrupación de elementos y se abona en la cuenta correspondiente a cada uno de los gastos, o sea, el abono es individualizado.

Por ejemplo, una Sociedad Anónima amortiza un 20 % de los gastos de constitución, que ascendieron a 7.000.000 ptas.

Entonces el asiento correspondiente a la amortización sería:

1.400.000	Amortización de gastos de establecimiento		
		a Gastos de constitución	1.400.000

3.ª Amortización del inmovilizado material y del inmovilizado inmaterial.

La tercera es que la amortización del Inmovilizado material y del Inmovilizado inmaterial se suele hacer utilizando las cuentas que se ha indicado para la agrupación de elementos patrimoniales. Es decir, que la amortización de los camiones a que nos hemos referido anteriormente, se anotaría de la siguiente manera:

10.000.000	Amortización del inmovilizado material		
		a Amortización acumulada del inmovilizado material	10.000.000

Como se ve en este caso, tanto el cargo como el abono pueden referirse a una agrupación de elementos.

8.2. FASE DE ADECUACION DEL SALDO DE LAS CUENTAS AL INVENTARIO EXTRACONTABLE

8.2.1. ELIMINACION DE LAS DIFERENCIAS ENTRE SALDOS DE LAS CUENTAS Y LOS VALORES DERIVADOS DEL INVENTARIO

Fase 5.ª: eliminación de las diferencias entre el saldo de las cuentas y los valores derivados del inventario.

El registro de los hechos contables se va haciendo con los documentos correspondientes. Esto explica que a veces existan pequeños o grandes desajustes entre lo que dice la contabilidad y la realidad, puesta de manifiesto a través del inventario, que conviene hacer antes de empezar la regularización. Estos desajustes se eliminan en la fase 5.ª, de adecuación del saldo de las cuentas al inventario.

Los desajustes entre los valores que aparecen en el inventario, que como sabemos es un recuento físico extracontable, y los saldos de las cuentas, pueden ser de dos clases.

Clases de diferencias:

Podemos hablar de dos tipos de desajustes o diferencias entre el saldo de la cuentas y el inventario extracontable.

• Normales, diferencias por arqueo.

Unos son normales, y por lo tanto, previsibles. Por ejemplo, un cajero de un bar puede encontrar ligeras variaciones al hacer el recuento o arqueo de dinero en caja; con los problemas de cambio, o algunas equivocaciones de poca cuantía, caben ciertas diferencias. Si, por ejemplo, por el motivo aludido, al final del año la cuenta de Caja apareciera con un saldo de 1.100.000 ptas., y el arqueo demostrara que el dinero en caja es realmente 1.043.220 ptas., habrá que hacer un asiento como éste:

Asiento en el Diario.

56.780	Otros gastos financieros		
		a Caja, ptas.	56.780

con lo que el saldo de Caja pasaría a ser de 1.043.220 ptas.

• Anormales o excepcionales, por ejemplo por haber desaparecido bienes.

Otras diferencias son anormales o excepcionales, y por lo tanto deben ser tratadas como tales. Por ejemplo, al comparar los valores de inventario con los saldos de las cuentas en una empresa, se ha detectado una diferencia de 5.000.000 ptas. dentro del elemento patrimonial «Mobiliario»; investigada convenientemente, se ha comprobado que corresponde a un importante cuadro que estaba en una sala de visitas que no se utilizaba nada más que en contadas ocasiones, lo que impidió descubrir su desaparición con anterioridad.

El asiento que procede hacer en este caso es:

Asiento en el Diario.

5.000.000	Gastos extraordinarios		
		a Mobiliario	5.000.000

Conviene hacer dos aclaraciones en este momento:

La primera es que si bien la cuenta «Pérdidas procedentes del inmovilizado material» registra principalmente las disminuciones del valor del inmovilizado material como consecuencia de las enajenaciones, los valores del inmovilizado material que deban ser baja por cualquier otra causa de tipo excepcional (destrucciones por incendios, inundaciones, movimientos sísmicos, etc.) han de recogerse en Gastos extraordinarios.

La segunda es que estas cuentas se han de saldar después con la cuenta de «Resultados extraordinarios».

8.2.2. ADECUACION DE LAS CUENTAS DE EXISTENCIAS

Las cuentas de existencias presentan en este instante, como saldo, el valor de las existencias iniciales. Sin embargo, tras la realización del inventario al terminar el ejercicio, estas cuentas han de presentar un saldo que coincida con los valores de las existencias finales puestas de manifiesto por ese inventario.

Para ello, baste realizar estos asientos para mercaderías:

Variación de existencias de mercaderías	a	Existencias de mercaderías
	Por las existencias iniciales	

Existencias de mercaderías	a	Variación de existencias de mercaderías
	Por las existencias finales	

Lo mismo haríamos para otros tipos de existencias, como, por ejemplo, las existencias de material de oficina o de otros aprovisionamientos.

8.3. FASE DE DETERMINACION DE CIERTAS MAGNITUDES CONTABLES

En la fase 6.ª nos centraremos en la determinación de los diferentes tipos de resultado:

Fase 6.ª: Tipos de resultados:

En primer lugar, el Resultado de explotación, que es la diferencia entre los ingresos de la explotación y los gastos de la explotación.

• Resultado de explotación.

En segundo lugar, el Resultado financiero, que se obtiene por diferencia entre los ingresos financieros y los gastos financieros

• Resultado financiero.

En tercer lugar, el Resultado ordinario del ejercicio, también llamado Resultado de las actividades ordinarias, que viene dado por la suma de los dos tipos de resultado anteriores.

• Resultado ordinario del ejercicio.

En cuarto lugar, los Resultados extraordinarios, que son los obtenidos por diferencia entre los beneficios e ingresos extraordinarios y las pérdidas y gastos extraordinarios.

• Resultados extraordinarios.

8.4. FASE DE TRASLADO DE RESULTADOS A LA CUENTA DE «PERDIDAS Y GANANCIAS»

En esta 7.ª fase se determina el resultado del ejercicio, que viene dado por el saldo de la cuenta de ***«Pérdidas y ganancias»***, donde se acumulará el resultado ordinario del ejercicio y los resultados extraordinarios y se disminuirá en el valor del Impuesto sobre beneficios.

Fase 7.ª: determinación del resultado del ejercicio.

Esta fase no ofrece dificultad, ya que se reduce a saldar esas cuentas de resultado que acabamos de mencionar, empleando como contrapartida la cuenta de «Pérdidas y ganancias».

8.5. ASIENTO DE CIERRE

Una vez cubierta la etapa de regularización, hay que cubrir la etapa de ***asiento de cierre***.

5.ª Etapa: cierre.

Cuando se ha terminado el proceso de regularización, es decir, cuando salimos del cuarto oscuro en que se ha revelado la película y las fotografías de la empresa como realidad económica, se han logrado al menos, los dos objetivos que perseguíamos:

Ya se han cubierto los objetivos de la regularización.

Primero, conocer el resultado del ejercicio, suficientemente detallado, y

Segundo, disponer de información sobre el patrimonio al final del ejercicio, que vendrá dado por el saldo de las diferentes cuentas de Activo, Pasivo y Neto.

En consecuencia, el Diario y el Mayor ya han cubierto sus objetivos plenamente en cuanto al ejercicio transcurrido, y no queda sino llevar a cabo el asiento de cierre.

Se saldan todas las cuentas.

Este asiento, como se sabe, consiste en saldar todas las cuentas que no lo han sido con anterioridad.

8.6. LOS ESTADOS CONTABLES

6.ª Etapa: elaboración de los estados contables.

Nada de lo que hemos hecho hasta ahora tendría sentido, si no se diera un paso adelante, elaborando los estados contables que van a facilitarse a los distintos interesados en la información de la contabilidad de la empresa.

Los estados contables.

Los estados contables, también llamados a veces estados financieros, son síntesis de la información acumulada por la contabilidad, a través de su proceso de identificación, valoración y registro de los hechos contables.

Es frecuente llamar a los estados contables o financieros, cuentas anuales. Sin entrar a juzgar esta denominación, sí nos parece conveniente advertir, para evitar confusiones, que no se trata de auténticas cuentas, sino de síntesis ordenadas de datos, que se obtienen normalmente del Mayor de la Contabilidad.

Los estados contables que nos interesan especialmente desde una perspectiva general son:

• Cuenta de Pérdidas y ganancias.
• Estado de Situación.
• La Memoria.

— El «Estado de Resultado», que se denomina también ***«Cuenta de Pérdidas y ganancias»***.

— El ***«Estado de Situación»,*** llamado también «Balance de Situación».

— ***La Memoria,*** que recoge explicación complementaria y aclaratoria de los dos estados anteriores, incluyendo un cuadro de financiación.

La Cuenta de Pérdidas y ganancias es un estado contable en el que se presentan sistemáticamente los diferentes gastos, ingresos y resultado, referentes a un período contable.

Estructura básica de la Cuenta de Pérdidas y ganancias.

Su estructura se ajusta al Cuadro Analítico de Resultados que recoge el Cuadro 8.4.

CUADRO ANALITICO DE RESULTADOS

A) Resultado de explotación		
Ingresos de la explotación		
• Ventas de mercaderías		
• Prestaciones de servicios		
• Trabajos realizados para la empresa		
• Otros ingresos de gestión		

Menos: Gastos de explotación		
• Compras de mercaderías		
• Variación de existencias de mercaderías		
• Compras de otros aprovisionamientos		
• Variación de existencias de otros aprovisionamientos		
• Servicios exteriores		
• Impuestos, tasas y contribuciones especiales		
• Sueldos, salarios y asimilados		
• Gastos sociales		
• Dotaciones para amortización		
• Otros gastos de gestión		
Resultado de explotación		
B) Resultado financiero		
Ingresos financieros		
• Ingresos de participaciones en capital		
• Ingresos de valores de renta fija		
• Ingresos de créditos a largo plazo		
• Ingresos de créditos a corto plazo		
• Descuentos sobre compras por pronto pago		
• Beneficios en valores negociables		
• Diferencias positivas de cambio		
• Otros ingresos financieros		
Menos: Gastos financieros		
• Intereses de obligaciones y bonos		
• Intereses de deudas a largo plazo		
• Intereses de deudas a corto plazo		
• Intereses por descuento de efectos		
• Descuentos sobre ventas por pronto pago		
• Pérdidas en valores negociables		
• Pérdidas de créditos		
• Diferencias negativas de cambio		
• Otros gastos financieros		
Resultado financiero		
C) Resultado ordinario del ejercicio (resultado de explotación + resultado financiero)		
D) Resultados extraordinarios		
Beneficios e ingresos extraordinarios		
• Beneficios procedentes del inmovilizado inmaterial		
• Beneficios procedentes del inmovilizado material		
• Beneficios procedentes de participaciones en capital a largo plazo de empresas del grupo y asociadas		
• Ingresos extraordinarios		

Menos: Pérdidas y gastos extraordinarios • Pérdidas procedentes del inmovilizado inmaterial • Pérdidas procedentes del inmovilizado material • Pérdidas procedentes de participaciones en capital a largo plazo de empresas del grupo y asociadas • Gastos extraordinarios		
Resultados extraordinarios		
Impuesto sobre beneficios		
E) Resultado del ejercicio (Resultado ordinario del ejercicio + Resultados extraordinarios – Impuesto sobre beneficios)		

Cuadro 8.4

El Balance de Situación.

El Balance de Situación es un estado contable en el que aparecen debidamente ordenados y agrupados los elementos patrimoniales de Activo, Pasivo y Neto, pertenecientes a una empresa en un momento determinado. Este Balance se prepara después del proceso de regularización, es decir, cuando el proceso ha terminado totalmente.

Procuraremos ajustar desde ahora la cuenta de Pérdidas y ganancias al Cuadro Analítico de Resultados del Cuadro 8.4. En el momento oportuno haremos una propuesta de ordenación y agrupación de los elementos patrimoniales en el «Balance de Situación» y del contenido de la Memoria.

8.7. EL PROCESO DE REGULARIZACION SIMPLIFICADO

El proceso de regularización simplificado:

Existe la posibilidad de simplificar el proceso de regularización, siguiendo con el procedimiento marcado por el Plan General de Contabilidad español. Ello se consigue de la siguiente manera:

1.º Una sola cuenta de Resultados: Pérdidas y ganancias.

En primer lugar, utiliza una única cuenta de Resultado, que es «Pérdidas y ganancias». Por lo tanto, no se abren, en ningún momento, las restantes cuentas de resultado que hemos venido utilizando hasta ahora, y que eran:

— Resultado de la explotación,
— Resultado financiero.
— Resultado ordinario del ejercicio, y
— Resultados extraordinarios.

2.º Desaparición de la fase 5.ª del proceso de regularización: determinación de distintos tipos de resultados.

En segundo lugar, y como consecuencia de lo que acabamos de decir, desaparece la fase 6.ª del proceso de regularización, en la que se determinaban una serie de magnitudes que interesaba conocer, entre ellas los distintos tipos de resultados mencionados. Esto se traduce en que absolutamente todos los gastos e ingresos, cualquiera que sea su naturaleza y clase, se saldan directamente con la cuenta de Pérdidas y ganancias.

¿Se deteriora la información contable? Solución.

Esta simplificación debería preocuparnos en principio, ya que deterioraría la información sobre los resultados que veníamos obteniendo.

Sin embargo, hay que decir en seguida que este inconveniente queda paliado satisfactoriamente al hacer un uso adecuado de la cuenta de Pérdidas y ganancias que hemos propuesto.

Aparecen los distintos tipos de resultados en la Cuenta de Pérdidas y ganancias.

Esta cuenta de Pérdidas y ganancias no es sino el Cuadro Analítico de Resultados (Cuadro 8.4) que hemos utilizado anteriormente, y que compusimos al hilo de los propios asientos en que aparecían los diferentes tipos de resultados.

Ahora estos asientos no se llevan a cabo. Sin embargo la cuenta de Pérdidas y ganancias nos va a ofrecer el mismo detalle. En ella aparecen, como puede comprobarse en el Cuadro 8.4, todos los gastos, ingresos y resultados que veníamos contemplando antes de seguir este proceso de regularización simplificado.

Aclaraciones:

Como aclaraciones a esta cuenta de Pérdidas y ganancias, conviene decir:

- **Se sigue el PGC.**

Primero, que sigue, básicamente, el esquema marcado por el Plan General de Contabilidad.

- **Correlación entre las cuentas y los conceptos de la Cuenta de Pérdidas y ganancias.**

Segundo, que, dentro de los diferentes conceptos que aparecen en la cuenta de Pérdidas y ganancias, se incluirán las cuentas que guardan relación con ellos y que posteriormente, examinaremos con más detenimiento.

- **El Impuesto sobre Sociedades aparece al final.**

Tercero, puede observarse que el Impuesto sobre Sociedades se incluye en la parte final de la cuenta de Pérdidas y ganancias.

8.8. LA DISTRIBUCION DEL BENEFICIO

La distribución de beneficios.

El beneficio del ejercicio, dado por el saldo final de la cuenta de Pérdidas y ganancias, no es otra cosa que el incremento del patrimonio, puesto de manifiesto en ese período contable. Este incremento del patrimonio o beneficio ha de distribuirse entre todos aquellos que tengan el derecho a él.

Posibles participantes en los beneficios:

La lista de posibles ***participantes en la distribución del beneficio*** ha de incluir necesariamente a:

1.º Los socios o propietarios.

1.º El propietario de la empresa, cuando el titular sea una persona física, o los socios, cuando el titular sea una sociedad. En principio los propietarios, o los socios en su caso, podrían decidir sobre el destino a dar al beneficio. En este sentido, con las limitaciones legales y estatutarias, a ellos compete elegir entre:

a) Dejar ese beneficio en la empresa, como una mayor aportación de hecho. En este caso, y por ese importe, las empresas individuales incrementarán su capital. En cambio, las empresas cuyo titular sea una sociedad recogerán ese aumento en unas cuentas distintas con el nombre de «Reservas».
b) Retirar el beneficio, normalmente en forma líquida, es decir, cobrando en efectivo o en cheque su importe

2.º Otros participantes.

2.º Otros participantes en el beneficio. A veces los administradores de las sociedades tienen una participación en los beneficios, como retribución de su actuación. También el personal —o parte del personal— tiene reconocido, en ocasiones, un derecho en los beneficios.

Los asientos que reflejan la distribución del beneficio o saldo de Pérdidas y ganancias, se pueden reducir a dos, que expondremos con un ejemplo.

La propuesta de distribución.

Supongamos una Sociedad Anónima, cuyo beneficio en 1989 asciende a 1.000.000.000 ptas. En la Junta General de Accionistas, que se celebra el día 25 de marzo de 1990 se decide aprobar la siguiente distribución de ese resultado:

— A los accionistas .... 20 %
— A reserva legal .... 10 %
— A reserva voluntaria .... 35 %

más tarde se realizan los pagos pertinentes por Bancos.

El Impuesto sobre Sociedades ya se contabilizó.

El Impuesto sobre Sociedades ya habría sido contabilizado el año anterior, mediante los asientos:

350.000.000	Impuesto sobre beneficios		
		a Hacienda pública, acreedor por conceptos fiscales	350.000.000
350.000.000	Pérdidas y ganancias		
		a Impuestos sobre beneficios	350.000.000

Las cuentas de reservas:

Por otra parte tendremos que utilizar unas cuentas de Reservas, entendiendo por tales los beneficios mantenidos a disposición de la empresa y no incorporados al capital.

Entre las cuentas de Reservas, están las siguientes:

• Reserva legal.

112. ***Reserva legal:*** Que son los beneficios mantenidos a disposición de la empresa, porque lo establece una disposición legal que debe ser respetada por los socios cuando acuerdan la distribución.

• Reservas estatutarias.

116. ***Reservas estatutarias:*** Que son los beneficios mantenidos a disposición de la empresa, porque así lo establecen los estatutos de la sociedad, es decir, las normas por las que se rigen.

• Resevas voluntarias.

117. ***Reservas voluntarias:*** Que son los beneficios mantenidos a disposición de la empresa, porque ella lo ha decidido libremente.

Asimismo, conviene definir otra cuenta, no aparecida con anterioridad explícitamente.

Dividendos.

525. ***Dividendo activo a pagar:*** Deudas con accionistas por dividendos activos, sean definitivos o «a cuenta» de beneficios del ejercicio.

Los asientos procedentes serán éstos:

1.º Asiento de distribución de beneficios.

1.º Para dejar constancia de la distribución aprobada y reconocer los derechos correspondientes:

650.000.000	Pérdidas y ganancias		
		a Dividendo activo a pagar	200.000.000
		a Reserva legal	100.000.000
		a Reservas voluntarias	350.000.000

2.º Asiento de pagos de impuestos y dividendos.

2.º Para recoger el pago se haría:

200.000.000	Dividendo activo a pagar		
		a Bancos c/c	200.000.000

Reforzamiento del patrimonio con las reservas.

Puede comprobarse que el reparto de beneficios se ha traducido en retirar del patrimonio social 200.000.000 ptas. Como a lo largo del ejercicio se había incrementado el patrimonio en 650.000.000 ptas., después de impuestos, se ha reforzado la aportación en 450.000.000 ptas., que es la cantidad en que se han nutrido las Reservas.

Términos y expresiones clave explicados en este capítulo

Amortización (8.1.1)
Asiento de cierre (8.5)
Balance de situación (8.6)
Base de la amortización (8.1.2.1)
Coeficiente sobre el gasto efectuado en la adquisición del elemento a amortizar (8.1.2.1)
Coeficiente sobre el gasto efectuado menos el valor residual (8.1.2.1)
Cuantía de la depreciación (8.1.2.1)
Cuenta de Pérdidas y ganancias (8.6)
Dividendo activo a pagar (8.8)
Estado de situación (8.6)
Estados contables (8.6)
Memoria (8.6)
Método de amortización variable (8.1.2.1)
Método de cuota anual de amortización constante (8.1.2.1)
Método directo de amortización (8.1.2.2.1)
Método indirecto de amortización (8.1.2.2.2)
Obsolescencia (8.1.1)
Participantes en la distribución del beneficio (8.8)
Proceso de regularización simplificado (8.7)
Reservas estatutarias (8.8)
Reserva legal (8.8)
Reservas voluntarias (8.8)
Tiempo de vida útil (8.1.2.1)
Valor residual (8.1.2.1)

CAPITULO

9

ESTUDIO OPERATIVO DEL PROCESO CONTABLE GENERAL

OBJETIVOS DIDACTICOS DEL CAPITULO

A través del estudio de este capítulo se puede aprender:

1.º El planteamiento de un supuesto que permite el estudio operativo del proceso contable general.

2.º El análisis de la información suministrada en el enunciado de un supuesto que toca prácticamente todas las etapas y fases del proceso contable, con un énfasis especial en la regularización.

3.º El estudio operativo del supuesto enunciado, siguiendo el método que venimos aplicando de utilización de diversas cuentas de resultados.

4.º Al hilo de este estudio operativo, la preparación del Diario, del Mayor, de los Balances de Saldos, en distintos momentos, del Balance de Situación y del asiento de cierre.

5.º El despliegue del Mayor en una serie de ámbitos que permiten la clarificación del proceso contable.

6.º El desarrollo operativo del método simplificado, previsto en el Plan General de Contabilidad.

7.º Presentar lo que venimos llamando Cuadro Analítico de Resultados, y que coincide con una disposición operativa de la Cuenta de Pérdidas y ganancias.

9.1. PRESENTACION

Emprendemos el estudio operativo del proceso contable general.

Después de haber explicado el proceso contable general, conviene acometer su estudio operativo a través de un supuesto que incluya todas y cada una de sus etapas, y que contemple todas las fases del proceso de regularización.

La solución que ofrecemos está debidamente estructurada y va acompañada de las puntualizaciones y observaciones que consideramos necesarias.

9.2. ENUNCIADO DE UN SUPUESTO PARA EL ESTUDIO OPERATIVO

Enunciado de un supuesto.

ALGISA (Almacenes Gigantes, S.A.) posee varias naves dedicadas normalmente a su actividad principal, que es la venta de materiales de construcción para el aislamiento térmico y acústico. Además, sigue la política de arrendar las naves y alquilar los camiones, cuando se lo permite la actividad principal.

Balance al 20.12.88, poco antes de acabar el período contable.

El Balance de Saldos de ALGISA a 20 de diciembre de 1988 es el siguiente:

CUENTAS	SALDOS	
	Deudores	Acreedores
Capital social		40.000.000
Reserva legal		8.000.000
Reservas voluntarias		2.400.000
Terrenos y bienes naturales	11.100.000	
Existencias de mercaderías	25.000.000	
Compras de mercaderías	60.000.000	
Clientes (ptas.)	11.400.000	
Clientes, efectos comerciales a cobrar	3.050.000	
Construcciones	30.000.000	
Elementos de transporte	10.000.000	
Mobiliario	3.000.000	
Caja, ptas.	1.100.000	
Bancos c/c	4.000.000	
Reparaciones y conservación	400.000	
Existencias de material de oficina	700.000	
Sueldos y salarios	10.000.000	
Seguridad Social a cargo de la empresa	3.200.000	
Ventas de mercaderías		100.000.000

Intereses de deudas a largo plazo	400.000	
Ingresos por arrendamientos		4.000.000
Deudas a largo plazo con entidades de crédito		5.000.000
Primas de seguros	1.000.000	
Proveedores (ptas.)		2.500.000
Amortización acumulada del inmovilizado material		15.000.000
Gastos de constitución	1.200.000	
Compras de otros aprovisionamientos	2.900.000	
Proveedores, efectos comerciales a pagar		1.550.000
TOTALES	178.450.000	178.450.000

A) Operaciones efectuadas por ALGISA en diciembre a partir de la fecha del balance de comprobación:

A) Operaciones realizadas en los diez últimos días del año.

Día 21: Compra mercaderías a crédito por 5.000.000 ptas.

Día 23: Vende mercaderías a crédito por 3.000.000 ptas.

Día 26: Cobra a través del banco 300.000 ptas. por el alquiler de elementos de transporte.

Día 27: Paga en efectivo una reparación hecha en la nave arrendada, por valor de 500.000 ptas.

Día 28: Vende una nave pequeña por 7.000.000 ptas., que había comprado diez días antes en 5.000.000 ptas. Al solar sobre el que se asienta se le calcula un valor del 30%. Se cobra una parte: 2.500.000 ptas., mediante cheque bancario y el resto, 4.500.000 pts. queda pendiente a tres años.

Día 29: ALGISA ha sufrido un incendio en sus oficinas centrales. Se ha destruido mobiliario que se acababa de comprar por valor de 500.000 pesetas. Este elemento no estaba asegurado.

Día 30: Los intereses correspondientes al último trimestre del año por el crédito que ALGISA obtuvo del BANCO DEL GUADALQUIVIR, pagados a través de la cuenta corriente, ascienden a 100.000 ptas.

Día 31: ALGISA ha cobrado 600.000 ptas., mediante un cheque bancario ingresado en su cuenta corriente, por el alquiler de una nave.

B) Información para el proceso de regularización:

B) Información para regularizar.

a) Para contabilizar hechos no formalizados.

1) Existen recibos pendientes de hacer a los arrendatarios, correspondientes al alquiler de las naves, por las mensualidades de noviembre y diciembre. Totalizan 400.000 ptas. y no se han contabilizado.

2) La estación de servicio donde repostan las furgonetas que no tiene alquiladas, había pasado albaranes de suministro de combustible, que ascienden a 200.000 ptas., por los que a finales de enero pasará una factura.

b) Para reclasificar.

3) El préstamo que aparece en el Balance, fue concedido a ALGISA el 31-11-87, a devolver íntegramente a los 18 meses.

c) Para periodificar.

4) El importe cobrado el 31 de diciembre, 600.000 ptas., por el alquiler de la nave, cubre los meses de diciembre del 88, enero del 89 y febrero del 89.

5) La prima de seguro contra daños en los edificios (excluidos incendios) se pagó el 1-11-88. Cubre los riesgos durante 1 año a partir de dicha fecha. Esta prima asciende a 600.000 ptas.

d) Para amortizar.

6) Se estima que el parque de vehículos se ha depreciado en un 20% el mobiliario se ha depreciado un 10% y las construcciones en un 5% sobre el coste de los elementos patrimoniales. Los gastos de constitución se amortizan en un 20% sobre el importe inicial, que ascendió a 1.500.000 pesetas.

e) Para conciliar cuentas e inventario.

7) De acuerdo con el inventario realizado al final del ejercicio se ha puesto de manifiesto: a) que faltaban 10.000 ptas. en Caja, b) que las existencias finales de material de oficina ascienden a 1.000.000 ptas. y c) que las existencias finales de mercaderías importan 23.000.000 ptas.

Trabajo a realizar.

C) Trabajo a realizar:

A) Mediante la utilización de distintas cuentas de resultados.

A) ***Por el método no simplificado,*** *en el que se determinan, en las respectivas cuentas, los diferentes tipos de resultados:*

1.º Contabilizar las operaciones, tanto en el Diario como en el Mayor.
2.º Balance de saldos antes de la regularización.
3.º Proceso de regularización hasta la 5.ª fase inclusive, de conciliación de los saldos de las cuentas con los valores determinados a través del inventario, en el Diario y en el Mayor.
4.º Balance de saldos después de realizar estos asientos.
5.º Proceso de regularización desde esa fase 5.ª hasta el final, con las anotaciones en el Diario y en el Mayor, componiendo simultáneamente el Cuadro Analítico de Resultados.
6.º Asiento de cierre.
7.º Balance de Situación.

B) Mediante la utilización de una cuenta de resultados: Pérdidas y ganancias.

B) ***Por el método simplificado,*** *abriendo como única cuenta de resultados Pérdidas y Ganancias, conforme está previsto en el Plan General de Contabilidad español.*

— Al ser comunes todos los puntos primeros de la solución anterior, basta hacer:

1.º Proceso de regularización desde la fase 5.ª hasta el final.
2.º Cuadro Analítico de Resultados.

9.3. LOS PASOS PREVIOS AL ESTUDIO DEL METODO OPERATIVO

Una recomendación: leer detenidamente el enunciado del supuesto.

Una vez planteado el supuesto, procedemos a la explicación de la solución, siguiendo los pasos propuestos anteriormente.

Pero antes de acometer esta tarea, nos parece conveniente aconsejar que se lea el enunciado detenidamente. Esto ha de hacerse siempre, antes de emprender su solución.

Es preciso analizar los grandes apartados en que se divide el enunciado.

Conviene llamar la atención sobre lo siguiente:

1.° Que este supuesto facilita el Balance de Comprobación al 20 de diciembre de 1988. Es decir, que ese balance sintetiza el estado en que se encuentran las cuentas en ese momento.

Tomemos, por ejemplo, la cuenta de Bancos c/c. Presenta un saldo deudor de 4.000.000 ptas. Esto significa que la cuenta de Bancos c/c habrá tenido una anotación inicial, consecuencia del asiento de apertura, y después, a lo largo del año habrá registrado una serie de cargos y abonos, siendo el saldo final del período 4.000.000 ptas.

2.° Que el enunciado suministra información ordenada por fechas de las operaciones que ha realizado ALGISA en los últimos días de diciembre.

3.° Que inmediatamente después facilita datos para efectuar los asientos del proceso de regularización.

4.° Por último, se incluye un apartado de trabajo a realizar, que conviene tener muy presente.

Métodos para la determinación contable de los resultados.

El estudio operativo se va a realizar siguiendo dos métodos:

En primer lugar, abriendo en la contabilidad diversas cuentas de resultados:

- Resultado de explotación
- Resultado financiero
- Resultado ordinario del ejercicio
- Resultados extraordinarios y
- Pérdidas y ganancias, cuyo saldo va a representar el resultado del ejercicio.

En segundo lugar, abriendo una única cuenta de resultados:

- Pérdidas y ganancias, donde se recogerán todos los gastos, ingresos, pérdidas y ganancias, puestos de manifiesto durante el ejercicio.

Estos dos métodos se reflejan en cada uno de los epígrafes que se abren a continuación.

9.4. ESTUDIO OPERATIVO INCLUYENDO EN EL PROCESO CONTABLE DIVERSAS CUENTAS DE RESULTADOS

A) Estudio operativo con distintas cuentas de resultados.

Este método ha sido estudiado con detenimiento en temas anteriores. Ahora se trata de desarrollarlo operativamente, siguiendo un supuesto completo.

9.4.1. CONTABILIZACION DE LAS OPERACIONES REALIZADAS DURANTE EL EJERCICIO EN EL DIARIO Y EN EL MAYOR

Contabilización de operaciones.

Las operaciones realizadas, y que habrán sido debidamente documentadas, han de ser contabilizadas adecuadamente.

9.4.1.1. Anotaciones en el Diario

Presentamos seguidamente los asientos en el Diario. Elegimos ahora como formato el modelo italiano, en que aparecen las columnas del Debe y del Haber juntas, al final.

Conforme vayamos avanzando en la solución, iremos dando aquellas explicaciones que nos parezcan oportunas.

NUMERO DE ASIENTO, FECHA, CUENTAS Y EXPLICACIONES	DEBE	HABER
1/ ———— 21-12-88 ————		
Compras de mercaderías	5.000.000	
a Proveedores (ptas.)		5.000.000
Por las compras de mercaderías a crédito		
2/ ———— 23-12-88 ————		
Clientes (ptas.)	3.000.000	
a Ventas de mercaderías		3.000.000
Por las ventas de mercaderías a crédito		
3/ ———— 26-12-88 ————		
Bancos c/c	300.000	
a Ingresos por arrendamientos		300.000
Por el alquiler de los elementos de transporte		
4/ ———— 27-12-88 ————		
Reparaciones y conservación	500.000	
a Caja, ptas.		500.000
Por la reparación de la nave		

5/ ________ 28-12-88 ________		
Bancos c/c	2.500.000	
Créditos a largo plazo por enajenación de inmovilizado	4.500.000	
a Beneficios procedentes del inmovilizado material		2.000.000
a Terrenos y bienes naturales		1.500.000
a Construcciones		3.500.000
Por el ingreso de la venta de la nave		
6/ ________ 29-12-88 ________		
Gastos extraordinarios	500.000	
a Mobiliario		500.000
Por el incendio de parte del mobiliario		
7/ ________ 30-12-88 ________		
Intereses de deudas a largo plazo	100.000	
a Bancos c/c		100.000
Por el pago de intereses del préstamo		
8/ ________ 31-12-88 ________		
Bancos c/c	600.000	
a Ingresos por arrendamientos		600.000
Por el cobro del alquiler de la nave		

9.4.1.2. Anotaciones en el Mayor

En este momento, el Mayor ha de registrar:

— En primer lugar, los importes que figuraban en el Balance de Saldos del enunciado.

— Los cargos y abonos que han aparecido en el Diario. Las cantidades correspondientes llevan la referencia, entre paréntesis, al número del asiento del Diario. Aquellas cantidades que no van acompañadas de estas referencias son precisamente los datos del Balance de Saldos inicial.

Areas a diferenciar en el Mayor.

Puede observarse que las cuentas aparecen separadas en diferentes ámbitos dentro del esquema de Mayor. Cada ámbito está dedicado a una magnitud contable fundamental:

— Activo
— Pasivo
— Gastos de la explotación
— Ingresos de la explotación
— Gastos financieros

— Ingresos financieros
— Pérdidas y gastos extraordinarios
— Beneficios e ingresos extraordinarios y
— Resultados

Ventajas de presentarlo dividido en ámbitos.

Esta diferenciación de ámbitos puede ser útil por distintos motivos:

Primero, ayuda a realizar el análisis de algunos hechos que pueden ofrecer duda.

Segundo, nos va ofreciendo una visión de conjunto de las anotaciones que vamos haciendo.

Tercero, ayuda a la localización de las cuentas, y,

Cuarto, facilita la realización de ciertos asientos del proceso de regularización, en los que intervienen todos los ingresos o todos los gastos de una clase.

MAYOR

ACTIVO		
Gastos de constitución	1.200.000	
Terrenos y bienes naturales	11.100.000	1.500.000 (5)
Elementos de transporte	10.000.000	
Construcciones	30.000.000	3.500.000 (5)
Mobiliario	3.000.000	500.000 (6)
Créditos a largo plazo por enajenación del inmovilizado	(5) 4.500.000	
Amortización acumulada del inmovilizado material		15.000.000
Existencias de mercaderías	25.000.000	
Existencias de material de oficina	700.000	
Clientes (ptas.)	11.400.000 (2) 3.000.000	
Clientes, efectos comerciales a cobrar	3.050.000	
PASIVO		
Capital social		40.000.000
Reserva legal		8.000.000
Reservas voluntarias		2.400.000
Deudas a largo plazo con entidades de crédito		5.000.000
Proveedores (ptas.)		2.500.000 5.000.000 (1)
Proveedores, efectos comerciales a pagar		1.550.000

Bancos c/c

	Debe	Haber	
	4.000.000	100.000	(7)
(3)	300.000		
(5)	2.500.000		
(8)	600.000		

Caja, ptas.

	Debe	Haber	
	1.100.000	500.000	(4)

GASTOS DE EXPLOTACION

Compras de mercaderías

	Debe	Haber	
	60.000.000		
(1)	5.000.000		

Compras de otros aprovisionamientos

	Debe	Haber	
	2.900.000		

Reparaciones y conservación

	Debe	Haber	
	400.000		
(4)	500.000		

Primas de seguros

	Debe	Haber	
	1.000.000		

Sueldos y salarios

	Debe	Haber	
	10.000.000		

Seguridad Social a cargo de la empresa

	Debe	Haber	
	3.200.000		

INGRESOS DE EXPLOTACION

Ventas de mercaderías

	Debe	Haber	
		100.000.000	
		3.000.000	(2)

Ingresos por arrendamientos

	Debe	Haber	
		4.000.000	
		300.000	(3)
		600.000	(8)

GASTOS FINANCIEROS

Intereses de deudas a largo plazo

	Debe	Haber	
	400.000		
(7)	100.000		

INGRESOS FINANCIEROS

PERDIDAS Y GASTOS EXTRAORDINARIOS

Gastos extraordinarios

	Debe	Haber	
(6)	500.000		

BENEFICIOS E INGRESOS EXTRAORDINARIOS

Beneficios procedentes del inmovilizado material

	Debe	Haber	
		2.000.000	(5)

9.4.2. BALANCE DE SALDOS ANTES DE REGULARIZAR

El Balance de Saldos en este momento del proceso contable será el que mostramos a continuación. En lugar del Balance de Saldos, presentaríamos el Balance de Sumas y Saldos si nos lo pidiera el enunciado. Aunque a efectos de muchos supuestos puede ser suficiente con el Balance de Saldos, en la práctica de las empresas interesará hacer el Balance de

Sumas y Saldos. Puede observarse que en él aparecen las cuentas de gastos e ingresos, que se saldarán en el proceso de regularización:

CUENTA	SALDOS	
	Deudor	Acreedor
— Capital social		40.000.000
— Reserva legal		8.000.000
— Reservas voluntarias		2.400.000
— Deudas a largo plazo con entidades de crédito		5.000.000
— Gastos de constitución	1.200.000	
— Terrenos y bienes naturales	9.600.000	
— Construcciones	26.500.000	
— Elementos de transporte	10.000.000	
— Mobiliario	2.500.000	
— Amortización acumulada del inmovilizado material		15.000.000
— Existencias de mercaderías	25.000.000	
— Existencias de material de oficina	700.000	
— Créditos a largo plazo por enajenación de inmovilizado	4.500.000	
— Proveedores (ptas.)		7.500.000
— Proveedores, efectos comerciales a pagar		1.550.000
— Clientes (ptas.)	14.400.000	
— Clientes, efectos comerciales a cobrar	3.050.000	
— Caja, ptas.	600.000	
— Bancos c/c	7.300.000	
— Compras de mercaderías	65.000.000	
— Compras de otros aprovisionamientos	2.900.000	
— Reparaciones y conservación	900.000	
— Primas de seguros	1.000.000	
— Sueldos y salarios	10.000.000	
— Seguridad Social a cargo de la empresa	3.200.000	
— Intereses de deudas a largo plazo	500.000	
— Gastos extraordinarios	500.000	
— Ventas de mercaderías		103.000.000
— Ingresos por arrendamientos		4.900.000
— Beneficios procedentes del inmovilizado material		2.000.000
TOTALES	189.350.000	189.350.000

9.4.3. PROCESO DE REGULARIZACION HASTA LA FASE 5.ª: ADECUACION DE LAS CUENTAS AL INVENTARIO

9.4.3.1. Anotaciones en el Diario

NUMERO DE ASIENTO, FECHA, CUENTAS Y EXPLICACIONES	DEBE	HABER
1.ª Fase: Contabilización de operaciones no formalizadas		
9/ ——— 31-12-88 ———		
Deudores, facturas pendientes de formalizar	400.000	
a Ingresos por arrendamientos		400.000
Por los recibos aún no pasados del alquiler.		
10/ ——— 31-12-88 ———		
Suministros	200.000	
a Acreedores por prestaciones de servicios, facturas pendientes de recibir o de formalizar		200.000
Por los albaranes de la estación de servicio		
2.ª Fase: Clasificación correcta		
11/ ——— 31-12-88 ———		
Deudas a largo plazo con entidades de crédito	5.000.000	
a Deudas a corto plazo con entidades de crédito		5.000.000
Por haber pasado de largo a corto plazo.		
3.ª Fase: Periodificación		
12/ ——— 31-12-88 ———		
Ingresos por arrendamientos	400.000	
a Ingresos anticipados		400.000
Por los dos meses de alquiler de la nave cobrados por anticipado: 2/3 × 600.000		
13/ ——— 31-12-88 ———		
Gastos anticipados	500.000	
a Primas de seguros		500.000
Por los diez meses del año próximo cubiertos con la prima de seguro: 10/12 × 600.000		
4.ª Fase: Amortización		
14/ ——— 31-12-88 ———		

Amortización del inmovilizado material	3.575.000	
a Amortización acumulada del inmovilizado material		3.575.000
Cálculo de las depreciaciones:		
— Elementos de transporte: 20% s/10.000.000 = 2.000.000		
— Mobiliario: 10% s/(3.000.000 − 500.000) = 250.000		
— Construcciones: 5% s/(30.000.000 − 3.500.000) = 1.325.000		
15/ ———— 31-12-88 ————		
Amortización de gastos de establecimiento	300.000	
a Gastos de constitución		300.000
Por la amortización de los gastos de constitución: 20% s/1.500.000 = 300.000		
5.ª Fase: Conciliación de cuentas e inventario		
16/ ———— 31-12-88 ————		
Otros gastos financieros	10.000	
a Caja, ptas.		10.000
Por las diferencias en el arqueo de la caja		
17/ ———— 31-12-88 ————		
Variación de existencias de otros aprovisionamientos	700.000	
a Existencias de material de oficina		700.000
Por las existencias iniciales de material de oficina		
18/ ———— 31-12-88 ————		
Existencias de material de oficina	1.000.000	
a Variación de existencias de otros aprovisionamientos		1.000.000
Por las existencias finales de material de oficina		
19/ ———— 31-12-88 ————		
Variación de existencias de mercaderías	25.000.000	
a Existencias de mercaderías		25.000.000
Por las existencias iniciales de mercaderías		
20/ ———— 31-12-88 ————		
Existencias de mercaderías	23.000.000	
a Variación de existencias de mercaderías		23.000.000
Por las existencias finales de mercaderías		

9.4.3.2. Anotaciones en el Mayor

MAYOR

ACTIVO

Gastos de constitución

	1.200.000	300.000	(15)

Elementos de transporte

	10.000.000		

Mobiliario

	3.000.000	500.000	(6)

Amortización acumulada del inmovilizado material

		15.000.000	
		3.575.000	(14)

Existencias de mercaderías

	25.000.000	25.000.000	(19)
(20)	23.000.000		

Clientes (ptas.)

	11.400.000		
(2)	3.000.000		

Bancos c/c

	4.000.000	100.000	(7)
(3)	300.000		
(5)	2.500.000		
(8)	600.000		

Gastos anticipados

(13)	500.000		

Terrenos y bienes naturales

	11.100.000	1.500.000	(5)

Construcciones

	30.000.000	3.500.000	(5)

Créditos a largo plazo por enajenación de inmovilizado

(5)	4.500.000		

Caja, ptas.

	1.100.000	500.000	(4)
		10.000	(16)

Existencias de material de oficina

	700.000	700.000	(17)
(18)	1.000.000		

Clientes, efectos comerciales a cobrar

	3.050.000		

Deudores, facturas pendientes de formalizar

(9)	400.000		

PASIVO

Capital social

		40.000.000	

Reserva legal

		8.000.000	

Reservas voluntarias

		2.400.000	

Deudas a largo plazo con entidades de crédito

(11)	5.000.000	5.000.000	

Proveedores (ptas.)

		2.500.000	
		5.000.000	(1)

Proveedores, efectos comerciales a pagar

		1.550.000	

Acreedores por prestaciones de servicios, facturas pendientes de recibir o de formalizar

		200.000	(10)

Ingresos anticipados

		400.000	(12)

Deudas a corto plazo con entidades de crédito

		5.000.000	(11)

(Continúa)

(*Continuación*)

GASTOS DE EXPLOTACION

Compras de mercaderías

	60.000.000		
(1)	5.000.000		

Compras de otros aprovisionamientos

	2.900.000		

Reparaciones y conservación

	400.000		
(4)	500.000		

Primas de seguros

	1.000.000	500.000	(13)

Sueldos y salarios

	10.000.000		

Seguridad Social a cargo de la empresa

	3.200.000		

Suministros

(10)	200.000		

Otras pérdidas de gestión corriente

(16)	10.000		

Variación de existencias de otros aprovisionamientos

(17)	700.000	1.000.000	(18)

Variación de existencias de mercaderías

(19)	25.000.000	23.000.000	(20)

Amortización de gastos de establecimiento

(15)	300.000		

Amortización del inmovilizado material

(14)	3.575.000		

INGRESOS DE EXPLOTACION

Ventas de mercaderías

		100.000.000	
		3.000.000	(2)

Ingresos por arrendamientos

(12)	400.000	4.000.000	
		300.000	(3)
		600.000	(8)
		400.000	(9)

GASTOS FINANCIEROS

Intereses de deudas a largo plazo

	400.000		
(7)	100.000		

Otros gastos financieros

(16)	10.000		

INGRESOS FINANCIEROS

PERDIDAS Y GASTOS EXTRAORDINARIOS

Gastos extraordinarios

(6)	500.000		

BENEFICIOS E INGRESOS EXTRAORDINARIOS

Beneficios procedentes del inmovilizado material

		2.000.000	(5)

9.4.4. BALANCE DE SALDOS DESPUES DE LA 5.ª FASE DE REGULARIZACION

Con arreglo a los saldos presentados en este instante por las cuentas del Mayor, que acabamos de reproducir esquemáticamente, se prepara el siguiente Balance de Saldos. Cabría haber hecho el Balance de Sumas y Saldos.

CUENTA	Deudor	Acreedor
— Capital social		40.000.000
— Reserva legal		8.000.000
— Reservas voluntarias		2.400.000
— Gastos de constitución	900.000	
— Terrenos y bienes naturales	9.600.000	
— Construcciones	26.500.000	
— Elementos de transporte	10.000.000	
— Mobiliario	2.500.000	
— Amortización acumulada del inmovilizado material		18.575.000
— Existencias de mercaderías	23.000.000	
— Existencias de material de oficina	1.000.000	
— Créditos a largo plazo por enajenación de inmovilizado	4.500.000	
— Proveedores (ptas.)		7.500.000
— Proveedores, efectos comerciales a pagar		1.550.000
— Acreedores por prestaciones de servicios, facturas pendientes de recibir o de formalizar		200.000
— Clientes (ptas.)	14.400.000	
— Clientes, efectos comerciales a cobrar	3.050.000	
— Deudores, facturas pendientes de formalizar	400.000	
— Gastos anticipados	500.000	
— Ingresos anticipados		400.000
— Deudas a corto plazo con entidades de crédito		5.000.000
— Caja, ptas.	590.000	
— Bancos c/c	7.300.000	
— Compras de mercaderías	65.000.000	
— Compras de otros aprovisionamientos	2.900.000	
— Variación de existencias de mercaderías	2.000.000	
— Variación de existencias de otros aprovisionamientos		300.000
— Reparaciones y conservación	900.000	
— Primas de seguros	500.000	
— Suministros	200.000	
— Sueldos y salarios	10.000.000	
— Seguridad Social a cargo de la empresa	3.200.000	
— Intereses de deudas a largo plazo	500.000	
— Otros gastos financieros	10.000	

— Gastos extraordinarios	500.000	
— Amortización de gastos de establecimiento	300.000	
— Amortización del inmovilizado material	3.575.000	
— Ventas de mercaderías		103.000.000
— Ingresos por arrendamientos		4.900.000
— Beneficios procedentes del inmovilizado material		2.000.000
TOTALES	193.825.000	193.825.000

9.4.5. PROCESO DE REGULARIZACION DESDE LA FASE 5.ª, HASTA EL FINAL DEL PROCESO

Se trata de llegar hasta la determinación del saldo de Pérdidas y ganancias.

9.4.5.1. Anotaciones en el Diario

NUMERO DE ASIENTO, FECHA, CUENTAS Y EXPLICACIONES	DEBE	HABER
21/ ________ 31-12-88 ________		
Resultado de explotación	88.575.000	
a Compras de mercaderías		65.000.000
a Compras de otros aprovisionamientos		2.900.000
a Variación de existencias de mercaderías		2.000.000
a Reparaciones y conservación		900.000
a Primas de seguros		500.000
a Suministros		200.000
a Sueldos y salarios		10.000.000
a Seguridad Social a cargo de la empresa		3.200.000
a Amortización de gastos de establecimiento		300.000
a Amortización del inmovilizado material		3.575.000
22/ ________ 31-12-88 ________		
Variación de existencias de otros aprovisionamientos	300.000	
Ventas de mercaderías	103.000.000	
Ingresos por arrendamientos	4.900.000	
a Resultado de explotación		108.200.000

a) Resultado de la explotación.

En este momento hemos determinado contablemente, es decir, valiéndonos de asientos por partida doble y cuentas, lo que podríamos determinar a través de lo que hemos llamado Cuadro Analítico de Resultados. En este momento, llevando a este cuadro los gastos y los ingresos de la explotación, tendríamos:

Presentación en el Cuadro Analítico.

CUADRO ANALITICO DE RESULTADOS (en miles de pesetas)

A) Resultado de explotación		
Ingresos de la explotación		
• Ventas de mercaderías	(+) 103.000	
• Ingresos por arrendamientos	(+) 4.900	(+) 107.900
Menos gastos de la explotación		
• Compras de mercaderías	(−) 65.000	
• Compras de otros aprovisionamientos	(−) 2.900	
• Variación de existencias de otros aprovisionamientos	(+) 300	
• Variación de existencias de mercaderías	(−) 2.000	
• Reparaciones y conservación	(−) 900	
• Primas de seguros	(−) 500	
• Suministros	(−) 200	
• Sueldos y salarios	(−) 10.000	
• Seguridad Social a cargo empresa	(−) 3.200	
• Amortización de gastos de establecimiento	(−) 300	
• Amortización del inmovilizado material	(−) 3.575	
		(−) 88.275
Resultado de explotación		(+) 19.625

Diario.

Continuamos con el Diario:

23/ ———— 31-12-88 ————		
Resultado financiero	510.000	
a Intereses de deudas a largo plazo		500.000
a Otros gastos financieros		10.000

b) Resultado financiero.

El Resultado financiero, en este caso, se limita a computar los gastos, ya que no han aparecido ingresos. En el Cuadro Contable Analítico, tendríamos:

Cuadro Analítico.

B) Resultado financiero		
Ingresos financieros		
Gastos financieros		
• Intereses de deudas a largo plazo	(–) 500	
• Otros gastos financieros	(–) 10	(–) 510
Resultado financiero		(–) 510

Diario.

Seguimos con el Diario:

24/ ——— 31-12-88 ———		
Resultado de explotación	19.625.000	
a Resultado financiero		510.000
a Resultado ordinario del ejercicio		19.115.000

c) Resultado ordinario del ejercicio.

De esta manera, hemos determinado el Resultado ordinario del ejercicio, que en el Cuadro Analítico de Resultados aparecerá de la siguiente manera:

Cuadro Analítico.

C) Resultado ordinario del ejercicio		
• Resultado de explotación		(+) 19.625
• + Resultado financiero		(–) 510
Resultado ordinario del ejercicio		(+) 19.115

Volviendo al Diario:

Diario.

25/ ——— 31-12-88 ———		
Resultados extraordinarios	500.000	
a Gastos extraordinarios		500.000
26/ ——— 31-12-88 ———		
Beneficios procedentes del inmovilizado material	2.000.000	
a Resultados extraordinarios		2.000.000

d) Resultados extraordinarios.

Estos asientos, traducidos a la estructura del Cuadro Analítico de Resultados, aparecen así:

Cuadro Analítico.

D) Resultados extraordinarios		
Beneficios e ingresos extraordinarios		
• Beneficios procedentes del inmovilizado material	(+) 2.000	(+) 2.000
Pérdidas y gastos extraordinarios		
• Gastos extraordinarios	(−) 500	(−) 500
Resultados extraordinarios		(+) 1.500

Diario.

Terminando los asientos de Diario en esta fase:

27/ ——— 31-12-88 ———		
Resultados extraordinarios	1.500.000	
Resultado ordinario del ejercicio	19.115.000	
a Pérdidas y ganancias		20.615.000

e) Resultado del ejercicio.

El Resultado del ejercicio, es decir, la suma de todos los resultados puestos de manifiesto durante el ejercicio, viene dado por el saldo de Pérdidas y ganancias, que se mostrará en el Cuadro Analítico de Resultados así:

Cuadro Analítico.

E) Resultados del ejercicio		
• Resultado ordinario del ejercicio		(+) 19.115
• + Resultados extraordinarios		(+) 1.500
Resultado del ejercicio		20.615

Véase el Cuadro Analítico de Resultados (Cuadro 9.2).

Más adelante, en el Cuadro 9.2, todos estos aspectos parciales del Cuadro Analítico de Resultados, aparecen recompuestos como las piezas de un rompecabezas.

En definitiva, acabamos de mostrar dos métodos para conocer los resultados. Uno, a través de asientos en el Diario y en el Mayor; otro, mediante un estado debidamente estructurado.

9.4.5.2. Anotaciones en el Mayor

MAYOR

ACTIVO

Gastos de constitución

	1.200.000	300.000	(15)

Terrenos y bienes naturales

	11.100.000	1.500.000	(5)

Elementos de transporte

	10.000.000		

Construcciones

	30.000.000	3.500.000	(5)

Mobiliario

	3.000.000	500.000	(6)

Créditos a largo plazo por enajenación de inmovilizado

(5)	4.500.000		

Amortización acumulada del inmovilizado material

		15.000.000	
		3.575.000	(14)

Caja, ptas.

	1.100.000	500.000	(4)
		10.000	(16)

Existencias de mercaderías

	25.000.000	25.000.000	(19)
(20)	23.000.000		

Existencias de material de oficina

	700.000	700.000	(17)
(18)	1.000.000		

Clientes (ptas.)

	11.400.000		
(2)	3.000.000		

Clientes efectos comerciales a cobrar

	3.050.000		

Bancos c/c

	4.000.000	100.000	(7)
(3)	300.000		
(5)	2.500.000		
(8)	600.000		

Deudores, facturas pendientes de formalizar

(9)	400.000		

Gastos anticipados

(13)	500.000		

PASIVO

Capital social

		40.000.000	

Reserva legal

		8.000.000	

Reservas voluntarias

		2.400.000	

Deudas a largo plazo con entidades de crédito

(11)	5.000.000	5.000.000	

Proveedores (ptas.)

		2.500.000	
		5.000.000	(1)

Proveedores, efectos comerciales a pagar

		1.550.000	

Acreedores por prestaciones de servicios, facturas pendientes de recibir o de formalizar

		200.000	(10)

Ingresos anticipados

		400.000	(12)

Deudas a corto plazo con entidades de crédito

		5.000.000	(11)

GASTOS DE EXPLOTACION

Compras de mercaderías

	60.000.000	65.000.000	(21)
(1)	5.000.000		

Compras de otros aprovisionamientos

	2.900.000	2.900.000	(21)

INGRESOS DE EXPLOTACION

Ventas de mercaderías

(22)	103.000.000	100.000.000	
		3.000.000	(2)

(Continúa)

(*Continuación*)

Reparaciones y conservación

	400.000	900.000	(21)
(4)	500.000		

Primas de seguros

	1.000.000	500.000	(13)
		500.000	(21)

Ingresos por arrendamientos

(12)	400.000	4.000.000	
(22)	4.900.000	300.000	(3)
		600.000	(8)
		400.000	(9)

Sueldos y salarios

	10.000.000	10.000.000	(21)

Seguridad Social a cargo la empresa

	3.200.000	3.200.000	(21)

Suministros

(10)	200.000	200.000	(21)

Otras pérdidas en gestión corriente

(16)	10.000	10.000	(23)

Variación de existencias de otros aprovisionamientos

(17)	700.000	1.000.000	(18)
(22)	300.000		

Variación de existencias de mercaderías

(19)	25.000.000	23.000.000	(20)
		2.000.000	(21)

Amortización de gastos de establecimiento

(15)	300.000	300.000	(21)

Amortización del inmovilizado material

(14)	3.575.000	3.575.000	(21)

GASTOS FINANCIEROS

Intereses de deudas a largo plazo

	400.000	500.000	(23)
(7)	100.000		

(16)	10.000	10.000	(23)

INGRESOS FINANCIEROS

Otros gastos financieros

PERDIDAS Y GASTOS EXTRAORDINARIOS

Gastos extraordinarios

(6)	500.000	500.000	(25)

BENEFICIOS E INGRESOS EXTRAORDINARIOS

Beneficios procedentes del inmovilizado material

(26)	2.000.000	2.000.000	(5)

RESULTADOS

Resultado de explotación

(21)	88.585.000	108.200.000	(22)
(24)	19.615.000		

Resultado financiero

(23)	500.000	500.000	(24)

Resultado ordinario del ejercicio

(27)	19.115.000	19.115.000	(24)

Resultados extraordinarios

(25)	500.000	2.000.000	(26)
(27)	1.500.000		

Pérdidas y ganancias

		20.615.000	(27)

Pueden observarse dos cosas:

Observaciones sobre el esquema de Mayor.

1.ª Que en la serie de asientos de esta parte del proceso de regularización no se ha efectuado ningún movimiento en las cuentas de Activo o de Pasivo.

2.ª Que tras estos asientos, todas las cuentas de gastos e ingresos quedan saldadas. Y, de las cuentas de resultados, solamente Pérdidas y ganancias tiene saldo al final.

9.4.6. ASIENTO DE CIERRE

De acuerdo con los saldos que presentan en este momento las cuentas en el Mayor, se efectúa el asiento de cierre.

NUMERO DE ASIENTO, FECHA, CUENTAS Y EXPLICACIONES	DEBE	HABER
Capital social	40.000.000	
Reserva legal	8.000.000	
Reservas voluntarias	2.400.000	
Amortización acumulada del inmovilizado material	18.575.000	
Proveedores (ptas.)	7.500.000	
Proveedores, efectos comerciales a pagar	1.550.000	
Acreedores por prestaciones de servicios, facturas pendientes de recibir o de formalizar	200.000	
Ingresos anticipados	400.000	
Deudas a corto plazo con entidades de crédito	5.000.000	
Pérdidas y ganancias	20.615.000	
a Gastos de constitución		900.000
a Terrenos y bienes naturales		9.600.000
a Construcciones		26.500.000
a Elementos de transporte		10.000.000
a Mobiliario		2.500.000
a Existencias de mercaderías		23.000.000
a Existencias de material de oficina		1.000.000
a Créditos a largo plazo por enajenación de inmovilizado		4.500.000
a Clientes (ptas.)		14.400.000
a Clientes, efectos comerciales a cobrar		3.050.000
a Deudores, facturas pendientes de formalizar		400.000
a Gastos anticipados		500.000
a Caja, ptas.		590.000
a Bancos c/c		7.300.000

9.4.7. BALANCE DE SITUACION

El Balance de situación, a 31 de diciembre de 1988, es el siguiente:

ACTIVO		PASIVO	
Gastos de constitución	900.000	Capital social	40.000.000
Terrenos y bienes naturales	9.600.000	Reserva legal	8.000.000
Construcciones	26.500.000	Reservas voluntarias	2.400.000
Elementos de transporte	10.000.000	Amortización acumulada del inmovilizado material	18.575.000
Mobiliario	2.500.000	Proveedores (ptas.)	7.500.000
Existencias de mercaderías	23.000.000	Proveedores, efectos comerciales a pagar	1.550.000
Existencias de material de oficina	1.000.000	Acreedores por prestaciones de servicios, facturas pendientes de recibir o de formalizar	200.000
Créditos a largo plazo por enajenación de inmovilizado	4.500.000	Ingresos anticipados	400.000
Clientes (ptas.)	14.400.000	Deudas a corto plazo con entidades de crédito	5.000.000
Clientes, efectos comerciales a cobrar	3.050.000	Pérdidas y ganancias	20.615.000
Deudores, facturas pendientes de formalizar	400.000		
Gastos anticipados	500.000		
Caja, ptas.	590.000		
Bancos c/c	7.300.000		
Total Activo	104.240.000	Total Pasivo	104.240.000

9.5. CONTABILIZACION POR EL METODO SIMPLIFICADO, ABRIENDO PERDIDAS Y GANANCIAS COMO UNICA CUENTA DE RESULTADOS

B) Contabilización mediante una sola cuenta de resultados: Pérdidas y ganancias.

Este método ha sido adoptado por el Plan General de Contabilidad. Ya lo veremos detenidamente. No obstante, podemos anticipar que es extraordinariamente abreviado, ya que solamente utiliza Pérdidas y ganancias como cuenta de resultados. De este modo, se suprimen todas las demás cuentas de resultados: Resultado de explotación, Resultado financiero, etcétera. Al ser esto así, la fase de determinación de las magnitudes que interese conocer, especialmente los resultados, queda sin contenido, al menos por el momento. Por lo demás, el resto de los asientos coinciden, lo que nos evita su repetición.

Si bien no se abre otra cuenta de resultados que no sea la de Pérdidas y ganancias, eso no es óbice para que utilicemos el Cuadro Analítico de Resultados, donde se muestran sistemáticamente todos los gastos y todos los ingresos, conforme aparecen en el Cuadro 9.2 que insertamos más adelante.

Este Cuadro Analítico de Resultados, como dijimos anteriormente, tiene una estructura similar a la «Cuenta de Pérdidas y ganancias» prevista en el PGC.

9.5.1. PROCESO ESPECIFICO DE REGULARIZACION EN EL DIARIO

NUMERO DE ASIENTO, FECHA, CUENTAS Y EXPLICACIONES	DEBE	HABER
21/ ———— 31-12-88 ————		
Pérdidas y ganancias	89.585.000	
a Compras de mercaderías		65.000.000
a Compras otros aprovisionamientos		2.900.000
a Variación existencias de mercaderías		2.000.000
a Reparaciones y conservación		900.000
a Primas de seguros		500.000
a Suministros		200.000
a Sueldos y salarios		10.000.000
a Seguridad Social a cargo de la empresa		3.200.000
a Intereses de deudas a largo plazo		500.000
a Otros gastos financieros		10.000
a Gastos extraordinarios		500.000
a Amortización de gastos de establecimiento		300.000
a Amortización del inmovilizado material		3.575.000
22/ ———— 31-12-88 ————		
Variación de existencias de otros aprovisionamientos	300.000	
Ventas de mercaderías	103.000.000	
Ingresos por arrendamientos	4.900.000	
Beneficios procedentes del inmovilizado material	2.000.000	
a Pérdidas y ganancias		110.200.000

La cuenta de Pérdidas y ganancias siempre aparece al final.

Conviene destacar que la cuenta de Pérdidas y ganancias interviene al final del proceso de regularización, y no antes. Previamente, debemos emplear las cuentas de gastos e ingresos que procedan, según las exigencias de los hechos contabilizados.

De esto se deduce que, toda la información necesaria para elaborar el «Cuadro Analítico de Resultados» y la «Cuenta de Pérdidas y ganancias» se encuentra en estos dos asientos.

Los podemos comprobar inmediatamente.

9.5.2. CUADRO ANALITICO DE RESULTADOS

Conforme a la explicación que ya hemos dado, se elabora el Cuadro Analítico de Resultados siguiente:

CUADRO ANALITICO DE RESULTADOS (en miles de pesetas)

A) Resultado de explotación		
Ingresos de la explotación		
• Ventas de mercaderías	(+) 103.000	
• Ingresos por arrendamientos	(+) 4.900	(+) 107.900
Gastos de la explotación		
• Compras de mercaderías	(−) 65.000	
• Compras de otros aprovisionamientos	(−) 2.900	
• Variación de existencias de otros aprovisionamientos	(+) 300	
• Variación de existencias de mercaderías	(−) 2.000	
• Reparaciones y conservación	(−) 900	
• Prima de seguros	(−) 500	
• Suministros	(−) 200	
• Sueldos y salarios	(−) 10.000	
• Seguridad Social a cargo de la empresa	(−) 3.200	
• Amortización de gastos de establecimiento	(−) 300	
• Amortización del inmovilizado material	(−) 3.575	(−) 88.275
Resultado de explotación		(+) 19.625
B) Resultado financiero		
Ingresos financieros		
Gastos financieros		
• Intereses de deudas a largo plazo	(−) 500	
• Otros gastos financieros	(−) 10	(−) 510
Resultado financiero		(−) 510
C) Resultado ordinario del ejercicio		
• Resultado de explotación		(+) 19.625
• + Resultado financiero		(−) 510
Resultado ordinario del ejercicio		(+) 19.115
D) Resultados extraordinarios		
Beneficios e ingresos extraordinarios		
• Beneficios procedentes del inmovilizado material enajenado	(+) 2.000	(+) 2.000
Pérdidas y gastos extraordinarios		
• Gastos extraordinarios	(−) 500	(−) 500
Resultados extraordinarios		(+) 1.500
E) Resultados del ejercicio		
• Resultado ordinario del ejercicio		(+) 19.115
• + Resultados extraordinarios		(+) 1.500
Resultado del ejercicio		20.615

Cuadro 9.2

A la hora de preparar este Cuadro Analítico es conveniente tener en cuenta dos consideraciones:

En primer lugar los «rappels» y devoluciones de ventas deben presentarse minorando la partida de Ventas de mercaderías. Asimismo los «rappels» y devoluciones de compras deben presentarse minorando la partida de Compras de mercaderías.

En segundo lugar, a efectos de la solución de supuestos donde normalmente no aparecen muchas cuentas, puede admitirse que aparezcan en el Cuadro Analítico cuentas o subcuentas en vez de sus agrupaciones en partidas. De esta forma nos evitamos hacer sumas parciales y comprobamos más fácilmente los posibles errores de transcripción de cantidades.

Significación de este estado contable.

Se trata, como puede comprobarse, de un estado contable, es decir, de un cuadro contable, cuyos datos se extraen del proceso contable. Este documento contable no es una cuenta de Mayor, aunque presenta sistemáticamente los valores recogidos en síntesis por la cuenta de Pérdidas y ganancias.

Este Cuadro Analítico de Resultados, no es otra cosa que lo que el Plan General de Contabilidad llama Cuenta de Pérdidas y ganancias, aunque con una estructura distinta.

PARTE SEGUNDA

LA CONTABILIDAD GENERAL: NORMALIZACION CONTABLE Y PLAN GENERAL DE CONTABILIDAD

CAPITULO

10

EL PLAN GENERAL DE CONTABILIDAD

OBJETIVOS DIDACTICOS DEL CAPITULO

A través de este capítulo se puede aprender:

1.° Quienes son los destinatarios, y presuntos usuarios, de la información contable.

2.° Qué es la Contabilidad de Gestión.

3.° Qué es la Contabilidad General y la normalización contable.

4.° Las principales manifestaciones de la normalización contable en España y el nuevo panorama que presenta.

5.° La estructura del Plan General de Contabilidad:

- — Principios contables.
- — Cuadro de cuentas.
- — Definiciones y relaciones contables.
- — Cuentas anuales.
- — Normas de valoración.

6.° Una primera aproximación a la ordenación de los grupos de cuentas.

7.° Una visión panorámica de las definiciones y relaciones contables de los grupos de cuentas.

8.° Un análisis de las cuentas anuales; Balance, cuenta de Pérdidas y ganancias y la memoria, atendiendo a los modelos abreviados del PGC.

10.1. INTRODUCCION

El objetivo del proceso contable general.

En la primera parte nos hemos planteado como objetivo prioritario el estudio del ***proceso contable general***. Para no perder ese norte, tuvimos que disciplinarnos, con una especial cautela en dos aspectos.

La estrategia seguida hasta ahora para alcanzarlo.

De un lado, hemos debido entrar sólo en aquellas cuestiones que, a nuestro juicio, contribuían directamente al estudio del proceso contable general, orillando aquellas que, no obstante su importancia, no eran relevantes para esta primera aproximación.

De otro lado, hemos explicado esas cuestiones al nivel requerido para alcanzar ese objetivo, aplazando la profundización. Por ejemplo, hemos dado una primera explicación de la amortización, dejando para más tarde su estudio pormenorizado

Profundización en este proceso.

Ahora disponemos de un bagaje de conocimientos que nos permitirá penetrar en ciertos aspectos generales, y posteriormente, profundizaremos en el proceso contable específico de las distintas cuentas y de las diferentes operaciones.

En este momento ya estamos en condiciones de retomar el concepto de contabilidad, para examinar las posibilidades que existen detrás de él, en cuanto al destino de la información contable que cabe obtener y comunicar.

10.2. LOS USUARIOS DE LA INFORMACION CONTABLE

La comunicación de información contable a sus usuarios.

La información contable no se elabora para ser archivada sin más trámite, sino que se prepara a efectos de ser comunicada a diferentes tipos y grupos de personas. La comunicación de la información contable es una función esencial de la contabilidad.

El proceso contable conduce a la obtención de los documentos síntesis: el ***Balance de situación***, correspondiente a un momento de tiempo, la ***Cuenta de Pérdidas y ganancias***, relativa a un período de tiempo, además de la ***Memoria***, que aclara y complementa a los estados anteriores.

Sin embargo, como sabemos, la función contable no termina ahí, sino que abarca también todo proceso de traslación de esa información a sus destinatarios. Incluso, la función contable tiene el cometido de ayudar a esos destinatarios a interpretar esa información, además de la auditoría de los estados financieros.

¿Quiénes son los usuarios?

Por eso, hay que empezar por aclarar quiénes son los posibles destinatarios de esa información contable. Es decir quiénes la utilizan para formarse opinión o para adoptar decisiones.

LA INFORMACION CONTABLE Y SUS DESTINATARIOS

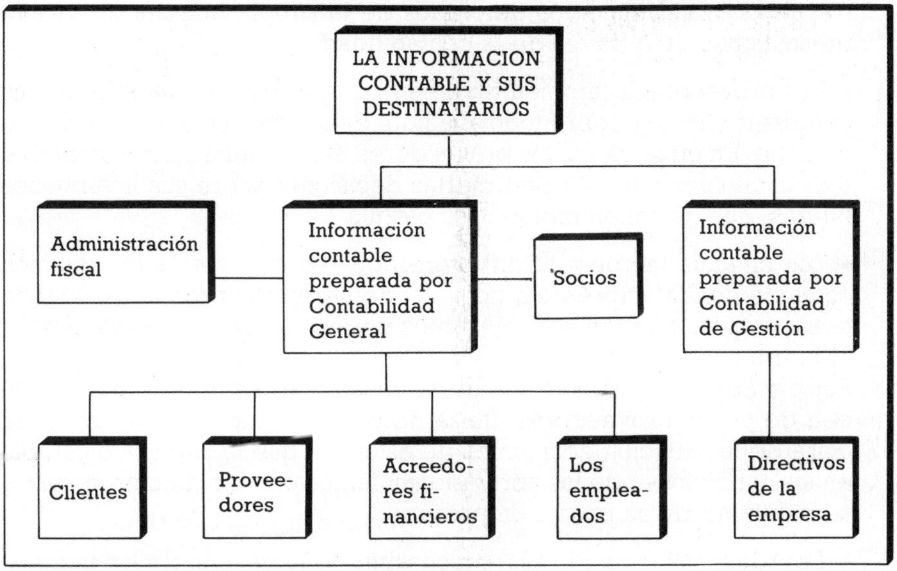

Cuadro 10.1

A este respecto es necesario diferenciar dos bloques de destinatarios:

Dos grandes bloques:

• ***Los responsables de la gestión*** de la empresa, que utilizan los datos para la adopción de decisiones dentro de la misma. Ahí están incluidos el Consejo de Administración, el Director General, los diferentes directores de área (Director Financiero, Director de Compras, Director de Ventas).

Los responsables de la gestión.

• ***Las terceras personas***, que no han de adoptar decisiones dentro de la empresa, pero que tienen intereses en ella o simplemente desean formarse una opinión. Tratan de recibir información para defender sus propios intereses.

Las terceras personas.

La lista de terceras personas, interesadas en conocer desde su perspectiva la marcha de la empresa, incluye, desde luego a:

La lista de las terceras personas.

• Los socios, que aportan su capital a la empresa, a la espera de obtener unos beneficios. Los accionistas, y los socios en general, utilizan la información contable de la empresa para decidir, en particular, sobre si mantienen su inversión, la aumentan o la disminuyen.

• Los socios.

• Las personas e instituciones que prestan su dinero, en especial los bancos, utilizan la información contable para la concesión de créditos. Son cada vez más rigurosos los análisis que hacen los bancos de los balances de los posibles destinatarios de sus créditos.

• Los acreedores financieros.

• Los empleados reclaman cada vez con más fuerza información de la empresa en que trabajan, porque de ello depende su futuro personal

• Los empleados.

y familiar. Las reivindicaciones sociales de todo tipo incluyen con frecuencia razonamientos derivados de la propia marcha de la empresa, conocida a través de la contabilidad.

• Los proveedores.

• Los proveedores también emplean la información contable de sus empresas clientes, sobre todo a la hora de la concesión de facilidades de pago. En otros casos, los proveedores usan la información contable de sus clientes para adoptar ciertas decisiones sobre sus inversiones futuras, que permitan mejorar las ofertas.

• Los clientes.

• Los clientes también están interesados en conocer la información contable de las empresas a las que adquieren sus productos, cuando esas compras pueden ser relevantes para su actividad económica en el futuro.
Por ejemplo, si un fabricante utiliza unas materias primas que proceden de pocos proveedores, quizá de uno solo, ha de tener una idea clara de la situación económica de éstos, ya que la ruptura o cambio en las condiciones de los aprovisionamientos pueden afectar incluso a la viabilidad de su propia empresa.

• La Administración Fiscal.

• La Administración Fiscal, responsable de la gestión de los impuestos, se encuentra con que algunos de ellos guardan una relación muy estrecha con la información contable. Los impuestos que gravan el beneficio de las empresas (Impuesto sobre Sociedades e Impuesto sobre la Renta de Personas Físicas), o los impuestos que recaen sobre las compras y ventas de bienes y servicios (como el Impuesto sobre el Valor Añadido), exigen para su aplicación correcta, información derivada de la Contabilidad de empresas.

La lista de destinatarios externos podría hacerse aún más extensa, pero con estas menciones es suficiente, para constatar la enorme proyección externa que tiene la información contable de las empresas.

10.3. LA CONTABILIDAD DE GESTION

La década de los sesenta.

A partir de la década de los sesenta arranca con potencia una nueva rama de la Contabilidad, preocupada fundamentalmente por el suministro de información contable a los responsables de la adopción de decisiones.

La Contabilidad de Gestión y las previsiones.

La ***Contabilidad de Gestión*** trataba de dar respuesta a los directivos que estaban, y están, pendientes de la gestión de la empresa a corto, medio y largo plazo. Ellos necesitan hacer previsiones, y exigen que esas previsiones sean incorporadas a la Contabilidad a través de los presupuestos. Más tarde, a medida que los hechos van generándose, la contabilidad los capta y los compara automáticamente con las previsiones. De esta manera se pueden determinar las desviaciones que se producen entre las previsiones y lo que va ocurriendo.

El análisis de esas desviaciones, examinando sus causas, y, sobre todo, la adopción de las medidas correctoras pertinentes, constituye el núcleo de la Contabilidad de Gestión.

Las desviaciones.

Una buena parte de la información contable elaborada para terceras personas, sirve también para las personas responsables de la adopción de decisiones. Por ejemplo, los pagos, los cobros, las ventas, las compras, etcétera, constituyen acontecimientos cuyo conocimiento interesa a los directivos.

Información compartida en la Contabilidad General.

Pero, realmente, nosotros intentamos sistematizar los conocimientos de la contabilidad, pensando en las terceras personas, es decir, procuramos movernos dentro de la ***Contabilidad General***.

10.4. LA NORMALIZACION CONTABLE Y LA CONTABILIDAD GENERAL

La aparición de pretensiones de una información contable por todos los usuarios externos, cada uno por su lado, plantea serias dificultades a las empresas, ya que muchas veces se encuentran con normas dispares para contabilizar un mismo hecho, o para presentar estados contables distintos.

Las empresas y los diversos frentes a que atender con la información contable.

Pensemos además, por si esto fuera poco, en la complicación que surge de una integración en áreas económicas más amplias, como ha ocurrido con la entrada de España en la Comunidad Económica Europea, donde también existen normas contables de cara a lograr una cierta armonización en las contabilidades de los diferentes países miembros.

La empresa se encuentra así con que tiene que atender a diferentes frentes a la hora de preparar su información contable.

Una de las posibles vías para hallar una solución a este problema pareció encontrarse en ***la normalización contable general***, entendida como conjunto de normas y principios a los que debe ajustarse la contabilidad de las empresas para conseguir una homogeneidad que permita una mejor interpretación, y una más fácil comparación en el tiempo y en el espacio.

Una salida a la normalización contable.

Esta normalización contable general trataría de buscar una síntesis en las pretensiones de información contable por parte de las terceras personas.

Esa normalización contable puede ser promovida y apoyada por organizaciones de expertos contables profesionales, como ocurre en los países anglosajones o puede que lo sea por organismos oficiales creados al efecto, como ocurre en España y en Francia.

Los impulsores de la normalización contable general.

El ***Instituto de Contabilidad y Auditoría de Cuentas*** ha sido la entidad encargada de sacar adelante la normalización contable en nuestro país.

10.5. CARACTERISTICAS GENERALES DEL PLAN GENERAL DE CONTABILIDAD

Características del PGC.

El Plan General de Contabilidad se inscribe en el marco de una serie de características que han sido muy cuidadas dentro de la experiencia normalizadora del Instituto de Contabilidad y Auditoría de Cuentas. Así, podemos decir que el PGC:

a) Se coloca en línea con Europa.

a) Se inserta en la contabilidad europea. Ya hemos insistido en que se ajusta a la Cuarta Directriz, considerada el mejor exponente del pensamiento y de la práctica comunitaria, sobre todo, tras diez años de experiencia. De esta manera, la información que facilita el Plan por medio de las cuentas anuales se expresa en términos comparables a los demás estados miembros de la Comunidad Económica Europea.

b) Es netamente contable.

b) Es un texto netamente contable. Con ello queremos decir que se trata de una norma exclusivamente contable, que persigue objetivos puramente contables. Ello no impide que tenga una relación estrecha con otras normas que afectan a la empresa desde diferentes perspectivas: mercantil, fiscal o laboral.

c) Es abierto.

c) Es abierto. Esta apertura se manifiesta en varias direcciones:

- Las modificaciones que puedan provenir de la evolución de la normativa comunitaria.
- Las alteraciones que puedan derivarse de:

  — el progreso contable
  — el desarrollo de los instrumentos financieros
  — la investigación científica y las innovaciones tecnológicas
  — la evolución del mundo de los negocios.

- Los cambios en la demanda de información procedentes de los diversos interesados en ella, donde inciden las tendencias internacionales dominantes.

d) Es flexible.

d) Es flexible. Ello supone que no ha de entenderse como un texto rígido, de aplicación literal, sino que ha de considerarse que la ductilidad operativa forma parte esencial de su aplicación. Las empresas son organismos vivos muy diferentes, que se enfrentan continuamente a problemas nuevos de todo tipo, que no pueden estar contemplados siempre en el Plan General de Contabilidad. Y han de ser ellas mismas las que resuelvan alternativas e incluso indeterminaciones que surgen a la hora de la aplicación del PGC.

El PGC ha huido con acierto de un encorsamiento incómodo, y ha dejado la flexibilidad suficiente para que los hechos contables no encajados fácilmente en las normas del Plan, encuentren una solución adecuada por parte de la empresa.

10.6. EL NUEVO PANORAMA DEL DERECHO CONTABLE DESDE 1986

La nueva frontera de la normalización contable española:

Recientemente se ha producido una preocupación por la puesta a punto de la normalización contable española, proceso que en buena parte ha sido acelerado por la entrada en la Comunidad Económica Europea, habiendo surgido un auténtico Derecho Contable. Sus manifestaciones más importantes han sido:

• La Cuarta Directriz.

— La ***Cuarta Directriz***, que, al incorporarse España de pleno derecho a la Comunidad Económica Europea, obliga a la adaptación de la normativa española, referente a la información contable de las sociedades que de alguna manera limitan la responsabilidad de los socios. Esta Directriz, igual que las demás, no obligan directamente a los ciudadanos de los países de la Comunidad Económica Europea. A quien obliga es a los estados miembros, para que acomoden sus legislaciones internas a las Directrices.

• La nueva ley de S. A.

— La nueva ***Ley de Sociedades Anónimas*** española, que ajusta la normativa de la contabilidad en este tipo de sociedades a la Cuarta Directriz.

• La nueva ley de auditoría.

— La nueva ***Ley de Auditoría***, que regula la actividad consistente en la revisión y verificación de los documentos contables, siempre que aquella tenga por objetivo la emisión de un informe que pueda tener efectos frente a terceros. También en esta materia, la nueva Ley de Auditoría armoniza la legislación española a las exigencias de la Octava Directriz.

• El nuevo PGC.

— El ***nuevo Plan General de Contabilidad***, que asume la experiencia derivada del Plan General de Contabilidad de 1973, ajustándolo a las exigencias de la Cuarta Directriz, ha sido aprobado por Real Decreto 1643/1990, de 20 de diciembre.

10.7. ESTRUCTURA DEL NUEVO PLAN GENERAL DE CONTABILIDAD

Partes en que se divide el PGC.

Consta de las siguientes partes además de la introducción:

1.ª Principios contables

2.ª Cuadro de cuentas

3.ª Definiciones y relaciones contables

4.ª Cuentas anuales

5.ª Normas de valoración

1.ª Principios contables.

La parte primera, «***Principios contables***», será objeto de nuestra atención en el próximo capítulo. Ahora solamente parece oportuno indicar que se trata de un componente esencial del Plan General de Contabilidad.

2.ª Cuadro de cuentas.

La parte segunda, «***Cuadro de cuentas***», recoge una lista de todas las cuentas cuya utilización está prevista en el Plan General de Contabilidad, debidamente agrupadas y subdivididas. En seguida realizaremos un análisis detallado de esta parte.

3.ª Definiciones y relaciones contables.

La parte tercera, «***Definiciones y relaciones contables***», contiene una explicación del contenido y funcionamiento de las cuentas en la medida en que se estima conveniente.

4.ª Cuentas anuales.

La parte cuarta, «***Cuentas anuales***», presenta los estados financieros que han de comunicarse por la empresa a los destinatarios de la información. Los estados financieros previstos por el Plan General de Contabilidad, son tres: Balance de situación, Cuenta de Pérdidas y ganancias y Memoria.

La Memoria consiste en una serie de ampliaciones puntuales a la información contenida en el Balance de Situación y en la cuenta de Pérdidas y ganancias.

5.ª Normas de valoración.

La parte quinta, «***Normas de valoración***», reúne un conjunto de criterios y procedimientos, que completan el sistema de principios contables contenidos en la primera parte del Plan. Porque hemos de señalar que muchos de esos principios contables tienen proyección hacia la valoración exigida por el proceso contable en todas sus fases.

Dejamos para el capítulo siguiente el estudio de los principios y de las normas de valoración y entramos a continuación a exponer algunas cuestiones fundamentales del Cuadro de cuentas, de las definiciones contables y de las Cuentas anuales.

10.8. CUADRO DE CUENTAS

Las cuentas y su clasificación sistemática en siete grupos.

Las cuentas que hemos empleado hasta ahora pertenecen al PGC. Ellas, y otras que aún no hemos utilizado, se recogen sistemáticamente en el PGC, debidamente agrupadas y codificadas.

Todas las cuentas de Contabilidad General se integran en siete grupos, con sus correspondientes subgrupos, que contienen a su vez, las cuentas que normalmente aparecen en el proceso contable.

10.8.1. LOS GRUPOS DE CUENTAS

Los grupos de cuentas.

El Plan General de Contabilidad prevé los siguientes ***grupos de cuentas***:

GRUPOS DE CUENTAS

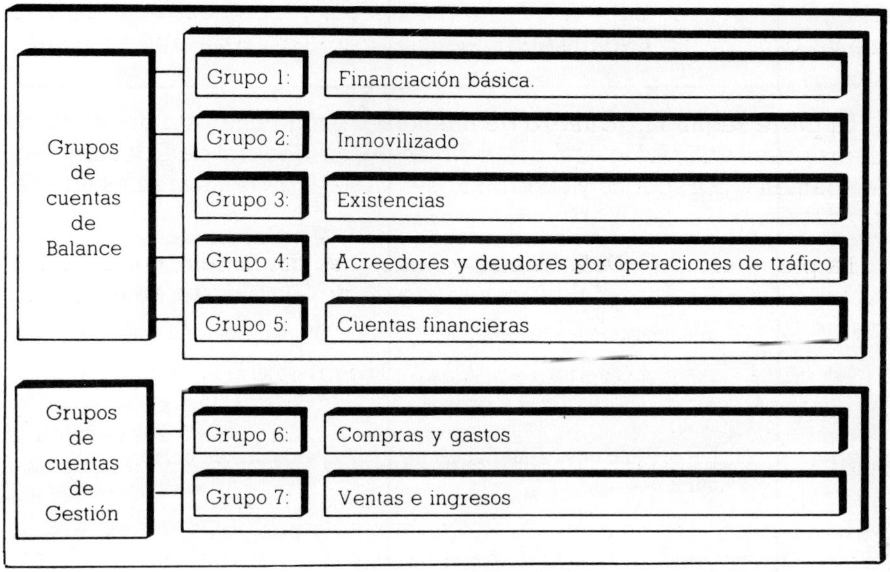

Cuadro 10.2

Los grupos aparecen así como los grandes conjuntos de cuentas, caracterizados por unos rasgos económicos y contables semejantes, aunque algunos de los grupos, como veremos después, tienen una cierta heterogeneidad.

Los cinco primeros grupos contienen cuentas que pueden incidir en el Balance, mientras que los dos últimos grupos contienen cuentas denominadas de gestión, que inciden en la cuenta anual de Pérdidas y ganancias.

10.8.2. LOS SUBGRUPOS Y LAS CUENTAS

Los subgrupos, las cuentas principales y las subcuentas.

Dentro de cada grupo de cuentas, identificado por una cifra, se encuentran encuadrados los subgrupos, que vienen a ser subconjuntos de cuentas, identificados con dos cifras. Los diferentes grupos del PGC se muestran en el Cuadro 10.3.

Cada subgrupo incluye a su vez las cuentas principales (identificadas por tres cifras). Y, todavía, algunas de estas cuentas se desagregan en cuentas subdivisionarias de las cuentas principales (identificadas, las subdivisionarias, por cuatro cifras).

GRUPO 1 Financiación básica	GRUPO 2 Inmovilizado	GRUPO 3 Existencias
10. Capital	20. Gastos de establecimiento	30. Comerciales
11. Reservas	21. Inmovilizaciones inmateriales	31. Materias primas
12. Resultados pendientes de aplicación	22. Inmovilizaciones materiales	32. Otros aprovisionamientos
13. Ingresos a distribuir en varios ejercicios	23. Inmovilizaciones materiales en curso	33. Productos en curso
14. Provisiones para riesgos y gastos	24. Inversiones financieras en empresas del grupo y asociadas	34. Productos semiterminados
15. Empréstitos y otras emisiones análogas	25. Otras inversiones financieras permanentes	35. Productos terminados
16. Deudas a largo plazo con empresas del grupo y asociadas	26. Fianzas y depósitos constituidos a largo plazo	36. Subproductos, residuos y materiales recuperados
17. Deudas a largo plazo por préstamos recibidos y otros conceptos	27. Gastos a distribuir en varios ejercicios	37. ...
18. Fianzas y depósitos recibidos a largo plazo	28. Amortización acumulada del inmovilizado	38. ...
19. Situaciones transitorias de financiación	29. Provisiones de inmovilizado	39. Provisiones por depreciación de existencias
GRUPOS DE CUENTAS DE BALANCE		

Cuadro 10.3

GRUPO 4 **Acreedores y deudores por operaciones de tráfico**	**GRUPO 5** **Cuentas financieras**	**GRUPO 6** **Compras y gastos**	**GRUPO 7** **Ventas e ingresos**
40. Proveedores	50. Empréstitos y otras emisiones análogas a corto plazo	60. Compras	70. Ventas de mercaderías, de producción propia, de servicios, etc.
41. Acreedores varios	51. Deudas a corto plazo con empresas del grupo y asociadas	61. Variación de existencias	71. Variación de existencias
42. ...	52. Deudas a corto plazo por préstamos recibidos y otros conceptos	62. Servicios exteriores	72. ...
43. Clientes	53. Inversiones financieras a corto plazo en empresas del grupo y asociadas	63. Tributos	73. Trabajos realizados para la empresa
44. Deudores varios	54. Otras inversiones financieras temporales	64. Gastos de personal	74. Subvenciones a la explotación
45. ...	55. Otras cuentas no bancarias	65. Otros gastos de gestión	75. Otros ingresos de gestión
46. Personal	56. Fianzas y depósitos recibidos y constituidos a corto plazo	66. Gastos financieros	76. Ingresos financieros
47. Administraciones Públicas	57. Tesorería	67. Pérdidas procedentes del inmovilizado y gastos excepcionales	77. Beneficios procedentes del inmovilizado e ingresos excepcionales
48. Ajustes por periodificación	58. Ajustes por periodificación	68. Dotaciones para amortizaciones	78. ...
49. Provisiones por operaciones de tráfico	59. Provisiones financieras	69. Dotaciones a las provisiones	79. Excesos y aplicaciones de provisiones
GRUPOS DE CUENTAS DE BALANCE		GRUPO DE CUENTAS DE GESTION	

Cuadro 10.3 (*continuación*)

Un ejemplo.

Tomemos un ejemplo que aparece en el Cuadro 10.4. Dentro del Grupo 2. Inmovilizado, se inscriben diferentes subgrupos, entre los que se encuentra el 28. Amortización acumulada del inmovilizado. La primera cifra a la izquierda indica que estamos en el segundo grupo.

A su vez, en este subgrupo 28. Amortización acumulada del inmovilizado existen dos cuentas principales: las dos primeras cifras de la izquierda nos indican el subgrupo al que pertenece la cuenta.

Grupo (una cifra)	Subgrupos (dos cifras)	Cuentas principales (tres cifras)	Cuentas subdivisionarias (cuatro cifras)
2. Inmovilizado	20. Gastos de establecimiento 21. Inmovilizaciones inmateriales 22. Inmovilizaciones materiales 28. Amortización acumulada del inmovilizado		
		281. Amortización acumulada del inmovilizado inmaterial 282. Amortización acumulada del inmovilizado material	
			2821. Amortización acumulada de construcciones 2822. Amortización acumulada de instalaciones técnicas 2823. Amortización acumulada de maquinaria 2824. Amortización acumulada de utillaje 2825. Amortización acumulada de otras instalaciones 2826. Amortización acumulada de mobiliario 2827. Amortización acumulada de equipos para procesos de información 2828. Amortización acumulada de elementos de transporte 2829. Amortización acumulada de otro inmovilizado material

Cuadro 10.4

Por último, pasando a otro desarrollo, nos encontramos con cuentas subdivisionarias. Una de ellas es la 2821. Amortización acumulada de construcciones, cuyas tres primeras cifras por la izquierda nos manifiestan la cuenta principal en la que está encuadrada.

Otro ejemplo lo mostramos en el Cuadro 10.5.

Grupo (una cifra)	**Subgrupos (dos cifras)**	**Cuentas principales (tres cifras)**	**Cuentas subdivisionarias (cuatro cifras)**
4. Acreedores y deudores por operaciones de tráfico	40. Proveedores 41. Acreedores varios 43. Clientes	430. Clientes	4300. Clientes (ptas.) 4304. Clientes (moneda extranjera) 4309. Clientes, facturas pendientes de formalizar

Cuadro 10.5

La empresa puede elegir emplear subcuentas en lugar de cuentas principales.

En los asientos del Diario y del Mayor, la empresa elige las cuentas que utilizan. Por ejemplo:

— Puede emplear la cuenta principal 282. Amortización acumulada del inmovilizado material o la subcuenta 2821. Amortización acumulada de construcciones; la empresa elige entre ellas.
— Asimismo puede emplear la cuenta principal 430. Clientes, o bien emplear sus cuentas subdivisionarias: 4300. Clientes (ptas.), 4304. Clientes (moneda extranjera) y 4309. Clientes, facturas pendientes de formalizar. Nosotros emplearemos estas cuentas subdivisionarias, ya que son de un contenido muy distinto.

10.9. DEFINICIONES Y RELACIONES CONTABLES

10.9.1. IDEA GENERAL

El PGC se ocupa de dar, en esta parte, las definiciones de todos los grupos de cuentas y de un buen número de subgrupos, cuentas principales y cuentas subdivisionarias. En muchos casos más que definiciones rigurosas, el PGC se conforma con dar una idea del contenido.

Asimismo incluye explicaciones sobre las relaciones contables en que intervienen las distintas cuentas, es decir, entra en detalles sobre motivos de cargos y motivos de abono de esas cuentas.

10.9.2. CONTENIDO DE LOS GRUPOS DE CUENTAS

En esta visión general del PGC vamos a centrarnos en los grupos de cuentas, es decir, en los grandes conjuntos de cuentas previstos en él.

10.9.2.1. Grupo 1: Financiación básica

Contenido.

Comprende dos componentes bien diferentes:

— Los recursos obtenidos por la empresa, destinados, en general, a financiar el activo permanente y a cubrir un margen razonable del circulante. Esta componente se define por el destino de los recursos.
— Los ingresos a distribuir en varios ejercicios, las acciones propias y otras situaciones transitorias de financiación básica.

Observaciones.

Nos parece conveniente hacer algunas observaciones:

En primer lugar, puede considerarse que la primera componente de este grupo abarca la financiación ajena a largo plazo: por ejemplo, préstamos a largo plazo o acreedores a largo plazo.

El largo plazo empieza a partir del año. Es decir, que, por ejemplo, un préstamo a corto plazo es aquel que ha de devolverse dentro de un año o antes de ese límite, y un préstamo a largo plazo es aquel que ha de devolverse después de un año.

En segundo lugar, hay que destacar que también abarca la financiación propia, es decir, las aportaciones de los socios y los beneficios que deciden bajar en la empresa: por ejemplo, Capital, Reservas y también la cuenta 129. Pérdidas y ganancias.

Contenido.

10.9.2.2. Grupo 2: Inmovilizado

Está formado también por dos componentes distintas:

— Por los elementos patrimoniales que constituyen las inversiones permanentes de la empresa.
— Por los «gastos de establecimiento» y «los gastos a distribuir en varios ejercicios» cuya significación veremos en su momento.

Tipos de inmovilizado.

Se incluyen aquí, en definitiva, los siguientes tipos de inmovilizado:

Gastos de establecimiento.
Inmovilizaciones materiales.
Inmovilizaciones inmateriales.
Inmovilizaciones financieras.
Gastos a distribuir en varios ejercicios.

10.9.2.3. Grupo 3: Existencias

Contenido.

Se compone de mercaderías, materias primas, otros aprovisionamientos, productos en curso, productos semiterminados, productos terminados y subproductos, residuos y materiales recuperados.

No se da en el PGC una definición o una idea general de este grupo, sino que se enumeran los elementos que lo componen. Sin embargo, a este respecto, podemos decir que se incluyen en este grupo los bienes que pertenecen a la empresa y que o bien son objeto de venta sin transformación, como es el caso de las mercaderías, de los envases y de los embalajes, o bien se venden después de transformarse, como ocurre con las materias primas o materias auxiliares. Asimismo se encuadran en él los productos que están siendo objeto de transformación. **Referencia a los elementos que lo integran.**

10.9.2.4. Grupo 4: Acreedores y deudores por operaciones de tráfico

Según el PGC, son cuentas personales y efectos comerciales activos y pasivos, que tienen su origen en el tráfico de las empresas. **Contenido.**

Conviene aclarar algunas cuestiones en relación con este grupo: **Aclaraciones.**

1. Que cuando se habla del tráfico de la empresa, se hace referencia a la actividad normal de la empresa, a la actividad específica a la que se dedica. Encontramos así, por ejemplo, que unas empresas se dedican al comercio de muebles, otras a la fabricación de bebidas refrescantes, otras al asesoramiento fiscal.
2. Las cuentas personales recogen las deudas que contrae la empresa con diversos acreedores, como consecuencia de la realización de las actividades antes indicadas: entre ellas están las cuentas de Proveedores, Organismos de la Seguridad Social, la Hacienda Pública, etc. También reflejan las deudas con la empresa, derivadas de las operaciones de tráfico, tal es el caso de las cuentas de Clientes, o la Hacienda Pública, cuando resulta deudora a favor de la empresa.
3. Por efectos comerciales se entienden las letras de cambio que ha de cobrar la empresa —efectos comerciales activos— y las letras de cambio que ha de pagar la empresa —efectos comerciales pasivos—. La naturaleza del efecto comercial se deriva del hecho de estar ligado a una operación comercial, ya se gire la letra en el momento mismo de la venta o posteriormente.
4. En este grupo se recogen también los créditos y débitos señalados anteriormente, aunque tengan un vencimiento superior al año. Es decir, cuando aparece una deuda derivada de una compra de mercaderías, y su vencimiento es superior al año, no se adscribe al Grupo 1. Financiación básica, sino en el Grupo 4. Acreedores y deudores por operaciones de tráfico.

10.9.2.5. Grupo 5: Cuentas financieras

Abarca, de acuerdo con el PGC, los acreedores y deudores a plazo corto de operaciones ajenas de tráfico y medios líquidos disponibles. **Contenido.**

Para deslindar el contenido de este grupo interesa hacer algunas aclaraciones: **Aclaraciones.**

1. Recoge cuentas de acreedores y deudores, no incluidas en el grupo anterior, por ser operaciones ajenas al tráfico.

2. Aunque no lo dice expresamente, también se recogen en este grupo los efectos a cobrar a corto plazo, que no son de naturaleza comercial.

Ello implica que los préstamos a corto plazo pueden estar formalizados en letras de cambio o en otros documentos.

3. En este cuadro se incluyen las cuentas de Tesorería, es decir, las que registran los movimientos de los elementos patrimoniales líquidos, por ejemplo. Caja, Bancos c/c.

4. En este grupo encontramos la cuenta 550. Titular de la explotación. Sin embargo, entendemos que esta cuenta estaría mejor en el Grupo 1. Financiación básica. Ahí está en otros Planes de Cuentas y ahí estaba en el primer proyecto del nuevo Plan.

Contenido.

10.9.2.6. Grupo 6: Compras y gastos

De acuerdo con la definición del propio Plan General de Contabilidad, comprende dos apartados:

1. Aprovisionamientos en mercaderías y demás bienes, adquiridos por la empresa para revenderlos sin alterar su forma y sustancia o previo sometimiento a procesos industriales de adaptación, transformación o construcción.

2. Todos los gastos de ejercicio, incluida:

— la adquisición de servicios y de materiales consumibles,
— la variación de existencias, computada como diferencia entre las existencias iniciales y las existencias finales de mercaderías, materias primas y otros aprovisionamientos, y
— las pérdidas extraordinarias del ejercicio.

Subgrupos que lo integran.

La lista de subgrupos contribuirá a la aclaración del contenido de este grupo. Son los siguientes:

60. Compras
61. Variación de existencias
62. Servicios exteriores
63. Tributos
64. Gastos de personal
65. Otros gastos de gestión
66. Gastos financieros
67. Pérdidas procedentes del inmovilizado y gastos excepcionales
68. Dotaciones para amortizaciones
69. Dotaciones a las provisiones

En general, todas las cuentas del Grupo 6. Compras y gastos, se abonan al cierre del ejercicio con cargo a la cuenta 129. Pérdidas y ganancias.

Reclasificación de los subgrupos.

Estos subgrupos pueden refundirse en cuatro bloques:

— Gastos de explotación (todos, menos los que se indican a continuación).
— Gastos financieros.
— Pérdidas procedentes del inmovilizado y gastos excepcionales.
— Tributos.

10.9.2.7. Grupo 7: Ventas e ingresos

Contenido.

De conformidad con el Plan General de Contabilidad, comprende dos apartados:

1. Enajenación de bienes y prestación de servicios que son objeto de tráfico de la empresa.
2. Los demás ingresos del ejercicio: entre los que hallamos:

— la variación de existencias, computada como diferencia entre las existencias iniciales y las existencias finales de productos en curso, productos semiterminados, productos terminados, subproductos, residuos y materiales recuperados, y
— los beneficios extraordinarios del ejercicio.

Subgrupos que lo integran.

La relación completa de subgrupos nos ayudará a entender mejor el contenido de este grupo. Son los siguientes:

70. Ventas de mercaderías, de producción propia, de servicios, etc.
71. Variación de existencias
73. Trabajos realizados para la empresa
74. Subvenciones a la explotación
75. Otros ingresos de gestión
76. Ingresos financieros
77. Beneficios procedentes del inmovilizado e ingresos excepcionales
78. Excesos y aplicaciones de provisiones

Reclasificación de los subgrupos.

Estos subgrupos realmente pueden clasificarse en tres bloques:

— Ingresos de explotación (todos los subgrupos, menos los dos siguientes).
— Ingresos financieros.
— Beneficios procedentes del inmovilizado e ingresos excepcionales.

En general, todas las cuentas del Grupo 7. Compras y gastos, se cargan al cierre del ejercicio con abono a la cuenta 129. Pérdidas y ganancias.

10.10. LAS CUENTAS ANUALES

Comunicación de la información.

Sabemos que la Contabilidad ha de preocuparse de la comunicación de la información que elabora, para que sea conocida por aquellas personas a las que va dirigida.

A este respecto hay que llamar la atención sobre el hecho de que, por ejemplo, los accionistas de una sociedad anónima no tienen acceso directo a los libros de Contabilidad. Sin embargo, tienen derecho a conocer unas síntesis de su contenido, en la que está incluida la información que necesitan.

A veces se llaman estados financieros.

Por todo ello, el PGC dedica esta parte a estas síntesis sistemáticas de información, a las que aplica el nombre genérico de Cuentas anuales. Realmente no son cuentas, sino estados o documentos contables que reúnen la información que se encuentra contenida en las cuentas, además de unas explicaciones complementarias.

Cuentas anuales.

El Plan General de Contabilidad prevé las siguientes Cuentas anuales:

1. El Balance de situación.
2. La cuenta de Pérdidas y ganancias.
3. La memoria.

10.11. EL BALANCE

La Cuenta anual que muestra el patrimonio de la empresa es el Balance. A ella nos vamos a referir a continuación.

10.11.1. LAS CUENTAS DE BALANCE

Las denominadas cuentas de balance.

La división de la empresa en los grupos a que hemos hecho referencia, facilita la preparación del Balance. Las cuentas que pertenecen a los cinco primeros grupos de cuentas suelen recibir el nombre de cuentas de balance, porque su saldo al final del ejercicio, una vez que se ha procedido a la regularización, va a incidir en el Balance de la empresa.

Ejemplos.

Así, por poner algunos ejemplos, las cuentas:

102. Capital
226. Mobiliario
300. Existencias de mercaderías
401. Proveedores, efectos comerciales a pagar
570. Caja, ptas.

son cuentas de balance.

Conviene llamar la atención sobre otras cuentas, pertenecientes a estos primeros cinco grupos, y que también son cuentas de balance. Por ejemplo, las cuentas que intervienen en los ajustes por periodificación:

480. Gastos anticipados
485. Ingresos anticipados
580. Intereses pagados por anticipado
585. Intereses cobrados por anticipado

O las cuentas compensadoras de activo:

281. Amortización acumulada del inmovilizado inmaterial
282. Amortización acumulada del inmovilizado material.

10.11.2. LA PRESENTACION DEL BALANCE

Los dos modelos de Balance del PGC.

El Balance es susceptible de ser presentado de muy diversas formas. A ellas nos vamos a referir ahora, empezando por la más sencilla.

10.11.2.1. La presentación inmediata del Balance

La forma más sencilla de mostrar las cuentas en el Balance es haciéndolas figurar directamente una tras de otra, tal y como aparecen en el Mayor, y ordenadas de acuerdo con su código. En el Activo aparecerían las cuentas con saldo deudor y en el Pasivo las cuentas con saldo acreedor. Por ejemplo, LA ZAPATILLA PRODIGIOSA muestra este Balance:

Balance de LA ZAPATILLA PRODIGIOSA 31 de diciembre de 19X9 (en miles de pesetas)

ACTIVO		PASIVO	
226. Mobiliario	2.000	102. Capital	5.000
300. Existencias de mercaderías	3.400	282. Amortización acumulada del inmovilizado material	500
480. Gastos anticipados	400	401. Proveedores, efectos comerciales a cobrar	1.200
570. Caja, ptas.	1.200	585. Intereses cobrados por anticipado	300
Total Activo	7.000	Total Pasivo	7.000

A efectos didácticos, mientras no se indica otra cosa, esta es la forma mas asequible y sencilla de Balance.

10.11.2.2. El modelo de Balance abreviado

No obstante, el Balance suele revestir un formalismo especial. El PGC recoge dos modelos: uno pensado para las empresas grandes y para cierto tipo de sociedades y otro pensado para el resto de las empresas, entre las que se encuentran básicamente las pequeñas empresas individuales. El Cuadro 10.6 muestra este modelo, que recibe el nombre de Balance abreviado.

BALANCE

N.º de cuentas	ACTIVO	Ejercicio N	Ejercicio N-1
190, 191, 192, 193, 194, 195, 196	**A) Accionistas (socios) por desembolsos no exigidos**		
	Total A		
	B) Inmovilizado		
20	I. Gastos de establecimiento		
21, (281), (291)	II. Inmovilizaciones inmateriales		
22, 23, (282), (292)	III. Inmovilizaciones materiales		
240, 241, 242, 243, 244, 245, 246, 247, 250, 251, 252, 253, 254, 256, 257, 258, 26, (293), (294), (295), (296), (297), (298)	IV. Inmovilizaciones financieras		
198	V. Acciones propias		
	Total B		
27	**C) Gastos a distribuir en varios ejercicios**		
	Total C		
	D) Activo circulante		
558	I. Accionistas por desembolsos exigidos		
30, 31, 32, 33, 34, 35, 36, (39), 407	II. Existencias		
430, 431, 432, 433, 435, (436), 44, 460, 470, 471, 472, 473, 474, (490), (493), (494), 544, 551, 552, 553	III. Deudores		
53, 540, 541, 542, 543, 545, 546, 547, 548, (549), 565, 566, (59)	IV. Inversiones financieras temporales		
57	V. Tesorería		
480, 580	VI. Ajustes por periodificación		
	Total D		
	TOTAL GENERAL (A+B+C+D)		

Cuadro 10.6

ABREVIADO

N.º de cuentas	PASIVO	Ejercicio N	Ejercicio N-1
190, 191, 192, 193, 194,	**A) Fondos propios**		
10	I. Capital suscrito		
110	II. Prima de emisión		
111	III. Reserva de revalorización		
112, 113, 114, 115, 116, 117, 118	IV. Reservas		
120, (121), 122	V. Resultados de ejercicios anteriores		
129	VI. Pérdidas o ganancias (beneficio o pérdida)		
(557)	VII. Dividendo a cuenta entregado en el ejercicio		
	Total A		
13	**B) Ingresos a distribuir en varios ejercicios**		
	Total B		
14	**C) Provisiones para riesgos y gastos**		
	Total C		
15, 16, 17, 18, 248, 249, 259	**D) Acreedores a largo plazo**		
	Total D		
400, 401, 402, 403, (406), 41, 437, 465, 475, 476, 477, 479, 485, 499, 50, 51, 52, 551, 552, 553, 555, 556, 560, 561, 585	**E) Acreedores a corto plazo**		
	Total E		
	TOTAL GENERAL (A+B+C+D+E)		

Cuadro 10.6 *(continuación)*

Características del modelo abreviado:

Observando el Balance abreviado del Cuadro 10.6 podemos destacar las siguientes características:

1.ª Estructura del Balance.

En primer lugar, es un Balance en forma de cuenta, es decir, aparecen en él, a la izquierda el Activo y a la derecha el Pasivo y Neto. Y dentro de cada uno de estos lados vemos una serie de grandes apartados, acerca de algunos de los cuales vamos a hacer algunas precisiones:

• Apartados del Activo.

Dentro del Activo comprobamos la existencia de los siguientes apartados:

El apartado B) Inmovilizado, que, como sabemos, incluye los elementos patrimoniales del Activo que tienen como destino servir de una manera duradera a la actividad de la empresa.

Por el contrario, el apartado D) Activo circulante, incluye aquellos elementos patrimoniales que permanecen un período corto de tiempo en la empresa. Por ejemplo, si nos fijamos en una frutería comprobaremos que a diario va haciendo pedidos, y el género va rotando, y las deudas de los clientes también duran poco tiempo.

Además hay otros dos apartados del Activo en los que no nos vamos a detener ahora.

• Apartados del Pasivo.

Dentro del Pasivo, al otro lado del Balance, están los siguientes apartados:

El apartado A) Fondos propios, que están integrados por los elementos más destacados del Neto patrimonial. Ahí se incluye el capital y las reservas principalmente.

El apartado D) Acreedores a largo plazo, abarca las obligaciones que tiene la empresa para con terceras personas a más de un año.

El apartado E) Acreedores a corto plazo, contiene las obligaciones de la empresa para con terceras personas a un año a menos de un año.

También existen otros apartados en el Pasivo, en los que tampoco vamos a entrar ahora.

2.ª Datos de dos períodos.

Una segunda característica que podemos observar en el modelo de Balance abreviado del Cuadro 10.6, es que hay una columna reservada para poner las cantidades relativas al ejercicio N, que es al que se refiere el Balance, y otra columna reservada para las cantidades del ejercicio anterior, el N-1.

3.ª Las partidas del Balance y las cuentas.

Y una tercera característica es que no figuran directamente las cuentas, sino que éstas integran una serie de partidas más amplias. Interviene así el concepto de partida como elemento básico fundamental de los estados financieros. En el Cuadro 10.6 podemos ver cuales son las cuentas cuyos saldos pasan a determinar, por ejemplo, la partida III. Inmovilizaciones materiales, lo dejamos patente a continuación.

Partidas del Balance	Saldos de cuentas que abarca
B) Inmovilizado: III. Inmovilizaciones materiales	Saldos de todas las cuentas del subgrupo 22. Inmovilizaciones materiales y del subgrupo 23. Inmovilizaciones materiales en curso. Y aparecerán restando los saldos de las cuentas: — 282. Amortización acumulada del inmovilizado material. — 292. Provisiones por depreciación del inmovilizado material.

Conviene advertir que si la empresa lo desea es libre de hacer una subdivisión más detallada de las partidas del modelo oficial. Y de acuerdo con ello, si la empresa es pequeña y con pocas cuentas, puede mostrarlas todas en el Balance.

Más sobre la relacción entre cuentas y partidas.

Ampliaremos operativamente esta referencia a las partidas del Balance, empezando por detenernos en la relación que existe entre cuentas del libro Mayor y las partidas de los estados financieros. Lo podemos ver ahora con cada una de las cuentas a que hemos hecho referencia anteriormente en nuestro supuesto:

Cuenta	Partidas del Balance	Observaciones
102. Capital	I. Capital suscrito	• Cuando el modelo se refiere a 10, está indicando que abarca todas las cuentas de ese subgrupo 10. Capital, es decir, todas las cuentas cuyo código empieza por 10, como es el caso de la cuenta 102. Capital.
226. Mobiliario	III. Inmovilizaciones materiales	• Lo mismo que en el caso anterior, cuando el modelo se refiere a 22, está indicando que abarca todas las cuentas de ese subgrupo 22. Inmovilizaciones materiales, es decir, todas las cuentas cuyo código empieza por 22, como es el caso de la cuenta 226. Mobiliario.
300. Existencias de mercaderías	II. Existencias	
401. Proveedores, efectos comerciales a pagar	E) Acreedores a corto plazo	
570. Caja, ptas.	V. Tesorería	• Valen a estos efectos las mismas observaciones anteriores, ya que en el cuadro del Balance abreviado aparece mencionado el subgrupo 57. Tesorería.
480. Gastos anticipados	VI. Ajustes por periodificación	
485. Ingresos anticipados	E) Acreedores a corto plazo	
580. Intereses pagados por anticipado	VI. Ajustes por periodificación	

585. Intereses cobrados por anticipado	E) Acreedores a corto plazo	
281. Amortización acumulada del inmovilizado inmaterial	II. Inmovilizaciones inmateriales	• Al aparecer el código de la cuenta entre paréntesis, en el modelo de Balance abreviado, quiere decir que va restando. Véase que figura (281).
282. Amortización acumulada del inmovilizado material	II. Inmovilizaciones materiales	• Al aparecer el código de la cuenta entre paréntesis, en el modelo de Balance abreviado, quiere decir que va restando. Véase que figura (282).

Aplicación del modelo de Balance.

Puede ocurrir que hayamos empleado alguna cuenta subdivisionaria de una cuenta principal, y ésta, la principal, sea la que figura en el modelo de Balance abreviado. Por ejemplo, si hubiéramos utilizado la cuenta 4000. Proveedores (ptas.), comprobaremos que en el modelo del Cuadro 10.6 figura la cuenta principal 400. En este caso, igual que las cuentas principales, como hemos visto, se incluyen en la partida en la que se hace referencia al subgrupo, las cuentas subdivisionarias se incluyen donde se hace referencia a la cuenta principal correspondiente.

Si presentamos el Balance de LA ZAPATILLA PRODIGIOSA de esta manera, tendremos:

Balance de LA ZAPATILLA PRODIGIOSA **Año 19X9** **(en miles de pesetas)**

ACTIVO			**PASIVO Y NETO**		
B) Inmovilizado			**A) Fondos propios**		
III. Inmovilizaciones materiales	1.500	1.500	I. Capital suscrito	5.000	5.000
D) Activo circulante			**E) Acreedores a corto plazo**		1.500
II. Existencias	3.400				
V. Tesorería	1.200				
VI. Ajustes por periodificación	400	5.000			
TOTAL GENERAL		6.500	**TOTAL GENERAL**		6.500

Totales parciales

En el modelo de Balance (Cuadro 10.6) puede prescindirse de los renglones de totales parciales.

10.12. LA CUENTA DE PERDIDAS Y GANANCIAS

La cuenta de Pérdidas y ganancias muestra el resultado de la empresa, distinguiendo diferentes tipos del mismo.

10.12.1. LAS CUENTAS DE GESTION

A la hora de preparar la cuenta de Pérdidas y ganancias hemos de considerar que al lado de las cuentas de balance a que nos acabamos de referir existen las denominadas cuentas de gestión, que pertenecen a los Grupos 6. Compras y gastos, y 7. Ventas e ingresos.

Las denominadas cuentas de gestión.

Entre las cuentas de Compras y gastos podemos fijarnos en las siguientes:

600. Compras de mercaderías
608. Devoluciones de compras y operaciones similares
610. Variación de existencias de mercaderías
621. Arrendamientos y cánones
630. Impuesto sobre beneficios
640. Sueldos y salarios
642. Seguridad Social a cargo de la empresa
6632. Intereses de deudas a corto plazo con entidades de crédito
671. Pérdidas procedentes del inmovilizado material
682. Amortización del inmovilizado material

Y entre las cuentas de Ventas e ingresos cabe mencionar, entre otras:

700. Ventas de mercancías
709. «Rappels» sobre ventas
7633. Ingresos de créditos a corto plazo a otras empresas
778. Ingresos extraordinarios

Como sabemos, todas estas cuentas, tanto las del Grupo 6. Compras y gastos, como las del Grupo 7. Ventas e ingresos, se saldan al final del ejercicio con la cuenta 129. Pérdidas y ganancias.

10.12.2. LA PRESENTACION INMEDIATA DE LA CUENTA DE PERDIDAS Y GANANCIAS

La forma más sencilla e inmediata de la cuenta de Pérdidas y ganancias consiste en trasladar los saldos de las cuentas de gestión a una cuenta en la que aparezcan a un lado las cuentas de gestión del Grupo 6. Compras y gastos, y al otro lado las cuentas de gestión del Grupo 7. Ventas e ingresos.

Cuadro 10.7

CUENTA DE PERDIDA
EJER

N.º de cuentas	DEBE	Ejercicio N	Ejercicio N-
	A) GASTOS		
60, 61*, 71*	1. Consumos de explotación		
	2. Gastos de personal		
640, 641	a) Sueldos, salarios y asimilados		
642, 643, 649	b) Cargas sociales		
68	3. Dotaciones para amortizaciones de inmovilizado		
650, 693, 694, 695, (793), (794), (795)	4. Variación de las provisiones de tráfico y pérdidas de créditos incobrables		
62, 631, 634, (636), (639), 651, 659, 690	5. Otros gastos de explotación		
	I. BENEFICIOS DE EXPLOTACION (B1-A1-A2-A3-A4-A5)		
	6. Gastos financieros y gastos asimilados por:		
6610, 6615, 6620, 6630, 6640, 6650	a) Deudas con empresas del grupo		
6611, 6616, 6621, 6631, 6641, 6651	b) Deudas con empresas asociadas		
6613, 6618, 6622, 6623, 6632, 6633, 6643, 6653, 669	c) Otras deudas		
666, 667	d) Pérdidas de inversiones financieras		
6963, 6965, 6966, 697, 698, 699, (7963), (7965), (7966), (797), (798), (799)	7. Variación de las provisiones de inversiones financieras		
668	8. Diferencias negativas de cambio		
	II. RESULTADOS FINANCIEROS POSITIVOS (B2+B3-A6-A7-A8)		
	III. BENEFICIOS DE LAS ACTIVIDADES ORDINARIAS (AI+AII-BI-BII)		
691, 692, 6960, 6961, (791), (792), (7960), (7961)	9. Variación de las provisiones de inmovilizado inmaterial y material y cartera de control		
670, 671, 672, 673	10. Pérdidas procedentes del inmovilizado inmaterial, material y cartera de control		
674	11. Pérdidas por operaciones con acciones y obligaciones propias		
678	12. Gastos extraordinarios		
679	13. Gastos y pérdidas de otros ejercicios		
	IV. RESULTADOS EXTRAORDINARIOS POSITIVOS (B4+B5+B6+B7+B8-A9-A10-A11-A12-A13)		
	V. BENEFICIOS ANTES DE IMPUESTOS (AIII+AIV-BIII-BIV)		
630*, 633, (638)	14. Impuesto sobre sociedades		
----	15. Otros impuestos		
	VI. RESULTADO DEL EJERCICIO (BENEFICIOS) (AV-A14-A15)		

* Con signo positivo o negativo según su saldo.

GANANCIAS ABREVIADA

IO ....

N.º de cuentas	HABER	Ejercicio N	Ejercicio N-1
	B) INGRESOS		
	1. Ingresos de explotación		
0	a) Importe neto de la cifra de negocios		
'3, 74, 75, 790	b) Otros ingresos de explotación		
	I. PERDIDAS DE EXPLOTACION (A1+A2+A3+A4+A5-B1)		
	2. Ingresos financieros		
600, 7610, 7620, 630, 7650	a) En empresas del grupo		
601, 7611, 7621, 631, 7651	b) En empresas asociadas		
603, 7613, 7623, '633, 7653, 769	c) Otros		
66	d) Beneficios en inversiones financieras		
68	3. Diferencias positivas de cambio		
	II. RESULTADOS FINANCIEROS NEGATIVOS (A6+A7+A8-B2-B3)		
	III. PERDIDAS DE LAS ACTIVIDADES ORDINARIAS (BI+BII-AI-AII)		
'70, 771, 772, 773	4. Beneficios en enajenación de inmovilizado inmaterial, material y cartera de control		
'74	5. Beneficios por operaciones con acciones y obligaciones propias		
'75	6. Subvenciones de capital transferidas al resultado del ejercicio		
'78	7. Ingresos extraordinarios		
'79	8. Ingresos y beneficios de otros ejercicios		
	IV. RESULTADOS EXTRAORDINARIOS NEGATIVOS (A9+A10+A11+A12+A13-B4-B5-B6-B7-B8)		
	V. PERDIDAS ANTES DE IMPUESTOS (BIII+BIV+AIII-AIV)		
	VI. RESULTADOS DEL EJERCICIO (PERDIDAS) (BV+A14+A15)		

Por ejemplo, la tienda LA ZAPATILLA PRODIGIOSA presenta la siguiente cuenta de Pérdidas y ganancias que figura en el Cuadro 10.8.

Cuenta de Pérdidas y ganancias de LA ZAPATILLA PRODIGIOSA Año 19X9 (en miles de pesetas)

Debe		Haber	
600. Compras de mercaderías	11.700	700. Ventas de mercancías	17.400
610. Variación de existencias de mercaderías	600	709. «Rappels» sobre ventas	(800)
621. Arrendamientos y cánones	1.200	7633. Ingresos de créditos a corto plazo a otras empresas	1.000
630. Impuestos sobre beneficios	1.400	778. Ingresos extraordinarios	4.000
640. Sueldos y salarios	2.400		
642. Seguridad Social a cargo de la empresa	600		
6632. Intereses de deudas a corto plazo con entidades de crédito	500		
671. Pérdidas procedentes del inmovilizado material	400		
608. Devoluciones de compras y operaciones similares	(900)		
682. Amortización del inmovilizado material	300		
129. Pérdidas y ganancias (saldo acreedor)	3.400		
Total Debe	21.600	Total Haber	21.600

Cuadro 10.8

10.12.3. LA PRESENTACION DEL MODELO ABREVIADO DE LA CUENTA DE PERDIDAS Y GANANCIAS

Los dos modelos de cuentas de Pérdidas y ganancias del PGC.

El Plan General de Contabilidad ofrece también una cuenta de Pérdidas y ganancias normal y una abreviada, prevista especialmente para empresas que no limitan la responsabilidad, que normalmente son empresas pequeñas. Lo mostramos en el Cuadro 10.7.

Características del modelo abreviado:

Contemplando la cuenta de Pérdidas y ganancias que aparece en el Cuadro 10.7, interesa destacar algunas características:

1.ª El nombre de cuenta.

La primera es que quizá más que llamar a este documento cuenta habría que llamarlo estado contable, ya que hemos venido denominando cuentas a los cuadros, incluidos en el Mayor, representativos de los elementos patrimoniales. No obstante, a pesar de este posible confusionismo suele emplearse el nombre de cuenta.

2.ª Datos de dos períodos.

Una segunda característica, que podemos observar en el modelo de cuenta de Pérdidas y ganancias del Cuadro 10.7, es que hay una columna reservada para poner las cantidades relativas al ejercicio N, que es al que se refiere la cuenta y otra columna reservada para las cantidades del ejercicio anterior, el N-1.

3.ª Estructura de la cuenta de Pérdidas y ganancias.

La tercera característica es que esta cuenta de Pérdidas y ganancias presenta en el Debe las distintas partidas de gastos y en el Haber las distintas partidas de ingresos, estando cortada la relación de gastos e ingresos por los siguientes tipos de resultados que prevé el Plan General de Contabilidad:

— los beneficios (o pérdidas) de explotación
— los resultados financieros positivos (o negativos)
— los beneficios (o pérdidas) de las actividades ordinarias
— los resultados extraordinarios positivos (o negativos)
los beneficios (o pérdidas) antes de impuestos
— los beneficios (o pérdidas) del ejercicio.

Al referirse a las distintas partidas de gastos e ingresos, el modelo indica cuáles son las cuentas de Mayor que se incluyen en ellas. Asimismo va mostrando el modo de operar para conseguir los diferentes tipos de resultados.

4.ª Las partidas de la cuenta de Pérdidas y ganancias.

La cuarta característica, es que comprobamos, por tanto, que en la cuenta de Pérdidas y ganancias del Cuadro 10.7 incluye partidas que son agrupaciones de cuentas. Y esto nos permite establecer una relación entre las distintas cuentas de gestión de la cuenta de Pérdidas y ganancias del Cuadro 10.8 y las partidas del modelo de cuenta de Pérdidas y ganancias abreviada del Cuadro 10.7.

También aquí interesa advertir que, si la empresa lo desea, puede hacer una subdivisión más detallada de las partidas del modelo oficial. Y de acuerdo con ello, si la empresa es pequeña, y con pocas cuentas, puede mostrarlas todas en la cuenta de Pérdidas y ganancias.

Más sobre la relación entre cuentas y partidas.

Nos detenemos ahora para profundizar en el estudio operativo de la relación entre las partidas de la cuenta de Pérdidas y ganancias y las cuentas de gestión. Aplicándolo al supuesto de LA ZAPATILLA PRODIGIOSA, que hemos propuesto anteriormente, podemos elaborar un cuadro de relaciones:

Cuenta	Partida de la cuenta de Pérdidas y ganancias	Observaciones
600. Compras de mercaderías	1. Consumos de explotación	• Cuando el modelo se refiere a 60, está indicando que abarca todas las cuentas de ese subgrupo 60. Compras, es decir, todas las cuentas cuyo código empieza por 60, como es el caso de la cuenta 600. Compras de mercaderías.
608. Devoluciones de compras y operaciones similares	1. Consumos de explotación	• Aparece incluido dentro del subgrupo 60. Compras, si bien el saldo de esta cuenta intervendrá restando.
610. Variación de existencias de mercaderías	1. Consumos de explotación	• Si el saldo es deudor figurará con signo positivo, si el saldo fuera acreedor el signo sería negativo.
621. Arrendamientos y cánones	5. Otros gastos de explotación	• Lo hemos mencionado también como subgrupo 62. Servicios.
630. Impuestos sobre beneficios	14. Impuestos sobre sociedades	• Aquí se incluiría la parte del Impuesto sobre la Renta de las Personas Físicas que corresponde a la actividad empresarial.
640. Sueldos y salarios	a) Sueldos, salarios y asimilados	
642. Seguridad Social a cargo de la empresa	b) Cargas sociales	
6632. Intereses de deudas a corto plazo con entidades de crédito	c) Otras deudas	• Hay que entender que se refiere el modelo de cuenta de Pérdidas y ganancias a «Gastos financieros y gastos asimilados por otras deudas»
671. Pérdidas de inmovilizado material	10. Pérdidas procedentes del inmovilizado	
682. Amortización del inmovilizado material	3. Dotaciones para amortizaciones de inmovilizado	
700. Ventas de mercancías	a) Importe neto de la cifra de negocios	• Se incluye en el modelo en esta partida el subgrupo 70. Ventas de mercaderías, de producción propia, de servicios, etc.
709. «Rappels» sobre ventas	a) Importe neto de la cifra de negocios	• Se incluye en el modelo en esta partida el subgrupo 70. Ventas de mercaderías, de producción propia, de servicios, etc., aunque intervendrá restando.
7633. Ingresos de créditos a corto plazo otras empresas	c) Otros	• Hay que entender que esta partida es: Otros ingresos financieros.
778. Ingresos extraordinarios	7. Ingresos extraordinarios	

Cuadro 10.9

Así podemos llegar a la cuenta de Pérdidas y ganancias abreviada, que muestra el Cuadro 10.10.

Aplicación del modelo de cuenta de Pérdidas y ganancias.

Cuenta de Pérdidas y ganancias abreviada de LA ZAPATILLA PRODIGIOSA **Año 19X9** **(en miles de pesetas)**

DEBE			HABER	
A) GASTOS			B) INGRESOS	
1. Consumos de explotación		11.400	1. Ingresos de explotación	
2. Gastos de personal			a) Importe neto de la cifra de negocios	16.600
a) Sueldos y salarios y asimilados	2.400			
b) Cargas sociales:	600	3.000		
3. Dotaciones para amortizaciones de inmovilizado		300		
Otros gastos de explotación		1.200		
I. BENEFICIOS DE EXPLOTACION: (16.600 – 11.400 – 3.000 – 300 – 1.200)		700		
6. Gastos financieros por: c) Otras deudas		500	2. Ingresos financieros: c) Otros	1.000
II. RESULTADOS FINANCIEROS POSITIVOS: (1.000 – 500)		500		
10. Pérdidas procedentes del inmovilizado inmaterial, material y cartera de control		400	7. Ingresos extraordinarios	4.000
III. RESULTADOS EXTRAORDINARIOS POSITIVOS: (4.000 – 400)		3.600		
IV. BENEFICIOS ANTES DE IMPUESTOS: (700 + 500 + 3.600)		4.800		
14. Impuesto sobre sociedades		1.400		
III. BENEFICIO DEL EJERCICIO: (4.800 – 1.400)		3.400		

Cuadro 10.10

10.12.4. LA MEMORIA

A las dos Cuentas anuales que ya hemos visto: el Balance y la cuenta de Pérdidas y ganancias, hemos de añadir, como tercera cuenta, la memoria.

10.12.4.1. Significación de la memoria

La memoria y las dos vías de su aparición.

El Plan General de Contabilidad considera la memoria como la tercera Cuenta anual. La memoria ha sido el punto de encuentro de dos líneas de avance:

Por un lado, se venía produciendo una proliferación de notas al Balance y a la cuenta de Pérdidas y ganancias, que se colocaban inmediatamente después de él dando explicaciones y ampliando lo que aparecía en estas dos Cuentas anuales.

Por otro lado, la moderna tecnología de la información permite la obtención de muchos datos, más o menos relacionados con las partidas del Balance y de la cuenta de Pérdidas y ganancias. Así nace el sistema de información empresarial, del que forma parte la propia contabilidad.

La memoria, a nuestro modo de ver, ha conectado con la vía de las notas al Balance y con la vía del sistema de información empresarial. Y, en definitiva, la memoria complementa la información que figura en el Balance y en la cuenta de Pérdidas y ganancias, para conseguir una información más completa de la realidad económica de las empresas actuales.

Razones que justifican la memoria.

El Plan General de Contabilidad apunta las razones que demandan la existencia de la memoria, situando entre ellas:

— La complejidad que hoy ofrecen muchas operaciones empresariales.
— Los cambios, a veces profundos, que se producen en la estructura económica y financiera de la empresa.
— La solicitud propia del mundo moderno de información detallada y dinámica.

También para la memoria existe una versión abreviada, especialmente pensada para empresas pequeñas.

10.12.4.2. Forma y contenido de la memoria

No hay modelo de memoria en el PGC.

No podemos presentar unos modelos de memoria semejantes a los del Balance o de la cuenta de Pérdidas y ganancias. Todavía no se ha preparado un modelo de memoria. Por eso podríamos llamar al Balance y a la cuenta de Pérdidas y ganancias, estados contables formalizados y a la memoria, estado contable no formalizado. Nos circunscribimos ahora a la memoria abreviada.

Contenido de la memoria.

Si bien no existe un modelo de memoria, si está previsto su contenido mínimo. De acuerdo con el Plan General de Contabilidad la memoria abreviada ha de incluir:

1. Actividad de la empresa.

2. Las bases para la presentación de las Cuentas anuales. Han de referirse a:

   — la imagen fiel y los principios contables, de los que hablaremos después, y
   — ciertas normas para poder comparar las cantidades de los dos períodos sucesivos que aparecen en el Balance y en la cuenta de Pérdidas y ganancias.

3. Distribución de los resultados. La memoria ha de ofrecer una propuesta de distribución de los beneficios.
4. Normas de valoración de los distintos elementos patrimoniales que haya aplicado la empresa. Hay que tener presente que el Plan General de Contabilidad permite a veces que la empresa elija entre distintas alternativas de valoración de los elementos patrimoniales.
5. Activo inmovilizado. Análisis del movimiento durante el ejercicio de las partidas de activo inmovilizado.
6. Capital social. Número y valor nominal de las acciones.
7. Deudor. Importe global de las deudas de la empresa.
8. Empresas del grupo y asociadas. Denominación y domicilio de las empresas en que la sociedad posea, directa o indirectamente, como mínimo, el 3 % del capital para aquellas sociedades que coticen en bolsa y el 20 % para el resto. También se incluirá ciertos datos de estas empresas.
9. Gastos. Desglose de las «Cargas sociales» y de la «Variación de las provisiones de tráfico y pérdidas de créditos incobrables».
10. Otra información:

    Información sobre retribuciones de los administradores de las sociedades, así como sobre relaciones financieras y de pensiones que tengan reconocidas.
    Se incluirá cualquier otra información necesaria para facilitar la comprensión de las cuentas anuales presentadas, con el fin de que las mismas reflejen la imagen fiel del patrimonio, de la situación financiera y de los resultados.

Términos y expresiones clave explicados en este capítulo

Acreedores y deudores por operaciones de tráfico (10.9.2.4)
Balance (10.11)
Compras y gastos (10.9.2.6)
Contabilidad General (10.3) (10.4)
Contabilidad de Gestión (10.3)
Cuadro de cuentas (10.8)
Cuarta Directriz (10.5) (10.6)
Cuenta General de Resultados (10.2) (10.12)
Cuentas anuales (10.10)
Cuentas financieras (10.9.2.5)
Cuentas principales (10.8.2)
Cuentas subdivisionarias (10.8.2)
Definiciones y relaciones contables (10.9)
Existencias (10.9.2.3)
Financiación básica (10.9.2.1)
Grupos de cuentas (10.8.1) (10.9.2)
Inmovilizado (10.9.2.2.)
Instituto de Contabilidad y Auditoría de Cuentas (10.4)
Ley de Auditoría (10.6)
Ley de Sociedades Anónimas (10.6)
Memoria (10.12.4)
Normalización contable general (10.4)
Normas de valoración (10.7)
Plan General de Contabilidad (10.5)
Principios contables (10.7)
Responsables de la gestión (10.2)
Terceras personas interesadas en la información contable (10.2)
Ventas e ingresos (10.9.2.7)

CAPITULO

11

LOS PRINCIPIOS CONTABLES Y EL PLAN GENERAL DE CONTABILIDAD

OBJETIVOS DIDACTICOS DEL CAPITULO

A través del estudio de este capítulo se puede aprender:

1.° El significado de los principios generalmente admitidos.

2.° El principio de prudencia y su relación con los beneficios realizados y las pérdidas potenciales.

3.° El principio del precio de adquisición y su enlace con el problema de la inflación.

4.° El principio del devengo y su relación con los ajustes por periodificación.

5.° El principio de correlación de ingresos y gastos y su vinculación con el resultado.

6.° El principio de no compensación, visto tanto en el Balance de Situación como en la Cuenta General de Resultados.

7.° El principio de empresa en funcionamiento y sus derivaciones hacia la valoración.

8.° El principio de importancia relativa, de tanta significación para la práctica contable.

9.° El principio de uniformidad como requisito ineludible para la comparación de estados contables correspondientes a períodos distintos de tiempo.

10.° La imagen fiel como objetivo de la información contable y sus conexiones con los principios generalmente admitidos.

11.° La solución al problema de la competencia entre principios generales y el objetivo de la imagen fiel.

12.° Una referencia a las normas de valoración.

11.1. LOS PRINCIPIOS GENERALMENTE ADMITIDOS

Los principios aparecen como normas compartidas en la práctica.

Para empezar, podemos decir que ***los principios generalmente admitidos*** nacieron en contabilidad como unas listas de normas de general observación. Normas que se siguen casi por inercia, de una manera poco reflexiva, pero que se cumplen con gran fidelidad. Nosotros mismos, en lo que llevamos estudiado hasta ahora, hemos ido aplicando una serie de principios sin percatarnos de ello. Ahora ha llegado el momento de intentar identificarlos.

En nuestro caso, ya hemos admitido algunos de ellos, aunque haya sido inconscientemente.

Piénsese, si no, en la valoración que hemos dado a los diferentes bienes, por centrarnos en algunos elementos patrimoniales. Cuando hemos registrado la compra de una maquinaria, hemos contabilizado el coste de su adquisición y así quedaba valorada después en el balance.

Un ejemplo.

Ejemplo: Aprovechando la oportunidad de una subasta, la empresa TORMASA adquiere el 30 de diciembre de 198X un torno, por el que se ha entregado un cheque de 1.000.000 ptas. como precio total. Al día siguiente de la compra, constatamos que el torno vale en el mercado normal 1.500.000 ptas., e incluso aparecen compradores a ese precio.

La anotación contable que venimos haciendo, es:

1.000.000	Maquinaria			
		a	Bancos c/c	1.000.000

y por ese importe, 1.000.000 ptas., figurará el torno en el balance. No tenemos en cuenta para nada que su valor en el mercado sea de 1.500.000 pesetas. Ni siquiera nos lo hemos planteado.

Dicho de otra manera, registramos la transacción por el precio de adquisición, es decir, por el coste, sin considerar a esos efectos otros valores. No lo sabíamos, pero operábamos de esa manera; aplicábamos el principio del precio de adquisición, sobre el que volveremos en seguida, sin ser conscientes de ello.

La práctica contable de las empresas se fue desarrollando en todos los países, aplicando grandes reglas o normas que se cumplían de una manera casi automática.

A partir de la década de los sesenta los principios se fueron elaborando de manera reflexiva.

Sin embargo, si durante muchos años, los principios no fueron explicitados, desde la década de los sesenta se ha tendido a establecer un sistema explícito de principios generalmente admitidos.

Los ***principios generales de contabilidad*** pasan a ser desde entonces las normas generales adoptadas por las organizaciones de los profesionales de la contabilidad como las grandes guías para las diferentes funciones que lleva a cabo la contabilidad. También se admite que los principios sean propuestos a través de disposiciones de obligado cumplimiento emanadas del poder público.

Se ha pasado así de los principios seguidos inconscientemente a los principios aplicados obligatoriamente. El Plan General de Contabilidad señala que la contabilidad de la empresa se desarrollará, aplicando obligatoriamente los principios contables que recoge expresamente.

Dada la importancia que tienen estos principios, vamos a analizarlos con cierto detalle.

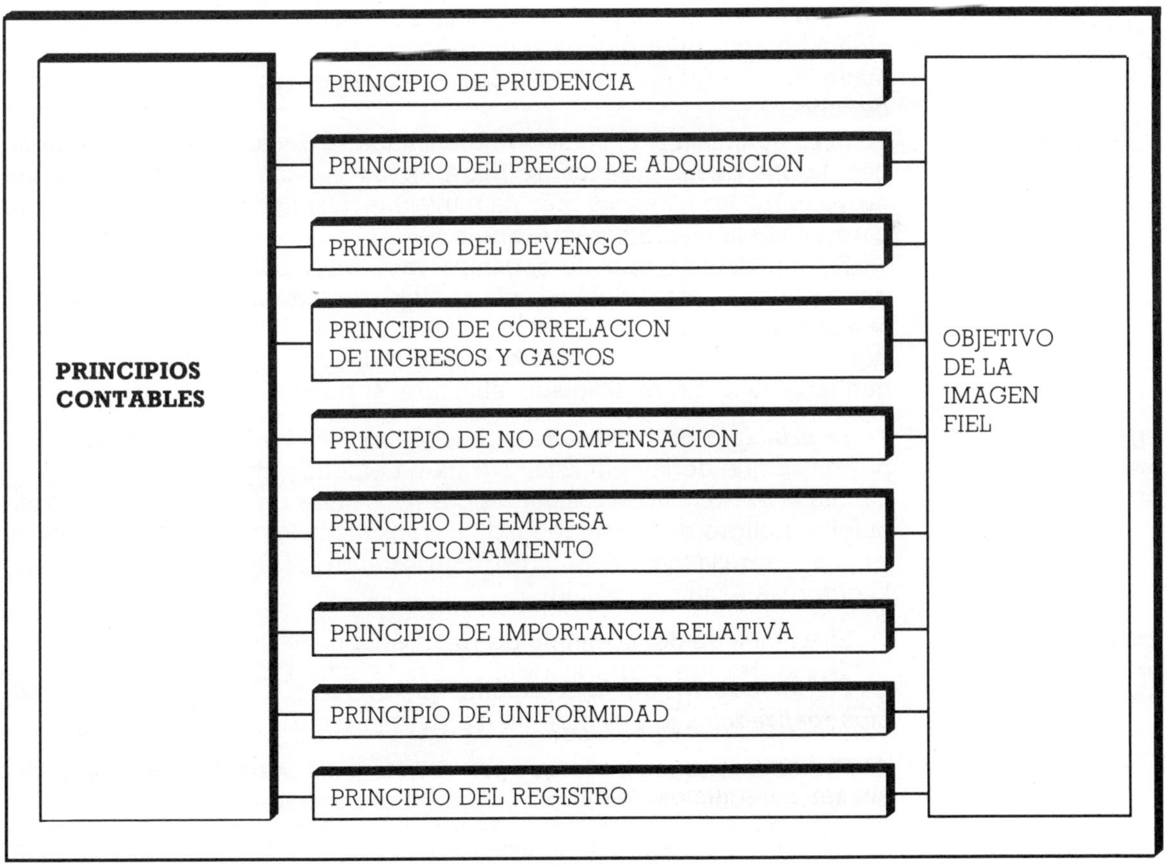

Cuadro 11.1

11.2. PRINCIPIO DE PRUDENCIA

11.2.1. ENUNCIADO Y SIGNIFICACION

El principio de prudencia y la previsión.

La información contable plantea con frecuencia problemas de enjuiciamiento de lo que pueda suceder en el futuro. Esto ocurre por diversas razones, una de ellas hay que encontrarla en que el valor del patrimonio de las empresas y el cálculo de los resultados pueden ser distintos, según se sea optimista o pesimista en la interpretación del futuro.

Un ejemplo.

El responsable de la contabilidad, especialmente en los momentos de finalización de un período contable, se encuentra en situación parecida a un agricultor que ha sembrado una finca de trigo y en el mes de mayo hace un informe sobre la cosecha que espera recolectar en el mes de julio.

Si es optimista, y el campo va bien, hablará de las grandes posibilidades de una buena cosecha, se fijará en los aspectos más positivos y minusvalorará los aspectos más negativos. Incluso, empezará a gastar con cargo a la excelente cosecha que prevé.

Si es pesimista, aunque el campo vaya bien, ponderará aspectos negativos y en la proverbial mirada al cielo del agricultor, siempre temerá la aparición de las condiciones climatológicas adversas, que tiren por tierra la ilusión de una buena cosecha. Y desde luego, lejos de gastar lo que todavía no ha recolectado, ahorrará, si puede.

El principio de prudencia envuelve un tinte pesimista.

El ***principio de prudencia*** se encuentra más cerca de la mentalidad pesimista que de la optimista. Y trata en el fondo, de que la empresa no admita la existencia de resultados positivos antes de tiempo, con el consiguiente peligro de verse obligada a transferírselos a sus propietarios, si es una empresa individual o distribuirlos entre sus socios, si el titular de la empresa es una sociedad.

Enunciación del principio en sus dos vertientes.

El enunciado del principio de prudencia tiene dos vertientes.

Por un lado declara tajantemente que sólo se contabilizarán los ***beneficios realizados*** a la fecha de cierre del ejercicio.

Por el contrario, los ***riesgos previsibles*** y las ***pérdidas eventuales*** deberán contabilizarse tan pronto como sean conocidas.

Examinemos cada una de estas vertientes del principio de prudencia, valiéndonos de un supuesto.

Un supuesto.

La empresa individual EDICO posee un solar en Carmona, al lado de una fábrica, propiedad de una empresa multinacional. Se compró el solar en 75.000.000 ptas. Se dispone de información según la cual la empresa multinacional trasladará la factoría al Campo de Gibraltar, información que ha sido divulgada incluso por un periódico regional el 20 de diciem-

bre de 1989, lo que ha determinado un descenso del precio de los terrenos de la zona. Esto implica que la valoración estimada del solar a finales de 1989 baje a 60.000.000 ptas.

Esta misma empresa EDICO, posee un edificio en la Avenida Ramón y Cajal, n.° 505, de Sevilla. El solar está contabilizado en 10.000.000 ptas. y la construcción, diez plantas, en 20.000.000 ptas., y adquirido el 30 de diciembre de 1989. EDICO ha recibido el 30 de diciembre de 1989 una oferta de compra de 400.000.000 ptas. (50.000.000 ptas. por el solar y 350.000.000 por la construcción).

El propietario de EDICO tiene dadas instrucciones al director de que todos los beneficios que se pongan de manifiesto por la contabilidad a final de 1989 le sean transferidos a su cuenta corriente personal, es decir, el propietario tiene decidido de antemano retirar todos los beneficios de la empresa.

Aplicación del principio de prudencia al supuesto.

La aplicación del principio de prudencia lleva consigo la siguiente repercusión de los hechos y circunstancias recogidos en el supuesto.

Pérdida potencial en el solar de Carmona:

Valor de adquisición	75.000.000
Valor actual de mercado	60.000.000
Pérdida potencial a contabilizar	15.000.000

Beneficio potencial:
No se contabiliza, solamente se registran los beneficios reales.

Al aplicar el principio de prudencia, el propietario de EDICO no retira recursos del patrimonio de la empresa.

11.2.2. DERIVACIONES DEL PRINCIPIO DE PRUDENCIA

Derivaciones: 1.ª y 2.ª Sobre riesgos y pérdidas.

El principio de prudencia tiene una serie de derivaciones:

1.ª Todos los riesgos y pérdidas previsibles al realizar el cierre del ejercicio, habrán de tenerse presentes, cualquiera que sea su origen.

2.ª Todos los riesgos y pérdidas conocidos entre la fecha de cierre y la fecha en que se establecen las Cuentas anuales, deberán aparecer referenciados en la memoria. En algunos casos deberán considerarse en el Balance y en la cuenta de Pérdidas y ganancias, con una cumplida información de todos ellos.

3.ª Sobre depreciaciones.

3.ª Toda clase de depreciaciones deberán ser contabilizadas, tanto si el resultado del ejercicio es positivo, como si es negativo.

La técnica contable, empleada para reflejar contablemente todas estas derivaciones, depende del tipo de depreciación de que se trate. De tal modo que las cuentas a emplear serán:

a) Cuentas de amortizaciones, en unos casos
b) Cuentas de provisiones, en otros casos.

Más adelante estudiaremos esta cuestión detenidamente.

11.3. PRINCIPIO DEL PRECIO DE ADQUISICION

11.3.1. ENUNCIADO

Enunciación del principio del precio de adquisición.

Este principio se enuncia diciendo que, como norma general, todos los bienes y derechos se contabilizan por su ***precio de adquisición*** o por el coste de producción. El coste de producción se aplicará a los bienes elaborados por la propia empresa.

Proyección hacia bienes, derechos y obligaciones.

Si nos situamos ante los bienes, habrá que diferenciar si se trata de bienes adquiridos fuera de la empresa, en cuyo caso se contabilizarán al precio de adquisición, o si se trata de bienes fabricados por la propia empresa, en cuyo caso se valorarán de acuerdo con el coste que haya ocasionado su producción.

Por otra parte, las deudas se contabilizarán por su valor de reembolso. Es decir, las obligaciones que tenga la empresa figurarán en contabilidad por el valor que tenga que entregar la empresa a la hora de hacerlas frente.

En el caso de deudas, se entenderá por precio de adquisición, el importe por el que las mismas habrán de ser reembolsadas.

11.3.2. EL PROBLEMA DE LA INFLACION

El conflicto entre precio de adquisición y la depreciación.

La aplicación de este principio genera anomalías importantes, derivadas del hecho contrastable de que la unidad monetaria varía de valor continuamente; la peseta no tenía el mismo poder adquisitivo en 1980 que en 1988. Sin embargo, la contabilidad, al aplicar el principio del precio de adquisición, mezcla pesetas correspondientes a diferentes años. Esta mezcla se produce, para empezar, en una misma cuenta.

Un ejemplo.

Por ejemplo, AGRISA compró en 1980 veinte hectáreas de terreno agrícola en la provincia de Cuenca por 10.000.000 ptas.; en 1986 compró otras veinte hectáreas semejantes que había al lado de las anteriores por 15.000.000 ptas. Se considera que el precio de la hectárea ha variado, porque la peseta vale menos que en 1980.

Distorsión de las cuentas.

La cuenta 220 Terrenos y bienes naturales, habrá tenido este movimiento:

220. **Terrenos y bienes naturales**

10.000.000	
15.000.000	
25.000.000	

Los 25.000.000 ptas. es realmente el resultado de una suma de cantidades heterogéneas.

Distorsión de los Balances de Situación.

Y esta mezcla se ocasiona también en el balance. Por ejemplo, si el Balance de AGRISA a 31 de diciembre de 1988 es:

ACTIVO		**Balance de Situación a 31 de diciembre de 1988**	**PASIVO**
(570) Caja, ptas.	1.000.000	(100) Capital social	10.000.000 *
(220) Terrenos y bienes naturales	25.000.000	(170) Deudas a largo plazo con entidades de crédito	16.000.000 **
Total Activo	26.000.000	Total Pasivo	26.000.000

* El «capital social» fue aportado por los socios en 1979, año en que AGRISA se constituyó.

** En «Deudas a largo plazo con entidades de crédito» se incluyen un préstamo conseguido por la empresa en 1986 por 12.000.000 ptas., a devolver en 1990 y otro obtenido en 1988 a devolver en 1992.

Cabrá poca duda sobre la heterogeneidad de las unidades monetarias: pesetas de 1979, de 1988, de 1990 y de 1992, en que vienen expresados los diferentes elementos patrimoniales, y sin embargo aparecen sumadas en el balance sin el menor escrúpulo.

11.3.3. SOLUCIONES AL PROBLEMA

La solución.

Aunque el Plan General de Contabilidad proclama que el principio del precio de adquisición deberá respetarse siempre, admite expresamente una excepción.

Una excepción al principio del precio de adquisición.

Esta excepción se reserva precisamente para el caso de ***inestabilidad monetaria***. Cuando ésta se produce, pueden autorizarse, por disposición legal, rectificaciones a los valores derivados de la aplicación del principio del precio del valor de adquisición.

Se sabe que la inestabilidad monetaria es un fenómeno que acompaña a las economías modernas en mayor o menor grado. Todos los países experimentan año tras año tasas de inflación. España no ha sido una excepción.

Las leyes de actualización de valores.

Aún ocurriendo esto así, no todos los años se promulgan leyes admitiendo esas rectificaciones a que aludíamos, sino que éstas se distancian en el tiempo. En lo que va transcurrido de la década de los ochenta en España, la Ley 9/1983, de 13 de julio ha sido la última promulgada para actualizar los valores contables.

Si nos paramos a pensar en los muchos años transcurridos desde 1983, no es difícil convencerse de la necesidad de una nueva norma legal para paliar el problema de la incidencia de la inflación en contabilidad. Normativa que debería abandonar los esquemas de las últimas leyes promulgadas al efecto, y recoger las nuevas técnicas, que están siendo aplicadas con éxito en muchos países.

11.4. PRINCIPIO DEL DEVENGO

Consideraciones:

Para situar adecuadamente este ***principio del devengo*** conviene hacer algunas consideraciones previas.

1.ª Las empresas suelen vivir más de un año.

En primer lugar, hay que admitir que las empresas tienen una vida que sobrepasa el año natural. Lo normal es que la empresa desarrolle su actividad durante muchos años.

2.ª Los terceros quieren ver resultados todos los años.

En segundo lugar, hay que ser consciente de que la empresa, por una serie de razones: pago de impuestos anuales sobre los beneficios, distribución de beneficios entre los socios etc., se ve obligada a cerrar su contabilidad cada año, determinando los beneficios obtenidos durante el período y presentando la situación patrimonial al final del ejercicio.

Los problemas de la especificación de cada ejercicio.

La división de la empresa en ejercicios independientes plantea problemas derivados de la gran interconexión económica entre los diferentes años, que se pone de manifiesto en el siguiente ejemplo.

Enunciado de un supuesto.

ALMAFRUSA es una empresa dedicada al almacenamiento de frutas en naves especialmente preparadas para ello. El 31 de diciembre de 198X presenta el siguiente balance (en miles de pesetas):

Saldos deudores	Balance de Situación a 31 de diciembre de 198X		Saldos acreedores
(220) Terrenos y bienes naturales	10.000	(100) Capital social	35.000
(221) Construcciones	50.000	(170) Deudas a largo plazo con entidades de crédito	25.000
(572) Bancos c/c	5.000	(705) Prestaciones de servicios	70.000
(4300) Clientes (ptas.)	20.000		
(622) Reparaciones y conservación	15.000		
(623) Servicios profesionales independientes	16.000		
(628) Suministros	4.000		
(640) Sueldos y salarios	10.000		
Total Activo	130.000	Total Pasivo	130.000

Información complementaria:

1) Una de las empresas a la que ALMAFRUSA presta sus servicios de almacenamiento, paga las cuotas de arrendamiento por adelantado, el 1 de octubre de cada año. La última factura cobrada en estas condiciones, ascendió a 4.000.000 ptas., y está contabilizada entre las prestaciones de servicios.

2) Entre los gastos por servicios profesionales independientes se encuentra contabilizado el pago de una factura semestral, que pasa a ALMAFRUSA una empresa de ingeniería que la asesora. La factura se pagó el 1 de diciembre de 198X, ascendió a 3.600.000 ptas., es semestral y se paga por adelantado.

El principio del devengo:

El Plan General de Contabilidad enuncia el principio del devengo diciendo que la imputación de ingresos y gastos al ejercicio deberá hacerse:

• Los ingresos de la actividad en el ejercicio.

— En el caso de los ingresos, cuando se produzca la corriente real. En el supuesto de la empresa ALMAFRUSA, cuando se prestan los servicios de almacenamiento. Si se tratase de una empresa comercial, cuando entregue las mercancías.

El ejemplo.

Veámoslo con el supuesto.

ALMAFRUSA habrá hecho el siguiente asiento el día 1 de octubre:

4.000.000	(572) Bancos c/c			
		a	(705) Prestaciones de servicios	4.000.000

Al llegar al final de año, todos estos ingresos no se pueden computar como del ejercicio, es decir, no se pueden imputar al ejercicio 198X, de tal modo que en la fase de periodificación habría que hacer el siguiente asiento el 31 de diciembre:

3.000.000	(705) Prestaciones de servicios			
		a	(485) Ingresos anticipados	3.000.000

Al año siguiente, cuando ALMAFRUSA preste sus servicios a la empresa que se los ha pagado, imputará esos ingresos anticipados al ejercicio mediante el asiento:

3.000.000	(485) Ingresos anticipados			
		a	(705) Prestaciones de servicios	3.000.000

Los gastos de la actividad en el ejercicio.

— En el caso de los gastos, debe hacerse cuando se reciba la corriente real. En el supuesto, ALMAFRUSA ha pagado a la empresa de ingeniería 3.600.000 ptas., pero el gasto se podrá computar cuando se hayan recibido los servicios.

El ejemplo.

De tal modo que ALMAFRUSA habrá hecho el siguiente asiento el 1 de diciembre de 198X:

3.600.000	(623) Servicios de profesionales independientes			
		a	(572) Bancos c/c	3.600.000

Y por lo tanto, cuando llega la etapa de regularización el 31 de diciembre de 198X, es decir, la etapa en que han de quedar sólo dentro de la cuenta 623. Servicios profesionales independientes, los gastos imputables al ejercicio, habrá que hacer el asiento siguiente:

3.000.000	(480) Gastos anticipados			
		a	(623) Servicios de profesionales independientes	3.000.000

Al año siguiente, al comienzo del ejercicio, hará el asiento:

3.000.000	(623) Servicios de profesionales independientes			
		a	(480) Gastos anticipados	3.000.000

Las cuestiones claves.

En definitiva, el principio del devengo, que estamos estudiando puede quedar delimitado en estas dos afirmaciones siguientes:

1.ª Devengo es diferente de pago y cobro.

La primera es que la imputación de los gastos e ingresos a un ejercicio se ha de hacer con independencia del momento en que se produzca la corriente monetaria o financiera derivada de ellos.

La segunda es que la aplicación del principio de devengo exige atender a la corriente real, que representan los ingresos y los gastos y no a la monetaria o financiera, derivada de los mismos.

2.ª El devengo tiene en cuenta la corriente real.

Ambas cuestiones claves quedan patentes en el supuesto que hemos planteado.

Una vez expuesto el principio del devengo, se puede entender sin dificultad que los ajustes por periodificación, que ya hemos estudiado, están inspirados precisamente en él.

El principio del devengo y la periodificación.

11.5. PRINCIPIO DE CORRELACION DE INGRESOS Y GASTOS

Hemos expuesto con detenimiento el principio del devengo, que viene exigido por la ***especificación de ejercicio***, es decir, por la división de la vida de la empresa en una serie de períodos anuales.

El principio de correlación de ingresos y gastos y los resultados.

Una vez que el principio del devengo permite la periodificación de los ingresos y de los gastos, es decir, su imputación al período al que corresponden, queda una pregunta en el aire ¿Qué pasa con el resultado?

La respuesta nos la da el ***principio de correlación entre ingresos y gastos***.

Se enuncia diciendo que el resultado del ejercicio estará constituido por la diferencia entre los ingresos y los gastos del mismo relacionados con la obtención de aquellos. También forman parte de ese resultado los beneficios o quebrantos no relacionados claramente con la actividad de la empresa.

Enunciado del principio.

En efecto, en el supuesto correspondiente a ALMAFRUSA, el resultado del ejercicio vendría dado por la diferencia entre los ingresos y los gastos del ejercicio, periodificando previamente como hemos hecho, de acuerdo con el principio del devengo.

Aplicación al supuesto de ALMAFRUSA.

Para determinar el resultado, la correlación entre los ingresos y los gastos en que se ha incurrido a fin de obtenerlos, la examinaremos a través de los siguientes asientos:

67.000.000	(705) Prestaciones de servicios			
		a	(129) Pérdidas y ganancias	67.000.000
42.000.000	(129) Pérdidas y ganancias			
		a	(622) Reparaciones y conservación	15.000.000
		a	(623) Servicios de profesionales independientes	13.000.000
		a	(628) Suministros	4.000.000
		a	(640) Sueldos y salarios	10.000.000

11.6. PRINCIPIO DE NO COMPENSACION

Enunciación del principio de no compensación.

Se enuncia el ***principio de no compensación*** diciendo que en ningún caso podrán compensarse las partidas del Activo y del Pasivo en el Balance, ni los gastos e ingresos en la cuenta de Pérdidas y ganancias.

Se trata, en primer lugar, de evitar compensaciones en el Balance que desnaturalicen el patrimonio.

Por ejemplo, si la empresa NOVASA presentase este balance a 31 de diciembre de 198X:

ACTIVO	Balance de Situación a 31 de diciembre de 198X		PASIVO
(570) Caja, ptas.	1.000.000	(100) Capital social	12.000.000
(4300) Clientes (ptas.)	8.000.000	(4000) Proveedores (ptas.)	6.000.000
(223) Maquinaria	9.000.000		
Total Activo	18.000.000	Total Pasivo	18.000.000

Aplicación al Balance de Situación con un ejemplo.

Si la cuenta de Clientes (ptas.) incluyera una deuda de la empresa ANTIGUA, S.A., por 4.000.000 ptas. y la cuenta de Proveedores (ptas.) una deuda con la misma empresa por 5.000.000 ptas., no se admite compensación. Es decir, sería incorrecto el siguiente Balance:

ACTIVO	Balance de Situación a 31 de diciembre de 198X		PASIVO
(570) Caja, ptas.	1.000.000	(100) Capital social	12.000.000
(4300) Clientes (ptas.)	4.000.000 *	(4000) Proveedores (ptas.)	2.000.000 *
(223) Maquinaria	9.000.000		
Total Activo	14.000.000	Total Pasivo	14.000.000

* Saldos en los que se han compensado 4.000.000 ptas. de deuda recíproca.

Aplicación a la cuenta de Pérdidas y ganancias con un ejemplo.

Y se trata también de evitar que debido a compensaciones en la cuenta de Pérdidas y ganancias se desnaturalicen los ingresos y los gastos.

Por ejemplo, si CARLASA presenta la siguiente cuenta de Pérdidas y ganancias de 198X:

A) Explotación		
Ingresos de la explotación		
• Ventas de mercaderías		(+) 90.000.000
Gastos de la explotación		
• Compras de mercaderías	15.000.000	
• Variación de existencias de mercaderías	10.000.000	
• Sueldos, salarios y asimilados	22.000.000	
• Servicios exteriores	8.000.000	(−) 55.000.000
Resultado de explotación		(+) 35.000.000

Dentro de los sueldos se incluye una retribución en especie, ya que CARLASA entrega gratis unas cantidades de sus productos a los empleados, porque así está previsto en el convenio laboral. El asiento que se hizo fue:

12.000.000	(640) Sueldos y salarios		
	a	(700) Ventas de mercaderías	12.000.000

No sería correcto compensarlo aduciendo que no influye la compensación en el resultado. Es decir, no sería correcta una cuenta de Pérdidas y ganancias como ésta:

A) Explotación		
Ingresos de la explotación		
• Ventas de mercaderías		(+) 78.000.000
Gastos de la explotación		
• Compras de mercaderías	15.000.000	
• Variación de existencias de mercaderías	10.000.000	
• Sueldos, salarios y asimilados	10.000.000	
• Servicios exteriores	8.000.000	(−) 43.000.000
Resultado de explotación		(+) 35.000.000

Se ha compensado Sueldos, salarios y asimilados con Ventas de mercaderías. Esto no es correcto, ya que, aunque el beneficio no se modifica, sin embargo, no aparecen los auténticos importes de los sueldos y salarios ni de las ventas del ejercicio.

11.7. PRINCIPIO DE EMPRESA EN FUNCIONAMIENTO

Enunciado del principio de empresa en funcionamiento.

Se enuncia el ***principio de la empresa en funcionamiento*** diciendo que se considerará que la gestión de la empresa tiene prácticamente duración ilimitada.

En efecto, en condiciones normales, una empresa nace para desarrollar su actividad no solamente un año o dos. Y mientras no se demuestre lo contrario, hay que admitir que, cuando nos situamos ante una empresa, hemos de tomar conciencia de que se trata de una organización que va a tener una vida indefinida.

Por ejemplo, si nos fijamos en un restaurante, hemos de pensar, aplicando este principio, que el restaurante va a continuar año tras año. De tal forma que incluso pueden cambiar los dueños y el restaurante no tiene por qué cerrarse, sino que normalmente seguirá.

Consecuencia principal.

La consecuencia principal de la aplicación de este principio, junto con otros ya enunciados, hay que buscarla en la elaboración de los inventarios. La aplicación de este principio contable no irá encaminada a determinar el valor del patrimonio a efectos de su enajenación global o parcial, ni a determinar el importe resultante en caso de enajenación.

Un ejemplo.

Por ejemplo, el restaurante PUENTE VIESGO, situado en la esquina de una calle importante de Santander, se fundó en 1899 por el tatarabuelo del actual propietario. Desde su fundación, no abre el 31 de diciembre, y aprovecha para hacer un inventario y para celebrar una comida tradicional del personal, con ocasión del final del año.

La aplicación del principio de empresa en funcionamiento impide que la valoración de los elementos patrimoniales de PUENTE VIESGO se haga como si el restaurante desapareciera y hubiera que vender todos los bienes, ceder todos los derechos y pagar todas las deudas en ese momento.

11.8. PRINCIPIO DE IMPORTANCIA RELATIVA

La uniformidad de hechos que se producen a diario.

Hay que tener presente que la empresa es un ente vivo que, por otra parte, está inmerso en un entorno que cambia continuamente. Son muy numerosos los acontecimientos que se producen en cada momento, que podrían plantear, a una mentalidad demasiado escrupulosa, la necesidad de recogerlos en una gran cantidad de asientos. El número de asientos podría llegar así a ser agobiantemente grande.

Enunciado del principio de importancia relativa.

De ahí la imperiosa necesidad del ***principio de importancia relativa***, que se enuncia diciendo que podrá admitirse la no aplicación estricta de alguno de los principios contables, siempre y cuando la importancia relativa en términos cuantitativos de la variación que tal inaplicación produzca, sea escasamente significativa. En definitiva, se ha de traducir en que no altere la imagen fiel de las Cuentas anuales, y por lo tanto la representación correcta del patrimonio, de la situación financiera y de los resultados de la empresa.

La interpretación del principio.

La interpretación de este principio no ha de hacerse con meticulosidad, a la hora de enjuiciar lo que sean alteraciones mínimas de los estados contables a que alude el Plan General de Contabilidad. A veces surgirán dudas, pero el buen criterio del experto contable las irá resolviendo.

Ejemplos.

En principio cabría plantearse cuestiones como éstas:

- Todos estamos de acuerdo en que si desaparece en una joyería un diamante valorado en 5.000.000 ptas., sería preciso recogerlo en contabilidad. ¿Pero es necesario contabilizar el hecho de que un cliente de esa joyería se haya llevado inadvertidamente un bolígrafo que costó 5 pesetas?

- Es evidente que si una empresa, dedicada a la venta de artículos de moda femenina, se encuentra con unas existencias de 15.000.000 ptas. al final de la temporada, habrá de venderlas rebajadas. Si el nuevo precio total asignado a las mercaderías es de 3.000.000 ptas., la empresa debe contabilizar la pérdida potencial. Pero ¿debe hacer algún asiento, si la misma empresa se entera de que ha salido un nuevo modelo de grabadora y la que utilizaba el director general para dejar mensajes a la secretaria, que costó 20.000 ptas., se compra ahora en el mercado por 5.000 pesetas?

El principio de importancia relativa es, precisamente la clave para dar respuesta a estas cuestiones. De acuerdo con este principio, ni la desaparición del bolígrafo de 5 ptas., ni la pérdida de valor de la grabadora han de registrarse por la contabilidad.

11.9. PRINCIPIO DE UNIFORMIDAD

Enunciado del principio de uniformidad.

Se enuncia el ***principio de uniformidad*** diciendo que adoptado un criterio en la aplicación de los principios contables, dentro de las alternativas que, en su caso, éstos permitan, deberá mantenerse en el tiempo y el espacio, en tanto no se alteren los supuestos que motivaron dicho criterio.

Por ejemplo, si una empresa amortiza su maquinaria al 15% anual durante el primer año, conviene que mantenga esa tasa de amortización, mientras no se alteren las condiciones que llevaron a la elección de ese porcentaje.

No obstante, si esas condiciones se modifican, porque por ejemplo, se acelera el ritmo de producción y la maquinaria se ve sometida a un mayor desgaste, entonces es conveniente variar esa tasa, elevándola quizás a un 20 %.

Los cambios de criterios contables y la Memoria.

Si ocurriera eso, y en consecuencia, se sustituyera el criterio adoptado en su día, se deberá reflejar todo en la Memoria. Además se habrá de indicar la incidencia cuantitativa y cualitativa de la variación en las Cuentas anuales.

Se trata de conseguir la posibilidad de comparar estados financieros de diferentes períodos.

De esta manera, podría hacerse la comparación entre Cuentas anuales de diferentes períodos, teniendo en cuenta las diferentes alteraciones, puestas de manifiesto en la Memoria.

Ya hemos indicado que un ejercicio económico constituye un período artificial en la vida de la empresa. Sin embargo, tiene sentido comparar lo que va sucediendo a lo largo de los ejercicios sucesivos. La comparación de los ingresos por ventas, de los gastos de la actividad en el ejercicio, etc., correspondientes a distintos períodos tiene normalmente una significación importante.

Para que esa comparación tenga sentido, conviene que se cumpla el principio de uniformidad.

11.10. PRINCIPIO DEL REGISTRO

Lo enuncia el PGC diciendo que los hechos económicos deben registrarse cuando nazcan los derechos u obligaciones que los mismos originan.

Se trata de un principio de difícil conciliación con otros, como son el principio de prudencia o el principio del devengo.

11.11. PRINCIPIOS DE APLICACION VOLUNTARIA

La empresa puede admitir además otros principios.

La práctica y la doctrina contable contemplan frecuentemente otros ***principios de aplicación voluntaria***, aparte de los enunciados. Consciente de ello está pensado que en la memoria se haga una referencia a los principios no obligatorios aplicados.

11.12. LA IMAGEN FIEL COMO OBJETIVO

11.12.1. EL OBJETIVO DE LA IMAGEN FIEL Y LOS PRINCIPIOS CONTABLES

El objetivo de la imagen fiel.

El objetivo de la imagen fiel constituye el norte o punto de mira de la información contable. El Plan General de Contabilidad lo expresa diciendo que la aplicación de los diversos principios contables deberá conducir a que las Cuentas anuales, formuladas con claridad, expresen la imagen fiel del patrimonio, de la situación financiera y de los resultados de la empresa.

Falta de definición.

Realmente no contiene el Plan General de Contabilidad una definición de la imagen fiel. Tampoco ha sido definida en otros países. Así, el Reino Unido no ha dado todavía un concepto de imagen fiel, a pesar de ser el país donde se proclamó por primera vez el objetivo de la imagen fiel en 1948; los Tribunales han ido opinando en cada caso, sin llegar a establecer una definición.

Relación entre imagen fiel y principios.

Una cuestión debatida es la relación entre principios generales e imagen fiel, de tal modo que cabe señalar dos posiciones al respecto.

• Los principios conducen a la imagen fiel.

La primera posición consiste en admitir que la aplicación de los principios contables conduce a la obtención de la imagen fiel. El Plan General de Contabilidad es optimista a ese respecto, y se inscribe en esta corriente de pensamiento. Así, en la Introducción, señala que la imagen fiel es el corolario, de aplicar sistemática y regularmente los principios contables, entendidos éstos como el mecanismo capaz de expresar la realidad económica de las transacciones realizadas. Hablar de corolario significa tanto como creer que la imagen fiel se deduce por sí sola de los principios contables.

• Los principios son ajenos a la imagen fiel.

La segunda posición no defiende que la aplicación de los principios contables lleve consigo la consecución de la imagen fiel. Y dentro de esta tesis, aún hay quienes sostienen que precisamente ocurre lo contrario; es decir, que la aplicación de los principios aparta de la imagen fiel.

Las cautelas del PGC para salvaguardar la imagen fiel.

En cualquier caso hay que señalar que el objetivo de la imagen fiel está por encima de la aplicación de los principios. Este hecho justifica dos cautelas previstas en el propio Plan General de Contabilidad, una cautela es normal y la otra cautela es especial.

• Cautela normal.

La cautela normal consiste en cuidar que cuando la aplicación de los principios contables obligatorios no sean suficientes para que las Cuentas anuales expresen la imagen fiel, deberá suministrarse en la Memoria las explicaciones necesarias sobre los principios contables.

• Cautela especial.

La cautela especial es más dura, ya que implica que en aquellos casos excepcionales en los que la aplicación de un principio contable o de cualquier otra norma contable sea incompatible con la imagen fiel que deben dar las Cuentas anuales, se considerará improcedente la aplicación de dichos principios. En la Memoria se han de dar las debidas explicaciones al respecto.

Derivaciones:

De cuanto acabamos de apuntar se deducen, a nuestro juicio, dos derivaciones importantes para lograr la imagen fiel:

• Importancia de la Memoria.

En primer lugar, la Memoria, que como sabemos es un documento que contiene información que explica y amplía los datos de las otras dos Cuentas anuales, se convierte en la pieza clave para garantizar la consecución de la imagen fiel.

• Responsabilidad de la empresa.

En segundo lugar, es la empresa la que ha de administrar adecuadamente las cautelas señaladas. En consecuencia, la empresa es la responsable última del logro de la imagen fiel. La norma aquí es consciente de que han de convertirse en papel mojado los principios contables y otras disposiciones contables si son incapaces, en ciertos casos, de proporcionar la imagen fiel.

11.12.2. UN CASO CON PROBLEMAS DE IMAGEN FIEL

Los principios no han de empañar la imagen fiel.

Pasando ahora a un plano operativo, en el que estamos acostumbrados a movernos, podríamos plantearnos algún ejemplo que exija la puerta en práctica de alguna de las cautelas anteriores. Para ello proponemos el siguiente enunciado:

PARQUETSA es una empresa dedicada a la venta de parqué de maderas muy especiales. Su Balance de Situación a 31 de diciembre de 1990 es como sigue:

ACTIVO		Balance de Situación a 31 de diciembre de 1987	PASIVO
(572) Bancos c/c	1.400.000	(100) Capital social	31.000.000
(300) Existencias de mercaderías	25.000.000 *		
(121) Resultados negativos de ejercicios anteriores	4.600.000		
Total Activo	31.000.000	Total Pasivo	31.000.000

* Las existencias de mercaderías consisten en una partida de parqué que importó la empresa en enero de 1984, aprovechando una buena oportunidad del mercado internacional.

PARQUETSA no ha tenido actividad comercial en el cuatrienio 1987-1990. Se ha limitado a mantener almacenados los productos en otra empresa que dispone de unos locales dedicados a ello; esta empresa ha cobrado a PARQUETSA 1.000.000 ptas. por 1987, 1.100.000 ptas. por 1988, 1.200.000 ptas. por 1989 y 1.300.000 ptas. por 1990. Total: 4.600.000 ptas., que aparecen en el Balance de Situación a 31 de diciembre de 1990 como saldo de la cuenta «121. Resultados negativos de ejercicios anteriores». Se supone que no ha habido más gastos ni más ingresos, por lo que PARQUETSA ha ido regularizando cada año el gasto correspondiente al almacenamiento, pasándolos a Pérdidas y ganancias y después a la cuenta mencionada.

A lo largo de estos años PARQUETSA tuvo oportunidad de vender las mercancías almacenadas obteniendo unas fuertes ganancias, a los siguientes precios: 50.000.000 ptas. en 1987, 60.000.000 en 1988, 70.000.000 pesetas en 1989, 110.000.000 ptas. en 1990. Sin embargo, no consideró oportuno desprenderse de ellas, con la esperanza de realizar una buena operación de venta en el futuro.

PARQUETSA decide vender, por fin, todo el parqué que tiene almacenado desde hace cuatro años, y lo hace el 2 de enero de 1991 por 100.000.000 ptas. Cobra por banco el 31 de diciembre de 1991. En este año no realizó más operaciones.

Los resultados de la empresa en 1991 han sido así:

100.000.000 – 25.000.000 = 75.000.000 ptas.

El Balance de Situación a 31 de diciembre de 1991 será:

ACTIVO	Balance de Situación a 31 de diciembre de 1991		PASIVO
(572) Bancos c/c	101.400.000	(100) Capital social	31.000.000
(121) Resultados de ejercicios anteriores	4.600.000	(120) Remanente	75.000.000 *
Total Activo	106.000.000	Total Pasivo	106.000.000

* Resultado de la venta: 100.000.000 – 25.000.000

11.12.3. ESTUDIO OPERATIVO DE LAS CAUTELAS PARA CONSEGUIR LA IMAGEN FIEL

Cuestiones que plantea el ejemplo.

En la contabilidad de PARQUETSA se han cumplido los principios contables enunciados hasta aquí. Pero cabe preguntarse:

— ¿El balance de PARQUETSA a 31 de diciembre de 1990 representaba la auténtica situación patrimonial?

— ¿PARQUETSA ha perdido realmente en los ejercicios anteriores a 1991?

— ¿PARQUETSA ha ganado 75.000.000 ptas. en 1991, o de hecho este beneficio se habrá gestado en otros ejercicios, y en éste se limitó a vender, incluso en peores condiciones que lo pudo hacer en 1990?

— ¿Qué ocurre entonces, cuando en aplicación de los principios contables enunciados o de otras normas contables no se consigue la imagen fiel? ¿Qué ocurre, si se producen contradicciones con el objetivo de la imagen fiel, como las que pone de manifiesto el supuesto?

Acabamos de exponer las dos cautelas previstas en el Plan General de Contabilidad: una normal y otra especial.

Cautela normal: Dar en la Memoria informaciones complementarias.

La cautela normal consiste en suministrar en la Memoria las necesarias informaciones complementarias. Precisamente el apartado primero está reservado para presentar estas informaciones relativas a la imagen fiel.

En nuestro ejemplo si se hubiera escrito en el apartado 1 de la Memoria al Balance de 31 de diciembre de 1987: Valor probable de realización: 50.000.000 ptas. y así sucesivamente en los diferentes años, se tendría la clave para enjuiciar adecuadamente los balances en los diferentes años y, por otra parte, se interpretaría adecuadamente los resultados de la venta.

En efecto, en la empresa del supuesto, se sabría al final de cada año, mediante esta información de la Memoria, que el patrimonio de la empresa es superior a lo que se deduce de una primera lectura del Balance.

Por otra parte, se vería que el resultado obtenido en 1991, 75.000.000 pesetas, no corresponde a una gestión de ese ejercicio, sino que se ha ido gestando a lo largo de los años 1987, 1988, 1989 y 1990. En rigor, el resultado de estos años no ha sido tan malo como ha ido mostrando la contabilidad, sino que se iba cumpliendo un beneficio potencial, dada la evolución experimentada por los precios del parqué. Incluso cabe considerar que la gestión peor ha sido la de 1991, ya que, situado el valor probable de realización del parqué a 31 de diciembre de 1990 en 110.000.000 ptas., luego solamente se consiguió vender en 100.000.000 ptas., quizás por una mala gestión de la venta.

Cautela especial: No aplicar los principios distorsionantes.

La cautela especial que da el Plan General de Contabilidad es más delicada y por eso se reserva para casos excepcionales en los que la aplicación de un principio contable o de cualquier otra norma contable sea incompatible con la imagen fiel. Esta cautela especial consiste en considerar improcedente la aplicación de los principios o normas, si distorsionan la imagen fiel.

Esta cautela especial ha de manifestarse en todas y cada una de las Cuentas anuales:

— En primer lugar, se ha de reflejar en el Balance, que al aplicar principios diferentes ha de ser distinto.
— En segundo lugar, también nos encontraríamos con otra cuenta de Pérdidas y ganancias.
— En tercer lugar, también ha de incidir en la Memoria dentro del apartado 1, explicando los motivos que aconsejan el abandono de los principios que deforman la imagen fiel y explicando su influencia sobre el patrimonio, la situación financiera y los resultados de la empresa.

11.13. LA JERARQUIA DE LOS PRINCIPIOS Y EL OBJETIVO DE LA IMAGEN FIEL

Normas a aplicar en casos de conflicto.

Para aplicar adecuadamente los principios contables en caso de conflicto entre ellos, hemos de seguir estas normas, previstas por el Plan General de Contabilidad, en torno a la ***jerarquía de los principios***.

1.º Siempre prevalece el principio de prudencia.

En primer lugar, hay que dejar claro que existe un principio que prevalece sobre los otros. Es el principio de prudencia. Es decir, quedan, por ejemplo, sin vigor los demás principios en los casos en que, al aplicarse, dieran paso a la contabilización de beneficios potenciales.

2.º Hay que salvaguardar la imagen fiel.

En segundo lugar, ya hemos indicado que cuando la aplicación de un principio contable o de cualquier otra norma contable sea incompatible con la imagen fiel, se considerará improcedente dicha aplicación.

11.14. NORMAS DE VALORACION

Las normas de valoración y los principios generales: ¿juntos o separados?

El Plan General de Contabilidad español ha optado por agrupar todos los principios contables en la primera parte dejando para la última parte un compendio de ***normas de valoración*** de menor categoría.

No siempre se hace así. Hay otros modelos de normalización que separan los principios contables que tienen una proyección sobre la valoración. Así, la cuarta Directriz de la Comunidad Económica Europea incluye en esa lista de principios generales que tienen que ver con la valoración, los siguientes:

- Principio de empresa en funcionamiento.
- Principio de uniformidad.
- Principio de prudencia.
- Principio de devengo.
- Principio de no compensación de cuentas de Activo y de Pasivo.
- Principio de precio de adquisición.

El PGC los separa.

Insistimos, el Plan General de Contabilidad español no ha seguido este modelo, y ha reservado la parte «Normas de valoración» para criterios, procedimientos y otras normas de valoración de rango menor.

La ordenación de estas «Normas de valoración» la ha hecho el Plan General de Contabilidad en torno a las diversas clases de elementos patrimoniales clasificados según su naturaleza. Distingue así, las normas de valoración que afectan a:

I. Inmovilizado material e inmaterial.
II. Existencias.
III. Valores mobiliarios y participaciones.
IV. Proveedores, clientes, acreedores, deudores y efectos en general.
V. Activos y pasivos cuyo valor esté condicionado por fluctuaciones de moneda extranjera.

No vamos a entrar ahora en el análisis de estas normas de valoración, ya que conforme vayamos avanzando en el estudio de los diversos elementos patrimoniales en particular, iremos entrando en los pormenores de las correspondientes normas de valoración.

Términos y expresiones clave explicados en este capítulo

Beneficios realizados (11.2.1)
Especificación de ejercicio (11.5)
Inestabilidad monetaria (11.3.3)
Jerarquía de los principios (11.13)
La imagen fiel (11.12)
Normas de valoración (11.14)
Pérdidas eventuales (11.2.1)
Precio de adquisición (11.3.1)
Principio de correlación de ingresos y gastos (11.5)
Principio de empresa en funcionamiento (11.7)
Principio de importancia relativa (11.8)
Principio de no compensación (11.6)
Principio de precio de adquisición (11.3)
Principio de prudencia (11.2)
Principio de uniformidad (11.9)
Principio del devengo (11.4)
Principio del registro (11.10)
Principios contables (11.1)
Principios de aplicación voluntaria (11.11)
Riesgos previsibles (11.2.1)

PARTE TERCERA

VISION GENERAL DEL PROCESO CONTABLE DE LAS OPERACIONES DE EXPLOTACION

Sección Primera

Las disponibilidades y su control contable

CAPITULO

12

LA TESORERIA EN CONTABILIDAD

OBJETIVOS DIDACTICOS DEL CAPITULO

A través del estudio de este capítulo se puede aprender:

1.° La importancia de la función económica que desempeña la tesorería, con un énfasis especial en las nuevas formas del dinero.

2.° Elementos patrimoniales que integran la tesorería y sus cuentas representativas.

3.° El papel que desempeña la Caja y los Bancos dentro de la tesorería, y la necesidad de su control contable, dada la naturaleza peculiar de estos elementos, que incita a la evasión.

4.° Contabilidad Auxiliar de Caja, explicada a través de un estudio operativo en el que aparecen los diferentes libros y estados contables relacionados con ella.

5.° Contabilidad Auxiliar de Bancos, con especial referencia al problema de la conciliación bancaria.

6.° La importancia y el funcionamiento de las tarjetas de compras y las tarjetas de crédito como instrumentos de pago.

7.° Un estudio operativo del control contable de las tarjetas de crédito.

8.° Los aspectos contables más relevantes de la moneda extranjera con especial referencia a su valoración.

12.1. LA TESORERIA DE LA EMPRESA Y LA CONTABILIDAD

Razones de la importancia de la Tesorería:

La Contabilidad de la Empresa se hace especialmente relevante ante los problemas de la ***tesorería***, es decir, del conjunto de disponibilidades líquidas a ella pertenecientes. Y sucede así por diversas razones:

1.ª Papel estrátegico.

Una de ellas es, sin duda, el papel estratégico que juega este conjunto de elementos patrimoniales en el funcionamiento general de la empresa, tanto en su fase fundacional, como en los ejercicios que se suceden a lo largo de su vida.

• En la fase fundacional.

En la fase fundacional, las aportaciones de los promotores de las empresas suelen hacerse en buena medida en disponibilidades líquidas. Con ellas la unidad económica realizará los desembolsos que requiera por la adquisición inicial de los medios productivos, necesarios para llevar a cabo su actividad.

• En la actividad productiva.

Más tarde, esa actividad va a discurrir con un apoyo continuo en la liquidez.

— Para el pago de los medios productivos.

De una parte, la contratación de los medios productivos que se han de hacer normalmente exige que la empresa realice desembolsos permanentes en su tesorería: el pago de la nómina y de los diversos gastos relacionados con el personal empleado, el pago de las mercaderías compradas, el pago de los tributos, el pago del teléfono, el pago de la energía eléctrica, por citar algunos de los pagos que suelen repetirse en todas las empresas.

— Para el cobro de los productos.

De otra parte, las ventas de los bienes y servicios, que lleven a cabo las empresas en su actividad normal, se traducen antes o después en movimientos de tesorería, es decir, en cobros.

2.ª Peso de una acertada gestión de Tesorería.

Una segunda razón es la importancia que se atribuye, cada día con más insistencia, a una buena ***gestión de las disponibilidades líquidas***. La empresa ha de ser consciente de que una falta de liquidez encierra el riesgo de no poder hacer frente a compromisos. Pero también ha de saber que los recursos líquidos tienen en sí mismos poca rentabilidad. Se trata pues, de un equilibrio que la empresa ha de vigilar continuamente, valiéndose de una puntual información contable al respecto.

3.ª Sustitución de la Caja por la cuenta corriente bancaria.

Una tercera razón hay que verla en los nuevos métodos de cobros y pagos. Es de todos conocido el proceso de sustitución del sistema de cobros y pagos hechos a través de la caja de la empresa, por el sistema de cobros y pagos a través de las cuentas corrientes bancarias, principalmente en las relaciones entre clientes y proveedores habituales.

4.ª Aparición del dinero de plástico.

Una cuarta y última razón está en el amplio grupo de compradores que adquieren los bienes y los servicios al contado, pagando, principalmente, a través de las tarjetas de compras y tarjetas de crédito. Es el llamado ***dinero electrónico***, y más coloquialmente, ***dinero de plástico***, al que nos referiremos después con cierto detalle.

Tendencia al traspaso de las funciones de Tesorería a terceras personas.

Tanto los pagos y cobros mediante las cuentas corrientes, como los pagos y cobros mediante las tarjetas de compra y crédito, implican el traspaso de estas funciones de tesorería a terceras personas, ya sean los bancos, ya sean las entidades gestoras de las tarjetas de crédito, que a veces son también bancos. Estas terceras personas facilitan periódicamente un extracto de su contabilidad en la parte que afecta precisamente a los clientes, es decir, les envían el movimiento de sus cuentas.

Queda siempre el control contable.

Interesa llamar la atención sobre el trasfondo de todo este nuevo sistema de cobros y pagos, ya que en él la contabilidad se convierte en el único sistema de control de la tesorería.

12.2. ELEMENTOS PATRIMONIALES QUE INTEGRAN LA TESORERIA

Cuentas del Subgrupo 57. Tesorería.

El Plan General de Contabilidad incluye la Tesorería dentro del Grupo 5. Cuentas financieras, reservándole el subgrupo 57. Tesorería, al que pertenecen las siguientes cuentas principales:

570. ***Caja, ptas.***
571. ***Caja, moneda extranjera.***
572. ***Bancos e instituciones de crédito c/c vista, pesetas.***
573. ***Bancos e instituciones de crédito c/c vista, moneda extranjera.***
574. ***Bancos e instituciones de crédito, cuentas de ahorro, pesetas.***
575. ***Bancos e instituciones de crédito, cuentas de ahorro, moneda extranjera.***

Necesidad de una nueva cuenta para los pagos con tarjetas de crédito.

La relación es abierta, y podría completarse con la referencia a otras cuentas. Aquí nos plantearíamos el problema de la ubicación de las cuentas que recogen el movimiento de las tarjetas de compra y de las tarjetas de crédito empleadas para los pagos. Si subrayásemos su significación como instrumentos de pago, habrían de figurar entre las cuentas del subgrupo 57. Tesorería, pero si en cambio, pusiéramos el acento en que son un cauce para obtener un crédito, ya que primero se adquieren los bienes y servicios y más tarde se pagan, su sitio estaría en el subgrupo 52. Deudas a corto plazo por préstamos recibidos y otros conceptos.

Nos inclinamos por la segunda solución, creando una cuenta, que podría ser:

5202. ***Deudas a corto plazo, por tarjetas de crédito***

Funcionamiento de la cuenta 5202. Tarjetas de crédito.

Esta cuenta iría recogiendo todos los pagos realizados a través de las distintas tarjetas de crédito y de compras. Realmente son pagos que se hacen de acuerdo con el límite que tiene establecido cada tarjeta. Por ejemplo, una empresa puede disponer para realizar sus pagos de una tarjeta American Express; si esto es así, la empresa ha de saber que tiene un límite que no puede sobrepasar, pero hasta ese límite puede hacer los pagos que desee.

Otra cuestión diferente, en la que no vamos a entrar ahora, es la utilización de la tarjeta de crédito por parte de sus clientes.

12.3. LA CAJA Y SU PROBLEMATICA CONTABLE

Pocos problemas contables en torno a la cuenta de Caja, pesetas.

La cuenta de ***Caja, ptas.*** no presenta aparentemente mayores dificultades a la hora de su contabilización. En lo que llevamos visto, ha aparecido en numerosas ocasiones, y no han surgido otras cuestiones especiales más que las diferencias que pueden surgir en el recuento físico o arqueo que se suele hacer periódicamente, y que inmediatamente después trataremos.

No obstante, y a pesar de los otros cauces de cobros y pagos a que hemos aludido más arriba, los movimientos de caja siguen teniendo una importancia capital en las empresas de comercio al por menor, ya sean pequeños comercios, ya sean cadenas de supermercados.

Importancia de la Caja para el control de la actividad en ciertas empresas.

El trabajo contable, llevado a cabo por los cajeros de un establecimiento comercial, debe diseñarse concienzudamente, ya que es la clave de un extraordinario control de la tesorería y de las salidas de almacén. En muchas de estas empresas, la codificación de los productos, cada uno de los cuales lleva su número correspondiente, permite un detalle importante en la factura que se entrega al cliente y, además, facilita un control de almacén en tiempo real, es decir, a la vez que se producen los acontecimientos, e incluso, puede dar paso a una tramitación automática de los pedidos.

La importancia de la Contabilidad Auxiliar de Caja para el control general.

Así se dispone de una explicación detallada de los cobros y pagos realizados a lo largo del día. De este modo, la cuenta principal 570. Caja, pesetas, se limitará a realizar un asiento único, resumen de los registros del movimiento de caja que han ido llevando a cabo las personas encargadas de las cajas. Después volveremos sobre esto.

En definitiva, las personas encargadas de la caja van preparando automáticamente, a través de las máquinas registradoras modernas, que con frecuencia son terminales de ordenadores, lo que tradicionalmente se denominaba libro auxiliar de caja, que era un registro que incorporaba los cobros y pagos efectuados en metálico.

12.4. LAS CUENTAS BANCARIAS Y LA TESORERIA

Cuentas bancarias de la tesorería.

Ya recogíamos anteriormente las cuentas del subgrupo 57. Tesorería del PGC. Allí aparecían estas ***cuentas bancarias de tesorería***:

572. Bancos e Instituciones de Crédito c/c. vista, pesetas.
573. Bancos e Instituciones de Crédito c/c. vista, moneda extranjera.
574. Bancos e Instituciones de Crédito, cuentas de ahorro, pesetas.
575. Bancos e Instituciones de Crédito, cuentas de ahorro, moneda extranjera.

Requisitos de estas cuentas:

Han de darse, de acuerdo con el PGC, tres requisitos para poder hablar de cuentas bancarias de tesorería:

1.° Saldos a favor de la empresa.

1.° Que impliquen saldos a favor de la empresa. Esto llevaría a la consideración de que si se tratase, por ejemplo, de cuentas con descubiertos, habrían de trasladarse a otros subgrupos. Entendemos que esta condición ha de interpretarse con flexibilidad, de tal manera que, si se producen descubiertos transitorios o circunstanciales, la cuenta bancaria puede continuar en este subgrupo.

2.° Saldos de disponibilidad inmediata.

2.° Que se trate de cuentas corrientes a la vista, y cuentas de ahorro, pero en este caso, sólo si son de disponibilidad inmediata. Es decir, que el cliente pueda utilizar el saldo existente a su favor sin más trámites que el cumplimiento de los requisitos formales establecidos con carácter general por la entidad bancaria.

3.° Que estén abiertas en las entidades financieras.

3.° Que las cuentas estén abiertas en Bancos e Instituciones de Crédito, entendiendo por tales Cajas de Ahorros, Cajas Rurales y Cooperativas de Créditos para los saldos situados en España. Si los saldos están situados en el extranjero, ha de tratarse de entidades análogas a las mencionadas.

12.5. EL CONTROL DE LA TESORERIA

El sistema de tesorería.

Los elementos patrimoniales que integran la tesorería o disponibilidades líquidas, constituyen un todo, económicamente hablando. Existe una relación de permutabilidad entre los diferentes elementos patrimoniales incluidos en las cuentas que integran este subgrupo. La empresa elige continuamente entre pagar de una manera o de otra; por ejemplo: por caja, por Banco, o con tarjeta de crédito, para algunos conceptos. Y lo mismo sucede con los cobros. Toda la tesorería constituye, pues, un sistema.

Características:

Realmente, todas estas cuentas, en conjunto, definen el ***sistema de cobros y pagos de la empresa***. El sistema de cobros y pagos reúne varias características, algunas de las cuales ya han sido apuntadas.

1.ª Los elementos patrimoniales de tesorería dan facilidades para su apropiación.

En primer lugar, los elementos patrimoniales que integran la tesorería, incitan fuertemente a su apropiación, dada su generalidad. Veámoslo con un ejemplo: si una empresa dispone de una cantidad fuerte de dinero en caja, por ejemplo, 50.000.000 ptas., está corriendo un riesgo demasiado fuerte, que casi es una provocación; en efecto, aunque la empresa tenga otros bienes tan valiosos o más valiosos incluso que esa cantidad de dinero, por ejemplo edificios, son más difíciles de apropiar.

2.ª Los bancos plantean tantos problemas como la Caja.

En segundo lugar, aunque la empresa tienda a abandonar la tesorería en forma de dinero, sustituyéndola por cobros y pagos a través del Banco, no hace sino trasladar el problema, ya que ha de tener especial cuidado con las disposiciones que se pueda hacer de los saldos de las cuentas corrientes y de las cuentas de ahorro.

Una normal fundamental para el control de las cuentas bancarias.

Una norma de control fundamental es separar las responsabilidades de las personas que tienen que ver con las cuentas bancarias. Es necesario que las personas cuya firma está reconocida en el Banco, sean diferentes de aquellas que llevan el control contable de las cuentas bancarias, y muy especialmente, han de ser distintas de las personas que estén encargadas de las conciliaciones bancarias, es decir, de la comprobación de los movimientos de las cuentas bancarias, comparándolas con los datos de la contabilidad.

Otras medidas complementarias:

Aunque el respeto de esta norma fundamental es necesario para el control de las cuentas bancarias, no es suficiente. Ha de ir acompañada de otras medidas, entre las que están:

1.ª Todas las operaciones han de estar documentadas.

1.ª Todas las operaciones han de documentarse adecuadamente. Las ventas al contado han de tener todas sus facturas y las entregas de efectivo han de estar suficientemente documentadas.

2.ª Siempre ha de existir un responsable claro de los movimientos de Caja.

2.ª Siempre ha de existir un responsable claro de los movimientos de la caja. Si nos fijamos en un supermercado, comprobaremos que existe una constancia de las horas que han sido cubiertas por cada cajero. Lo mismo ocurre en los bancos. Y si han de abandonar por cualquier motivo la caja, con frecuencia ésta se cierra transitoriamente, en lugar de hacer sustituciones por unos minutos, que pueden diluir la responsabilidad. Además, es obligado que en los relevos quede constancia escrita de las cantidades que entrega el cajero saliente al cajero entrante.

Medidas para aliviar la rigidez impuesta por el control de tesorería:

Dado el fuerte control que ha de rodear a la liquidez de la empresa, conviene arbitrar algunas medidas que alivien esas rigideces, sabiendo que el riesgo que se corre en estos casos está limitado. Varias son las soluciones a este respecto:

1) Las Cajas chicas.

1. Las denominadas ***cajas chicas***, que no son otra cosa que fondos limitados, entregados a una persona, para que haga los pagos que se pueden producir en una dependencia, sin necesidad de acudir a las cajas centrales. Con ese dinero se pagan taxis, gastos de correo o de transportes urgentes, imprevistos, y compromisos urgentes de pequeña

cuantía. La persona encargada de estas cajas chicas rinde cuentas periódicamente; por ejemplo, mensualmente, y recibe nuevos fondos.

2) Cantidades a justificar.

2. Las cantidades entregadas a justificar. Por ejemplo, si el director de ventas de una empresa ha de viajar continuamente y, por lo tanto, ha de realizar desembolsos constantes por los gastos de viaje propios, o de invitaciones, lo normal es que reciba un cierto importe, que luego justificará en los términos establecidos por la empresa.

3) Entrega de la tarjeta de crédito.

3. La entrega de una tarjeta de crédito a determinados cargos de la empresa, con límite para cada caso. De esta manera el control externo se intensifica, y la documentación de los gastos adquiere un cierto automatismo.

12.6. CONTABILIDAD AUXILIAR DE CAJA

Contabilidad a través de los libros auxiliares.

Hasta ahora no hemos sentido la necesidad de plantear una cuestión importante dentro de la técnica contable. Se trata de la utilización de los ***libros auxiliares***. Vamos a plantear la cuestión con el ***Libro Auxiliar de Caja***, y después, la extenderemos al Libro Auxiliar de Bancos.

El Diario y el Mayor principales.

Realizábamos todas la anotaciones directamente en el Diario y en el Mayor. Como no habíamos hablado de otros posibles libros, no habíamos necesitado calificativos. Desde el momento en que aparece la posibilidad de unas contabilidades auxiliares, ya hemos de diferenciarlas claramente de la única que veníamos empleando. Para ello, denominaremos a aquellos libros: ***Diario principal*** y ***Mayor principal***.

12.6.1. ENUNCIADO DE UN SUPUESTO PARA UN ESTUDIO OPERATIVO

ALFOMBRAS LEVANTINAS, S.A., es una empresa dedicada a la venta al por mayor de alfombras, fabricadas en la Comunidad Valenciana. Tiene su domicilio en Marbella, donde posee unos grandes almacenes, que venden a establecimientos comerciales de la Costa del Sol.

Para la gestión y el control de la liquidez dispone de:

a) Una caja central única, cuyo Cajero responsable es el Sr. Ibáñez, que entrega semanalmente al Jefe de Contabilidad unos registros auxiliares de Caja, preparados con un programa de ordenador.

b) Una oficina de relaciones con los bancos, que se encarga de preparar todos los documentos relacionados con ellos: cheques, transferencias, etc., que firma el Director General.

c) Una oficina, que lleva la contabilidad auxiliar de las operaciones bancarias, realizando también semanalmente todas las operaciones de conciliación con el Banco. El responsable es el Sr. Ureña.

El Sr. Ibáñez, Cajero y responsable de la Contabilidad Auxiliar de Caja, realiza y contabiliza las siguientes operaciones de la tercera semana del mes de diciembre de 1988.

12/12.—Cobro, el lunes a primera hora, del cheque n.º 5024, por 1.000.000 ptas., contra la cuenta que ALFOMBRAS LEVANTINAS, S.A., tiene abierta en el Banco de Almería (abreviadamente B A).
13/12.—Cobro de la factura nº 894, correspondiente a una venta a crédito al Sr. Omar, por 2.250.000 ptas.
14/12.—Cobro de la factura n.º 924, relativa a una venta que se acaba de hacer al Sr. Briz. Importe de la factura: 1.500.000 ptas., de las que 500.000 ptas. se cobran en el momento de la compra, y el resto queda aplazado a un mes.
15/12.—Cobro de 100.000 ptas. del alquiler de unos locales situados en Málaga.
15/12.—Cobro de la factura nº 925, de una venta al contado, por 400.000 ptas. al Sr. Díaz.
16/12.—Cobro de la factura nº 895 de una venta a crédito al Sr. Sos, por 3.000.000 ptas.

Asimismo, el Sr. Ibáñez recoge los siguientes pagos:

12/12.—Pago de la factura n.º 100, por 900.000 ptas., que le presenta DIPIZ, tienda que le provee habitualmente de material de oficina.
13/12.—Pago de los gastos de viaje a Arabia Saudita, que le justifica el Sr. Suárez, Director de Ventas, por 450.000 ptas.
14/12.—Pago de 200.000 ptas. de la factura n.º 60 de AIGEL, por la reparación del aire acondicionado, cuyo importe total es de 500.000 pesetas. El resto queda aplazado un mes.
14/12.—Debido a que el año ha sido económicamente bueno, ALFOMBRAS LEVANTINAS, S.A., satisface por caja una paga extraordinaria, que asciende a 2.000.000 ptas.
15/12.—Pago de una prima del seguro de un camión, importando el recibo n.º 542, 100.000 ptas.
16/12.—Durante el fin de semana acostumbra a dejar la caja sin dinero, llevando todo el efectivo al Banco de Almería.

Con estos datos, se ha de preparar la Contabilidad Auxiliar de Cobros y la Contabilidad Auxiliar de Pagos.

12.6.2. ESTUDIO OPERATIVO DE LA CONTABILIDAD AUXILIAR DE CAJA

Los registros y documentos de la Contabilidad Auxiliar de Cobros:

Esta Contabilidad suele llevarse en unos registros especiales, que pueden tener muy diversos formatos.

La ***Contabilidad Auxiliar de Cobros*** consta de tres partes:

1.° Registro Especial de Cobros.

1.ª El ***Registro especial de cobros***, que es realmente un Diario. Se ajusta a los más variados formatos, si bien, es frecuente que se amolde a la estructura del Cuadro 12.1. Como puede verse en él, consta de:

a) Columna con las fechas.
b) Columna con la descripción de las operaciones.
c) Casilla para el cargo, dividida en:

— Una columna de importes, diferenciando a su vez: los importes cargados en Caja, y los importes cargados en cualquier otra cuenta
— Y una columna que describe estas otras cuentas, con mención del número y el nombre de la cuenta

d) Casilla para el abono, donde se observan tres columnas:

— Importe del abono
— Número de la cuenta a abonar
— Nombre de esa cuenta

2.° Mayor especial.

2.ª Un ***Mayor especial,*** para la Contabilidad Auxiliar de Cobros, al que se pasarán las anotaciones del registro especial.

3.° Estado de Cobros.

3.ª Un ***Estado de Cobros,*** donde se sintetizarán todos los cobros por Caja. Realmente es un Balance de Sumas.

La Contabilidad Auxiliar de Pagos.

La ***Contabilidad Auxiliar de Pagos*** es semejante a la Contabilidad Auxiliar de Cobros, como puede verse en el Cuadro 12.2. La diferencia fundamental del ***Registro especial de pagos*** está en la columna especial para Caja que no aparece ahora en el lado de los cargos, sino en el lado de los abonos. Por lo demás, también se prepara un Estado de pagos.

12.6.3. TRASLADO DE LA CONTABILIDAD AUXILIAR A LA CONTABILIDAD PRINCIPAL

La Contabilidad Principal aprovecha los estados contables de la Contabilidad Auxiliar de Caja.

La Contabilidad Principal aprovecha las anotaciones que se efectúan en las Contabilidades Auxiliares, no repitiendo asientos inútilmente.

Si nos circunscribimos a la Contabilidad Auxiliar de Caja, esto implica que en la Contabilidad Principal no se van a registrar otra vez todos y cada uno de los documentos que se han ido anotando ya en aquélla. Nos limitamos a hacer un asiento global, único, para recoger los estados de pagos y cobros mensuales, semanales o, incluso diarios, derivados de la Contabilidad Auxiliar de Caja.

CONTABILIDAD AUXILIAR DE COBROS POR CAJA **Cuadro 12.1**

REGISTRO ESPECIAL DE COBROS Y MAYOR ESPECIAL

Fecha	Explicación	CARGO				ABONO		
		IMPORTE		OTRAS CUENTAS		OTRAS CUENTAS		
		Caja	Otras cuentas	N.°	Nombre	Importe	N.°	Nombre
12-12-88	Cheque B A, n.° 5024	1.000.000				1.000.000	572	Bancos c/c
13-12-88	Factura 894, Sr. Omar	2.250.000				2.250.000	4300	Clientes (ptas.)
14-12-88	Factura 924, Sr. Briz	500.000	1.000.000	4300	Clientes (ptas.)	1.500.000	700	Ventas de mercaderías
15-12-88	Alquiler locales	100.000				100.000	752	Ingresos por arrendamientos
15-12-88	Factura n.° 925, Sr. Díaz	400.000				400.000	700	Ventas de mercaderías
16-12-88	Factura n.° 895, Sr. Sos	3.000.000				3.000.000	4300	Clientes (ptas.)
	TOTAL	7.250.000	1.000.000			8.250.000		

4300 Clientes (ptas.)		572 Bancos c/c		700 Ventas de mercaderías		752 Ingresos por arrendamientos	
1.000.000	2.250.000		1.000.000		1.500.000		100.000
	3.000.000				400.000		

ESTADO DE COBROS

Estado de Cobros deducido del libro de Caja:			
N.°	**Cuentas**	**Cargos**	**Abonos**
570	Caja, (ptas.)	7.250.000	
4300	Clientes (ptas.)	1.000.000	5.250.000
572	Bancos c/c		1.000.000
752	Ingresos por arrendamientos		100.000
700	Ventas de mercaderías		1.900.000
	TOTAL	8.250.000	8.250.000

Cuadro 12.2 **CONTABILIDAD AUXILIAR DE PAGOS POR CAJA**

REGISTRO ESPECIAL DE PAGOS Y MAYOR DE PAGOS

		CARGO			ABONO			
		OTRAS CUENTAS			IMPORTE		OTRAS CUENTAS	
Fecha	Explicación	Importe	N.°	Nombre	Caja	Otras cuentas	N.°	Nombre
12-12-88	Factura n.º 100, Dipiz	900.000	602	Compras de otros aprovisionamientos	900.000			
13-12-88	Gastos de viaje, Sr. Suárez	450.000	629	Otros servicios	450.000			
14-12-88	Factura n.º 60, ARIGEL	500.000	622	Reparaciones y conservación	200.000	300.000	410	Acreedores por prestaciones de servicios
14-12-88	Paga extraordinaria	2.000.000	640	Sueldos y salarios	2.000.000			
15-12-88	Prima seguro n.º 542	100.000	625	Primas de seguros	100.000			
16-12-88	Ingreso Banco Almería	3.600.000	572	Bancos c/c	3.600.000			
	TOTAL	7.550.000			7.250.000	300.000		

Cuenta	Debe	Haber
602 Compras de otros aprovisionamientos	900.000	
629 Otros servicios	450.000	
622 Reparaciones y conservación	500.000	
410 Acreedores por prestaciones de servicios		300.000
640 Sueldos y salarios	2.000.000	
625 Primas de seguros	100.000	
572 Bancos c/c	3.600.000	

ESTADO DE PAGOS

Estado de Pagos, deducido del libro de Caja:			
N.º	Cuentas	Cargos	Abonos
570	Caja, (ptas.)		7.250.000
410	Acreedores por prestaciones de servicios		300.000
572	Bancos c/c	3.600.000	
602	Compras de otros aprovisionamientos	900.000	
622	Reparaciones y conservación	500.000	
625	Primas de seguros	100.000	
629	Otros servicios	450.000	
640	Sueldos y salarios	2.000.000	
	TOTAL	7.550.000	7.550.000

Asientos en el supuesto.

En el ejemplo de ALFOMBRAS LEVANTINAS, S.A., los Estados de Cobros y Pagos se reflejarían en la Contabilidad Principal mediante estos dos asientos:

	———— 18-12-88 ————	
7.250.000	(570) Caja, (ptas.)	
1.000.000	(4300) Clientes (ptas.)	
	a (4300) Clientes (ptas.)	5.250.000
	a (572) Bancos c/c	1.000.000
	a (752) Ingresos por arrendamientos	100.000
	a (700) Ventas de mercaderías	1.900.000
	• Según el estado de cobros de la tercera semana de diciembre de 1988	
	———— 18-12-88 ————	
3.600.000	(572) Bancos c/c	
900.000	(602) Compras de otros aprovisionamientos	
500.000	(622) Reparaciones y conservación	
100.000	(625) Primas de seguros	
450.000	(629) Otros servicios	
2.000.000	(640) Sueldos y salarios	
	a (570) Caja, ptas.	7.250.000
	a (410) Acreedores por prestaciones de servicios	300.000
	• De acuerdo con el estado de pagos de la tercera semana de diciembre de 1988.	

12.7. CONTABILIDAD AUXILIAR DE BANCOS

12.7.1. IDEA GENERAL

Características de la Contabilidad Auxiliar de Bancos:

Hay que señalar que la técnica utilizada para la Contabilidad Auxiliar de Caja se puede emplear para la Contabilidad Auxiliar de Bancos. Sin embargo la Contabilidad Auxiliar de Bancos presenta una serie de características.

• Importancia consolidada de las cuentas bancarias.

La primera es su importancia. En la economía moderna prácticamente todos los cobros y todos los pagos se realizan por Banco. De ahí que hayamos propuesto una serie de medidas cautelares, para que exista un control interno.

La segunda es la existencia de otra contabilidad ajena a la empresa, que sirve de control externo. Se trata de la contabilidad del propio banco, que comunica a la empresa los diferentes movimientos y, periódicamente, un extracto de cuenta.

• Control contable de los Bancos.

12.7.2. LA CONCILIACION BANCARIA

Lo normal es que la Contabilidad Auxiliar de Bancos que lleva la empresa, no coincida con el extracto que envía el Banco.

Por este motivo, es necesario proceder a la ***conciliación bancaria***, es decir, analizar las diferencias existentes entre la Contabilidad Auxiliar que lleva la empresa y el extracto de la cuenta corriente bancaria.

Discrepancias entre la Contabilidad Auxiliar de Bancos y los extractos de los Bancos.

Supuesto.

Veámoslo con un supuesto: ZANDRASA, es una empresa que tiene abiertas doce cuentas corrientes, que son contempladas por la Contabilidad Auxiliar, donde se lleva el control cuenta por cuenta.

Una de las cuentas corrientes está abierta en el Banco de Zafra y tiene el número 8676. Según la Contabilidad Auxiliar de ZANDRASA, el saldo de esta cuenta a 31-12-1988 es de 8.425.301 ptas.; sin embargo, el extracto enviado por el Banco de Zafra a efectos del Inventario final del ejercicio presenta un saldo de 5.430.824 ptas.

Tras una minuciosa comparación de los movimientos registrados por el banco y los movimientos registrados por la Contabilidad Auxiliar de ZANDRASA, se han detectado las siguientes diferencias:

1. *El Banco de Zafra aún no ha anotado en cuentas el cheque n.º 8432986, el cual ha planteado algunos problemas en el proceso del cobro que ya están resueltos. Su importe es de 5.522.000 ptas.*
2. *Los intereses producidos por la cuenta corriente a favor de ZANDRASA, que el Banco de Zafra anotó en cuenta a 31 de diciembre, ascienden a 41.632 ptas. Por otro lado, los intereses por descubiertos en cuentas ascienden a 561.064 ptas. a favor del Banco.*
3. *El cheque n.º 564321 de la cuenta corriente 8676 del Banco de Zafra, fue entregado para pagar a un proveedor, quien aun no lo ha presentado al cobro, por un importe de 3.593.352 ptas.*
4. *Se ha pagado a través del Banco de Zafra el recibo de la luz, hecho que no se había comunicado, ya que ocurrió el mismo 31 de diciembre. Asciende a 546.447 ptas.*

SE DESEA:

1.º Elaborar el Estado de Conciliación bancaria.

2.º Asiento que efectuaría ZANDRASA en su Contabilidad Principal.

Estado de Conciliación.

ESTADO DE CONCILIACION DEL SALDO DEL BANCO DE ZAFRA
c/c 8676

Saldo de la c/c 8676 según extracto del Banco		5.430.824
Aumentos:		
— Cheque n.º 8432986, del Banco Aragonés, ingresado en el Banco de Zafra, pero aun no anotado en firme por éste		(+) 5.522.000
Disminución:		
— Cheque n.º 564321; entregado por ZANDRASA para realizar un pago, que aun no ha sido presentado al cobro		(−) 3.593.352
Saldo según extracto del Banco, conciliado		7.359.472
Saldo de la c/c 8676 según la Contabilidad Auxiliar de ZANDRASA .		8.425.301
Aumentos:		
Intereses a favor de ZANDRASA, que aun no le habían sido comunicados		(+) 41.632
Disminuciones:		
Intereses por descubiertos en cuenta corriente	561.014	
Pagos de recibo de la luz, que todavía no se había comunicado a ZANDRASA	546.447	(−) 1.107.461
Saldo según Contabilidad Auxiliar, conciliado		7.359.472

Dentro del proceso de regularización, en la fase de adecuación de los saldos de las cuentas al Estado de Inventario de final de ejercicio, se llevaría a cabo el asiento correspondiente a la conciliación.

En el supuesto de ZANDRASA, el asiento será el siguiente:

561.014	(663) Intereses de deudas a corto plazo			
546.447	(628) Suministros			
		a	(769) Otros ingresos financieros	41.632
		a	(572) Bancos c/c	1.065.829

Puede comprobarse que, después de esta anotación, el saldo de la cuenta de Bancos será: 7.359.472.

Principales causas de las discordancias.

Las diferencias entre el saldo deducido de la Contabilidad Auxiliar de la empresa, y el saldo mostrado por el extracto del Banco, pueden deberse, en general, a muy diversos motivos. Entre ellos hay que destacar los que hemos visto en el ejemplo:

1.º Que el Banco no haya anotado aún en su cuenta el pago de ciertos cheques a favor de la empresa, porque no hayan sido satisfechos por quienes han de hacerlo.

2.° Que el Banco no haya anotado aún en la cuenta el pago de algunos cheques, puestos en circulación por la empresa titular de la cuenta corriente. En este caso, los propietarios de dichos cheques pueden no haberlos presentado aún al cobro.
3.° Que el Banco haya anotado pagos que tenga domiciliados, por ejemplo, el teléfono, o las tarjetas de crédito, o la energía eléctrica, pero la empresa no haya recibido aún la notificación del Banco.
4.° Intereses, gastos bancarios, cuya notificación esté en camino.

12.8. LAS TARJETAS DE COMPRAS

Fórmulas alternativas al pago al contado.

Las empresas comerciales, principalmente las cadenas de establecimientos, ofrecen a sus clientes fórmulas alternativas al pago al contado, consistentes por lo general en la apertura de una cuenta, en la que se van anotando las compras que se van haciendo. Después, al cabo de un mes, dos meses o en los plazos pactados, se procede al cobro, normalmente a través de la cuenta corriente que ha autorizado el cliente para ello.

Estas fórmulas han existido siempre.

La verdad es que este sistema ha existido siempre. ¿Qué tienda de ultramarinos no daba facilidades a los clientes habituales, anotando en una hoja de cuaderno las compras que hacían los miembros de la familia?

Los modos de controlar las ventas a crédito eran a veces muy curiosos. Por ejemplo, las panaderías de ciertas zonas rurales españolas entregaban a las personas que lo pedían, unos listones de madera, de base cuadrangular, y aproximadamente treinta centímetros de largo, donde se iban apuntando las hogazas de pan que se retiraban de la panadería haciendo hendiduras en los vértices. Los listones iban firmados por el titular en uno de los lados, y cuando se llenaba, se hacían cuentas.

Siendo esto llamativo, quizás lo era más el nombre que recibían esos listones de madera. Se llamaban tarjas.

Este nombre se vincula de alguna manera al sistema de crédito comercial moderno a que aludíamos antes, ya que las empresas comerciales entregan como llave o clave que permite el acceso a una cuenta corriente comercial una tarjeta de plástico, con un sistema electrónico de identificación.

Funcionamiento de la tarjeta de compra.

Una vez que el cliente ha seleccionado los artículos que se va a llevar, se acerca a las cajas que (encuentra normalmente a la salida) y elige el modo de pago. Si se inclina por pagar con una ***tarjeta de compras*** del establecimiento, firma unos documentos, que realmente son albaranes, en que se autoriza el cargo en la cuenta correspondiente, que tiene abierta el cliente en el establecimiento comercial.

Después, el establecimiento vendedor cobrará a través de las cuentas corrientes bancarias, donde están domiciliados los pagos y en los plazos acordados, el importe de todas las compras hechas en un período determinado.

Tarjetas de compras de empresas.

Estas tarjetas de compras también se abren a empresas, bien en los establecimientos comerciales generales, bien en los establecimientos al por mayor, que no venden a cualquier cliente, sino a otras empresas, que han de acreditar esta condición a través de la Licencia Fiscal correspondiente. La Licencia Fiscal implica la inscripción en el censo o lista fiscal de las empresas, que pagan este impuesto por el mero hecho de disponerse a ejercer una actividad empresarial o profesional.

12.9. LAS TARJETAS DE CREDITO

Una tarjeta de crédito hace las veces de muchas tarjetas de compra.

Ni una empresa, ni una persona física, pueden ir pertrechados con todas las tarjetas de compras que le ofrecen los diferentes establecimientos donde suele comprar. De ahí que otra forma de adquirir bienes y servicios sea mediante una tarjeta de crédito admitida en la generalidad de los establecimientos comerciales, y que son gestionadas por una entidad de crédito.

Algunas características de las tarjetas de crédito.

Las ***tarjetas de crédito*** son facilitadas por entidades de crédito, que abren una cuenta a la que se pueden cargar los gastos, hechos por el titular de la tarjeta en alguno de los establecimientos que la admiten como medio de pago. Estos establecimientos suelen hacer patente esta circunstancia con un distintivo de la tarjeta en la entrada o en otro lugar visible por el cliente.

Funcionamiento.

La mecánica del funcionamiento de una adquisición es semejante a la seguida a propósito de la tarjeta de compras. El cliente, una vez seleccionados los productos o recibidos los servicios, se pasa por la caja del establecimiento, donde entrega la tarjeta como símbolo de que tiene abierta una cuenta en la entidad gestora de esa tarjeta. El cajero preparará el albarán correspondiente, con la autorización del pago a través de la cuenta de la tarjeta de crédito.

Las tarjetas suelen estar domiciliadas en algún Banco, es decir, se paga con cargo a la cuenta corriente de algún Banco el saldo resultante a una fecha determinada.

A través de las tarjetas se obtienen créditos.

Hay que señalar la posibilidad de obtener crédito a través de estas tarjetas, que nos permitirá gastar en un restaurante, en una agencia de viajes o en una tienda y pagar como mínimo un mes más tarde, ya que es en cierto momento del mes siguiente, cuando se pasa el total del saldo que arroja la tarjeta, a la cuenta corriente bancaria, donde está domiciliado el pago.

Esta posibilidad de crédito puede ampliarse pagando, no al mes siguiente del gasto, sino dejando todo o parte del importe para meses posteriores, en cuyo caso se cobrarán al cliente unos intereses por el aplazamiento.

12.9.1. UN SUPUESTO PARA EL ESTUDIO OPERATIVO DE LOS PAGOS CON LA TARJETA DE CREDITO

La Contabilidad de las tarjetas de crédito.

La tarjeta de crédito genera una serie de anotaciones en la empresa que la gestiona, por ejemplo, en American Express, y otra serie de anotaciones en la propia contabilidad de la persona o empresa que la utiliza.

Veámoslo a través de un supuesto:

Un supuesto para su estudio operativo.

EJECUTIVO SPORT, S.A., es una empresa que explota una cadena de gimnasios para ejecutivos. El Director de la empresa, Sr. Muñiz Andante dispone, desde el mes de enero de 1989, de una tarjeta VISA, que se paga con cargo a la cuenta corriente bancaria de la sociedad una vez que se da la conformidad al extracto del movimiento de la tarjeta enviado por el Banco de Europa, gestor de la misma. Tiene un límite de 1.250.000 pesetas al mes. Realiza los siguientes pagos con la tarjeta:

12-1-1989: Pasando por la tienda especializada MUEBLES ETERNOS, compra un reloj antiguo para colocarlo en la sala de reuniones del Consejo de Administración, ya que diversos consejeros lo habían reclamado repetidas veces. Paga el reloj con la tarjeta de crédito por un total de 500.000 ptas.

14-1-1989: Invita a comer al Consejero de Deportes de la Comunidad Autónoma donde está domiciliada la sociedad. La comida se celebra en el restaurante LOS RENOS, ascendiendo la factura a 25.000 ptas.

16-1-1989: El Sr. Muñiz Andante paga en la joyería DEL KOR 50.000 pesetas de una copa de plata que ofrece la empresa al subcampeón de un campeonato de frontenis. La copa del campeón ha sido prometida por la Comunidad Autónoma.

20-1-1989: Paga con la tarjeta la factura del hotel PARAISO 2000 donde se reúnen todos los meses los Directores de área para discutir durante todo el día los presupuestos del mes siguiente. La factura se desglosa así: 40.000 ptas. por la cesión de una sala de reuniones y 300.000 ptas. por el desayuno, la comida y la cena.

El Director General, Sr. Muñiz Andante, ha ido pasando los talones de venta, correspondientes a cada uno de los pagos realizados, al Departamento de Contabilidad. Cuando se recibe el extracto de movimiento de la tarjeta enviado por el Banco gestor de la tarjeta, se comprueba con las anotaciones contables hechas en la Contabilidad Auxiliar.

12.9.2. ESTUDIO OPERATIVO DEL CONTROL CONTABLE DE LOS PAGOS MEDIANTE TARJETAS DE CREDITO

Cuentas a utilizar.

Para recoger los movimientos de las tarjetas de crédito, de acuerdo con el PGC, podemos emplear en la cuenta no prevista en el PGC 5202. Deudas a corto plazo por tarjetas de crédito, cuando adquiere una importancia suficiente. Si no puede registrarse en la cuenta prevista en el

PGC 520. Deudas a corto plazo con entidades de crédito, e incluso en la cuenta, también prevista en el PGC, 5201. Deudas a corto plazo por crédito dispuesto.

La cuenta 5201. Deudas a corto plazo por crédito dispuesto, corresponde a la Contabilidad Principal. En la Contabilidad Auxiliar se registrarán independientemente los movimientos de la tarjeta.

Las anotaciones que hará EJECUTIVO SPORT, S.A., en el Diario de la Contabilidad Principal, serían:

El Diario Principal de las operaciones hechas con la tarjeta.

	12-01-89	
500.000	(226) Mobiliario	
	a (5202) Deudas a corto plazo por tarjetas de crédito	500.000
	14-01-89	
25.000	(627) Publicidad, propaganda y relaciones públicas	
	a (5202) Deudas a corto plazo por tarjetas de crédito	25.000
	16-01-89	
50.000	(627) Publicidad, propaganda y relaciones públicas	
	a (5202) Deudas a corto plazo por tarjetas de crédito	50.000
	20-01-89	
340.000	(629) Otros servicios	
	a (5202) Deudas a corto plazo por tarjetas de crédito	340.000

El saldo de la tarjeta de crédito es, pues, acreedor por un importe de 915.000 ptas.

Posible Contabilidad Auxiliar de las tarjetas de crédito.

Conviene advertir que si el empleo de las tarjetas de crédito es frecuente, puede ser aconsejable llevar a cabo una Contabilidad Auxiliar de Tarjetas de crédito. En este caso, la Contabilidad Principal se limitaría a recoger periódicamente su estado de movimientos, debidamente conciliado con el extracto al que nos referiremos seguidamente.

El extracto enviado por la empresa gestora de la tarjeta.

El día 26 de enero de 1989 recibe la siguiente cuenta que envía la empresa gestora de la tarjeta:

BANCO DE EUROPA

VISA

INFORMACION MENSUAL DE SU CUENTA DE TARJETA DE CREDITO

Número de tarjeta	Fecha Informe
4920 2003 2705 411	30-01-89

EJECUTIVO SPORT, S. A.

Datos de domiciliación	
Sucursal	n.º cuenta

Fecha	Ref.	Concepto	Importe Cargos	Importe Abonos
12-1-89		MUEBLES ETERNOS	500.000	
14-1-89		RESTAURANTE LOS RENOS	25.000	
16-1-89		JOYERIA DEL KOR	50.000	
20-1-89		HOTEL PARAISO 2.000	340.000	
		SALDO ACTUAL	915.000	

Máximo autorizado	Límite disponible	Saldo dispuesto	Excedido
1.250.000	335.000	915.000	

Cuota amortización	Intereses %	Intereses Importe	Comisiones %	Comisiones Importe	I.V.A	Total	Fecha
915.000						915.000	5-2-89

Luego el saldo coincide con el de la Contabilidad de la empresa.

Los saldos y límites de la tarjeta.

Observamos que en la parte inferior de esta información mensual que el Banco de Europa, gestor de la tarjeta de crédito, envía el titular, aparecen también los siguientes datos que son de especial interés:

— «Máximo autorizado», que es el importe que pueden alcanzar todas las utilizaciones de la tarjeta en cada mes.
— «Límite disponible», o diferencia entre el «Máximo autorizado» y el «Saldo actual». Representa el importe que dejó por utilizar al titular antes de llegar al «Máximo autorizado» para su tarjeta.
— «Saldo dispuesto», que es la cantidad pagada con la tarjeta, pendiente de pasar a la cuenta corriente del Banco.

— «Excedido», o importe que en su caso hubiese utilizado el titular por encima del «Máximo autorizado».
— «Cuota de amortización», que representa la cantidad que el Banco pasará en la «Fecha de cargo», que aparece también en la parte inferior de la información, a la cuenta corriente del titular. En el supuesto, la cuota de amortización es del 100%. Si éste hubiese acordado con el Banco un aplazamiento de pago, a dicha «cuota» se le sumarían los intereses y comisiones correspondientes.

12.10. MONEDA EXTRANJERA

La tesorería en moneda extranjera.

La tesorería en moneda extranjera está integrada en el PGC por:

571. Caja, moneda extranjera.
573. Bancos e Instituciones de Crédito, c/c vista, moneda extranjera.
575. Bancos e Instituciones de Crédito, cuentas de ahorro, moneda extranjera.

A la cuenta 573 la denominaremos abreviadamente: «Bancos c/c, moneda extranjera».

El problema de la responsabilidad penal.

Conviene llamar la atención sobre lo delicados que han sido estos elementos patrimoniales, desde la perspectiva de la responsabilidad penal. Bien es cierto, sin embargo, que la legislación existente al respecto va perdiendo una buena parte de sus temibles consecuencias.

La entrada de moneda extranjera.

El movimiento de estas cuentas no plantea problemas especiales en lo que se refiere a la entrada de los elementos patrimoniales en estas cuentas, que se registrarán por el cambio vigente en la fecha de la operación.

Ejemplo.

Ejemplo: La empresa CAMBISA, experta en cambios de divisas, cobra el 1 de marzo de 1988 10.000 dólares por un dictamen hecho en Estados Unidos (cambio vigente en ese momento: 150 ptas. por dólar), también cobra 5.000 marcos por otro dictamen hecho en Alemania (cambio vigente en ese momento: 60 ptas. el marco). El importe cobrado por estos informes se lo ingresan en sendas cuentas corrientes en moneda extranjera, abiertas en New York y en Bonn.

El asiento que procede hacer por estos cobros es:

1.800.000	(573) Bancos c/c, moneda extranjera	
	a (705) Prestaciones de servicios	1.800.000
	• 10.000 x 150 = 1.500.000	
	• 5.000 x 60 = 300.000	
	Total 1.800.000	

El problema de la valoración.

Sin embargo, la valoración sí puede ofrecer algunas dificultades, ya que el cambio entre la peseta y las monedas extranjeras es susceptible de modificarse continuamente a lo largo del tiempo. Y, en este caso, cabría hacerse preguntas como éstas:

Si el cambio al cerrar el ejercicio es de 130 ptas. el dólar, y 66 ptas. el marco ¿Por qué valor figurará en la cuenta Bancos c/c, moneda extranjera en el Balance?

La solución más generalizada.

La solución más generalizada a las cuestiones que acabamos de plantear consiste en valorar las disponibilidades en moneda extranjera, de acuerdo con el cambio vigente en el momento del cierre. Las diferencias positivas o negativas que se pongan de manifiesto de esta manera, se consideran como un resultado del ejercicio.

Las cuentas que recogen las diferencias de cambio.

Por otra parte, esta solución es compatible con lo previsto en el Plan General de Contabilidad español, donde se contemplan dos cuentas para recoger las diferencias positivas y negativas a que hemos hecho referencia, catalogadas como ingresos financieros y gastos financieros, respectivamente. Estas cuentas son:

— La 768. ***Diferencias positivas de cambio***, que incluirá las diferencias positivas que se produzcan al cierre del ejercicio, con motivo de la valoración de la moneda extranjera y de otros medios líquidos en la misma moneda que posea la empresa.

— La 668. ***Diferencias negativas de cambio***, que dará cabida a las diferencias negativas, producidas por el mismo motivo antes apuntado.

Un ejemplo.

Enlazando con los datos de CAMBISA, la valoración de Bancos c/c, moneda extranjera, y la consiguiente diferencia de cambios, sería:

Moneda	Valoración al cambio en el momento del cierre	Valoración al cambio en la fecha de la operación	Diferencias de cambio
Dólar	10.000 × 130 = 1.300.000	10.000 × 150 = 1.500.000	−200.000
Marco alemán	5.000 × 66 = 330.000	5.000 × 60 = 300.000	+ 30.000
		Diferencia en cambios	−170.000

Asiento en el Diario.

CAMBISA, al final del ejercicio, en la fase de adecuación del saldo de las cuentas al inventario, hará el siguiente asiento:

170.000	(668) Diferencias negativas de cambio		
	a	(573) Bancos c/c, moneda extranjera	170.000

Términos y expresiones clave explicados en este capítulo

Bancos e instituciones de crédito, cuenta corriente vista, moneda extranjera (12.2)
Bancos e instituciones de crédito, cuenta corriente vista, pesetas (12.2)
Bancos e instituciones de crédito, cuentas de ahorro, moneda extranjera (12.2)
Bancos e instituciones de crédito, cuentas de ahorro, pesetas (12.2)
Caja, moneda extranjera (12.2)
Caja, ptas. (12.2) (12.3)
Cajas chicas (12.5)
Conciliación bancaria (12.7.2)
Contabilidad Auxiliar de Cobros (12.6.2)
Contabilidad Auxiliar de Pagos (12.6.2)
Cuentas bancarias de tesorería (12.4)
Deudas a corto plazo, por tarjetas de crédito (12.2)
Diario principal (12.6)
Diferencias negativas de cambio (12.10)
Diferencias positivas de cambio (12.10)
Dinero de plástico (12.1)
Dinero electrónico (12.1)
Gestión de las disponibilidades líquidas (12.1)
Libro Auxiliar de Caja (12.6)
Libros auxiliares (12.6)
Mayor principal (12.6)
Registro especial de cobros (12.6.2)
Registro especial de pagos (12.6.2)
Sistema de cobros y pagos de la empresa (12.5)
Tarjeta de compras (12.8)
Tarjeta de crédito (12.9)
Tesorería (12.1)

Sección Segunda

Las existencias, su valoración y su control contable

CAPITULO

13

ASPECTOS CONTABLES DE LAS EXISTENCIAS, COMPRAS Y VENTAS

OBJETIVOS DIDACTICOS DEL CAPITULO

A través del estudio de este capítulo se puede aprender:

1.º Una clasificación operativa, desde la perspectiva contable, de las diferentes existencias, separando las que provienen del exterior de las que son obtenidas en el seno de la empresa.

2.º Un análisis de los diferentes tipos de adquisiciones de bienes y servicios de la empresa.

3.º La contabilización de las operaciones de compra, analizando los diferentes hechos contables que surgen alrededor de ellas, contemplando su inclusión en las facturas.

4.º El estudio operativo del tratamiento contable de los diferentes hechos relacionados con las compras, tales como: gastos, devoluciones, descuentos, «rappels».

5.º Análisis de los diferentes hechos contables relacionados con las ventas, con el consiguiente estudio operativo de su tratamiento contable. En particular, se presta atención a las ventas de bienes y servicios, descuentos, devoluciones, «rappels» y gastos de todo tipo, contemplando su inclusión en las facturas.

6.º La documentación de las compras y ventas, analizando pormenorizadamente las facturas, dada su importancia.

13.1. LAS EXISTENCIAS Y LA ACTIVIDAD DE LA EMPRESA

13.1.1. LOS BIENES Y LAS EXISTENCIAS

Ubicación de los bienes en el PGC.

Los bienes que forman parte del patrimonio de la empresa pueden recogerse, en principio, en dos grupos del Plan General de Contabilidad:

- en el Grupo 2. Inmovilizado,
- en el Grupo 3. Existencias.

dejando aparte el dinero, que aparece en el grupo 5. Cuentas financieras.

Criterios.

Para saber cuál es la ubicación adecuada en el Plan de un bien cualquiera, podríamos establecer este criterio:

Al Grupo 2. Inmovilizado, van las inversiones permanentes.

— Se situarán dentro del Grupo 2. Inmovilizado, si se trata de elementos patrimoniales que constituyen las inversiones permanentes de la empresa. Por ejemplo: terrenos y bienes naturales, construcciones, mobiliario, etc.
Podemos añadir que los bienes que se integran en el inmovilizado, participan reiteradamente en la actividad productiva. No se consumen en una sola intervención en ella, por lo que son objeto de amortización.

Al Grupo 3. Existencias, los demás bienes.

— Se situarán dentro del Grupo 3. Existencias, los bienes que no tienen cabida en el inmovilizado, dejando aparte el dinero, como ya hemos dicho. El Plan General de Contabilidad no da una definición de las existencias, limitándose a hacer una enumeración, al señalar que son las mercaderías, materias primas, otros aprovisionamientos, productos semiterminados, productos terminados, y subproductos, residuos y materiales recuperados. Esta lista no es exhaustiva, ya que después aparecerán otros bienes, tales como combustibles o material de oficina.

13.1.2. LAS EXISTENCIAS EN LAS EMPRESAS COMERCIALES Y EN LAS EMPRESAS INDUSTRIALES

Enumeración completa de bienes.

Dada la importancia de las existencias, llevaremos a cabo una enumeración completa de los elementos patrimoniales que el Plan General de Contabilidad incluye dentro de ellas. Creemos oportuno hacerla, estableciendo una separación entre las existencias peculiares de las empresas comerciales y las existencias propias de empresas fabriles o industriales.

• De empresas comerciales.

Entendemos que las empresas comerciales venden el producto sin someterlo a transformaciones importantes, limitándose a servirlo de acuerdo con la demanda de los clientes, como sucede en las carnicerías, o empaquetándolo adecuadamente, como ocurre en las tiendas de regalo. En definitiva, las empresas comerciales efectúan transformaciones meramente superficiales.

• De empresas fabriles.

En cambio, las empresas fabriles llevan a cabo cambios profundos en los bienes que compran, materias primas, para obtener unos productos terminados, que son normalmente distintos de esos bienes o materias primas. Tal ocurre con las panaderías, que compran harina como materia prima, y venden los panes como productos terminados.

Un cuadro de tipos de existencias.

De acuerdo con esto, obtendríamos el Cuadro 13.1, donde se reúnen todos los tipos de existencias, indicando si aparecen en empresas comerciales o en empresas fabriles.

DIFERENTES TIPOS DE EXISTENCIAS

Tipo de existencias	Empresas comerciales	Empresas fabriles
30. Existencias comerciales	Sí	—
31. Existencias de materias primas	—	Sí
32. Existencias de otros aprovisionamientos		
320. Existencias de elementos y conjuntos incorporables	—	Sí
321. Existencias de combustibles	Sí	Sí
322. Existencias de repuestos	Sí	Sí
325. Existencias de materiales diversos	Sí	Sí
326. Existencias de embalajes	Sí	Sí
327. Existencias de envases	Sí	Sí
328. Existencias de material de oficina	Sí	Sí
33. Existencias de productos en curso	—	Sí
34. Existencias de productos semiterminados	—	Sí
35. Existencias de productos terminados	—	Sí
36. Existencias de subproductos, residuos y materiales recuperados		
360. Existencias de subproductos A	—	Sí
365. Existencias de residuos A	—	Sí
368. Existencias de materiales recuperados A	—	Sí

Cuadro 13.1

13.1.3. EXISTENCIAS QUE PROCEDEN DEL EXTERIOR Y EXISTENCIAS QUE PROCEDEN DE LA TRANSFORMACION INTERNA.

Planteado el Cuadro 13.1, no queremos pasar por alto una clasificación de las existencias que se ha destacado en él.

Existencias que provienen de compras.

— En la parte superior aparecen las existencias que provienen de compras. Es decir, que han sido adquiridas en el exterior. En esta categoría se encuentran:

BIENES ADQUIRIDOS EN EL EXTERIOR

30. Existencias comerciales
31. Existencias de materias primas
32. Existencias de otros aprovisionamientos

Cuadro 13.2

Existencias producidas por la empresa.

— En la parte inferior aparecen el resto de las existencias, que provienen de la actividad de las empresas fabriles. Por eso ninguna de ellas figura en las empresas comerciales. Son existencias que tienen que ver con un proceso de transformación interna.

BIENES OBTENIDOS EN LAS EMPRESAS INDUSTRIALES

33. Existencias de productos en curso
34. Existencias de productos semiterminados
35. Existencias de productos terminados
36. Existencias de subproductos, residuos y materiales recuperados

Cuadro 13.3

En este capítulo nos ocuparemos precisamente de los bienes que se adquieren en el exterior.

Volvamos a plantear el desglose.

Ya hemos estudiado en el Capítulo 6 los aspectos básicos del desdoblamiento de la cuenta de mercaderías en: Existencias de mercaderías, Compras de mercaderías y Ventas de mercaderías. Ahora se trata de ampliar nuestra explicación, siguiendo dos líneas de profundización:

• Desdoblando más cuentas.

En primer lugar ya no nos limitaremos a plantear el desglose de mercaderías, sino que también vamos a desdoblar otras cuentas, entre ellas las de bienes que proceden de compras, a las que acabamos de hacer alusión en el Cuadro 13.2. Es decir, estudiaremos el desdoblamiento de materias primas (en cuanto que todo lo que digamos se puede aplicar a este elemento patrimonial) y, muy especialmente, el desdoblamiento de otros aprovisionamientos.

• Utilizando más cuentas de desglose.

En segundo lugar, no nos vamos a limitar al desglose en Existencias, Compras y Ventas, sino que vamos a contemplar otras cuentas de desdoblamiento, como puede ser «Devoluciones de compras y operaciones similares» que recogen ciertos aspectos de las operaciones de compra.

13.2. LAS COMPRAS DE BIENES Y SERVICIOS A OTRAS EMPRESAS

Análisis de la compras a otras empresas.

Una vez que nos hemos referido a las existencias de los bienes no incluidos en el inmovilizado, procede entrar en el estudio de las cuentas de compras y de otras cuentas íntimamente relacionadas con ellas.

13.2.1. LOS DIFERENTES TIPOS DE COMPRAS

Están encuadradas en el Grupo 6. Compras y gastos.

Estas cuentas se hallan encuadradas en el grupo 6. Compras y gastos. El nombre dado a este grupo por el Plan General de Contabilidad puede llevar a cierta confusión, por cuanto parece dejar implícito que las compras no son gastos, y sin embargo no cabe duda de que las compras a las que se refiere el Plan General de Contabilidad con estas palabras:

Aclaración: las compras son gastos.

> «Aprovisionamientos de mercaderías y demás bienes adquiridos por la empresa para revenderlos, bien sea sin alterar su forma y sustancia, o previo sometimiento a procesos industriales de adaptación, transformación o construcción»,

son una categoría más de los gastos.

13.2.1.1. Adquisiciones incluidas en el subgrupo 60. Compras

Subgrupo 60. Compras.

Consideraciones:

Llegados a este punto, conviene hacer un primer análisis sobre el objeto de las compras, contemplado en el Subgrupo 60. *Compras*, que nos llevará a estas cuatro consideraciones:

1.ª Incluye bienes almacenables no inmovilizados.

La primera es que el Plan General de Contabilidad incluye, dentro de las compras, las adquisiciones de los bienes que aparecen en el Cuadro 13.2., es decir, de aquellos bienes que no formando parte del inmovilizado, son susceptibles de almacenamiento.

2.ª Aparece la cuenta: «Trabajos realizados por otras empresas».

La segunda consideración es que el propio Plan incluye en este subgrupo un elemento más como posible objeto de las compras: los «***Trabajos realizados por otras empresas***». Se trata de los trabajos que se encargan a otras empresas y se incorporan al proceso productivo. Por ejemplo, una empresa constructora puede encargar a otra empresa la instalación eléctrica, realizando ella el resto de la obra; en este caso, la contratación de los servicios a la empresa de instalación eléctrica por parte de la empresa constructora se considera una compra en la contabilidad de esta última.

3.ª Las condiciones de la compra.

La tercera es que las operaciones de compras se efectúan, en principio, de acuerdo con ciertas condiciones negociadas (o admitidas al menos) por el comprador. Esas condiciones se recogen en un documento fundamental, que es la factura, del que por su importancia, trataremos inmediatamente después.

4.ª Más cuentas para el desglose.

La cuarta consideración es acerca de las cuentas de Devoluciones de compras y operaciones similares y de «Rappels» por compras, para llamar la atención sobre su contribución a un mayor desglose de las operaciones de adquisición.

Las cuentas que aparecen en el subgrupo 60. Compras.

Por todo esto, en el Plan General de Contabilidad, dentro del subgrupo 60. Compras, aparecen las siguientes cuentas tipificadoras de adquisiciones en el exterior de bienes que pueden inventariarse:

COMPRAS DE BIENES Y TRABAJOS REALIZADOS A OTRAS EMPRESAS

600. Compras de mercaderías
601. Compras de materias primas
602. Compras de otros aprovisionamientos
    - 6020. Compras de elementos y conjuntos incorporables
    - 6021. Compras de combustibles
    - 6022. Compras de repuestos
    - 6025. Compras de materiales diversos
    - 6026. Compras de embalajes
    - 6027. Compras de envases
    - 6028. Compras de material de oficina
607. Trabajos realizados por otras empresas
608. Devoluciones de compras y operaciones similares
609. «Rappels» por compras

Cuadro 13.4

13.2.1.2. Adquisiciones incluidas en el subgrupo 62. Servicios exteriores

Observaciones:

Pero profundizando en este análisis, hemos de hacer dos observaciones:

1.ª Se abre la puerta de compras hacia los servicios.

La primera es que el Plan General de Contabilidad abre la puerta de las compras hacia los servicios, al incluir dentro del subgrupo 60. Compras, los «Trabajos realizados por otras empresas».

Puestas así las cosas, parece razonable ampliar el campo de nuestro estudio en este momento a las adquisiciones de cualquier tipo de bien, sea almacenable o no almacenable, como es el caso de la energía eléctrica, y a cualquier clase de servicio, aunque sea diferente de los encuadrados en «Trabajos realizados por otras empresas».

La segunda observación surge al contemplar el subgrupo, 62. ***Servicios exteriores***, como consecuencia de la lógica ampliación a que acabamos de aludir. Este subgrupo incluye precisamente el resto de las adquisiciones de bienes no almacenables y de servicios.

2.ª Incluye también este subgrupo los bienes no almacenables.

Será útil fijarnos en el contenido de ese subgrupo que aparece en el Cuadro 13.5 comprobando que incluye desde distintos tipos de servicios, como las reparaciones y conservación o los transportes a los suministros, que se refieren a bienes no almacenables.

ADQUISICIONES DE SERVICIOS EXTERIORES

La lista de cuentas del subgrupo 62. Servicios exteriores.

62. SERVICIOS EXTERIORES

- 620. Gastos de investigación y desarrollo del ejercicio
- 621. Arrendamientos y cánones
- 622. Reparaciones y conservación
- 623. Servicios de profesionales independientes
- 624. Transportes
- 625. Primas de seguros
- 626. Servicios bancarios y similares
- 627. Publicidad, propaganda y relaciones públicas
- 628. Suministros
- 629. Otros servicios

Cuadro 13.5

Aunque en este capítulo no vamos a hacer más alusión a los servicios exteriores, hemos de señalar que cuanto digamos en él, es aplicable a ellos. Conviene recordar, no obstante, que una característica de la contabilización de los servicios exteriores es que si se adquieren a crédito ha de utilizarse la cuenta 410. Acreedores por prestaciones de servicios, o sus subdivisionarias para recoger la deuda.

Lo que digamos en este capítulo es aplicable a este subgrupo.

13.3. CONTABILIDAD DE LAS FACTURAS DE COMPRAS

Cuando se realiza una compra de las que aparecen en el Cuadro 13.4, se negocian una serie de aspectos que figurarán en la factura. Entre ellos estarán normalmente:

Aspectos de las operaciones de compras:

a) ***Descuentos comerciales***, es decir, disminuciones del precio con el que está marcado el producto, debidas a:

a) Descuento comercial.

1.º Un planteamiento comercial general, por ejemplo, productos comprados en épocas de rebajas, o en campañas de promoción.
2.º Una ventaja conseguida en la negociación.

b) ***Gastos de compras***. El PGC establece literalmente que: los gastos de las compras, incluidos los de transportes, se cargarán en la respectiva cuenta del subgrupo 60. Compras.

b) Gastos de compras.

Es decir, que se incluirán dentro de 600. Compras de mercaderías, todos los gastos ocasionados por la adquisición: transportes, seguros, etcétera, cuando figuren en la factura del proveedor.

Pero, ¿dónde se contabilizarán estos gastos cuando no se paguen al proveedor? Por ejemplo, ¿dónde se registrarán los gastos de transporte a cargo del comprador, cuando éste contrate directamente el porte con un transportista? De acuerdo con la literalidad del PGC, estos gastos habrían de llevarse también a la cuenta 600. Compras de mercaderías.

Un ejemplo.

Veamos un ejemplo de contabilización de un esquema de factura:

MAHOLLASA, empresa dedicada a la venta de mobiliario, ha comprado a un fabricante de Sabadell dos despachos nobles, para vender en sus almacenes de Salamanca. La operación se recoge en la factura n.º 5.435 que incluye los siguientes conceptos:

FACTURA N.º 5.435

Dos despachos completos estilo Carlos I		2.000.000
Menos: descuento por celebrarse la primera semana del mueble catalán		(200.000)
Diferencia		1.800.000
Más:		
Gastos de embalajes	100.000	
Carga y descarga	75.000	
Portes Sabadell-Salamanca	100.000	275.000
Total a pagar		2.075.000

El pago se hará de acuerdo con las condiciones normales del sector, un 40 % con un cheque en el momento de la compra, un 10 % a pagar a los dos meses y el resto a los diez meses.

Asiento en el Diario.

El asiento que procedería hacer en el Diario sería:

2.075.000	(600) Compras de mercaderías		
		a (572) Bancos c/c 40 % s/2.075.000	830.000
		a (4000) Proveedores (ptas.)	1.245.000

Cuándo han de contabilizarse las compras.

Una cuestión que se plantea en torno a las mercaderías es ésta ¿En qué momento es preciso registrar la compra? ¿Cuándo se hace el pedido? ¿Cuándo el proveedor nos comunica que han salido de su almacén?

¿Cuándo se reciben en el almacén del comprador? ¿Cuándo se comprueba que el envío es correcto?

Solución del PGC.

El Plan General de Contabilidad prevé al respecto que las Cuentas del subgrupo 60. Compras, se cargarán por el importe de la adquisición en el siguiente momento:

— Si se transportan los bienes y mercancías por cuenta del vendedor, cuando se reciban por el comprador.
— Si se transportan los bienes y mercancías por cuenta del comprador, cuando se pongan en camino.
— Si se trata de trabajos realizados por otras empresas, cuando se reciban.

13.4. DESCUENTOS POR PRONTO PAGO EN COMPRAS, INCLUIDOS O NO EN FACTURAS

Los descuentos por pronto pago.

Un hecho que aparece íntimamente ligado a las compras, es la concesión de ***descuentos por pronto pago***.

Las compras al contado y las ventas a crédito.

Las compras se realizan en dos regímenes financieros diferentes:

— Compras al contado, que exigen un pago inmediato.
— Compras a crédito, que se hacen con la condición de un aplazamiento del pago.

El régimen financiero dependerá de si se trata de:

a) Ventas hechas a otras empresas. En estos casos, sobre todo cuando las relaciones comerciales son habituales, lo normal es que no se pague al contado, sino a crédito. El plazo dependerá entre otras cosas de la naturaleza del producto.

b) Ventas hechas a particulares. Aquí lo habitual es pagar al contado, salvo que se trate de bienes que tengan un precio elevado, en cuyo caso se queda aplazada una parte del precio. Dejamos aparte ahora el pago con tarjetas de compra, que estudiamos en otra parte.

A veces es normal comprar a crédito.

En cualquier caso, ciertas compras se hacen a crédito, mientras no se diga otra cosa. Es más, el aplazamiento suele plantearse en unos términos de costumbre. Por ejemplo, cuando una empresa que vende repuestos de automóviles al por menor, va haciendo pedidos a lo largo de un mes, lo normal es que no pague al contado, sino que el fabricante o distribuidor haga una factura por todas la entregas del mes. Esta factura se pagará normalmente a finales del mes siguiente.

Descuentos por pronto pago si se paga antes de los plazos acostumbrados.

Los compradores de mercaderías optan a veces por adelantar el momento de su pago. Bien pagando al contado compras que normalmente se pagan a crédito, o bien pagando a un plazo menor que el usual. Cuando actúan de esta forma, negocian con los proveedores unos descuentos por pronto pago.

Estos descuentos, se incluyan o no en factura, se recogen en la cuenta ***765. Descuentos sobre compras por pronto pago.***

Veamos un supuesto, en el que aparecen descuentos por pronto pago, incluidos en factura, y descuentos por pronto pago, no incluidos en factura.

Un supuesto.

REPUESTOS, S.A., es una empresa que vende repuestos de automóviles en una cadena de tiendas situadas en la Comunidad Valenciana. Mensualmente recibe las facturas de los fabricantes, a quienes compra directamente.

A primeros del mes de marzo de 1988 recibe una factura de NISSAN MOTOR IBERICA, que incluye los siguientes conceptos:

Factura con descuento por pronto pago.

FACTURA N.º 1.000

— Repuestos diversos, según albaranes n.º 1002A, 1050B, 2024C		3.800.000
Menos: Descuento por pronto pago 2%		76.000
Diferencia		3.724.000
Más: Portes normales	150.000	
Portes urgentes	200.000	350.000
Total a pagar		4.074.000

A pagar a 15 días.

En esas mismas fechas REPUESTOS, S.A., recibe otra factura de RENAULT, con el siguiente detalle:

Factura sin descuento por pronto pago.

FACTURA N.º 9.000

— Repuestos detallados en albaranes 20510 a 20540		15.500.000
Menos: Descuento comercial: 4%		620.000
Diferencia		14.880.000
Más: Portes carretera	100.000	
Portes ferrocarril	150.000	250.000
Total a pagar		15.130.000

A pagar a 90 días

Anotaciones en el Diario del descuento por pronto pago incluido en facturas.

El asiento que hace REPUESTOS, S.A. por la compra a NISSAN MOTOR IBERICA según factura n.° 1.000 es:

4.150.000	(600) Compras de mercaderías (4.074.000 + 76.000)		
		a (765) Descuento sobre compras por pronto pago	76.000
		a (4000) Proveedores (ptas.)	4.074.000

Explicación del asiento anterior.

Este asiento puede considerarse la síntesis de estos otros dos:

4.150.000	(600) Compras de mercaderías		
		a (4000) Proveedores (ptas.)	4.150.000

que implica contabilizar la compra sin tener presente el descuento sobre compras por pronto pago.

76.000	(4000) Proveedores (ptas.)		
		a (765) Descuentos sobre compras por pronto pago	76.000

que recoge la existencia del descuento por pronto pago.

Aplicando la ley de eliminación, que implica que cuando una misma cuenta, en este caso Proveedores, resulte cargada y abonada por un mismo hecho, se anotará sólo por la diferencia, los dos asientos se reducen al primero que hicimos.

El asiento que procede hacer por la compra a RENAULT según la factura n.° 9.000 es:

15.130.000	(600) Compras de mercaderías		
		a (4000) Proveedores (ptas.)	15.130.000

El supuesto y los descuentos por pronto pago fuera de factura.

Llegado el mes de abril, REPUESTOS, S.A., se encuentra boyante de tesorería y decide pagar por Banco la factura de RENAULT antes de su vencimiento, por lo que obtiene un descuento por pronto pago del 3 %:

Anotación en el Diario.

El asiento correspondiente será:

15.130.000	(4000) Proveedores (ptas.)		
		a (765) Descuentos sobre compras por pronto pago 3 % s/15.130.000	453.900
		a (572) Bancos c/c	14.676.100

Naturaleza de estos descuentos.

Queremos llamar la atención sobre el hecho de que los descuentos por pronto pago son de naturaleza financiera y por lo tanto, se encuadran dentro del subgrupo 76. Ingresos financieros.

13.5. DEVOLUCIONES, DESCUENTOS Y «RAPPELS» NO INCLUIDOS EN FACTURAS

Hechos contables fuera de factura:

Con posterioridad a la operación inicial de compra, pueden aparecer hechos que la afectan, modificándola en mayor o menor medida.

1.º Devoluciones y descuentos por defectos.

En primer lugar, puede ocurrir que el comprador se encuentre con defectos en los bienes comprados, que justifiquen su devolución o una minoración del precio. Dado que la factura ya se había extendido, no se podrá recoger en ella la devolución o la minoración del precio.

2.º «Rappels».

En segundo lugar, es frecuente la concesión de un descuento ligado al volumen de compras alcanzado. Es lo que suele denominarse «rappel» por compras. Tampoco en este caso puede figurar en factura.

Las cuentas previstas en el PGC.

Al no figurar en factura ninguno de los dos conceptos a que nos acabamos de referir, no se registran en la cuenta 600. Compras de mercaderías. Por ello, el Plan General de Contabilidad añade estas dos cuentas siguientes en el subgrupo 60. Compras, para recoger los hechos:

> 608. ***Devoluciones de compras y operaciones similares***.
> 609. ***«Rappels» por compras***.

El contenido completo de «Devoluciones de compras y operaciones similares».

La cuenta 609. «Rappels» por compras, no necesita más aclaración por el momento, sin embargo sí conviene añadir que al fijar el contenido de la cuenta 608. «Devoluciones de compras y operaciones similares», el Plan prevé que se incluyan en ella:

a) Partidas de mercancías recibidas y devueltas a los proveedores con posterioridad a la entrega, por incumplimiento de las condiciones que se establezcan en el pedido.

b) Los descuentos y similares (por ejemplo: bonificaciones, rebajas) obtenidos con posterioridad a la recepción de la factura originaria, por:

— Defectos de calidad
— Incumplimientos de plazos de entrega
— Otras causas análogas

Insistimos en el contenido de estas cuentas, enunciando varias operaciones realizadas por REPUESTOS, S.A.

Sigue el enunciado con devoluciones.

1.ª REPUESTOS, S.A., la sociedad que aparece en el epígrafe anterior, devuelve a RENAULT piezas que corresponden a un modelo diferente del que figuraba en el pedido. RENAULT extiende la correspondiente nota de abono, y hace un reintegro mediante transferencia bancaria.

NOTA DE ABONO (Factura n.º 9000)	
Devolución de repuestos según albarán de abono n.º 2040	500.000

Asiento de las devoluciones en el Diario.

El asiento procedente es:

500.000	(572) Bancos c/c		
		a (608) Devoluciones de compras y operaciones similares	500.000

Sigue el enunciado con descuentos por mala calidad.

2.ª REPUESTOS, S.A., encuentra ciertos defectos en unos embellecedores comprados a NISSAN MOTOR IBERICA. Acuerdan no devolverlos, consiguiendo, a cambio, un descuento de un 50%, que se transfieren a la cuenta bancaria. Su coste había sido de 800.000 ptas.

El asiento de otras devoluciones en el Diario.

Procederá hacer el asiento:

400.000	(572) Banco c/c		
		a (608) Devoluciones de compras y operaciones similares	400.000

Sigue el enunciado con «rappels».

3.ª REPUESTOS, S.A., ha seguido haciendo pedidos a sus proveedores habituales. Al final de año, NISSAN MOTOR IBERICA comunica que de acuerdo con las condiciones comerciales pactadas, REPUESTOS, S.A., ha obtenido un «rappel» del 5% sobre su volumen anual de compras, que ha ascendido a 24.000.000 ptas. Se ingresa inmediatamente el «rappel» en el Banco:

Asiento de los «rappels» en el Diario.

1.200.000	(572) Bancos c/c 5% s/24.000.000	a (609) «Rappels» por compras	1.200.000

Son cuentas con saldo acreedor.

Para terminar este análisis a las cuentas 608. Devoluciones de compras y operaciones similares y 609. «Rappels» por compras, conviene llamar la atención sobre una característica de su funcionamiento. Nos referimos a que son cuentas que inician su movimiento con anotaciones en el Haber, conforme puede comprobarse en cualquiera de los ejemplos que acabamos de proponer y al final del ejercicio presentarán saldo acreedor.

13.6. LAS CUENTAS RELACIONADAS CON COMPRAS Y LAS FACTURAS

Un cuadro síntesis.

Podemos hacer una síntesis de la relación que existe entre las cuentas relacionadas con las compras y las facturas (o los documentos sustitutivos). Esta síntesis se plasma en el Cuadro 13.6.

La columnas del cuadro.

La primera columna tiene dos partes:

- — En la parte superior escribimos los conceptos que pueden aparecer en la factura normalmente. Es decir, que son conceptos que podemos ver en cualquier factura.
- — En la parte inferior mostramos los conceptos que no aparecen en la factura. No pueden aparecer porque se conocen después de hacerla.

La segunda columna presenta las cuentas que están previstas en el PGC para registrar los diferentes conceptos que se muestran en la primera columna. Véase como la cuenta ***765. Descuentos sobre compras por pronto pago,*** registra el tipo de descuento al que se refiere el nombre de la cuenta, figure en la factura o se produzca después.

Conceptos que pueden aparecer en la factura normalmente	Cuentas que recogen estos conceptos, según cual sea el producto comprado
• Importe bruto de la compra. • Descuentos comerciales. • Gastos de compras en general. • Gastos de transporte en particular.	600. Compras de mercaderías 601. Compras de materias primas 602. Compras de otros aprovisionamientos
• Descuentos sobre compras por pronto pago conocidos al extender la factura.	765. Descuentos sobre compras por pronto pago.
Conceptos que no aparecen en la factura normalmente	**Cuentas que recogen estos conceptos, según cual sea el producto comprado**
• Devoluciones de mercaderías con posterioridad a la factura. • Descuentos, bonificaciones, rebajas, etc., conseguidos con posterioridad a las facturas.	608. Devoluciones de compras y operaciones similares
• Descuentos y similares derivados de haber alcanzado un volumen de compras.	609. «Rappels» por compras
• Descuentos por pronto pago obtenidos después de recibir la factura.	765. Descuentos sobre compras por pronto pago

Cuadro 13.6

Algunos conceptos no tan frecuentes como los del cuadro.

Podríamos completar los diferentes conceptos que aparecen en el Cuadro 13.6 con otros menos frecuentes que se pueden dar. Así:

— Existe la posibilidad de que al hacer la factura entre en juego un «rappel», aunque sea provisional, aplicado de acuerdo con el volumen de compras alcanzado en ese momento. Si esto ocurre, es decir, si el «rappel» figurase en factura se seguiría registrando en la cuenta ***609. «Rappels» por compras.***

— Si se conociese con posterioridad a la factura algún gasto que de acuerdo con lo pactado debe ser soportado por el comprador, se incluiría en la cuenta ***600. Compras de mercaderías,*** o en alguna otra cuenta de compras.

Asimismo hemos de decir que no parece razonable que aparezcan descuentos comerciales posteriores a la factura no ligados a defectos encontrados en el producto o se trataría en el fondo de una renegociación de una operación ya terminada.

13.7. LAS VENTAS E INGRESOS

Diferentes cuentas de ventas e ingresos.

Se incluyen en el grupo 7. ***Ventas e ingresos*** las enajenaciones de bienes y las prestaciones de servicios que son objeto del tráfico de la empresa; comprenden también los demás ingresos del ejercicio.

Las diferentes cuentas de ingresos de la explotación se reflejan en el subgrupo 70. ***Ventas de mercaderías,*** de producción propia, de servicios, etc. La enumeración casi completa de las distintas cuentas que integran este subrupo aparece en el Cuadro 13.7.

INGRESOS POR VENTAS Y SIMILARES

70. Ventas de mercaderías, de producción propia, de servicios, etc.
    - 700. Ventas de mercaderías.
    - 701. Ventas de productos terminados.
    - 702. Ventas de productos semiterminados.
    - 703. Ventas de subproductos y residuos.
    - 704. Ventas de envases y embalajes.
    - 705. Prestaciones de servicios.
    - 708. Devoluciones de ventas y operaciones similares.
    - 709. «Rappels» sobre ventas.

75. Otros ingresos de gestión.
    - 752. Ingresos por arrendamientos.
    - 753. Ingresos de propiedad industrial cedida en explotación.
    - 754. Ingresos por comisiones.
    - 755. Ingresos por servicios al personal.
    - 759. Ingresos por servicios diversos.

Cuadro 13.7

La lectura de los diferentes conceptos del cuadro, demuestra que se incluyen una gran variedad de ingresos, desde los obtenidos por ventas de los bienes que se especifican en él y los obtenidos por las prestaciones de servicios, hasta otros ingresos de gestión. Ello además de las cuentas de Devoluciones y de «Rappels», que complementan la desagregación de las operaciones de ventas.

13.8. CONTABILIZACION DE LAS FACTURAS DE VENTAS

Normas de contabilización.

Estamos ante una cuestión importante, que requiere dejar sentadas las siguientes normas fundamentales:

Cada tipo de ingreso ha de ir a su cuenta correspondiente.

1.ª La empresa contabilizará las facturas de acuerdo con las cuentas del gubgrupo ***70. Ventas de mercaderías, de producción propia, de servicios, etc.*** Queremos decir con ello, que se ha de contabilizar el producto o servicios vendidos, y cualquiera de los otros tipos de ingresos.

Si se incluyeron en una misma factura tipos de ingresos diferentes, cada uno ha de incluirse en la cuenta correspondiente. Por ejemplo, si una empresa vende mercaderías que se transportan por cuenta de los clientes, y la empresa vendedora se encarga del transporte con sus vehículos, o con vehículos ajenos, e incluye el importe del transporte en la factura, ha de contabilizar dos clases de ingresos: Ventas de mercaderías, por un lado, e Ingresos por servicios diversos por otro. Después lo veremos con un ejemplo.

Los descuentos comerciales incluidos en facturas minoran las ventas.

2.ª Los descuentos y similares incluidos en facturas, que no obedezcan al pronto pago, se considerarán un menor importe de la venta. No se tratan por consiguiente como un gasto, sino como una minoración de las ventas.

Los gastos de venta que corran a cargo de la empresa.

3.ª En cambio, los gastos inherentes a las ventas que corran a cargo de la empresa, se contabilizarán en las cuentas correspondientes del grupo 6. ***Compras y gastos.*** Es decir, no minorarán el importe de las ventas, sino que se incluirán en las correspondientes cuentas de gastos. Así, en el caso de comisiones de agentes de ventas independientes, se contabilizarán dentro de la cuenta ***623. Servicios de profesionales independientes;*** o en el caso de seguros de los bienes, si corren a cargo de la empresa vendedora se incluirán en la cuenta ***625. Primas de seguro.***

Los gastos de transporte.

4.ª Los gastos de transporte de ventas a cargo de la empresa no son una excepción dentro del tratamiento de los gastos inherentes a las ventas, y se cargarán por lo tanto dentro de la cuenta ***624. Transportes,*** cuando se realicen por terceros.

Comienzo de un enunciado.

Comencemos el enunciado de un supuesto que se irá completando después.

Venta con descuentos y gastos de transporte.

PROLIMSA (Productos de Limpieza, Sociedad Anónima), es una empresa dedicada a la venta de detergentes al por mayor.

El 1 de marzo de 1988 realiza una venta a LIMPIEZAS BLANCAS, a la que se refiere la siguiente factura:

Factura n.° 5034	
Detergentes	4.000.000
Menos:	
Descuentos comerciales	100.000
Diferencia	3.900.000
Más:	
Gastos de transporte (a cargo del cliente)	200.000
Total a pagar	4.100.000
Pago a 30 días	

Asiento en el Diario.

El asiento que procede hacer con esta factura en la contabilidad de PROLIMSA es:

		1-3-88		
4.100.000	(4300) Clientes (ptas.)	a	(700) Ventas de mercaderías	3.900.000
		a	(759) Ingresos por servicios diversos	200.000

El 2 de marzo de 1988, PROLIMSA, efectúa una venta a LIMPIEZAS NITIDAS, de acuerdo con la siguiente factura:

Enunciado de venta con descuentos comerciales.

Factura n.° 5035	
Detergentes	5.000.000
Menos:	
Descuentos comerciales	120.000
Total a cobrar	4.880.000
Pago a 30 días	

Los gastos de transporte corren a cargo de PROLIMSA, e importan 225.000 ptas. que paga por Banco.

Asientos en el Diario.

Entonces procederá hacer:

		2-3-88		
4.880.000	(4300) Clientes (ptas.)	a	(700) Ventas de mercaderías	4.880.000
		d/d		
225.000	(624) Transportes	a	(572) Bancos c/c	225.000

13.9. DESCUENTOS POR PRONTO PAGO EN VENTAS DENTRO O FUERA DE FACTURA

Los descuentos y similares, que sean concedidos por las empresas por pronto pago, estén incluidos o no en factura, se considerarán gastos financieros, contabilizándose en la cuenta:

Cuenta que recoge los descuentos por pronto pago.

665. ***Descuentos sobre ventas por pronto pago.***

Sigamos con el supuesto:

PROLIMSA lleva a cabo una venta el 3 de marzo, de acuerdo con la siguiente factura:

Sigue el enunciado con descuentos por pronto pago.

Factura n.º 5036

Detergentes	3.000.000
Menos:	
Descuentos comerciales	75.000
Diferencia	2.925.000
Menos:	
Descuentos por pronto pago	100.000
Al contado por Banco	2.825.000

Pago al contado

Solución en el Diario.

Debe	Cuenta		Cuenta	Haber
		3-3-88		
2.825.000	(572) Bancos c/c			
100.000	(665) Descuentos sobre ventas por pronto pago	a	(700) Ventas de mercaderías	2.925.000

13.10. «RAPPELS» SOBRE VENTAS

Los descuentos y similares, que se basen en haber alcanzado un cliente de la empresa un determinado volumen de pedidos, se registrarán en la cuenta:

La cuenta que recoge los «rappels».

709. ***«Rappels» sobre ventas.***

Volvamos al supuesto.

El enunciado con «rappels».

PROLIMSA concede a un cliente, el 4 de marzo de 1988, un descuento provisional, al haber alcanzado ya un cierto volumen de compras. El «Rappel» asciende a 350.000 ptas., que se pagan por Banco.

Asiento en el Diario.

Procede hacer este asiento:

	4-3-88			
350.000	(709) «Rappels» sobre ventas	a	(572) Bancos c/c	350.000

13.11. DEVOLUCIONES, DESCUENTOS O SIMILARES SOBRE VENTAS, POSTERIORES A LA FACTURA

Cuentas en que se recogen las devoluciones y los descuentos fuera de facturas.

Después de realizada una venta, y extendida la correspondiente factura, a veces se originan los siguientes hechos contables:

a) Devolución de remesas por clientes, motivadas en general por no ajustarse las mercaderías entregadas a las condiciones del pedido.

b) Descuentos y similares, originados por:

— Defectos de calidad
— Incumplimiento de los plazos de entrega
— Otras causas análogas

Pues bien, todos estos conceptos se recogerán en la cuenta:

708. ***Devoluciones de ventas y operaciones similares.***

Retornamos al supuesto.

El enunciado con devoluciones.

PROLIMSA recibe el día 10 de marzo una devolución de mercaderías por 400.000 ptas., con un grado de humedad que las hacía inservibles. Hace una trasferencia bancaria por ese importe.

Correspondería hacer el asiento:

Asiento en el Diario.

	10-4-88			
400.000	(708) Devoluciones de ventas y operaciones similares	a	(572) Bancos c/c	400.000

13.12. VARIACION DE EXISTENCIAS

Los subgrupos de variación de existencias.

La ***variación de existencias*** está dividida en dos subgrupos cuyas características mostramos en el Cuadro 13.8.

— Las diferentes cuentas que comprende cada subgrupo
— Su ubicación en la cuenta de Pérdidas y ganancias que se elabora como Cuenta anual
— Los motivos de cargo y de abono
— Significación de estas cuentas

VARIACION DE EXISTENCIAS

61. Variación de existencias 610. Variación de existencias de mercaderías 611. Variación de existencias de materias primas 612. Variación de existencias de otros aprovisiomientos	71. Variación de existencias 710. Variación de existencias de productos en curso 711. Variación de existencias de productos semiterminados 712. Variación de existencias de productos terminados 713. Variación de existencias de subproductos, residuos y materiales recuperados
Variación de existencias de bienes adquiridos en el exterior.	Variación de existencias de bienes obtenidos en las empresas industriales.
Figurarán siempre en el Debe de la cuenta de Pérdidas y ganancias con signo positivo o negativo, según corresponda.	Figurarán siempre en el Haber de la cuenta de Pérdidas y ganancias con signo positivo o negativo, según corresponda.
Funcionamiento de ambos subgrupos de cuentas: • Se cargarán por el importe de las existencias iniciales y se abonarán por el de las existencias finales. • El saldo resultante de estos asientos se abonará o cargará, según los casos, a 129. Pérdidas y ganancias.	

Cuadro 13.8

13.13. LAS CUENTAS RELACIONADAS CON COMPRAS Y VENTAS DE MERCADERIAS Y PERDIDAS Y GANANCIAS

Lista de cuentas.

Las cuentas de existencias, variaciones de existencias, compras y cuentas relacionadas con las compras y, por último, ventas y cuentas relacionadas con las ventas, aparecen el el Cuadro 13.9 de esquema de Mayor.

ESQUEMA DE MAYOR DE LAS CUENTAS RELACIONADAS CON LAS COMPRAS Y VENTAS

ACTIVO	PASIVO
300 Existencias de mercaderías	
310 Existencias de materias primas	
320 Existencias de elementos y conjuntos incorporables	
321 Existencias de combustibles	
322 Existencias de repuestos	
325 Existencias de materiales diversos	
326 Existencias de embalajes	
327 Existencias de envases	
328 Existencias de material de oficina	

GASTOS DE EXPLOTACION	INGRESOS DE EXPLOTACION
600 Compras de mercaderías	700 Ventas de mercaderías
601 Compras de materias primas	701 Ventas de productos terminados
602 Compras de otros aprovisionamientos	702 Ventas de productos semiterminados
607 Trabajos realizados por otras empresas	703 Ventas de subproductos y residuos

608 Devoluciones de compras y operaciones similares	704 Ventas de envases y embalajes
609 «Rappels» por compras	705 Prestaciones de servicios
610 Variación de existencias de mercaderías	708 Devoluciones de ventas y operaciones similares
611 Variación de existencias de materias primas	709 «Rappels» sobre ventas
612 Variación de existencias de otros aprovisionamientos	710 Variación de existencias de productos en curso
	711 Variación de existencias de productos semiterminados
	712 Variación de existencias de productos terminados
	713 Variación de existencias de subproductos, residuos y materiales recuperados

GASTOS FINANCIEROS	INGRESOS FINANCIEROS
665 Descuentos sobre ventas por pronto pago	765 Descuentos sobre compras por pronto pago

RESULTADOS
129 Pérdidas y ganancias

Cuadro 13.9

Líneas generales del funcionamiento de estas cuentas en el proceso de regularización.

Hemos explicado los motivos por los que se cargan y se abonan las cuentas que pueden verse en el Cuadro 13.6, a medida que se van realizando las distintas operaciones. En el proceso de regularización intervienen estas cuentas en dos fases consecutivas:

En la fase de adecuación de los saldos de las cuentas al inventario extracontable, las cuentas de existencias se saldan con las cuentas de variaciones de existencias, e inmediatamente después, aquellas cuentas se cargan por las existencias finales con abono a las cuentas de variaciones de existencias. De esta manera:

— las cuentas de existencias tendrán un saldo al terminar el ejercicio, que coincidirá con las existencias finales.
— a su vez, las cuentas de variaciones de existencias indicarán con su saldo la diferencia entre las existencias iniciales y las existencias finales.

En la fase de determinación de las magnitudes que interesa conocer, saldaremos todas las cuentas, de gastos e ingresos, con la cuenta de «Pérdidas y ganancias». A esta misma cuenta se llevarán todos los demás conceptos de gastos e ingresos, con lo que se determinará el resultado del ejercicio.

13.14. LA DOCUMENTACION DE LA COMPRAVENTA DE MERCADERIAS

13.14.1. LAS FACTURAS

13.14.1.1. Idea general

Importancia de las facturas.

Dispuestos a examinar los aspectos contables de las adquisiciones y ventas de mercaderías, se hace necesario llamar la atención sobre las ***facturas***, como documentos justificativos de esas operaciones.

Carencia de regulación hasta 1985.

Hay que señalar que las facturas han estado prácticamente huérfanas de toda regulación en España hasta 1985, en que se promulga la legislación referente al Impuesto sobre el Valor Añadido. En esta normativa, especialmente en el Reglamento del IVA (R.D. 2028/1985, de 30 de octubre), se recogen los pormenores que afectan a este documento, tan fundamental para el tráfico mercantil.

Las normas aplicables tienen origen fiscal.

Por lo tanto, y de conformidad con esa normativa fiscal, podemos dar una idea general de lo que se entiende por factura, diciendo que es un documento, sometido a una serie de formalismos y requisitos, que los empresarios o profesionales han de entregar obligatoriamente con ocasión de sus ventas.

13.14.1.2. Requisitos de las facturas

Requisitos de las facturas.

Las facturas han de contener, al menos, los siguientes datos:

1.° Número y, en su caso, serie. La numeración de las facturas será correlativa. Podrán establecerse series diferentes, especialmente si la empresa dispone de diversos centros de facturación.

2.° Referidos tanto al expedidor de la factura, como al destinatario, ha de constar en ella:

Nombre y apellidos o razón social.

Número de Identificación Fiscal o, en su caso, Código de Identificación Fiscal.

Domicilio.

3.° Operación que se realiza, con descripción de los bienes o servicios que constituyen el objeto de la misma.

4.° Contraprestación total de la operación.

5.° Tipo tributario y cuota del IVA, cuando el precio no incluya el IVA.

6.° Cuando, de acuerdo con la legislación vigente, el IVA esté incluido en el precio, deberá constar:

— el tipo tributario aplicado, cuando la cuota se incluya dentro del precio.
— únicamente la mención «IVA incluido», en los casos en que esta fórmula, más cómoda, se admite reglamentariamente.

7.° Lugar y fecha de emisión.

13.14.2. DOCUMENTOS SUSTITUTIVOS DE LAS FACTURAS: VALES Y «TICKETS»

Los talonarios y los «tickets».

En algunos casos que a continuación enumeramos, siempre que el adquirente no sea un empresario o profesional, las facturas podrán ser sustituidas por talonarios de ***vales*** numerados o, en su defecto, ***«tickets»*** expedidos por máquinas registradoras. Esto puede realizarse en:

a) Ventas al por menor, incluso las realizadas por fabricantes.
b) Ventas o servicios en ambulancia.
c) Ventas o servicios a domicilio del consumidor.
d) Transportes de personas.
e) Suministros de bebidas o comidas para consumir en el acto, prestados por bares, chocolaterías, horchaterías y establecimientos similares.

Datos que han de contener.

Los vales, así como los «tickets» de cajas registradoras, incluirán los siguientes datos o requisitos:

- Número y, en su caso, serie. La numeración será correlativa.
- Identificación codificada del vendedor.
- Contraprestación total.

13.14.3. RECTIFICACION DE LOS DOCUMENTOS Y EMISION DE NOTAS DE ABONO

Normas para documentar modificaciones.

De nada serviría una normativa exigente respecto de la emisión y entrega de los documentos acreditativos de las operaciones comerciales, si después se pudieran modificar o anular con facilidad y sin ciertas cautelas. Por eso es importante tener presente el formalismo previsto para documentar las modificaciones de las operaciones recogidas en las facturas, vales y «tickets». Esto puede ocurrir:

- Cuando haya existido un error en la emisión.
- Si varían las circunstancias que determinan la contraprestación o el IVA repercutido.
- Cuando queden sin efecto las operaciones sujetas al IVA.

La rectificación de la factura o documentos emitidos implica la puesta en circulación de una nueva factura o documentación, en la que ha de constar:

- Los datos identificativos del documento o factura rectificados.
- La rectificación efectuada.

Excepción a estas normas.

Podríamos decir que existe una excepción a esta norma general, en la que las disposiciones reglamentarias vigentes permiten emitir simples notas de abono, numeradas correlativamente. Para ello han de darse estas condiciones:

- Que se trate de descuentos, bonificaciones u otras ventajas comerciales, concedidas con posterioridad a la emisión de las facturas.
- Que los adquirentes no realicen a su vez operaciones de ventas de bienes o servicios, cargando el IVA en ellas.

13.14.4. OBLIGACIONES FORMALES DE LOS COMPRADORES Y VENDEDORES

Obligaciones de los compradores y los vendedores.

Establecidas las características de los documentos a emplear en las operaciones de compra-venta, procede dejar constancia de las múltiples obligaciones formales, que acompañan a esas operaciones. Las más importantes son las siguientes:

1.ª Los vendedores habrán de expedir y entregar facturas, vales o «tickets» por cada una de las operaciones que realicen.

2.ª Los vendedores, además de entregar las facturas, vales o «tickets» al comprador, habrán de quedarse con matrices o copias de facturas y vales y con rollos en que se anoten las operaciones con «tickets».

3.ª Los compradores, si son empresarios o profesionales, tienen obligación, a su vez, de numerarlas correlativamente, por el orden que las hayan recibido. Podrán establecer series diferentes, cuando operen a través de distintos centros de compra.

4.ª Los empresarios o profesionales, por lo general, deberán llevar:

1.° Libro Registro de facturas emitidas.
2.° Libro Registro de facturas recibidas.
3.° Libro Registro de los bienes de inversión.

5.ª Todavía existen algunas obligaciones más en torno a las facturas. Por ejemplo, las facturas y las matrices o copias habrán de conservarse durante cinco años.

Interés especial de los Libros Registros como posible Contabilidad Auxiliar.

Queremos llamar la atención sobre la importancia para nosotros de los Libros Registros a que hemos hecho referencia, ya que conviene plantearlos como Contabilidad Auxiliar. De esta manera, no se pierde el tiempo inútilmente, y se da cauce a una información contable pormenorizada que puede ser del mayor interés.

Términos y expresiones clave explicados en este capítulo

Compras (13.2.1.1.)
Descuento comercial (13.3)
Descuentos sobre compras por pronto pago (13.4)
Descuentos sobre ventas por pronto pago (13.9)
Devoluciones de compras y operaciones similares (13.5)
Devoluciones de ventas y operaciones similares (13.11)
Facturas (13.14.1.1)
Gastos de compras (13.3)
Otros ingresos de gestión (13.7)
«Rappels» por compras (13.5)
«Rappels» sobre ventas (13.10)
Servicios exteriores (13.2.1.2)
«Tickets» (13.14.2)
Trabajos realizados por otras empresas (13.2.1.1)
Vales (13.14.2)
Variación de existencias (13.12)
Ventas e ingresos (13.7)

CAPITULO

14

LA VALORACION DE LAS MERCADERIAS

OBJETIVOS DIDACTICOS DEL CAPITULO

A través del estudio de este capítulo se puede aprender lo siguiente:

1.° La aplicación del principio del precio de adquisición a la valoración de las existencias, apoyándose en los diferentes criterios y procedimientos previstos en el Plan General de Contabilidad.

2.° El concepto de los diferentes procedimientos o métodos de valoración, presentados a través de un supuesto.

3.° Las fichas de inventario contable permanente, desarrolladas de acuerdo con los diferentes métodos de valoración, vistas a través de un estudio operativo.

4.° El concepto de provisión por depreciación de existencias, vinculado al principio de prudencia, y contabilizado en diferentes cuentas, relativas a distintos elementos patrimoniales de existencias.

5.° Funcionamiento de las cuentas de provisiones, explicado a través de un supuesto.

6.° Una referencia a la posibilidad de información contable sobre posibles aumentos del valor de las existencias.

14.1. LOS CRITERIOS DE VALORACION DE LAS MERCADERIAS

Los principios de valoración están incluidos en los principios contables generales.

Los principios generales de contabilidad, que hemos estudiado detenidamente, tienen una clara proyección hacia la valoración. Es curioso que los cuatro principios que la normalización contable española venía considerando como los principios claves de la valoración:

- El principio de precio de adquisición.
- El principio de continuidad o de uniformidad.
- El principio de devengo y
- El principio de gestión continuada o de empresa en funcionamiento.

Dos consideraciones.

están incluidos en la lista de principios contables generales. Sin embargo, el contexto en que se sitúan, dentro del Plan General de Contabilidad, es diferente. Baste hacer estas dos consideraciones al respecto:

1.ª La primacia del principio de prudencia.

La primera es que, aparte de estos cuatro principios y por encima de ellos, está el principio de prudencia, según el cual únicamente se contabilizarán los beneficios realizados en la fecha del cierre del ejercicio. Sin embargo las pérdidas, incluso las potenciales, deberán contabilizarse tan pronto sean conocidas. Dada la importancia de este principio, volveremos sobre él en este mismo capítulo.

2.ª El objetivo de la imagen fiel.

La segunda consideración mira hacia el objetivo de la imagen fiel. Podríamos decir que los principios pierden su legitimidad, cuando atentan contra la imagen fiel.

La valoración de las existencias ha de ajustarse al principio de precio de adquisición.

Ahora entraremos en aspectos más concretos, relacionados con la valoración de las existencias. Y en esta línea, conviene advertir que las normas específicas sobre valoración de existencias, contenidas en el PGC, empiezan por proyectar el ***principio de precio de adquisición*** a este grupo de cuentas. Y por ello se señala que los bienes incluidos en las existencias deben valorarse al precio de adquisición, o al coste de producción.

Necesidad de unos criterios y unos procedimientos para aplicar este principio.

Una vez invocado el principio del precio de adquisición, el PGC establece unos criterios y unos procedimientos que vienen a interpretar los términos que aparecen en el enunciado de ese principio. Porque no debemos olvidar que, si hablamos de la aplicación del principio del precio de adquisición a una empresa industrial, caben muchas interpretaciones.

Ejemplos que explican esta necesidad.

Veámoslo con un ejemplo. Si nos situamos en una fábrica de coches, y queremos valorar los automóviles que salen de la empresa al precio de adquisición ¿cómo se determinará éste?, ¿qué parte del sueldo del Director General, y de los gastos de vigilancia y de los seguros generales asignamos a cada coche?

Criterios interpretativos sobre:

Para resolver estos interrogantes, el Plan General de Contabilidad incluye una serie de normas, que tienen rango inferior a los principios, pero que son necesarias para que éstos se puedan aplicar con cierta uniformidad. Se trata de criterios, métodos y procedimientos de valoración, a los que prestaremos atención inmediatamente. Los criterios básicos contenidos en el Plan General de Contabilidad son los siguientes:

• Contenido del precio de adquisición.

— El ***precio de adquisición*** comprenderá el consignado en factura, más todos los gastos adicionales que se produzcan hasta que los bienes se hallen en el almacén, tales como transporte, aduanas, seguros, etc. Este criterio es aplicable a los bienes adquiridos en el exterior, básicamente.

• Determinación del coste de producción.

— El ***coste de producción*** se determinará añadiendo al precio de adquisición de las materias primas y otras materias consumibles, los costes directos y una parte razonable de los costes indirectos, en la medida en que tales costes correspondan al período de fabricación. Este criterio es aplicable a los bienes obtenidos en las empresas industriales, generalmente.

Veámoslo más detenidamente.

Estos criterios que acabamos de mencionar son de una gran utilidad para la aplicación de los principios generales de contabilidad, en la medida en que se proyectan hacia la valoración. Veámoslo con más detenimiento.

El criterio del precio de adquisición considera que la actividad de compra es una parte de la actividad productiva.

El ***precio de adquisición*** incluye, como norma general, el precio que aparece en factura más todos los gastos que permiten que los productos adquiridos lleguen hasta el almacén. Cualquier duda que surja, ha de interpretarse de acuerdo con este criterio.

Hay que fijarse que es un criterio claramente económico, que se fundamenta en la consideración de la actividad de la empresa en sentido amplio. Es decir, la empresa incluye en su actividad productiva la gestión que permite la compra de los productos a que nos estamos refiriendo, además de todo el esfuerzo productivo que hace posible que esos productos lleguen a los almacenes de la empresa.

Un ejemplo.

Por ejemplo, una empresa ubicada en Bilbao dedicada a la venta al por mayor de madera importada de Guinea Ecuatorial, encontrará que la madera situada en Bata en los almacenes del proveedor guineano antes de su compra, es diferente económicamente a esa madera situada ya en los almacenes de Bilbao. Los gastos de la gestión de compra, más todos los gastos de traslado consiguen una auténtica transformación económica.

El coste de producción se determina en el seno de la Contabilidad de Costes.

El cálculo del ***coste de producción*** es algo más delicado. Existe toda una rama de la Contabilidad, denominada Contabilidad de Costes o Contabilidad Analítica de Explotación, que se encarga de calcular adecuadamente ese precio de producción. Dentro de ella se contemplan los gastos que se reconvierten en una categoría contable diferente, los costes, cuestión en la que no vamos a entrar ahora.

14.2. LOS METODOS DE VALORACION DE LAS SALIDAS DE MERCADERIAS

Indeterminación derivada de adquisiciones a diferentes precios.

Pero al lado de estos criterios que precisan el alcance del principio enunciado, hay que señalar que aún se necesita resolver otro problema. Se trata de la indeterminación de la valoración de las salidas de mercaderías, que aparece cuando existen distintos precios de adquisición para las existencias en un momento dado, como consecuencia de haberse realizado distintas compras a lo largo del tiempo.

Veámoslo con un ejemplo:

Enunciado de un supuesto.

LITRISA ofrece la siguiente información del movimiento de existencias de mercaderías en un mes de enero:

Concepto	Fecha	Cantidad	Precio
Existencias iniciales	2-1	4.000 litros	21 ptas.
Compras	4-1	3.000 litros	24 ptas.
Ventas	9-1	2.000 litros	?
Ventas	15-1	2.600 litros	?
Compras	24-1	1.600 litros	25 ptas.
Ventas	29-1	2.000 litros	?

Si nos fijamos en la primera venta realizada el día 9 de enero, podemos preguntarnos cuál sería el precio de adquisición a aplicar; porque, como observamos, las existencias en ese momento proceden de compras hechas a distintos precios.

La solución del PGC:

Para resolver esta cuestión, el PGC da las siguientes normas:

1.° Bienes cuyo precio de adquisición no es identificable.

1.ª Cuando se trate de bienes cuyo precio de adquisición o coste de producción no sea identificable de modo individualizado, se adoptará con carácter general el método del precio medio o coste medio, debidamente ponderado.

De esta norma se deduce que el PGC entiende que, si el precio de adquisición o el coste son identificables de un modo individualizado, ha de aplicarse el precio de adquisición o coste de producción de los bienes concretos que se vendan.

2.° La empresa puede elegir métodos.

2.ª Los métodos FIFO, LIFO u otros análogos son aceptables y pueden adoptarse, si la empresa los considera más convenientes para su gestión.

En definitiva, el PGC deja al libre arbitrio de la empresa la elección del método que estime más conveniente.

Veamos en qué consisten en líneas generales, cada uno de estos métodos, enmarcados dentro del principio del precio de adquisición, de acuerdo con los criterios mencionados anteriormente.

14.2.1. EL METODO DE IDENTIFICACION DE LAS DIFERENTES PARTIDAS

Identificación física de los productos vendidos o de los productos en almacén.

El ***método de identificación de las diferentes partidas*** se basa en considerar que el precio de adquisición de los productos vendidos, si éstos se pueden identificar físicamente, va unido a las unidades de productos comprados. Sabemos, a este respecto, que hay bienes en los que esa identificación es posible, como es el caso de los caballos de carreras, cada uno de los cuales tiene su nombre y su historial, mientras que en otros casos resulta imposible, como ocurre cuando se almacenan distintas partidas de trigo, juntas en un silo.

Siguiendo con el ejemplo de los coches, si unos se adquirieran en firme por un importador a 1.000.000 ptas., y otros, del mismo modelo, se adquirieran más tarde a 1.200.000 ptas., de acuerdo con el método de identificación de los productos, para valorar la salida, habría que ver cuanto costó el coche concreto que se vende.

En algunos casos una reliquia del pasado.

Este método era aplicado por los comerciantes desde antiguo, y daba pie a que, si se iba a comprar una botella de vino a una tienda de ultramarinos, el comerciante a veces decía: Ha tenido usted suerte, porque todavía me quedaba alguna de las compradas el año pasado; las nuevas ya han venido a un precio superior.

Hay que decir que este método no tiene sentido, económicamente hablando, cuando se trata de productos que realmente son iguales.

Las excepciones. Por ejemplo, venta de caballos.

Otra cosa es el caso de una empresa que venda productos diferentes unos de otros. Por ejemplo, una empresa que venda caballos de carreras. Estas empresas han de atender a la identificación del producto vendido.

14.2.2. PRECIO MEDIO MOVIL, APLICADO DESPUES DE CADA VENTA

Concepto de precio medio.

El ***método del precio medio móvil*** también llamado método del ***coste medio ponderado***, valora las salidas de acuerdo con la media de los precios de adquisición de las existencias en este momento, ponderado por las cantidades adquiridas.

Aplicación al supuesto.

En nuestro ejemplo, donde aparecen las salidas de un mes de enero, la media sin ponderar de los precios de adquisición de las existencias en almacén en el momento de la primera venta sería: (24 + 21) / 2 = 22'5.

En cambio, la media ponderada a que hemos aludido sería:

$$(4.000 \times 21 + 3.000 \times 24) / 7.000 = 22{,}30$$

Y por lo tanto, el coste o valor atribuido a las mercaderías que se entregan al cliente en la primera venta de enero, sería:

2.000 × 22,30 = 44.600

14.2.3. EL METODO FIFO

Concepto de método FIFO.

El *método FIFO* recoge las iniciales de la expresión inglesa «first in, first out» (primera entrada, primera salida), y consiste en valorar las salidas de acuerdo con el precio de la partida comprada antes, y cuando esta partida no es suficiente en cantidad, se empieza a computar el precio de las unidades que correspondan de la siguiente entrada en el tiempo, y así sucesivamente.

Aplicación al supuesto.

En nuestro ejemplo, la valoración por este método de la primera venta, 2.000 litros, solamente requiere registrar la primera entrada, que cronológicamente corresponde a las existencias iniciales. Es decir, el coste o valor atribuido a las mercaderías que se entregan al cliente en la primera venta de enero, sería:

2.000 × 21 = 42.000

14.2.4. EL METODO LIFO

Concepto de método LIFO.

El *método LIFO* toma las iniciales de «last in, first out» (última entrada, primera salida) y valora las salidas de acuerdo con el precio de la última partida comprada, y cuando esta partida no es suficiente en cantidad, se empieza a computar el precio de las unidades que corresponden a la entrada anterior, y así sucesivamente.

Aplicación al supuesto.

En el ejemplo que venimos siguiendo, el coste o valor atribuído por el método LIFO a la primera venta sería:

2.000 × 24 = 48.000

14.2.5. OTROS METODOS

Otros métodos:

En definitiva, acabamos de comprobar que llegamos a distintos importes, calculando el coste de la primera salida según los distintos métodos explicativos, y respetando en todos ellos el principio de valoración al precio de adquisición. Digamos de paso que estos métodos no se agotan ahí. Existen otros, tales como el HIFO, de cierta importancia por su implantación en épocas inflacionistas.

- **HIFO.**

El *método HIFO* (iniciales de «highest in, first out»), valora las salidas al precio más alto de todas las partidas en existencias en ese momento.

Aparte de estos métodos, existen otros en los que no se respeta el principio del precio de adquisición. Haremos una mera referencia a dos de ellos:

El ***método NIFO*** (iniciales de «next in, first out»), consistente en valorar las salidas al precio estimado de las próximas entradas.

• NIFO.

El ***método del precio correspondiente al coste estándar***, que valora las existencias de acuerdo con un sistema de presupuestación muy afinado.

• Costes estándar.

Estos dos últimos métodos no se pueden aplicar según el PGC, por ser contrarios al principio del precio de adquisición.

14.3. ESTUDIO OPERATIVO DE LOS METODOS DE VALORACION DE LAS SALIDAS DE EXISTENCIAS Y LAS FICHAS DE INVENTARIO PERMANENTE

Las fichas de inventario contable permanente, como registros auxiliares.

Igual que las empresas llevan unos registros auxiliares de la tesorería, también llevan otros para controlar las existencias con el mayor detalle posible. Hay que pensar que las empresas tienen, normalmente, una cantidad de productos tal que imposibilita la apertura de una cuenta a cada uno de ellos. Sin embargo, sí se pueden llevar unas fichas por cada uno de estos productos.

Muestran el valor de las salidas y de las existencias.

Estas fichas, denominadas de inventario contable permanente, presentan con detalle el movimiento de los diferentes productos, mostrando el valor de las salidas y de las existencias en cualquier momento.

Estructura de las fichas.

Las fichas de inventario contable permanente adoptan la forma que aparece en los Cuadros 14.1, 14.2 y 14.3. Puede observarse que descansan en cuatro columnas principales:

— La primera está reservada a la fecha.

— Las tres siguientes están reservadas a las entradas, salidas y saldos, respectivamente. Cada una de estas tres columnas está dividida a su vez en otras tres, referidas a: la cantidad, el precio unitario y el valor resultante de multiplicar el precio por la cantidad.

Estudio operativo de los diferentes métodos.

Cualquiera de los métodos de valoración de las salidas de mercaderías puede desarrollarse en estas fichas. Véamoslo a través del enunciado correspondiente a LITRISA, que hemos planteado anteriormente.

Esta manera de proceder nos va a permitir comparar la valoración a que se llega a través de los distintos métodos, aplicando las fichas de inventario contable permanente.

A) Método FIFO.

A) ***Método FIFO***: Como sabemos, valora las salidas aplicando el precio de las entradas más antiguas; lo encontramos desarrollado en el Cuadro 14.1.

Observemos cómo se va recubriendo el Cuadro 14.1. Empezamos por colocar en la columna de entrada las existencias iniciales, que se incluyen también en la columna de Saldos. Lo mismo se hace con las compras. Si hay ventas se incluyen en la columna de salidas y el precio es el de las existencias iniciales que fueron las que primero entraron; se ajusta a la vez la columna de inventario. Y así sucesivamente.

METODO FIFO

FECHA	ENTRADAS			SALIDAS			SALDO (Inventario)		
	Cantidad (litros)	Precio	Valor	Cantidad (litros)	Precio	Valor	Cantidad (litros)	Precio	Valor
2-1	4.000	21	84.000	—	—	—	4.000	21	84.000
4-1	3.000	24	72.000	—	—	—	4.000 3.000 7.000	21 24	84.000 72.000 156.000
9-1	—	—	—	2.000	21	42.000	2.000 3.000 5.000	21 24	42.000 72.000 114.000
15-1	—	—	—	2.000 600 2.600	21 24	42.000 14.400 56.400	2.400	24	57.600
24-1	1.600	25	40.000	—	—	—	2.400 1.600 4.000	24 25	57.600 40.000 97.600
29-1	—	—	—	2.000	24	48.000	400 1.600 2.000	24 25	9.600 40.000 49.600

Cuadro 14.1

Las existencias finales: 2.000 litros, se valoran por este método en 49.600 ptas.

B) Método LIFO.

B) ***Método LIFO***: Como ya hemos visto, valora las salidas aplicando el precio de las entradas más recientes, de acuerdo con el Cuadro 14.2.

Podemos comprobar que el modo de recubrir el Cuadro 14.2 es semejante al del cuadro anterior. La clave de la diferencia está en que la salida de elementos de las existencias se hace de acuerdo con el precio de las últimas entradas.

METODO LIFO

FECHA	ENTRADAS			SALIDAS			SALDO (Inventario)		
	Cantidad (litros)	Precio	Valor	Cantidad (litros)	Precio	Valor	Cantidad (litros)	Precio	Valor
2-1	4.000	21	84.000	—	—	—	4.000	21	84.000
4-1	3.000	24	72.000	—	—	—	4.000 3.000 7.000	21 24	84.000 72.000 156.000
9-1	—	—	—	2.000	24	48.000	4.000 1.000 5.000	21 24	84.000 24.000 108.000
15-1	—	—	—	1.000 1.600 2.600	24 21	24.000 33.600 57.600	2.400	21	50.400
24-1	1.600	25	40.000	—	—	—	2.400 1.600 4.000	21 25	50.400 40.000 90.400
29-1	—	—	—	1.600 400 2.000	25 21	40.000 8.400 48.400	2.000	21	42.000

Cuadro 14.2

Las existencias finales alcanzan un valor por este método de 42.000 pesetas.

C) Precio medio móvil.

C) ***Método del precio medio móvil***, calculado después de cada compra. Como hemos dicho, determina un precio medio de las existencias después de cada compra, y éste es el precio que se aplica a las salidas, hasta realizar la compra siguiente, conforme muestra el Cuadro 14.3.

METODO DEL PRECIO MOVIL

FECHA	ENTRADAS			SALIDAS			SALDO (Inventario)		
	Cantidad (litros)	Precio	Valor	Cantidad (litros)	Precio	Valor	Cantidad (litros)	Precio litro	Valor
2-1	4.000	21	84.000	—	—	—	4.000	21	84.000
4-1	3.000	24	72.000	—	—	—	4.000 3.000	21 24	84.000 72.000
							7.000	22,30	156.000
9-1	—	—	—	2.000	22,30	44.600	5.000	22,30	111.500
15-1	—	—	—	2.600	22,30	57.980	2.400	22,30	53.520
24-1	1.600	25	40.000	—	—	—	2.400 1.600	22,30 25	53.520 40.000
							4.000	23,38	93.320
29-1	—	—	—	2.000	23,38	46.760	2.000	23,33	46.760

Cuadro 14.3

Los 2.000 litros de existencias finales valen así 46.760 ptas.

D) Método HIFO.

D) ***Método HIFO***, implica la valoración al precio más alto de los elementos inventariables que quedan en el almacén, y coincidirá en nuestro ejemplo con el método LIFO, ya que se ha supuesto que los precios iban subiendo paulatinamente, como suele suceder en la realidad.

Cuadro comparativo de los diferentes métodos.

Una síntesis de la valoración a que conducen los diferentes métodos es la siguiente:

COMPARACION DE LOS DISTINTOS METODOS

	FIFO	LIFO	Precio medio móvil	HIFO
Valor de las salidas al mercado ..	146.400	154.000	149.340	154.000
Valor de las existencias finales ..	49.600	42.000	46.760	42.000
T O T A L	196.000	196.000	196.100 *	196.000

* Las 100 por exceso son efecto del redondeo.

Cuadro 14.4

Es decir, siguiendo los diferentes métodos de valoración se llega a un valor diferente de las mercaderías vendidas y, por lo tanto, de las existencias finales. En épocas inflacionistas, el método más conservador es el LIFO, ya que al presentar unos beneficios menores, da pie a un menor reparto de beneficios.

El método LIFO es recomendable en épocas inflacionistas.

Conviene señalar que estas fichas de inventario contable exigen un trabajo extraordinario. Sin embargo, los programas informáticos de seguimiento de las existencias alivian extraordinariamente esa tarea.

14.4. PROVISIONES POR DEPRECIACION DE EXISTENCIAS

14.4.1. LAS CUENTAS DE PROVISIONES POR DEPRECIACION DE EXISTENCIAS

Ya hemos dicho, que si bien es aplicable ***el principio del precio de adquisición,*** por encima de él hay que atender al ***principio de prudencia.***

El principio de prudencia ampara la dotación de provisiones.

Este principio de prudencia justifica que el PGC haya incluido el subgrupo 39. ***Provisiones por depreciación de existencias.***

De esta manera se da cauce a la norma de valoración de existencias, incluida en el propio PGC que prevé que, cuando el valor de mercado de un bien sea inferior a su precio de adquisición o a su coste de producción, procederá efectuar correcciones valorativas, dotando a tal efecto la correspondiente provisión.

Pero ¿qué entendemos por valor de mercado? A estos efectos se considerará que es:

Valor de mercado.

a) Para las materias primas, su precio de reposición o el valor neto de realización si fuese menor.
b) Para mercaderías y los productos terminados, su valor de realización, deducidos los gastos de comercialización correspondientes.

Se puede definir ***Provisiones por depreciación de existencias*** como la expresión contable de las pérdidas reversibles, que se ponen de manifiesto con motivo del Inventario de Existencias al cierre del ejercicio.

Concepto de provisión.

Se incluyen en este subgrupo las siguientes cuentas:

Cuentas de provisiones.

390. Provisión por depreciación de mercaderías.
391. Provisión por depreciación de materias primas.
392. Provisión por depreciación de otros aprovisionamientos.
393. Provisión por depreciación de productos en curso.
394. Provisión por depreciación de productos semiterminados.
395. Provisión por depreciación de productos terminados.
396. Provisión por depreciación de suproductos, residuos y materiales recuperados.

Cada una de estas cuentas incluirá la depreciación que se pone de manifiesto en el elemento patrimonial a que hace referencia.

Lugar que ocupan estas cuentas.

Estas cuentas presentarán siempre saldo acreedor, y, sin embargo, según los modelos oficiales del PGC, no aparecerán en el Pasivo del Balance. Por el contrario, se mostrarán en el Activo, minorando, eso sí, la correspondiente cuenta de existencias.

Esto pone de manifiesto que son cuentas compensadoras de las respectivas cuentas de existencias.

14.4.2. FUNCIONAMIENTO DE LAS CUENTAS DE PROVISIONES

Distintas posiciones para examinar el funcionamiento de estas cuentas.

Para explicar su movimiento, conviene que nos situemos al final de un año, en el que no había aparecido la cuenta con anterioridad, y al final de otro año, en el que ya se hubiera dotado la provisión con anterioridad. Veámoslo con un supuesto:

a) Situándonos al final de un año que no ha «heredado» provisiones.

a) Al final de un año en el que no existe aún provisión. Supongamos unas mercaderías cuyas existencias a 31 de diciembre de 1987 eran de 1.000.000 Kgs. comprados a 10 ptas. al principio del año, y se sabe que en los últimos meses se han podido comprar normalmente a un precio de 7 ptas/Kg., precio que se espera no suba en un futuro inmediato.

Las cuentas que intervienen.

En este caso, al cierre del ejercicio se abonará la cuenta 390. Provisiones por depreciación de mercaderías, con cargo a una cuenta del grupo 6. Compras y gastos, que es precisamente la:

693. ***Dotación a la provisión de existencias.***

El asiento de dotación de provisiones.

3.000.000	(693) Dotación a la provisión de existencias				
		a	(390)	Provisión por depreciación de mercaderías	3.000.000

Con posterioridad, la cuenta ***693. Dotación a la provisión de existencias,*** se saldará con la cuenta 129. Pérdidas y ganancias, juntamente con los demás gastos del ejercicio.

El esquema de Mayor.

El esquema de Mayor que corresponde a estos asientos aparece en el Cuadro 14.5.

PRIMERA DOTACION A LA PROVISION

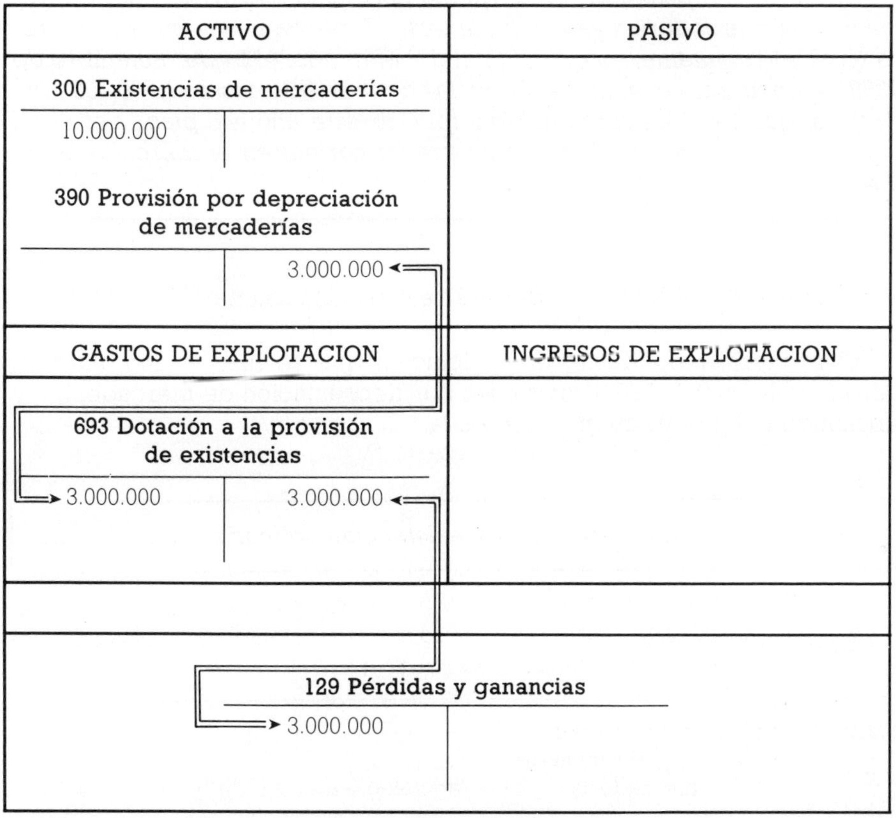

Cuadro 14.5

Observaciones sobre estas cuentas, vistas en el esquema de Mayor.

Se comprueba en el Cuadro 14.5 que:

— La cuenta ***693. Dotación a la provisión de existencias,*** como cuenta de gastos que es, se salda con pérdidas y ganancias.

— La cuenta ***390. Provisión por depreciación de mercaderías,*** se sitúa junto a la cuenta 300. Existencias de mercaderías, para corregir su valor. De esta manera, en el Balance de Situación final deberán aparecer así:

300. Existencias de mercaderías	10.000.000	
Menos: 390. Provisión por depreciación de mercaderías	3.000.000	7.000.000

b) Situándonos al final de un año que «heredó» provisiones del anterior.

b) En un año posterior, en el que la cuenta 390. Provisión por depreciación de mercaderías ya estaba abierta. Supongamos la misma empresa en el año siguiente, en que al final del ejercicio, el 31 de diciembre de 1988, se encuentra con unas existencias de mercaderías de 1.500.000 kilogramos, que se compraron al principio de este año a 6 ptas., pero que siguen bajando, de manera que su precio normal en el mercado es de 5 pesetas.

Dos asientos al cierre del ejercicio: 1.º Para deshacer la provisión heredada.

Al cierre del ejercicio se deberá realizar dos asientos:

El primero, para deshacer la dotación que se hizo el año anterior, cargando la cuenta 390. Provisiones por depreciación de mercaderías, y abonando una nueva cuenta, que es la:

793. ***Provisión de existencias aplicada.***

Este asiento sería:

3.000.000	(390) Provisión por depreciación de mercaderías	a	(793) Provisión de existencias aplicada	3.000.000

• Por la anulación de la provisión hecha el 31-12-1987

2.º Para dotar la nueva provisión.

El segundo, para proceder a la nueva dotación, que sería:

1.500.000	(693) Dotación a la provisión de existencias	a	(390) Provisión por depreciación de mercaderías	1.500.000

• Por la dotación al 31-12-1988

El esquema de Mayor.

El esquema de Mayor referente a este proceso aparece en el Cuadro 4.6.

PROVISION, EL SEGUNDO AÑO DE DOTACION

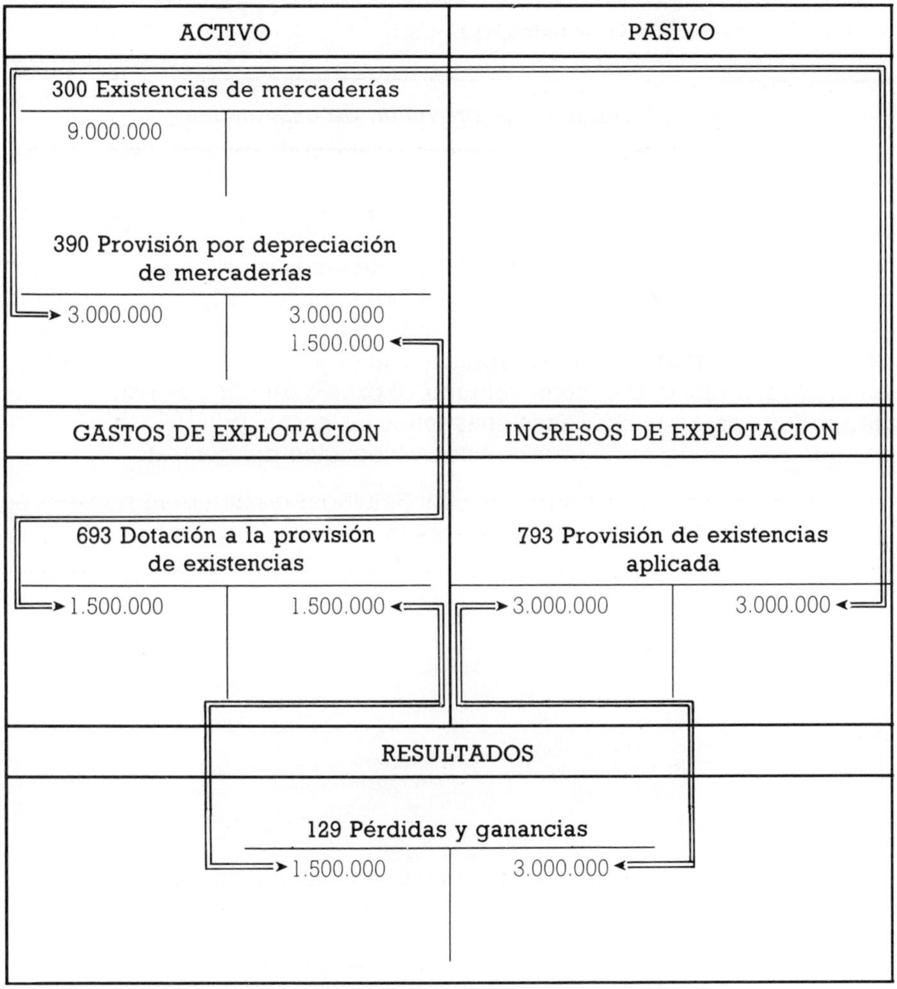

Cuadro 14.6

Algunas observaciones respecto al cuadro.

En el Cuadro 14.6 se puede observar lo siguiente:

1.º La dotación que el ejercicio actual «heredó» del anterior, 3.000.000 pesetas, se canaliza, a través de una cuenta de ingresos, que es la cuenta

793. *Provisión de existencias aplicada.*

hacia Pérdidas y ganancias, donde se encontrará con otra serie de cuentas de ingresos y gastos, para determinar el resultado del ejercicio.

2.º La nueva dotación correspondiente a las correcciones sobre existencias finales del ejercicio se hace como ha hemos visto, a través de una cuenta de gastos, que es:

693. ***Dotación a la provisión de existencias.***

Una excepción a las provisiones, las existencias comprometidas por un contrato de venta en firme.

Sin embargo, existe un caso en que no procede la dotación a la provisión, aunque se haya producido una depreciación de las existencias. Se trata del caso de bienes incluidos dentro de las existencias que hubieran sido objeto de un contrato de venta en firme, cuyo cumplimiento deberá tener lugar posteriormente. No obstante, ha de cumplirse un requisito para poder establecer esa excepción: que el precio de venta estipulado en dicho contrato cubra, como mínimo, el precio de adquisición o el coste de producción de tales bienes, más todos los costes pendientes de realizar que sean necesarios para la buena ejecución del contrato.

Si la depreciación fuera irreversible, en lugar de dotar la provisión, se minora el valor del elemento depreciado.

Términos y expresiones clave explicados en este capítulo

Coste de producción (14.1)
Dotación a la provisión de existencias (14.4.2)
Método del coste medio ponderado (14.2.2) (14.3)
Método FIFO (14.2.3) (14.3)
Método HIFO (14.2.5)
Método de identificación de las diferentes partidas (14.2.1)
Método LIFO (14.2.4) (14.3)
Método NIFO (14.2.5)
Método del precio correspondiente al coste estándar (14.2.5)
Método del precio medio móvil (14.2.2.)(14.3)
Precio de adquisición (14.1)
Principio del precio de adquisición (14.1)
Provisión por depreciación de mercaderías (14.4.1)
Provisión de existencias aplicada (14.4.2)

CAPITULO

15

ESTUDIO OPERATIVO DEL PROCESO CONTABLE BASICO

OBJETIVOS DIDACTICOS DEL CAPITULO

A través del estudio de este capítulo se puede aprender:

1.º Una visión de conjunto del proceso contable básico de una empresa comercial, de acuerdo con el Plan General de Contabilidad español.

2.º De acuerdo con ello, la sistematización de la información que se necesita para el desarrollo del proceso contable.

3.º El tratamiento contable operativo de un proceso completo, que empieza por la contabilización de una serie de operaciones debidamente formalizadas.

4.º El proceso de regularización hasta la determinación del resultado.

5.º La determinación del resultado a través de la cuenta de Pérdidas y ganancias.

6.º El estudio operativo de la hoja de trabajo del proceso de regularización, donde se sintetizan los diferentes asientos.

7.º La contabilización del Impuesto sobre Sociedades, que se comporta como un gasto.

8.º El asiento de cierre, que deja saldadas todas las cuentas que van a intervenir en el Balance de Situación.

9.º La elaboración del Cuadro Analítico de Resultados y de la Cuenta de Pérdidas y ganancias (abreviado), estableciendo su relación con las cuentas de Mayor

10.º El Balance de Situación final (abreviado) ordenado y estructurado.

15.1. ENUNCIADO DE UN SUPUESTO PARA EL ESTUDIO OPERATIVO

JUGUELSA es una empresa dedicada a la comercialización de dos tipos de jugetes didácticos, que presenta el siguiente Balance de Saldos, expresado en miles de pesetas, el día 1 de diciembre de 19X8:

N.°	CUENTAS	SALDOS	
		Deudor	Acreedor
100	Capital social		49.500
112	Reserva legal		4.000
170	Deudas a largo plazo con entidades de crédito		3.600
220	Terrenos y bienes naturales	13.000	
221	Construcciones	15.000	
226	Mobiliario	3.000	
228	Elementos de transporte	5.000	
282	Amortización acumulada del inmovilizado material		3.700
3000	Existencias de mercaderías A(1)	7.500	
3001	Existencias de mercaderías B(2)	6.400	
328	Existencias de material de oficina	600	
390	Provisión por depreciación de mercaderías		1.000
4000	Proveedores (ptas.)		5.560
407	Anticipos a proveedores	400	
4300	Clientes (ptas.)	12.000	
431	Clientes, efectos comerciales a cobrar	8.500	
437	Anticipos de clientes		4.500
572	Bancos c/c	4.500	
6000	Compras de mercaderías A(3)	3.400	
6001	Compras de mercaderías B(4)	450	
602	Compras de otros aprovisionamientos	200	
621	Arrendamientos y cánones	500	
640	Sueldos y salarios	2.500	
642	Seguridad Social a cargo de la empresa	800	
662	Intereses de deudas a largo plazo	360	
7000	Ventas de mercaderías A(5)		5.700
7001	Ventas de mercaderías B(6)		4.500
759	Ingresos por servicios diversos		1.250
768	Diferencias positivas de cambio		800
	SUMA	84.110	84.110

Notas explicativas al Balance:

(1) La cuenta 3000. Existencias de mercaderías A, recoge 5.000 unidades del juguete tipo A, a un coste unitario de 1.500 ptas.

(2) La cuenta 3001. Existencias de mercaderías B, incluye 8.000 unidades del juguete tipo B, adquiridas a 800 ptas. la unidad.

(3) La cuenta 6000. Compra de mercaderías A, refleja una compra de 2.000 unidades del juguete tipo A, a 1.700 ptas. la unidad.

(4) La cuenta 6001. Compra de mercaderías B, recoge una compra de 500 unidades del juguete tipo B, a un coste unitario de 900 ptas.

(5) La cuenta 7000. Venta de mercaderías A, representa una venta de 1.500 unidades del juguete tipo A.

(6) La cuenta 7001. Venta de mercaderías B, incluye una venta de 3.000 unidades del juguete tipo B.

A) Durante el mes de diciembre de 19X8 JUGUELSA realiza las siguientes operaciones *(los cobros y pagos en que no se especifique otra cosa, se considerarán hechos a través de la cuenta corriente bancaria):*

1. Vende 2.600 unidades del juguete tipo A, a 2.250 ptas. la unidad. Se aplica el anticipo de 4.500.000 ptas. que aparece en el Balance de Saldos; y por el resto los clientes aceptan letras de cambio.

2. Compra 1.000 unidades del juguete tipo A, a un precio unitario de 1.750 ptas. JUGUELSA había entregado un anticipo de 400.000 ptas. que figura en el balance, y en la fecha de la compra realiza el pago del importe restante a través del Banco. Consigue un descuento por pronto pago de 50.000 ptas. que figura en factura.

3. Días más tarde le comunica al proveedor del punto anterior la intención de devolver 100 unidades del pedido recibido por no ajustarse a las condiciones establecidas en el pedido de compra. En la conversación mantenida se llega al acuerdo de no devolver las mercaderías a cambio de un descuento de 500 ptas. por unidad, que el proveedor documenta mediante la oportuna nota de abono y queda como anticipo de compras futuras.

4. Compra 2.000 unidades del juguete de tipo B, a 1.050 ptas. unidad. El proveedor incluye en factura el transporte de la compra, que asciende a 20.000 ptas. JUGUELSA paga la factura al contado.

5. Pocos días después, nada más recibir el proveedor la notificación del pago efectuado, nos comunica la concesión de un descuento por pronto pago de 315.000 ptas., al tiempo que hace una trasferencia bancaria a favor de JUGUELSA.

6. Vende a crédito 4.500 unidades del juguete tipo B, a 1.400 ptas. unidad. En la factura emitida por JUGUELSA aparece además, el importe del transporte efectuado con el camión de la empresa, que asciende a 25.000 ptas.

7. Dos días más tarde, en un documento distinto de la factura, se comunica al cliente la concesión de un «rappel» por 300.000 ptas. que se hace efectivo mediante transferencia bancaria.

8. Los clientes aceptan, a la semana siguiente, efectos por el total de la operación a la que se refiere el punto 6.

9. Los estados de cobros y pagos, obtenidos de la Contabilidad Auxiliar de Caja, son, al 31 de diciembre de 19X8, los siguientes:

ESTADO DE COBROS

Estado de Cobros, deducido del libro de Caja:			
N.º	Cuentas	Cargos	Abonos
570	Caja	3.500.000	
4300	Clientes (ptas.)		2.000.000
572	Bancos c/c		1.000.000
759	Servicios diversos		500.000
	TOTAL	3.500.000	3.500.000

ESTADO DE PAGOS

Estado de Pagos, deducido del libro de Caja:			
N.º	Cuentas	Cargos	Abonos
570	Caja		3.500.000
572	Bancos c/c	2.810.000	
629	Otros servicios	200.000	
640	Sueldos y salarios	320.000	
642	Seguridad social a cargo de la empresa	170.000	
	TOTAL	3.500.000	3.500.000

La Caja se abre al principio de cada mes, sacando una cantidad del Banco, y al final de cada mes se deja saldada, ingresando el saldo final en la cuenta corriente.

10. Vende un solar que había costado 10.000.000 ptas. en 18.000.000 pesetas, que los compradores ingresan en una cuenta de ahorro de disponibilidad inmediata, ya que JUGUELSA espera comprar unos nuevos locales en breve.

B) Datos para regularizar:

1. En varios pedidos, cursados a lo largo del mes de diciembre de 1988, se ha comprado material de oficina al suministrador habitual por importe de 400.000 ptas. El soporte documental de estas compras son 12 albaranes que serán incluidos en una factura, que el suministrador girará en los primeros días del mes de enero.

2. La cuenta «Deudas (a largo plazo) a otras empresas por préstamos recibidos» que figura en el Balance de Saldos se formalizó el 1-7-1989 y vence dentro de tres años.

3. El saldo de la cuenta «Arrendamientos y cánones», que figura en el Balance de Saldos, recoge el importe anual del alquiler de una nave para almacén, que tiene arrendado JUGUELSA, y que fue pagado el 1 de octubre de 1988.

4. El edificio propiedad de la empresa se amortiza al 2 % anual y el resto del inmovilizado al 10 %.

5. El inventario extracontable realizado el 31 de diciembre ha puesto de manifiesto la falta de una caja registradora, que estaba contabilizada en la cuenta de Mobiliario. Su adquisición tuvo lugar el 2 de enero de 19X8, por un importe de 500.000 ptas.

6. De ese mismo inventario extracontable se ha desprendido:

a) Que el número de unidades de juguetes en almacén al final del ejercicio, coincide con el control que se lleva a través de las fichas de inventario contable permanente. Sin embargo, se estima que, debido a la aparición de algunos juguetes similares a los del tipo A y tipo B, el valor de mercado de las existencias finales se estima en: 6.000.000 ptas. para los juguetes tipo A y 2.000.000 ptas. para los juguetes tipo B.

b) Que las existencias finales de material de oficina ascienden a 400.000 ptas.

TRABAJO A REALIZAR:

1.º Contabilizar en el Diario y en el Mayor las operaciones propuestas en el mes de diciembre.

2.º Hacer las fichas de inventario para calcular el valor de las existencias finales, aplicando el método FIFO para las mercaderías del tipo A y el método LIFO para las mercaderías del tipo B.

3.º Preparar el Balance de Sumas y Saldos antes de la regularización.

4.º Llevar a cabo el proceso de regularización. Para ello:

a) Contabilizar en el Diario y en el Mayor las operaciones de regularización antes de la determinación de resultados.

b) Balance de Sumas y Saldos, previo a la determinación de resultados.

c) Determinar el resultado.

5.º Presentar una hoja de trabajo, que incluya la regularización, la determinación de resultados y el Balance de Situación.

6.º Contabilizar el Impuesto sobre Sociedades. La empresa ha decidido calcularlo aplicando al resultado del ejercicio, el porcentaje legalmente establecido, que para el ejercicio 19X8 es del 35 %. El cálculo se ha de hacer redondeando en miles de pesetas.

7.º Hacer el asiento de cierre en el Diario.

8.º Presentar el Cuadro Analítico de Resultados.

9.º Elaborar el Balance de Situación a 31 de diciembre de 19X8.

NOTA IMPORTANTE: Para la solución de este supuesto no han de tenerse en cuenta los impuestos indirectos, por lo tanto no se ha de considerar el Impuesto sobre el Valor Añadido.

15.2. ESTUDIO OPERATIVO DEL PROCESO CONTABLE BASICO

Antes de dar comienzo al estudio operativo del proceso contable básico de una empresa comercial, inspirado en el Plan General de Contabilidad, será conveniente hacer algunas aclaraciones:

En primer lugar, nos ajustaremos al orden prefijado en el enunciado, que marca el camino a seguir con detalle.

En segundo lugar, dejaremos de emplear los paréntesis que hemos utilizado hasta ahora en el nombre de las cuentas. Lo hacíamos para dejar constancia de lo que era literalidad del Plan General de Contabilidad y lo que, siempre de acuerdo con él, añadíamos para que el nombre de la cuenta fuera lo más adecuado posible.

En tercer lugar, hemos empleado aquellas cuentas y subcuentas que nos han parecido más adecuadas para este estudio operativo. Para otro enunciado distinto, quizás hubiéramos empleado unas cuentas diferentes. Es una muestra indicativa de que hay que ajustar el Plan a la realidad de la empresa.

En cuarto lugar, no hemos querido omitir ninguno de los documentos relevantes para el registro de las operaciones. Incluso hemos insistido en lo que hemos llamado Cuadro de ajustes, que realmente es una hoja de trabajo. En Contabilidad se denomina hoja de trabajo a los documentos que sirven, entre otras cosas, para preparar la información que después va a pasar a los registros contables.

Deseamos llamar la atención sobre la importancia que tiene, en este momento del estudio, la transcripción permanente de las anotaciones del Diario y del Mayor. Actuando de esta manera, se pude ir comprobando la auténtica significación e incidencia de las diferentes anotaciones.

15.2.1. CONTABILIZACION DE LAS OPERACIONES REALIZADAS

Procederemos a la contabilización ordenada de los diferentes hechos contables acaecidos, que aún no han sido registrados.

15.2.1.1. Anotaciones en el Diario

1/ ———————— ————————

4.500.000	(437) Anticipos de clientes		
1.350.000	(431) Clientes, efectos comerciales a cobrar		
		a (7000) Ventas de mercaderías A (2.600 × 2.250 ptas.)	5.850.000

• Por la venta de juguetes tipo A

2/ ———————— ————————

1.750.000	(6000) Compras de mercaderías A (1.000 × 1.750 ptas.)		
		a (765) Descuentos sobre compras por pronto pago	50.000
		a (407) Anticipos a proveedores	400.000
		a (572) Bancos c/c	1.300.000

• Por la compra de juguetes tipo A

3/ ———————— ————————

50.000	(407) Anticipos a proveedores		
		a (608) Devoluciones de compras y operaciones similares (100 × 500 ptas.)	50.000

• Por los descuentos

4/ ———————— ————————

2.120.000	(6001) Compras de mercaderías B (2.000 × 1.050 + 20.000)		
		a (572) Bancos c/c	2.120.000

• Por la compra de juguetes tipo B

5/ ———————— ————————

315.000	(572) Bancos c/c		
		a (765) Descuentos sobre compras por pronto pago	315.000

• Por el descuento por pronto pago

6/

6.325.000	(4300) Clientes (ptas.)		
		a (7001) Ventas de mercaderías B (4.500 × 1.400 ptas.)	6.300.000
		a (759) Ingresos por servicios diversos	25.000

• Por la venta de juguetes tipo B

7/

300.000	(709) «Rappels» sobre ventas		
		a (572) Bancos c/c	300.000

• Por «rappels» concedidos

8/

6.325.000	(431) Clientes, efectos comerciales a cobrar		
		a (4300) Clientes (ptas.)	6.325.000

• Por la aceptación de efectos

9/

3.500.000	(570) Caja, ptas.		
		a (572) Bancos c/c	1.000.000
		a (4300) Clientes (ptas.)	2.000.000
		a (759) Ingresos por servicios diversos	500.000

• Por el estado de cobros por Caja

10/

2.810.000	(572) Bancos c/c		
200.000	(629) Otros servicios		
320.000	(640) Sueldos y salarios		
170.000	(642) Seguridad Social a cargo de la empresa		
		a (570) Caja, ptas.	3.500.000

• Por el estado de pagos por Caja

11/

18.000.000	(574) Bancos c/ ahorro, pesetas		
		a (771) Beneficios procedentes del inmovilizado material	8.000.000
		a (220) Terrenos y bienes naturales	10.000.000

• Por la venta de terrenos

15.2.1.2. Anotaciones en el esquema de Mayor

ACTIVO

220 Terrenos y bienes naturales

13.000.000	10.000.000 (11)

221 Construcciones

15.000.000	

228 Elementos transporte

5.000.000	

226 Mobiliario

3.000.000	

282 Amortización acumulada del inmovilizado material

	3.700.000

3000 Existencias de mercaderías A

7.500.000	

3001 Existencias de mercaderías B

6.400.000	

328 Existencias de material de oficina

600.000	

390 Provisión por depreciación de mercaderías

	1.000.000

4300 Clientes (ptas.)

12.000.000	6.325.000 (8)
(6) 6.325.000	2.000.000 (9)

431 Clientes, efectos comerciales a cobrar

8.500.000	
(1) 1.350.000	
(8) 6.325.000	

407 Anticipos a proveedores

400.000	400.000 (2)
(3) 50.000	

570 Caja, ptas.

(9) 3.500.000	3.500.000 (10)

572 Bancos c/c

4.500.000	1.300.000 (2)
(5) 315.000	2.120.000 (4)
(10) 2.810.000	300.000 (7)
	1.000.000 (9)

574 Bancos c/ ahorro, pesetas

(11) 18.000.000	

PASIVO

100 Capital social

	49.500.000

112 Reserva legal

	4.000.000

170 Deudas a largo plazo con entidades de crédito

	3.600.000

4000 Proveedores (ptas.)

	5.560.000

437 Anticipos de clientes

(1)4.500.000	4.500.000

(Continúa)

(Continuación)

GASTOS DE EXPLOTACION

6000 Compras de mercaderías A

3.400.000	
(2) 1.750.000	

6001 Compras de mercaderías B

450.000	
(4) 2.120.000	

602 Compras de otros aprovisionamientos

200.000	

608 Devoluciones de compras y operaciones similares

	50.000 (3)

621 Arrendamientos y cánones

500.000	

629 Otros servicios

(10) 200.000	

640 Sueldos y salarios

2.500.000	
(10) 320.000	

642 Seguridad Social a cargo de la empresa

800.000	
(10) 170.000	

INGRESOS DE EXPLOTACION

7000 Ventas de mercaderías A

	5.700.000
	5.850.000 (1)

7001 Ventas de mercaderías B

	4.500.000
	6.300.000 (6)

759 Ingresos por servicios diversos

	1.250.000
	25.000 (6)
	500.000 (9)

709 «Rappels» sobre ventas

(7) 300.000	

GASTOS FINANCIEROS

662 Intereses de deudas a largo plazo

360.000	

INGRESOS FINANCIEROS

768 Diferencias positivas de cambio

	800.000

765 Descuentos sobre compras por pronto pago

	50.000 (2)
	315.000 (5)

PERDIDAS Y GASTOS EXTRAORDINARIOS

BENEFICIOS E INGRESOS EXTRAORDINARIOS

771 Beneficios procedentes del inmovilizado material

	8.000.000 (11)

15.2.2. FICHAS DE INVENTARIO CONTABLE PERMANENTE

Las fichas de inventario contable permanente previstas en el enunciado, son las siguientes:

A) METODO FIFO MERCADERIAS A

	ENTRADAS			SALIDAS			SALDO		
N.° operación	Unidades	Precio unitario	Valor	Unidades	Precio unitario	Valor	Unidades	Precio unitario	Valor
Existencias iniciales	5.000	1.500	7.500.000				5.000	1.500	7.500.000
Compra del Balance	2.000	1.700	3.400.000				5.000 2.000	1.500 1.700	7.500.000 3.400.000
							7.000		10.900.000
Venta del Balance				1.500	1.500	2.250.000	3.500 2.000	1.500 1.700	5.250.000 3.400.000
							5.500		8.650.000
Venta 2 (punto A.1)				2.600	1.500	3.900.000	900 2.000	1.500 1.700	1.350.000 3.400.000
							2.900		4.750.000
Compra 2 (puntos A.2 y A.3)	900 100	1.750 1.250	1.575.000 125.000				900 2.000 900 100	1.500 1.700 1.750 1.250	1.350.000 3.400.000 1.575.000 125.000
							3.900		6.450.000
Existencias finales de mercaderías A = 3.900 unidades por un valor de 6.450.000 ptas.									

Este cuadro necesita una aclaración respecto de la Compra 2, donde, para simplificar los cálculos, se han computado simultáneamente la compra de 1.000 unidades a 2.250 ptas., y el descuento de 500 ptas. concedido en 100 unidades, que no se ajustan a las condiciones establecidas en el pedido de compra.

Conviene señalar que este hecho podría haberse reflejado de otra manera. Consistiría en computar primero la compra de las 1.000 unidades a 2.250 ptas. Y después, recoger una minoración por el descuento apuntado anteriormente.

En cualquier caso, nos parece necesario aclarar que las fichas de inventario contable permanente han de reflejar las minoraciones que experimente el importe de las compras.

B) METODO LIFO MERCADERIAS B

	ENTRADAS			SALIDAS			SALDO		
N.º operación	Unidades	Precio unitario	Valor	Unidades	Precio unitario	Valor	Unidades	Precio unitario	Valor
Existencias iniciales	8.000	800	6.400.000				8.000	800	6.400.000
Compra del Balance	500	900	450.000				8.000 500	800 900	6.400.000 450.000
							8.500		6.850.000
Venta del Balance				500 2.500	900 800	450.000 2.000.000	5.500	800	4.400.000
				3.000		2.450.000			
Compra 2 (punto A.4)	2.000	1.060	2.120.000				5.500 2.000	800 1.060	4.400.000 2.120.000
							7.500		6.520.000
Venta 2 (punto A.6)				2.000 2.500	1.060 800	2.120.000 2.000.000	3.000	800	2.400.000
				4.500		4.120.000			
Existencias finales de mercaderías B= 3.000 unidades con un valor de 2.400.000 ptas.									

Hemos determinado, a través de estos registros especiales que son las fichas de inventario contable permanente, el valor de las existencias finales. Este valor se compararía con el valor al que llega el inventario realizado al final del período contable.

Conviene recordar el enunciado, según el cual, a este respecto, el número de unidades de juguetes en almacén al final del ejercicio puestas de manifiesto por el inventario, conninciden con las resultantes del control llevado a través de las fichas de inventario contable permanente.

A esto hemos de añadir que si los principios, criterios y procedimientos de valoración aplicados en el inventario y en las fichas de inventario contable permanente son equivalentes, el valor al que se llega para las existencias finales es el mismo, siempre que las unidades sean las mismas.

Si el número de unidades de juguetes constatadas en el inventario fuera diferente del número derivado del registro de inventario permanente, habrá que investigar las causas de la discrepancia, para darle el tratamiento adecuado.

15.2.3. BALANCE DE SUMAS Y SALDOS ANTES DEL PROCESO DE REGULARIZACION

De acuerdo con las cantidades reflejadas en el esquema de Mayor anterior, el Balance de comprobación expresado en miles de pesetas, en este momento del proceso, es el siguiente:

BALANCE DE SUMAS Y SALDOS ANTES DE LA REGULARIZACION

N.°	CUENTA	SUMAS		SALDOS	
		Deudora	Acreedora	Deudor	Acreedor
100	Capital social		49.500		49.500
112	Reserva legal		4.000		4.000
170	Deudas a largo plazo con entidades de crédito		3.600		3.600
220	Terrenos y bienes naturales	13.000	10.000	3.000	
221	Construcciones	15.000		15.000	
226	Mobiliario	3.000		3.000	
228	Elementos de transporte	5.000		5.000	
282	Amortización acumulada del inmovilizado material		3.700		3.700
3000	Existencias de mercaderías A	7.500		7.500	
3001	Existencias de mercaderías B	6.400		6.400	
328	Existencias de material de oficina	600		600	
390	Provisión por depreciación de mercaderías		1.000		1.000
4000	Proveedores (ptas.)		5.560		5.560
407	Anticipos a proveedores	450	400	50	
4300	Clientes (ptas.)	18.325	8.325	10.000	
431	Clientes, efectos comerciales a cobrar	16.175		16.175	
437	Anticipos de clientes	4.500	4.500		
570	Caja, ptas.	3.500	3.500		
572	Bancos c/c	7.625	4.720	2.905	
574	Bancos, cuentas de ahorro, pesetas	18.000		18.000	
6000	Compras de mercaderías A	5.150		5.150	
6001	Compras de mercaderías B	2.570		2.570	
602	Compras de otros aprovisionamientos	200		200	
608	Devoluciones de compras y operaciones similares		50		50
621	Arrendamientos y cánones	500		500	
629	Otros servicios	200		200	
640	Sueldos y salarios	2.820		2.820	
642	Seguridad Social a cargo de la empresa	970		970	
662	Intereses de deudas a largo plazo	360		360	
7000	Ventas de mercaderías A		11.550		11.550
7001	Ventas de mercaderías B		10.800		10.800
709	«Rappels» sobre ventas	300		300	
759	Ingresos por servicios diversos		1.775		1.775
765	Descuentos sobre compras por pronto pago		365		365
768	Diferencias positivas de cambio		800		800
771	Beneficios procedentes del inmovilizado material		8.000		8.000
	TOTALES	132.145	132.145	100.700	100.700

15.2.4. PROCESO DE REGULARIZACION

15.2.4.1. Fases anteriores a la determinación de los resultados

15.2.4.1.1. Anotaciones en el Diario

12/ ______________________ ______________________

400.000	(602) Compras de otros aprovisionamientos		
		a (4009) Proveedores, facturas pendientes de recibir o de formalizar	400.000

• Por las compras no formalizadas de material de oficina

13/ ______________________ ______________________

3.600.000	(170) Deudas a largo plazo con entidades de crédito		
		a (520) Deudas a corto plazo con entidades de crédito	3.600.000

• Por la reclasificación de los préstamos

14/ ______________________ ______________________

375.000	(480) Gastos anticipados		
		a (621) Arrendamientos y cánones	375.000

• Periodificación de gastos: 500.000 × 9/12

15/ ______________________ ______________________

1.100.000	(682) Amortización del inmovilizado material		
		a (282) Amortización acumulada del inmovilizado material	1.100.000

• Por la amortización de:
  • Construcciones:
    0,02 × 15.000.000 = 300.000
  • Elementos de transporte y mobiliario:
    0,1 × (5.000.000 + 3.000.000) = 800.000
  • Total = 300.000 + 800

16/ ——————————————————

50.000	(282) Amortización acumulada del inmovilizado material		
450.000	(671) Pérdidas procedentes del inmovilizado material	a (226) Mobiliario	500.000

- Para dar de baja a la caja registradora, que se había comprado el 2 de enero de 1988, por lo que se había amortizado en: 0,1 × 500.000 ptas. dentro del asiento anterior.

17/ ——————————————————

1.000.000	(390) Provisión por depreciación de mercaderías		
		a (793) Provisión de existencias aplicada	1.100.000

- Por la provisión dotada el año anterior

18/ ——————————————————

850.000	(693) Dotación a la provisión de existencias		
		a (390) Provisión por depreciación de mercaderías	850.000

- Por la dotación de la provisión correspondiente al ejercicio actual:
  (Tipo A: 6.450.000 – 6.000.000 = 450.000 y
  Tipo B: 2.400.000 – 2.000.000 = 400.000)

19/ ——————————————————

7.500.000	(6100) Variación de existencias de mercaderías A		
		a (3000) Existencias de mercaderías A	7.500.000

- Por las existencias iniciales de mercaderías A

20/ ——————————————————

6.450.000	(3000) Existencias de mercaderías A		
		a (6100) Variación de existencias de mercaderías A	6.450.000

- Por las existencias finales de mercaderías A

——————————————————

21/ ——————————— ———————————

6.400.000 (610) Variación de existencias de mercaderías B

a (3001) Existencias de mercaderías B 6.400.000

• Por las existencias iniciales de mercaderías B

22/ ——————————— ———————————

2.400.000 (3001) Existencias de mercaderías B

a (6101) Variación de existencias de mercaderías B 2.400.000

• Por las existencias finales de mercaderías B

23/ ——————————— ———————————

600.000 (612) Variación de existencias de otros aprovisionamientos

a (328) Existencias de material de oficina 600.000

• Por las existencias iniciales de material de oficina

24/ ——————————— ———————————

400.000 (328) Existencias de material de oficina

a (612) Variación de existencias de otros aprovisionamientos 400.000

• Por las existencias finales de material de oficina

——————————— ———————————

15.2.4.1.2. Anotaciones en el esquema de Mayor

ACTIVO

220 Terrenos y bienes naturales

13.000.000	10.000.000 (11)

221 Construcciones

15.000.000	

228 Elementos transporte

5.000.000	

226 Mobiliario

3.000.000	500.000 (16)

282 Amortización acumulada del inmovilizado material

(16) 50.000	3.700.000
	1.100.000 (15)

3000 Existencias de mercaderías A

7.500.000	7.500.000 (19)
(20) 6.450.000	

3001 Existencias de mercaderías B

6.400.000	6.400.000 (21)
(22) 2.400.000	

328 Existencias de material de oficina

600.000	600.000 (23)
(24) 400.000	

390 Provisión por depreciación de mercaderías

(17) 1.000.000	1.000.000
	850.000 (18)

4300 Clientes (ptas.)

12.000.000	6.325.000 (8)
(6) 6.325.000	2.000.000 (9)

431 Clientes, efectos comerciales a cobrar

8.500.000	
(1) 1.350.000	
(8) 6.325.000	

407 Anticipos a proveedores

400.000	400.000 (2)
(3) 50.000	

570 Caja, ptas.

(9) 3.500.000	3.500.000 (10)

572 Bancos c/c

4.500.000	1.300.000 (2)
(5) 315.000	2.120.000 (4)
(10) 2.810.000	300.000 (7)
	1.000.000 (9)

574 Bancos c/ ahorro, pesetas

(11) 18.000.000	

480 Gastos anticipados

(14) 375.000	

PASIVO

100 Capital social

	49.500.000

112 Reserva legal

	4.000.000

170 Deudas a largo plazo con entidades de crédito

(13) 3.600.000	3.600.000

4000 Proveedores (ptas.)

	5.560.000

437 Anticipos de clientes

(1) 4.500.000	4.500.000

4009 Proveedores, facturas pendientes de recibir o formalizar

	400.000 (12)

520 Deudas a corto plazo con entidades de crédito

	3.600.000 (13)

(Continúa)

(*Continuación*)

GASTOS DE EXPLOTACION

6000 Compras de mercaderías A

	Debe	Haber	
	3.400.000		
(2)	1.750.000		

6001 Compras de mercaderías B

	Debe	Haber	
	450.000		
(4)	2.120.000		

602 Compras de otros aprovisionamientos

	Debe	Haber	
	200.000		
(12)	400.000		

608 Devoluciones de compras y operaciones similares

	Debe	Haber	
		50.000	(3)

621 Arrendamientos y cánones

	Debe	Haber	
	500.000	375.000	(14)

629 Otros servicios

	Debe	Haber	
(10)	200.000		

640 Sueldos y salarios

	Debe	Haber	
	2.500.000		
(10)	320.000		

642 Seguridad Social a cargo de la empresa

	Debe	Haber	
	800.000		
(10)	170.000		

682 Amortización del inmovilizado material

	Debe	Haber	
(15)	1.100.000		

693 Dotación a la provisión de existencias

	Debe	Haber	
(18)	850.000		

6100 Variación de existencias de mercaderías A

	Debe	Haber	
(19)	7.500.000	6.450.000	(20)

6101 Variación de existencias de mercaderías B

	Debe	Haber	
(21)	6.400.000	2.400.000	(22)

612 Variación de existencias de otros aprovisionamientos

	Debe	Haber	
(23)	600.000	400.000	(24)

INGRESOS DE EXPLOTACION

7000 Ventas de mercaderías A

	Debe	Haber	
		5.700.000	
		5.850.000	(1)

7001 Ventas de mercaderías B

	Debe	Haber	
		4.500.000	
		6.300.000	(6)

759 Ingresos por servicios diversos

	Debe	Haber	
		1.250.000	
		25.000	(6)
		500.000	(9)

709 «Rappels» sobre ventas

	Debe	Haber	
(7)	300.000		

793 Provisión de existencias aplicada

	Debe	Haber	
		1.000.000	(17)

GASTOS FINANCIEROS

662 Intereses de deudas a largo plazo

	Debe	Haber	
	360.000		

INGRESOS FINANCIEROS

768 Diferencias positivas de cambio

	Debe	Haber	
		800.000	

765 Descuentos sobre compras por pronto pago

	Debe	Haber	
		50.000	(2)
		315.000	(5)

PERDIDAS Y GASTOS EXTRAORDINARIOS

671 Pérdidas procedentes del inmovilizado material

	Debe	Haber	
(16)	450.000		

BENEFICIOS E INGRESOS EXTRAORDINARIOS

771 Beneficios procedentes del inmovilizado material

	Debe	Haber	
		8.000.000	(11)

15.2.4.2. Balance de saldos antes de la determinación de resultados

BALANCE DE SALDOS DENTRO DE LA REGULARIZACION, ANTES DE LA DETERMINACION DE RESULTADOS

(En miles de pesetas)

N.°	CUENTA	SUMAS		SALDOS	
		Deudora	Acreedora	Deudor	Acreedor
100	Capital social		49.500		49.500
112	Reserva legal		4.000		4.000
170	Deudas a largo plazo con entidades de crédito	3.600	3.600		
220	Terrenos y bienes naturales	13.000	10.000	3.000	
221	Construcciones	15.000		15.000	
226	Mobiliario	3.000	500	2.500	
228	Elementos de transporte	5.000		5.000	
282	Amortización acumulada del inmovilizado material	50	4.800		4.750
3000	Existencias de mercaderías A	13.950	7.500	6.450	
3001	Existencias de mercaderías B	8.800	6.400	2.400	
328	Existencias de material de oficina	1.000	600	400	
390	Provisión por depreciación de mercaderías	1.000	1.850		850
4000	Proveedores (ptas.)		5.560		5.560
4009	Proveedores, facturas pendientes de recibir o de formalizar		400		400
407	Anticipos a proveedores	450	400	50	
4300	Clientes (ptas.)	18.325	8.325	10.000	
431	Clientes, efectos comerciales a cobrar	16.175		16.175	
437	Anticipos de clientes	4.500	4.500		
480	Gastos anticipados	375		375	
520	Deudas a corto plazo con entidades de crédito		3.600		3.600
570	Caja, ptas.	3.500	3.500		
572	Bancos c/c	7.625	4.720	2.905	
574	Bancos, cuentas de ahorro, pesetas	18.000		18.000	
6000	Compras de mercaderías A	5.150		5.150	
6001	Compras de mercaderías B	2.570		2.570	
602	Compras de otros aprovisionamientos	600		600	
608	Devoluciones de compras y operaciones similares		50		50
6100	Variación en existencias de mercaderías A	7.500	6.450	1.050	
6101	Variación en existencias de mercaderías B	6.400	2.400	4.000	
612	Variación de existencias de otros aprovisionamientos	600	400	200	
621	Arrendamientos y cánones	500	375	125	
629	Otros servicios	200		200	
640	Sueldos y salarios	2.820		2.820	
642	Seguridad social a cargo de la empresa	970		970	
662	Intereses de deudas a largo plazo	360		360	

671	Pérdidas procedentes del inmovilizado material	450		450	
682	Amortización del inmovilizado material	1.100		1.100	
693	Dotación a la provisión de existencias	850		850	
7000	Ventas de mercaderías A		11.550		11.550
7001	Ventas de mercaderías B		10.800		10.800
709	«Rappels» sobre ventas	300		300	
759	Ingresos por servicios diversos		1.775		1.775
765	Descuentos sobre compras por pronto pago		365		365
768	Diferencias positivas de cambio		800		800
771	Beneficios procedentes del inmovilizado material		8.000		8.000
793	Provisión de existencias aplicada		1.000		1.000
	TOTALES	163.720	163.720	103.000	103.000

15.2.4.3 Determinación de resultados

Determinamos seguidamente el resultado, empleando solamente la cuenta 129. Pérdidas y ganancias. La desagregación del saldo de esta cuenta, que no es otra cosa que el resultado del ejercicio (por todos los conceptos) se verá después en el Cuadro Analítico de Resultados.

Queremos dejar claro que si las empresas lo estiman conveniente, pueden abrir cuentas para los diferentes tipos de resultados, igual que hacíamos en el Capítulo 9. Nunca se podría interpretar como un defecto de esta contabilidad, sino que más bien se trata de una contabilidad pormenorizada, en cuyos libros principales se plasma una información más detallada.

La codificación de estas cuentas puede hacerse considerando las diferentes cuentas de resultados como subdivisionarias de la cuenta 129. Pérdidas y ganancias. Si bien, cabría la posibilidad de considerarlas del mismo orden. Esto ya dependería de las preferencias de la empresa.

Sin embargo, conviene advertir, que en una contabilidad informatizada, esta cuestión pasa a un segundo plano. Lo que importa en este caso es que el programa obtenga automáticamente la Cuenta de Pérdidas y ganancias, partiendo del proceso contable.

25/ ______________________ ______________________

20.745.000 (129) Pérdidas y ganancias

		a (6000) Compras de mercaderías A	5.150.000
		a (6001) Compras de mercaderías B	2.570.000
		a (602) Compras de otros aprovisionamientos	600.000
		a (6100) Variación de existencias de mercaderías A	1.050.000

	a	(6101) Variación de existencias de mercaderías B	4.000.000
	a	(612) Variación de existencias de otros aprovisionamientos	200.000
	a	(621) Arrendamientos y cánones	125.000
	a	(629) Otros servicios	200.000
	a	(640) Sueldos y salarios	2.820.000
	a	(642) Seguridad Social a cargo de la empresa	970.000
	a	(662) Intereses de deudas a largo plazo	300.000
	a	(671) Pérdidas procedente del inmovilizado material	450.000
	a	(682) Amortización del inmovilizado material	1.100.000
	a	(693) Dotación a la provisión de existencias	850.000
	a	(709) «Rappels» sobre ventas	300.000

26/

50.000	(608) Devoluciones de compras y operaciones similares		
11.550.000	(7000) Ventas de mercaderías A		
10.800.000	(7001) Ventas de mercaderías B		
1.775.000	(759) Ingresos por servicios diversos		
365.000	(765) Descuentos sobre compras por pronto pago		
800.000	(768) Diferencias positivas de cambio		
8.000.000	(771) Beneficios procedentes del inmovilizado material		
1.000.000	(793) Provisión de existencias aplicada		
	a	(129) Pérdidas y ganancias	34.340.000

15.2.5. CUADRO DE AJUSTES

CUADRO DE AJUSTES

N.° cuenta	Nombre de la cuenta	Saldos		Regularización		Pérdidas y ganancias		Balance de Situación	
		Deudor	Acree.	Debe	Haber	Debe	Haber	Activo	Pasivo
100	Capital social		49.500						49.500
112	Reserva legal		4.000						4.000
170	Deudas a largo plazo con entidades de crédito		3.600	(13) 3.600					
220	Terrenos y bienes naturales	3.000						3.000	
221	Construcciones	15.000						15.000	
226	Mobiliario	3.000			(16) 500			2.500	
228	Elementos de transporte	5.000						5.000	
282	Amortización acumulada del inmovilizado material		3.700	(16) 50	(15) 1.100			(4.750)	
3000	Existencias de mercaderías A	7.500		(20) 6.450	(19) 7.500			6.450	
3001	Existencias de mercaderías B	6.400		(22) 2.400	(21) 6.400			2.400	
328	Existencias de material de oficina	600		(24) 400	(23) 600			400	
390	Provisión por depreciación de mercaderías		1.000	(17) 1.000	(18) 850			(850)	
4000	Proveedores (ptas.)		5.560						5.560
407	Anticipos a proveedores	50						50	
4300	Clientes (ptas.)	10.000						10.000	
431	Clientes, efectos comerciales a cobrar	16.175						16.175	
572	Bancos c/c	2.905						2.905	
574	Bancos c/ de ahorro, pesetas	18.000						18.000	
6000	Compras de mercaderías A	5.150				5.150			
6001	Compras de mercaderías B	2.570				2.570			
602	Compras de otros aprovisionamientos	200		(12) 400		600			
608	Devoluciones de compras y operaciones similares		50				50		
621	Arrendamientos y cánones	500			(14) 375	125			
629	Otros servicios	200				200			
640	Sueldos y salarios	2.820				2.820			
642	Seguridad Social a cargo de la empresa	970				970			
662	Intereses de deudas a largo plazo	360				360			
671	Pérdidas procedentes del inmovilizado material			(16) 450		450			
7000	Ventas de mercaderías A		11.550				11.550		
7001	Ventas de mercaderías B		10.800				10.800		
709	«Rappels» sobre ventas	300				300			
759	Ingresos por servicios diversos		1.775				1.775		
765	Descuentos sobre compras por pronto pago		365				365		
768	Diferencias positivas de cambio		800				800		
771	Beneficios procedentes del inmovilizado material		8.000				8.000		
4009	Proveedores, facturas pendientes de recibir o de formalizar				(12) 400				400
520	Deudas a corto plazo con entidades de crédito				(13) 3.600				3.600
480	Gastos anticipados			(14) 375				375	
682	Amortización del inmovilizado material			(15) 1.100		1.100			
793	Provisión de existencias aplicada				(17) 1.000		1.000		
693	Dotación a la provisión de existencias			(18) 850		850			
6100	Variación de existencias de mercaderías A			(19) 7.500	(20) 6.450	1.050			
6101	Variación de existencias de mercaderías B			(21) 6.400	(22) 2.400	4.000			
612	Variación de existencias de otros aprovisionamientos			(23) 600	(24) 400	200			
129	Perdidas y ganancias					13.595			13.595
	TOTALES	100.700	100.700	31.575	31.575	34.340	34.340	76.655	76.655

Cuadro 15.1

El Cuadro 15.1 aparece en esta solución como si se tratase de un informe complementario. Sin embargo, queremos dejar claro que se trata, en la práctica, más bien de una hoja de trabajo. Es decir, de un cuadro que sirve para hacer con cierta comodidad algunos trabajos contables.

En la solución que hemos propuesto, hemos preferido hacer directamente los ajustes exigidos por el proceso de regularización dentro del Diario y dentro del Mayor. Sin embargo, nos podríamos haber planteado la conveniencia de hacer una especie de boceto o diseño de lo que deberían ser esas anotaciones.

En ese caso hubiéramos elaborado una hoja de trabajo de los ajustes, semejante a la que ofrecemos en el Cuadro 15.1. Repasemos su estructura:

En primer lugar aparecen los códigos y los nombres de las cuentas.

En segundo lugar figuran, en una columna doble, las cantidades del balance de comprobación previo a la regularización.

En tercer lugar aparece otra doble columna, esta vez con los ajustes del proceso de regularización, es decir, con los asientos exigidos por este proceso. Cada uno de ellos va escrito a la altura de la correspondiente cuenta.

En cuarto y quinto lugar van dos columnas, que siguen siendo dobles. Una está ocupada por la cuenta de Pérdidas y Ganancias y otra por el Balance de Situación. Son dos columnas recolectoras que van haciéndose cargo de los saldos después de los ajustes de regularización, previos a la determinación de resultados.

15.2.6. CONTABILIZACION DEL IMPUESTO SOBRE SOCIEDADES

El impuesto aparece como un gasto del ejercicio, que ha de cargarse también en la cuenta de Pérdidas y ganancias.

27/ ______________________

4.759.000 (630) Impuesto sobre beneficios

a (475) Hacienda Pública, acreedor por conceptos fiscales 4.759.000

Por el Impuesto sobre Sociedades:
35 % s/ 13.595.000 = 4.758.250
Redondeando, por exceso: 4.759.000

28/ ______________________

4.759.000 (129) Pérdidas y ganancias

a (630) Impuesto sobre beneficios 4.759.000

____

De esta forma se determina contablemente el resultado después de impuestos.

Se ha dicho en el enunciado que la empresa ha decidido calcular el Impuesto sobre Sociedades aplicando el % legalmente establecido, sobre el resultado del ejercicio. Para el año 1988, ese porcentaje era 35 %.

Por lo tanto, en el enunciado se ha dejado sentado que en este caso el resultado contable coincide con el beneficio fiscal.

15.2.7. ASIENTO DE CIERRE

Conforme el saldo de las cuentas será:

29/			
49.500.000	(100) Capital social		
4.000.000	(112) Reserva legal		
4.750.000	(282) Amortización acumulada del inmovilizado material		
850.000	(390) Provisión por depreciación de mercaderías		
5.510.000	(4000) Proveedores (ptas.)		
400.000	(4009) Proveedores, facturas pendientes de recibir o de formalizar		
4.759.000	(475) Hacienda Pública, acreedor por conceptos fiscales		
3.600.000	(520) Deudas a corto plazo con entidades de crédito		
8.836.000	(129) Pérdidas y ganancias		
		a (220) Terrenos y bienes naturales	3.000.000
		a (221) Construcciones	15.000.000
		a (226) Mobiliario	2.500.000
		a (228) Elementos de transportes	5.000.000
		a (3000) Existencias de mercaderías A	6.450.000
		a (3001) Existencias de mercaderías B	2.400.000
		a (328) Existencias de material de oficina	400.000
		a (4300) Clientes (ptas.)	10.000.000
		a (431) Clientes, efectos comerciales a cobrar	16.175.000
		a (572) Bancos c/c	2.905.000
		a (574) Bancos cuenta de ahorro, pesetas	18.000.000
		a (480) Gastos anticipados	375.000

15.2.8. CUADRO ANALITICO DE RESULTADOS Y CUENTA DE PERDIDAS Y GANANCIAS ABREVIADA

Ya dijimos que al Cuadro Analítico de Resultados van los saldos de las cuentas de ingresos y gastos, que de esta manera se ordenan en torno a los diferentes tipos de resultados y coincide plenamente con la cuenta de Pérdidas y ganancias, como se observa en los siguientes cuadros.

CUENTA DE PERDIDAS Y GANANCIAS ABREVIADA (en miles de pesetas)

Número de cuenta	DEBE		Número de cuenta	HABER	
	A) GASTOS			B) INGRESOS	
60, 61	1. Consumos de explotación	13.520		1. Ingresos de explotación	
	2. Gastos de personal		70, (709)	a) Importe neto de la cifra de negocios	22.050
640	a) Sueldos, salarios y asimilados	2.820			
642	b) Cargas sociales	970	75	b) Otros ingresos de explotación	1.775
68	3. Dotaciones para amortizaciones de inmovilizado	1.100			
693, (793)	4. Variación de las provisiones de tráfico y pérdidas de créditos incobrables	(150)			
62	5. Otros gastos de explotación	325			
	I. BENEFICIOS DE EXPLOTACION (B1 – A1 – A2 – A3 – A4 – A5)	5.240			
	6. Gastos financieros y gastos asimilados por:			2. Ingresos financieros	
			765	c) Otros	365
662	c) Otras deudas	360	768	3. Diferencias positivas de cambio	800
	II. RESULTADOS FINANCIEROS POSITIVOS (B2 + B3 – A6)	805			
	III. BENEFICIOS DE LAS ACTIVIDADES ORDINARIAS (AI + AII)	6.045			
671	10. Pérdidas procedentes del inmovilizado inmaterial, material y cartera de control	450	771	4. Beneficios de enajenación de inmovilizado inmaterial, material y cartera de control	8.000
	IV. RESULTADOS EXTRAORDINARIOS POSITIVOS (B4 – A10)	7.550			
	V. BENEFICIOS ANTES DE IMPUESTOS (AIII + AIV)	13.595			
630	12. Impuesto sobre sociedades	4.759			
	VI. RESULTADO DEL EJERCICIO (BENEFICIOS) (AV – A12)	8.836			

CUADRO ANALITICO DE RESULTADOS (en miles de pesetas)

A) Resultado de explotación				
Ingresos de la explotación				
• Ventas de mercaderías, menos «rappels» sobre ventas	(+)	22.050		
• Ingresos por servicios diversos	(+)	1.775		
• Provisión de existencias aplicada	(+)	1.000	(+)	24.825
Gastos de la explotación				
• Compras de mercaderías	(−)	7.670		
• Compras de otros aprovisionamientos	(−)	600		
• Variación de existencias de mercaderías	(−)	5.050		
• Variación de existencias de otros aprovisionamientos	(−)	200		
• Arredamientos y cánones	(−)	125		
• Otros servicios	(−)	200		
• Sueldos y salarios	(−)	2.820		
• Seguridad Social a cargo de la empresa	(−)	970		
• Amortización del inmovilizado material	(−)	1.100		
• Dotación a la provisión de existencias	(−)	850	(−)	19.585
Resultado de explotación			(+)	5.240
B) Resultado financiero				
Ingresos financieros				
• Descuentos sobre compras por pronto pago	(+)	365		
• Diferencias positivas de cambio	(+)	800	(+)	1.165
Gastos financieros				
• Intereses de deudas a largo plazo	(−)	360	(−)	360
Resultado financiero			(+)	805
C) Resultado ordinario del ejercicio				
• Resultado de explotación			(+)	5.240
• + Resultado financiero			(+)	805
Resultado ordinario del ejercicio			(+)	6.045
D) Resultados extraordinarios				
Beneficios e ingresos extraordinarios				
• Beneficios procedentes del inmovilizado material			(+)	8.000
Pérdidas y gastos extraordinarios				
• Pérdidas procedentes del inmovilizado material			(−)	450
Resultados extraordinarios			(+)	7.550

E) Resultado del ejercicio				
• Resultado ordinario del ejercicio	(+)	6.045		
• + Resultados extraordinarios	(+)	7.550		
Resultado del ejercicio antes de impuestos			(+)	13.595
• – Impuesto sobre Sociedades			(–)	4.759
Resultado del ejercicio			(+)	8.836

Cuadro 15.2

15.2.9. BALANCE DE SITUACION FINAL

Si el Cuadro Analítico de Resultados o la Cuenta de Pérdidas y ganancias da información completa sobre los beneficios y las pérdidas puestos de manifiesto durante el ejercicio, el Balance de Situación muestra el estado del patrimonio al final del período contable. Se ha dicho muchas veces, que el Balance de Situación es una fotografía del patrimonio en un momento determinado.

En el Cuadro 15.3 aparece el Balance de Situación abreviado de JUGUELSA, ordenado y estructurado, con lo que damos fin a este capítulo operativo.

BALANCE DE SITUACION ABREVIADO (en miles de pesetas)

Número de Cuentas	ACTIVO		Número de Cuentas	PASIVO	
	B) Inmovilizado			**A) Fondos propios**	
22, (282)	III. Inmovilizaciones materiales	20.750	100	I. Capital suscrito	49.500
	TOTAL B	20.750	112	IV. Reservas	4.000
			129	VI. Pérdidas y ganancias (Beneficio)	8.836
	D) Activo circulante			TOTAL A	62.336
30, 32, 407 (39)	II. Existencias	8.450			
430, 431	III. Deudores	26.175	400 52, 475	**E) Acreedores a corto plazo**	14.319
57	VI. Tesorería	20.905		TOTAL E	14.319
480	VII. Ajustes por periodificación	375			
	TOTAL D	55.905			
	TOTAL GENERAL (B + D)	76.655		TOTAL GENERAL (A + E)	76.655

Cuadro 15.3

INDICE ANALITICO